SIC 1

사랑의 대상으로서 **시선과 목소리**

SIC 1

사랑의 대상으로서 시선과 목소리

슬라보예 지젝 · 레나타 살레츨 엮음

라깡정신분석연구회 옮김

인간사랑

Gaze and Voice as Love Objects(sic 1)
by Renata Salecl and Slavoj Žižek

Contents

·· 서문

슬라보예 지젝 · 레나타 살레츨

정신분석학계에서 흔히 우리는 환자들이 순박하고 정신분석 이론에 대해 알지 못했던 옛날의 영웅 시대를 향수에 젖어 그리워하게 된다. 이런 무지 덕분에 그들은 "더욱 순수한" 증상들을 만들어낼 수 있었다. 다시 말해 그들의 무의식이 합리적인 지식 때문에 지나칠 정도로 심하게 왜곡되지 않았던 그런 증상들이다. 그런 시대에는 분석가한테 이렇게 말하는 환자들도 있었다. "지난 밤에 저는 용을 죽이고 무성한 숲을 지나 어떤 성곽으로 가는 꿈을 꾸었어요." 그에 대해 분석가는 의기양양하게 다음과 같이 대답했다. "기본적인 꿈이군요! 용은 당신의 아버지이고 그 꿈은 어머니의 성곽이란 안전한 피난처로 되돌아가기 위해 그를 죽이고 싶은 욕망을 표현하고 있어요." 자끄 라깡은 정확히 그 반대에 내기를 걸고 있다. 즉 정신분석의 주체(분석되고 있는 사람)는 근대적인 과학의 주체가 되는데, 그 말이 의미하는 것은 다른 것들 가운데에서도 그의 증상들이 지금 현재가 아니라 정의상 결코 "순진했던" 일이 없었으며 (그 의미를) 알 것으로 가정된 주체로서의 분석가한테 항상 건네지고 있어서 말하자면 그것들의 해석을 함축 및 지시하고 있다는 것이다. 그런 이유 때문에 우리가 융학파, 클라인학파, 라깡학파 등등의 증상들을 갖는다고 말하는 것이 크게 정당화된다. 다시 말해서 그것의 현실이 어떤 정신분석 이론을 암암리에 참조하고 있다는 것이다. 오늘날 교양을 갖춘 전형적인 환자(피분석자)의 "자유연상"은 그의 장애에 대한 정신분석적인 설명을 제공하려는 시도의 대부분을 위해 존재하고 있다.

두 가지 정신분석 간에 진행 중인 이러한 전투에서 실제적으로 문제가 되는 것은 정신분석의 운명일 뿐만 아니라 근대성 그 자체의 운명이기도 하다. 우리는 반성적인 지식을 고집할 것인가, 어떤 종류의 직관적인 지혜로 되돌아갈 것인가? 이러한 전투, 즉 옛날 광명의 전투(*bataille des lumières*)의 지속은 두 성 간의 관계라는 지역에서처럼 치열하게 벌어진 곳은 아무 데도 없다. 대략 100년 전에 히스테리 여성이란 인물의 갑작스런 출현이(리하르트 바그너와 아우구스트 스트린드베리, 오토 바이닝거, 프란츠 카프카, 에드바르드 뭉크 등등의 작품에서) 성적인 관계의 위기를 알려주었는데, 우리는 그 그늘 속에서 계속 살아오고 있다. 모차르트의 「마술피리」에 나오는 부부 간의 조화에 대한 매혹적으로 순박한 주장에서 다른 극단으로 그 방향이 바뀌면서 근본적으로 대립하는 두 성 간의 관계를 증언해 준다. 즉 남자와 여자는 결코 상호 보완적이지 못하고, 여기에는 이미 형성된 조화도 없으며, 두 성의 각각은 다른 쪽의 동일성을 위협하게 된다 … . 이런 위기에 접근해 가는 데에는 두 가지 방법이 있다. 첫 번째 반계몽주의적인 방법에 따르면, 이러한 불균형은 근대적인 주체가 전통의 유기적인 단위에서 그 뿌리를 상실했다는 사실로부터 나오는데, 어떤 종류의 전근대적인 지혜(예를 들어 옛날의 "기계적인" 데카르트식 패러다임을 대체하게 되어 있는 새로운 "전체론적 패러다임"의 모습)로의 회귀가 두 성 간의 대립을 폐지시켜서 잃어버린 조화를 재정립하게 해줄 것이다.

두 번째 접근방법의 주장은 이렇다. 즉 19세기 말에 히스테리 여성을 남성의 동일성에 대한 위협으로 지각하는 것이 보편적인 특징을 볼 수 있게 해주었는데, 그 특징은 아직도 "설정되지" 않았고 "자명하지" 않았으며 오로지 "본질적인" 방식으로 항상 여기에 있었던 것이다. 따라서 "성적인 관계는 없다"(라깡)는 것이 틀에 박힌 문구가 되었던 정확히 역사적인 맥락(100년 전에 두 성 간의 관계상의 커다란 위기로서 정신분석을 탄생케 했던 것)과 이런 진술이 보편적으로 타당하다는 라깡의 주장 사이에는 상반됨이 전혀 없다는 것이다. 다시 말해 고유한 변증법적인 분석에서 보편성과 역사화는 정확히 상관적이다. 프로이트학파의 정신분석은 표준적인 판단에서 말하는 것처럼 19세기 말의 산물이다. 그러나 그것의 통찰력은 그것들의 발견의 역사적인 맥락에도 불구하고 타당한 것이 아니라 발견의 역사적인 맥락 때문에 "보편적으로 타당한" 것이다.

라깡의 "성적인 관계는 없다"는 것이 "이 세상에는 어째서 사랑이 있는가?"라는 영원한 질문에 대한 간단한 답변을 제공해 준다. 사랑은 미끼, 즉 신기루인데, 그 기능은 두 성 간의 관계가 보이는 환원 불가능하고 구성적인 "탈구"를 난처하게 만드는 것이다. 프로이트의 유명한 "부분 대상들"—전(前)남근적인 항락의 나머지, 즉 부성 은유에서 아직도 "지양되지" 않은, 부성 은유에 의해 중재되지 않은 향락의 나머지—은 성적인 관계의 충족을 가로막는 이해하기 어려운 장애물을 구체화한다. 라깡은 프로이트의 부분 대상 목록(젖가슴, 대변, 남근)에 시선과 목소리라는 두 가지를 덧붙였다. 따라서 시선과 목소리가 특히 사랑의 대상들이 된다는 것은 결코 우연이 아니다. 그것은 우리가 어떤 목소리나 시선과 사랑에 빠진다는 의미가 아니라 그것들이 사랑을 돋보이게 하는 매체 또는 촉매가 된다는 의미에서 그러하다.

이런 전제로부터 세 가지 결론들이 나온다. 첫째, 사랑은 단순한 착각이나 상상적인 현상으로 환원될 수 없다. 그 대상의 이미지에 대한 매혹을 넘어서 진정한 사랑의 목표는 실재적인 것의 핵심이 되는데, 대상 그 자체보다 더 많은 것이 그 대상 속에 들어 있는 것, 간단히 말해서 라깡이 타대상(*l'objet petit a*)이라고 부른 것을 목표로 삼는다. 사랑—뿐만 아니라 미움도—은 그 대상한테서 모든 상상적인 특성과 상징적인 특성을 벗겨냈을 때 그 대상에 남아 있는 것에 의해 지지를 받는다. 둘째, 사랑은 본질적으로 역사적인 현상이다 : 그것의 구체적인 형상화는 그 대상을 못 견디게 만드는 향락의 정신적 외상의 "비역사적" 핵심을 고급화하고 길들이고 상징화하려는 많은 (결국엔 실패하는) 시도들이다. 셋째, 사랑은 "그저 사랑"이 될 수 없고 항상 권력과 지배를 위한 전투가 벌어지는 스크린, 즉 영역이 된다. 사랑의 촉매로서 목소리는 최면적인 힘 그 자체의 매체가 아닌가? 다른 쪽의 보호방패를 빼앗는 매체, 그(녀)에게 직접적인 통제를 획득하고 그(녀)를 우리의 의지에 복종시키는 매체가 아닌가? 시선은 타인을 복종으로 유인하는 매혹의 매체(권력의 광경에 의해 매혹되는 주체의 시선이란 모습으로)일 뿐만 아니라 통제의 매체(사찰하는 시선의 모습으로)가 아닌가? 60여 년 전 파시스트의 위협에 뒤따라 발터 벤야민은 미적인 것의 좌익 정치화로 정치적인 것의 파시즘적인 미학화에 반대하자고 제안했다. 동일한 방법으로 오늘날 그 어느 때보다도 섹슈얼리티의 정치화(성차이가 실제적인 사회에서 지각되는 방식의 정치적인 중복결정을 분석함으로써)로 정치적인 것의 성화(sexualization)에 반대해야 한다(남녀의 우주적인 원리들의 균형을 재정립하려는 뉴에이지의 노력을 통해 남녀 성의 "자연적인" 가족 간의 위계구조에서 정치적인 위계구조의 명백하게 반동적인 뉴라이트적인 "근거"로부터 정치투쟁을 리비도적인 교착상태의 표현—미해결의 오이디푸스 콤플렉스로부터 나온 행동화로서의 반항 등등—으로 환원시키는 허위 프로이트학파에 이르기까지).

이 책의 1부와 2부는 각각 기본개념(시선, 목소리와 사랑의 대상들)의 정교화로 시작되는데, 거기엔 세 가지 역사적인 분석들이 부착되어 있다. 「시선, 목소리」라는 1부는 믈라덴 돌라르로부터 시작되는데, 데리다의 음성중심주의의 해체와는 달리 과도한 전(前)상징적인 향락의 두 가지 대상적인 나머지로서 목소리와 시선에 대한 라깡 이론의 귀결로부터 작업된 것이다. 돌라르의 논문에 이어 알렌카 주판치치의 논문은 데카르트에서 칸트로 가는 계몽주의 전통에서 눈멂의 역설적인 역할에 초점을 맞추고 있다. 거짓 편견과 미혹시키는 착각에서 나온 주체의 전형적인 사례가 눈먼 사람이라는 뜻이다. 그 다음으로 엘리자베트 브론펜은 마이클 파웰의 컬트 영화인 「피핑 톰」을 자세히 읽어봄으로써 히치콕식의 살인적인 시선의 동기를 전개하고 있다. 끝으로 슬라보예 지젝은 2부로의 통과를 준비해 준다. 첫째, 그는 "부분 대상"으로서 시선과 목소리의 차이를 분명하게 말해준다. 그런 다음에 그는 증오의 대상과 맺는 인종차별주의와 성차별주의 주체의 수수께끼 같은 관계에 초점을 맞춤으로써 시선과 목소리가 정치 이데올로기 투쟁에 관련되는 방식을 공략하고 있다. 인종차별주의자나 성차별주의자의 폭력이 분출되는 표적은 무엇인가? 도시에서 유대인을 전멸시키거나 외국인을 마구 때려줄 때 우리는 무엇을 목표로 삼고 있으며 무엇을 전멸시키려고 노력할까? 그 대답은 이중적이다. 폭력은 대타자의 동일성을 유지시키는 상징적인 허구를 목표로 삼으며, 또한 그것을 넘어서 대타자의 동일성의 환상적인 "실재계의 핵심"을 목표로 삼는다. 「사랑의 대상들」이라는 2부에서 다시금 믈라덴 돌라르가 기괴함(*das Unheimliche*)이란 프로이트의 개념을 분석함으로써 타대상(*l'objet petit a*)의 미로를 전이적인 사랑의 원인으로 표명하고 있다. 돌라르를 뒤이어 세 편의 구체적인 분석들 가운데 첫 번째 논문에서 프레드릭 제임슨은 초기 기독교에 대한 푸코의 설명을 대신할 수 있는 대안을 제시하고 있다. 섹슈얼리티가 인간 주체의 가장 깊숙한 비밀이라는 성 아우구스티누스의 창안 덕분에 그는 기독교의 전복적인 신랄함을 완화시킬 수 있었고, 계급사회에서 헤게모니적인 이데올로기 역할의 자격을 획득할 수 있었다. 그 다음으로 레나타 살레츨은 세 편의 문학적인 텍스트(에디스 워튼의 『순수의 시대』와 「뮤즈의 비극」, 카즈오 이시구로의 『남아 있는 나날들』)에 관하여 부르주아 사회에서 사랑과 사회제도 사이의 관계의 역설을 탐구하고 있다. 바그너의 오페라와 현대의 "바그너적인" 사랑에 관한 두 편의 영화(키에슬로프스키의 「사랑에 관한 짧은 필름」과 소테의 「금지된 사랑」)의 분석에서 슬라보예 지젝의 끝맺는 논문은 다음과 같은 질문에 답하려 노력하고 있다. "사랑의 영역에서 가치저하로의 보편적인 경향"(프로이트)이 최고점에 도달했다고 보이는 시대인 오늘날에 진정한 사랑이 오로지 그 성취를 회피하는 한에 있어서 가능할 뿐이라는 이유는 무엇인가? 어째서 사랑의 대상은 오직 거부되면서 그 품위를 지켜내는가?

역자 서문

김종주_korlacan@hanmail.net

우리 〈라깡 독회〉에서는 라깡의 유일한 논문집인 『에크리』를 읽고 있습니다. 그것도 두 번째 읽는 셈입니다. 브루스 핑크가 아홉 편의 논문을 선별해서 다시 번역한 책을 2003년 12월부터 일년 반에 걸쳐 읽었고 또 요즘 완역본으로 읽고 있으니까 「정신분석에서 말과 언어의 기능과 영역」은 두 번째 읽고 있는 셈입니다. 그런데 짐작하셨겠지만 '죽을 맛' 입니다. 두 번째 읽으면서도 처음 읽는 것과 똑같이 어렵고 힘들긴 마찬가지이기 때문입니다. 이미 사전까지 찾아본 단어도 처음 만나보는 것 같습니다. 어떤 단어는 불어 원본까지 참조해서 그 뜻을 여백에 잔뜩 써놨는데도 문맥 내에서 이해되지 않아 다시금 불한사전을 찾아봐야 합니다.

그럴 때쯤《인간사랑》여국동 사장님께서 아주 멋진 책을 선물해 주었습니다. 듀크대학교에서 SIC시리즈로 나온 『시선과 목소리』, 『코기토와 무의식』, 『성화』, 『정신분석의 이면』이란 네 권의 책입니다. 우선 제가 주도하여 『시선과 목소리』를 읽기로 했습니다. 그러니까 매월 둘째 토요일에는 『에크리』를 읽어가고 넷째 토요일에는 『시선과 목소리』를 읽어갔습니다. 여 사장님께서 공짜로 이 책을 주셨겠습니까? 그러면 그렇지! 번역해서 우리나라 독자들한테 소개해 주면 어떻겠느냐는 은근한 제안을 받았습니다. 우리들은 기꺼이 그 제안을 받아들였습니다. 우리들은 첫 번째 논문인 믈라덴 돌라르의 글에서부터 재미를 보기 시작했고, 독자들한테도 꼭 필요한 책이란 생각이 들었기 때문입니다.

라깡 정신분석이 인문사회학 분야에 널리 퍼져서 그 영향력을 과시하고 있다는 사실은 잘 알고 있습니다. 하지만 이 SIC시리즈만큼 분명하게 보여주는 책도 별로 만나보지 못했습니다. 특히 정신분석 문학비평을 하고 있는 저한테는 레나타 살레츨의 논문은 정말 흥미로웠습니다. 에디스 워튼의 『순수의 시대』라는 장편소설과 「뮤즈의 비극」이란 단편소설, 또 카즈오 이시구로의 『남아 있는 나날들』이란 소설에서 라깡을 읽어내는 재주에 감탄을 금할 수 없었습니다. 또 있습니다. 젊을 때부터 스토리가 생생하게 살아 있는 오페라를 좋아했습니다. 이번에 지젝의 논문을 읽으면서 바그너의 오페라를 참고서까지 동원해가며 섭렵했던 즐거움은 상당히 오래 남을 것 같습니다.

우리 회원들은 이미 『라깡 정신분석 사전』을 함께 번역해 본 일이 있습니다. 하지만 각자의 독특한 분야에서 색깔이 분명한 글쓰기와 사유를 해온 분들이라서 그분들의 번역에는 각자의 글쓰기 습관과 용어가 튀어나오고 있습니다. 독자 여러분들을 위해 가급적 용어를 통일해 보려고 노력했습니다만 여러 선생님들의 사유에 방해가 될 것 같은 느낌이 들 때에는 그분들의 습관과 용어를 따르기로 했습니다. 우선 먼저 기억나는 것으로는 identity(identité)의 번역입니다. 할 수 없이 문맥에 따라 '정체성'과 '동일성'을 혼용하기로 했습니다. '자아정체성'이란 용어도 나올 수밖엔 없었습니다.

'유사자'라는 용어도 문제입니다. 『라깡 정신분석 사전』에는 counterpart(semblable)를 유사자라 번역하고 있지만 개인적으로는 몹시 못마땅했습니다. 새로운 용어로 사용하기 시작한 단어가 '빼쏜꼴'입니다. "매우 닮다, 영락없이 닮다, 빼박다"라는 뜻을 가진 순수한 우리말인 '빼쏘다'라는 단어를 차용한 것입니다. 더구나 강조하기에 알맞은 농음화 현상까지 곁들일 수 있어서 더욱 그 단어를 고집하게 되었습니다. 아예 용어화해서 '빼쏜꼴'이란 한 단어로 만들어 쓰고 있습니다. 이것은 결국 '닮은꼴'입니다.

또 하나는 여러 선생님들의 성격을 드러내 주는 번역어가 있습니다. 라깡 정신분석의 필자들은 he/she, he(she), (s)he라는 다양한 표현들을 사용하기도 하고, 어떤 저자는 아예 홀수 장에서는 분석가와 피분석자를 he와 she로 불렀다가 짝수 장에서는 그 반대로 부르기도 합니다. 그만큼 라깡학파의 분석가들은 남녀의 구분에 상당히 신경을 쓰고 있습니다. 여기서 번역하는 선생님들에 따라 그/그녀, 그나 그녀, 그 혹은 그녀, 그(녀) 등등 여러 가지로 내보이게 되었습니다. 이 정도는 독자 여러분들께 이해를 구하면 받아주시리라 믿고서 통일시키지 않았습니다.

이 책의 1부와 2부는 목소리와 시선과 사랑이란 기본개념의 정교화로 시작되는데, 거기엔 세 가지 역사적인 분석들이 부착되어 있었습니다. 「시선, 목소리」라는 1부는 돌라르의 「대상 목소리」라는 논문으로부터 시작됩니다. 데리다의 음성중심주의의 해체와는 달리 과도한 전(前)상징적인 향락의 두 대상적 나머지로서 목소리와 시선에 대한 라깡 이론으로부터 작업된 것입니다.

주판치치의 논문인 「철학자들의 맹인 벽(癖)」은 계몽의 주체라는 새로운 주체성의 출현과 맹인으로 은유되는 맹목성 사이에 어떤 연결고리를 찾아보려는 시도입니다. 다시 말해 계몽의 주체가 본질적으로 맹목적이라고 주장해 보는 것입니다. 데카르트에서 칸트로 가는 계몽주의 전통에서 눈멂의 역설적인 역할에 초점을 맞추고 있습니다. 거짓 편견과 미혹시키는 착각에서 나온 주체의 전형적인 사례가 눈먼 사람이라는 뜻입니다. 그러다 보니 굴절광학에 대한 이해가 요구되고, 오래 전에 함께 읽었던 『정신분석의 네 가지 근본개념』의 제8장과 9장을 다시 훑어봐야 했고 뒤집힌 꽃다발의 광학적 도식까지 알아야 했습니다. 뿐만 아니라 로크의 오성론으로부터 버클리의 두 가지 시각대상을 공부해야 했고, 콩디약의 조각상 모델과 메리앙의 텍스트까지 검토하게 만들었습니다. 이런 공부는 여러 분야의 사회학을 섭렵한 이병혁 교수가 아니면 무척 어려웠을 것입니다.

그 다음은 브론펜의 「죽이는 시선, 시선 안에서 죽이기」라는 논문입니다. 마이클 파웰의 컬트 영화인 「피핑톰」을 자세히 읽어봄으로써 히치콕식의 살인적인 시선의 동기를 전개하고 있다고 하면 여러분들은 대뜸 이 논문을 이수연 박사가 맡았겠다고 짐작하실 것입니다. 이 논문은 처음 시작부터 관음증이 나옵니다. 「피핑톰」이란 영화에서 살해된 여성의 시체가 발견되는 범죄현장에 정신분석가가 불려나오는데, 그는 프로이트의 저술을 인용하여 관음증을 이야기합니다. 이어서 영국의 전설에서 관음증 때문에 눈멀게 되는 처벌을 받았던 훔쳐보는 톰의 이야기로 넘어갑니다.

지젝은 2부로 넘어가는 준비를 마련해 주고 있습니다. 우선 그는 '부분 대상'으로서 시선과 목소리의 차이를 분명하게 설명해 준 다음 증오의 대상과 맺는 인종차별주의와 성차별주의라는 수수께끼 같은 주체의 관계에 초점을 맞춰줍니다. 그렇게 해서 시선과 목소리가 정치-이데올로기적 투쟁에 관련되는 방식을 설명하고 있습니다. 그럴 리가 없지만 만일 어느 누가 외국인에게 폭력을 행사한다면 그의 목표가 무엇인지 묻고 있습니다. 폭력은 대타자의 동일성을 유지시키는 상징적인 허구를 목표로 삼으면서 그 동일성의 환상적인 '실재계의 핵심'을 목표로 삼는다는 것입니다.

2부는 사랑의 대상들에 대한 논의입니다. 돌라르는 「첫눈에」라는 논문에서 사랑의 역설에 대한 논의로 시작하고 있습니다. 우연적인 외부와 가장 내밀한 내부의 교차점으로 공식화합니다. 라깡의 열한 번째 세미나에서 나온 "당신은 돈을 선택할 것인가 생명을 선택할 것인가"라는 강요된 선택에 대해 논의합니다. 사랑에 빠지는 순간에 "그들의 눈이 마주쳤다"라는 문장을 취해온 플로베르의 『감성교육』에 대한 이해는 파리8대학에서 정신분석 문학비평을 전공한 임말희 선생의 도움이 컸습니다. '기괴함'이란 프로이트의 개념을 분석함으로써 타대상의 미로를 전이적인 사랑의 원인으로 표명하고 있습니다. 돌라르 덕분에 우리는 모차르트의 오페라를 새롭게 이해할 수 있고 프로이트가 분석했던 호프만의 「잠귀신」을 제대로 알게 됩니다.

세 편의 구체적인 분석들 가운데 프레드릭 제임슨의 「서구 주체성의 성적 생산 혹은 사회민주주의자로서의 성 아우구스티누스에 관하여」라는 매우 긴 제목의 귀중한 논문을 만나보게 됩니다. 미국의 현대문학을 전공하는 양석원 교수가 애써주었습니다. 제임슨은 초기 기독교에 대한 푸코의 설명을 대신할 수 있는 대안을 제시하고 있습니다. 성 아우구스티누스는 섹슈얼리티가 인간 주체의 가장 깊숙한 비밀이라고 알려줍니다. 그 덕분에 기독교의 전복적인 신랄함을 완화시킬 수 있게 되었고, 계급사회에서 헤게모니적인 이데올로기가 그 역할을 떠맡게 되었다는 것입니다.

살레츨은 「당신을 포기하지 않고는 당신을 사랑할 수 없어요」라는 제목부터 사랑의 역설을 보여주고 있습니다. 살레츨은 에디스 워튼의 『순수의 시대』라는 장편소설과 「뮤즈의 비극」이란 단편소설, 또 카즈오 이시구로의 장편소설인 『남아 있는 나날들』이라는 세 편의 문학 텍스트를 분석하고 있습니다. 「뮤즈의 비극」에서는 어떤 여자에게 정체성을 제공하고 그녀를 사랑의 대상으로 확인해 주기 위해 한 남자의 사랑을 이용하는 여자를 다루고 있습니다. 두 편의 장편소설에서는 사회의 상징적인 권력구조에 의해 방해된다고 생각하는 사랑의 문제를 다루고 있습니다. 다시 말해 부르주아 사회에서 사랑과 사회제도의 관계에 놓여 있는 역설을 탐구하고 있습니다. 역시 문학작품을 통해 사랑의 실체를 확인할 수 있을 것 같습니다. 문학평론가인 한형구 교수가 감칠맛 나는 번역을 보여주었습니다.

끝으로 지젝은 영화와 오페라를 재주껏 요리하고 있습니다. 바그너의 오페라와 현대의 '바그너적인' 사랑에 관한 두 편의 영화인 키에슬로프스키의 「사랑에 관한 짧은 필름」과 소테의 「금지된 사랑」의 분석에서 지젝은 사랑의 대상이 왜 거부되면서 품위를 지켜낼 수 있는지 그 대답을 보여주고 있습니다. 사랑의 영역에서 가치저하로의 보편적인 경향이 최고점에 도달했다고 보는 오늘날에 진정한 사랑은 오로지 그 성취를 회피하는 한에서 가능할 뿐이라는 것입니다. 우리는 제일 긴 이 논문을 읽어내기 위해 많은 노력을 했습니다. 바그너의 오페라 미학에 대하여 쓴 신동의 교수의 『호모 오페라쿠스』를 몇 번이나 반복해 봤으며, 영화에 대해서는 이수연 박사의 도움이 꼭 필요했습니다. 그 밖에도 우리에게 익숙하지 않은 철학자들과 문학, 영화에 대해서는 윤정주 선생이 열심히 찾아와 새롭게 즐길 수 있었습니다. 아마도 이만우 박사의 인내심이 아니었으면 지젝의 이 논문은 우리 모두에게 더욱 고통스러웠을 것입니다.

`SIC시리즈 2권은 『코기토와 무의식』입니다. 이 책은 이병혁 교수가 인도해 가고 있습니다. 지금 3장째에 들어갔으니까 얼마 뒤에는 여러분들께 번역본을 보여드릴 수 있을 것입니다. 세 번째는 이수연 박사가 주도하는 것이 마땅할 것입니다. 제목부터 번역하기 쉽지 않은 Sexuation이기 때문입니다. 번역자들도 즐겁고 출판사도 보람을 느끼는 이 책을 독자 여러분들과 함께 즐길 수 있으리라 기대합니다.

2010. 8

역자들을 대신하여, 김종주

제1부 시선, 목소리

제1장

대상 목소리

믈라덴 돌라르 저 | 김종주 역

태초에 소쉬르가 있었고, 혹은 이야기는 그렇게 전개되어 간다. 분명히 우리의 이야기가 훨씬 더 일찍 시작되고 있지만—아마도 그것은 참으로 "이미 항상" 시작되었을 것이지만—이처럼 우리 시대의 다소 미심쩍은 억견(*doxa*)을 우리의 잠정적인 출발점으로 삼아보자.

소쉬르적인 전회는 목소리와 상당히 깊은 관계를 맺고 있다. 만일 우리가 언어기호의 부정적인 성질을 신중하게 받아들인다면 순전히 그것의 변별적이고 대립적인 가치, 게다가 목소리—아마도 말의 자연적인 토양, 그것의 표면적인 긍정적 실체, 그것의 확고한 토대—에는 의문이 제기되어야 한다. 언어기호로 변하는 목소리의 교묘한 변질을 가능하게 만든 구조적인 결정을 언어학이 발견하지 못하도록 지금까지 방해해 왔던 상상적인 실명의 근원으로서 목소리는 조심스럽게 폐기되어야 한다. 목소리는 새로운 언어과학을 시작하기 위하여 제거되어야 하는 장애적인 요소이다. 전통적인 음성학이 정성들여 묘사해 왔던 언어의 음성들을 넘어서—물리적 성질과 생리학적 성질들에 의해 어찌할 도리 없이 유혹되는 그것들의 발생 테크놀로지에 많은 시간을 들여—새로운 언어학이 발굴해야 하는 매우 다른 실체인 음소가 놓여 있다. "뼈와 살을 가진"(몇십 년 뒤에 야콥슨이 말하게 되는 것처럼) 목소리를 넘어 순전히 그 기능에 의해 규정된 살도 없고 뼈도 없는 실체—침묵하는 음성, 음성 없는 목소리—가 놓여 있다.

새로운 대상은 새로운 과학을 요구한다 : 이제 전통적인 음성학 대신 음운론에 더 높은 희망을 걸게 된다. 서로 다른 음성들이 어떻게 발생되는지 그 질문은 진부하게 여겨진다. 중요한 것은 음소들의 변별적 대립이고, 순수한 관계상의 성질이며, 변별적 자질로의 환원이다. 그것들은 의미작용의 단위들을 구별해내는 능력에 의해 분리되지만, 특수한 의미화 변별들이 부적절해지는 방식으로 그것들의 유일한 중요성은 그것들이 무엇이 될 수 있느냐가 아니라 그것들이 발생하게 된다는 것 그 자체이다. 소쉬르의 가장 유명한 언명에 따르면 음소에는 실체가 결여되어 있고, 형태로 완전히 환원될 수 있으며, 그 자체의 어떤 의미도 결여되어 있다는 것이다.[1)]

그것들은 조합의 형식적인 행렬에서 무의미한 준(準)대수학적 요소들일 뿐이고, 결국 기호에 대한 소쉬르의 정의가 충분히 적용되는 것은 (소쉬르에 대한 야콥슨의 비판처럼) 오직 그것들뿐이다.

다시 말해 그것들은 순전히 부정적인 분량으로 이뤄져 있는 언어의 유일한 지층이며, 그것들의 동일성은 "순수한 타자성"이다(야콥슨 1963, pp. 111, 116). 그것들은 조합으로 "의미를 알 수 있는" 무의미한 원자들이다. 그런 식으로 규정된 음운론은 구조언어학에서 현저한 위치를 차지하도록 정해져 있었다. 참으로 그것은 곧장 그 능력을 탁월하게 내보이고 강력하게 설명해 주는 진열장으로 변해버렸다. 몇십 년이 지나서야 트루베츠코이의 『음운론의 원리』(1939)와 야콥슨의 『언어의 기초』(1956)에서 충분히 발전된 형태를 갖추게 되었다. 소쉬르의 전제에 대한 어떤 비판이 이뤄질 수밖에 없었고(시니피앙의 선형적 특성이란 소쉬르의 교리에 대한 야콥슨의 비판), 다른 선구자들에 대한 당연한 존중도 있었지만(보두엥 드 코르트네이, 헨리 스위트 등등) 그의 강의는 보증되어 있었다. 한 언어의 모든 음성들은 순전히 논리적인 방식으로 묘사될 수 있는데, 그것들은 오직 하나의 기본적 열쇠인 이진부호의 지배를 받는 어떤 최소 변별자질들의 존부에만 기초하는 **논리표** 속에 들어앉을 수 있게 되었다. 전통적인 음성학의 대립들은 거의 모두 이런 식으로 만들어졌지만(유성/무성, 비음/구음, 간결/산만, 억음/예음, 순음/치음 등등), 이 모든 것들은 이제 어느 누가 찾아냈던 음성의 경험적 묘사로서가 아니라 경험적인 것의 개념적 추론인 논리적 대립으로 재창조되었다. 또한 우리는 최종적인 증거물로서 음운론적 삼각형을 모든 음소들의 단순한 추론적 행렬로 제시하고 그것들의 "기본적인 혈족관계 구조"로 제시할 수 있는데, 다시 말해 구조주의의 전성기에서 상당히 유명해진 명성에 도달하게 될 장치로 제시된다.

음운론은 음성들을 단지 몇 다발이 되는 변별적 대립들

로 분해함으로써 순전히 음소적 변별자질들—운율, 억양, 악센트, 멜로디, 잉여요소들, 변이 등등—에 반드시 첨가되는 잉여에 대해 설명해 줄 수 있다. 목소리의 뼈와 살과 피는 존부의 대조표인 구조적 특성의 그물망으로 남김 없이 분해되었다. 따라서 음운론의 초창기 모습은 목소리가 언어의 실체로 완전히 환원된 것이었다. 출처가 미심쩍은 그 어원에서 사실적인 음운론은 목소리를 죽이려 하고 있었는데, 그 근원에는 그리스어 *phonē*, 즉 목소리가 있지만 또한 매우 적절히 *phonos*, 즉 살해도 들어볼 수 있다.

[그림 1] 욕망의 그라프

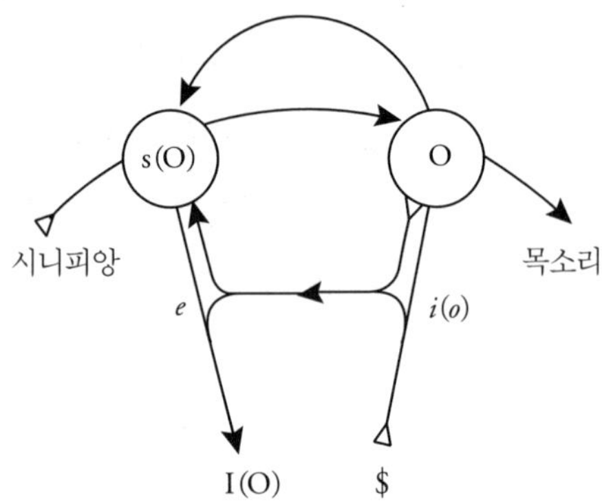

조금 갑작스런 일이지만 라깡한테로 뛰어넘어가 보자. 그 유명한 욕망의 그라프(그림 1)에서 아마도 몹시 놀랍겠지만 왼쪽의 시니피앙으로부터 오른쪽의 목소리로 지나가는 선을 찾아볼 수 있다(라깡 1989, p. 306). 거기엔 그의 최소자질들로 환원된 의미화 연쇄가 있게 되는데, 그 결과로서 혹은 나머지로서 목소리를 만들어낸

다. 어떤 반전이 벌어지고 있었다. 목소리는 분석이 변별적 특성들로 분해시켜야 할 신화적인 근원의 가설적인 것으로 간주되지 않고, 구조로 환원되는 산만한 실체로도 간주되지 않으며 오히려 그 반대가 되는데, 그것은 구조적인 작용의 결과로 남아 있게 된다. 우리의 특별한 목적을 위해 라깡이 보여주려고 하는 그 작용의 특수한 성질—의미의 사후적인 생산, "고정점", 그에 관련된 주체의 본성 등등—을 제쳐둘 수도 있다. 그렇다면 어째서 그 결과로서의 목소리가 존재하는가? 어째서 시니피앙은 그 결과인 목소리 쪽으로 달려가는가? 또한 우리는 거기서 어떤 목소리를 찾아내는가? 음운론이 살해해 왔던 그것인가? 만일 그것이 성공적으로 살해되었다면 어째서 그것은 재현되는가? 그것이 죽었다는 것을 알지 못하는가? 아마도 우리는 라깡의 논제에서 이처럼 이상한 재현을 요약할 수 있을 것이다. 그런데도 음운론—구조분석의 전형적인 진열장으로서의 음운론—이 시도해 왔던 목소리의 환원은 나머지를 남겨놓았다. 그것은 이진법의 논리적 그물망으로 환원되거나 완전히 분해될 수 없는 그 어떤 긍정적인 자질로서도 아니고, 이런 작용을 회피하게 될 어떤 매혹적인 상상적 자질로서도 아니며, 오히려 정확히 라깡식 의미의 대상으로서의 (나머지-역자 첨가)이다. 대상으로서의 목소리를 만들어내는 것은—그것의 확실성, 자물쇠, 재고품 및 그릇과 같은 모든 것에서—오로지 목소리의 환원일 뿐이다. 이러한 목소리의 차원은 대처하기가 어렵다. 그것이 변별적 대립들로 분해될 수 없는 까닭은 첫 번째 자리에서 그것을 만들어냈던 것이 이런 분해였기 때문이다. 따라서 그것에 할당될 수 있는 의미가 없는데, 왜냐하면 의미는 오로지 그러한 대립들로부터 나오기 때문이다. 그것이 시니피앙의 기능이 되지 못하는 이유는 정확히 비의미화 잉여를 나타내기 때문인데, 그 잉여는 의미화 작용에 저항적인 어떤 것이고 그것을 포함하는 구조적 논리와의 관계에서 이질적인 나머지가 된다.

더욱이 이런 나머지는 목소리의 돌이킬 수 없는 어떤 개체성과는 아무런 관계가 없는데, 그것은 표준적인 모형을 넘어서는 개인적인 잉여이고 각각의 목소리를 즉각적으로 인식하게 만드는 명백한 개인적인 낌새나 음색이다. 또한 그것은 바르트가 "**목소리의 살갗**"이라 부른 것—"모국어를 말하는 신체의 물질성", "노래하는 목소리 속에 있는 신체"(1982, pp. 238, 243)—으로도 환원될 수 없다. 목소리를 신체에 부착시키고 그것에 물질성을 부여하는 것이 모든 종류의 장애물들과 관련되기 때문에 결국 다리를 놓을 수 없는 간극과 마주치게 되는데, 왜냐하면 걱정거리가 되는 것은 대상이 결코 신체에 적합하지 못하기 때문이다. 또한 더욱이 노래하는 목소리, 즉 음악을 목소리의 고유한 차원으로 소개함으로써 해결될 수 없는데, 그것은 말의 좁다란 구조를 초월하게 되고 의미작용을 넘어 말로 다할 수 없는 표현영역을 유지하게 될 그런 것이다. 왜냐하면 음악은 그의 매혹적인 힘과 억누를 수 없는 매력에도 불구하고 대상을 길들이려 하고 그것을 미적인 쾌락의 대상으로 바꾸려 하며 그 안에 있는 견딜 수 없는 것을 가려주는 장벽을 세우려는 시도이기 때문이다. "만일 우리가 음악을 만들고 듣는다면 … 그것은 목소리를 타대상이라 불러 마땅한 것을 침묵시키기 위함이다"(밀레 1989, p. 184). 그러나 한 가지 덧붙여야 하는 것은(우리는 나중에 이 문제로 되돌아가게 될 것이다) 이런 몸짓이 항상 애매하다는 것이다. 음악은 목소리를 환기시키고, 감추며, 물신화할 뿐만 아니라 메울 수 없는 틈새를 열어놓기도 한다.

나머지라는 것은 변별적인 것도 아니고 의미작용을 일으키지도 않으면서 변별성에 대해 일종의 평형추를 내놓는 것처럼 보이는 이유는 변별적인 논리가 항상 부재를 가리키기 때문인데, 한편 목소리는 현존, 즉 변별적 특성들에 대한 확고한 배경을 구체화하고 그것들의 내재적인 부정성에 대한 실증적인 기반을 구체화하는 것처럼 보인다. 비록 그의 실증성이 매우 포착하기 어려운 것처럼 보일지라도, 즉 생겨나자마자 곧장 사라져 버리는 공기의 떨림과 똑같으며, 고정시킬 수 있거나 붙잡을 수 있는 어떤 것이 아닌 순수한 통과와 똑같은데, 음운론이 그렇게 철저히 해왔던 것처럼 차이들을 고정시킬 수 있을 뿐이기 때문이다. 라깡의 더욱 특수한 의미로는 그라프의 문맥에서 그것은 변별성뿐만 아니라 또한 첫째로 주체에 대하여 평형추를 제시하는 것이라고 말할 수 있다. 왜냐하면 그라프는 특히 최소의 의미화 작용이 사후적 벡터로 만들어진 순전히 부정적인 실체로서의 주체를 반드시 산출하게 된다는 것을 보여주기 위해 구성되었기 때문이다. 그 실체는 그 자체의 시니피앙을 갖지 못하기 때문에 연쇄를 따라 미끄러지는데, 다시 말해 그 유명한 언명이 보여주는 것처럼 주체는 항상 오로지 다른 시니피앙을 위한 시니피앙에 의해서만 표상되고 있다. 그 자체에는 아무런 기반도 없고 실체도 없다. 즉 그것은 결여이고, 반드시 시니피앙의 성질에 의해 의미되는 빈 공간이며, 잘 알려진 바와 같이 라깡한테서 그랬던 것처럼 주체의 본성은 구조에 할당될 수 있다. 따라서 목소리는 이처럼 비어 있고 부정적인 실체에 빼쏜꼴, 즉 그의 "없어진 반쪽"을 부여하는 것처럼 보이는데, 다시 말해서 이런 부정적인 존재가 실증성에서 어떤 버팀목을 획득할 수 있게 해주는 "보충"(supplement), 어떤 "실체", 즉 현존과의 관계를 부여하게 된다.

따라서 음운론적 작용의 나머지인 잔여로서의 목소리는 현존과 관련되어 있는가? 그것은 포착하기 어려운 것으로 알려져 있으면서도 특권이 부여된 현존의 환기를 제공하고, 그에 따라 그것은 우리가 언어를 사용하자마자 결국엔 항상 현존을 지배하게 되는 순전히 부정적인 변별자질들, 즉 소쉬르의 부재중(*in absentia*) 결정을 방해하는가? 라깡이 구조적 중재의 필수적인 함의로서 정확히 지적해냈던 목소리 대상은 그의 가장 새롭고 잠행적인 변이로서 그 유명한 "현존의 형이상학"과 부딪치게 되는가?

모든 음운론적 연구는 데리다가 확실하게 보여줬던 것처럼 심한 편견을 가지고 있었다. 핵심적인 편견은 대부분의 형이상학적 전통을 공유하고 있었는데, 부지불식간에 그로부터 전해내려 온 편견은 아마도 그러한 전통을 형이상학적인 것, 즉 "음성중심주의적인" 것으로 규정했을 것이다. 그것은 단순하면서도 표면상으론 자명한 가정으로 이뤄져 있었는데, 그 가정에 따르면 목소리는 참으로 언어의 기본요소이고 그것의 자연적인 구체화이며 그것과 동질적이라는 것이다. 반면에 쓰기는 그것의 파생적이고 보조적이며 기생적인 보충을 나타내는데, 그와 동시에 부차적이고 위험한 보충이 된다. 이야기는 그렇게 전개되어 간다.

이런 설명에 의하면 나머지는 결코 목소리 쪽에서 찾아지는 것이 아니라 오히려 정반대이다. 만일 전반적인 형이상학적 전통이 목소리의 우선권을 "자발적으로" 또한 일관되게 지지한다면 그 이유는 목소리가 자가 감동(auto-affection)과 자기 투명성, 현존에의 파악(hold)이란 특권적 지점을 보여주기 때문이었다. 목소리는 순수한 현존,

외계에 의해 때묻지 않은 근원, 즉 기호들의 파악하기 어려운 상호작용에 대한 견고한 토대에 즉각적으로 접근할 수 있다는 착각을 제공해 주었는데, 그 기호들은 여하튼 그것들의 본성에 의해 대리자들이 되고 항상 부재를 가리킨다. 따라서 만일 거기에 나머지가 있다면 그것은 쓰기 쪽에서 찾아져야 하고 살아 있는 목소리를 분열시키는 죽은 문자, 즉 현존을 더럽히는 그것의 종속적인 자리를 빼앗는 보충이 된다. 또한 최후로 문제가 되는 것은 실증적이고 경험적인 외모에서의 쓰기가 아니라 더욱 근본적으로 흔적이 되는데, "이미 항상" 그 근원을 어지럽혀 왔던 타자성의 흔적이 된다. 소쉬르 자신은 서로 대립되는 두 가지 사이에서 분열되어 있었는데, 그 두 가지는 한편으로 전통적인 자세를 연장시키고 쓰기를 목소리의 부차적인 것으로 비난하면서도 "지도적인 역할을 빼앗아 버리겠다"고 위협하는 것으로 비난하게 만드는 경향(소쉬르 1972, p. 45)이고, 다른 한편으로 "언어의 본질이 … 언어기호의 음성적 특성에 조화되지 않는다"(소쉬르 1972, p. 21)는 통찰이다. 따라서 그 뒤에 따라오는 음운론의 운명도 역시 그 둘 사이에 붙잡히게 되었다. 한편으로 목소리는 언어의 자연적인 물질이어서 시작하기 위한 분명한 장소가 되었다는 확실한 편견이고, 다른 한편으로 목소리의 살아 있는 현존을 무생물의 변별행렬로 분해시켰던 그것의 작용인데, 라깡이 역설적 대상인 목소리가 되는 것으로 간주했던 나머지를 예외로 하고 있다.

따라서 데리다의 전회는 매우 다른 방식에 의해 목소리를 철학적 질문의 현저한 대상으로 만들어냈는데, 그 때 가장 중요한 형이상학적 선입견과 공모하는 것으로 내보여 주었다. 만일 이처럼 다소 중심이 되는 관점으로 형이상학이 타자의 흔적인 타자성의 일부를 부인하려는 경향에 의해 수행된다면, 또한 차이들의 분열적인 역할에 대항하는 어떤 최종적인 시니피에를 붙잡고 늘어지려는 경향과 보충성에 반대하는 근원의 순수성을 유지하려는 경향에 의해 수행된다면 그것은 오로지 최초 자기 현존의 근원으로서 목소리의 특권에 매달림으로써 그렇게 할 수 있을 뿐이다. 다른 모든 형이상학적 분할의 모형인 내부와 외부 사이의 분할은 거기로부터 유래한다.

> 목소리가 시니피앙의 순수한 소멸로서 자기에게 가장 가깝게 들려온다(이해된다). 그것은 틀림없이 양심이라 부르는 것이다. 다시 말해 반드시 시간의 형태를 갖춘 순수한 자가 감동이고 그 자체의 외부로터 혹은 "현실"에서 그 어떤 부속의 시니피앙도, 즉 그 자체의 자발성과 관계없는 그 어떤 표현의 실체도 빌려오지 않는 순수한 자가 감동이다. 그것은 자기의 내부로부터 자발적으로 그 자신을 만들어내는 시니피에의 특수한 경험이 된다. (데리다 1976, p. 20)

따라서 이러한 착각—탁월한 착각—은 내재성으로 구성되어 있고 결국 의식과 자기와 자율성으로 구성되어 있다. 자기 자신이 말하는 것을 듣는다는 것(*s'entendre parler*)은 아마도 의식에 대한 최소의 정의가 될 것 같다. 나는 데리다가 거기로부터 끌어내 왔던 다수의 다양하고 다소 극적인 결과들을 강조하려는 것은 아니다.

자기 자신이 말하는 것을 듣는다는 것—혹은 단순히 자기 자신을 듣는다는 것—은 자기에 대한 최소한의 형태를 만들어낼 필요가 있는 자기애의 기본적인 공식으로 보일 수 있다. 라깡은 젊은 시절에 또 다른 기본적인 자기애적 기구인 거울을 가져다 주기 위해 많은 시간을 소비했다. 거울은 동일한 기능을 완수해내는 것이었는데, 자기 인식을 만들어내기 위해 필요한 최소한의 지지를 제공하는 일, 여러 부분으로 되어 있는 신체에 제공된 상상적인 완성, 그와 함께 동행하는 상상적인 실명, 본질적으로 오인이 되는 인식, 자신의 동일자들과 맺는 관계의 기반뿐만 아니라 "나"의 구성, 사랑과 공격의 애매한 근원, 이 모두는 그 유명한 거울단계의 잘 알려진 갑옷이다. 나중에 라깡은 타대상의 두 가지 탁월한 구체화로서 시선과 목소리를 분리해내려고 했지만 그의 초기 이론은 상상계의 전형적 심급으로서 시선에 확실한 특권을 부여했는데, 그것을 한 모형으로까지 끌어올렸다. 목소리는 어떤 의미에선 훨씬 더 인상적이고 기본적인 것으로 보일 수 있는데, 목소리가 인생의 첫 번째 표명이 아닌가? 따라서 자기 자신을 듣는 것과 자신의 목소리를 인식하는 것이 거울 속에서의 인식을 선행하는 경험이 아닌가? 또한 어머니의 목소리는 대타자와 맺는 첫 번째 문제의 연결이 아닌가? 그 연결은 탯줄을 대신하게 되고 인생의 최초 단계에서 대부분의 운명을 구체화하는 비물질적인 끈이다. 자신의 목소리의 인식은 유아한테서 거울에서의 인식에 동반되는 환희의 효과와 동일한 것을 만들어내지 않는가?

목소리에 부착된 자기애의 흔적형태가 존재하는데, 목소리의 윤곽을 그려내기가 어려운 이유는 표면상으로 외부적인 그 어떤 지지도 결여되어 있기 때문이다. 그것은 첫 번째 "자기 지시적"이거나 "자기 반사적"인 움직임이지만 자기 자신의 가장 가까운 곳에 있는 순수한 **자가 감동**, 그 **자가 감동**이 재굴절이 아닌 까닭은 표면상으로 그것이 목소리를 되돌려줄 스크린이 없는 순수한 직접성이기 때문인데, 거기서 그는 그의 순수한 내재성에서 발신인이자 수취인이 된다. 기만적인 자기 투명성에서 그는 틈새도 없고 그 어떤 외부적인 중재에의 욕구도 없이 두 가지 역할에서 일치한다. 청각적 거울에 대해 이야기할 수 있는데, 말하자면(실버맨 1988 참조) 오직 거기에만 거울이 없다. 자신의 외부적인 이미지의 인식에 대한 욕구가 없고 거기에서 그 어떤 반영보다 선행하는 의식의 핵심을 볼 수 있다. 만일 목소리를 되돌려주는 표면이 있다면 그 목소리는 그 자체의 자율성을 획득하게 되어 대타자의 차원으로 진입하기 때문에 그것은 지연된 목소리가 되고 자기애는 부서져 버린다. 가장 좋은 증거는 나르시스 그 자신이며 그의 이야기가 시선과 목소리 둘 모두에 관련되어 있다는 것은 놀라운 일이 아닐 것이다. 그러나 그의 말을 메아리로 되풀이할 수 있을 뿐이지 스스로는 말할 수 없는 요정인 에코와 벌이는 그의 진기한 "사건"은 실패한 사랑과 실패한 자기애의 이야기가 되는데, 되돌아온 목소리는 그 자신의 목소리가 아니고 그는 타자한테 빠져들기보다는 오히려 죽기를 바랄 것이다(오비디우스는 ""Ante", ait, "emoriar, quam sit tibi copia nostri""라고 말한다). 또한 그 요정이 죽었을 때 오직 그녀의 목소리만 남아 아직도 우리 자신의 것에 메아리를 만들고 있는데, 그것은 신체가 없는 목소리요, 나머지이며, 대상의 흔적이다.

그러나 목소리의 자기애적인 **자가 감동적** 차원 내에는 그것을 분열시키려고 위협하는 어떤 것이 있는데, 가장 내밀한 수준에서 그에게 영향을 주지만 그는 지배할 수도 없고 통제할 힘도 갖지 못하는 목소리이다. 목소리가 그 자체를 정신분석에 대한 문제로 제시했던 곳에서 그것은 항상 주체에게 그 자신을 강요하는 대타자의 다루기 힘든 목소리로서 존재했다. 가장 극적인 형태로서 "목소리를 듣는" 광범위한 경험이 존재했는데, 그것은 다른 목소리들보다 더욱 실재적인 것으로 그 자체들에 부과했던 환청이란 거대한 영역이다. 더욱 흔한 형태로서 우리의 의무를 이행하라고 말해주는 의식의 목소리가 있었고, 거기서는 정신분석이 곧장 초자아의 목소리를 인식하게 되었는데, 법의 내재화뿐만 아니라 근절시킬 수 없는 죄의식의 위치에 주체를 놔두는 잉여가 부여되는 어떤 것이 된다. 더 많이 복종할수록 더 큰 죄의식에 빠진다. 다소 간략한 형태의 슬로건으로 옮겨보면 법에 대한 초자아의 잉여는 정확히 목소리의 잉여이다. 다시 말해 초자아는 목소리를 갖는데, 법은 문자에 매달려 있다. 복종을 요구하는 최면의 목소리가 있었고, 그 기제—반복됨으로써 모든 의미를 상실했던 어떤 공식의 반복—는 정확히 의미로부터 대상 목소리를 분리시키려는 시도였다.[2] 만일 정신분석이 정반대되는 최면과 그의 암시적인 힘에 의해 정립되었다면 그처럼 이상한 대상의 불길한 권위를 고려해서 분석해야 했다. 흔히 만나는 히스테리 증상으로서 실성증(失聲症/aphonia)이 있는데, 그것은 자신의 목소리에 대한 통제력의 상실이고, 자신의 목소리를 갑자기 사용할 수 없으며 강요된 침묵이다. 그 침묵은 오히려 대상 목소리를 순수한 형태로 나타나게 해주는데, 그것의 특수성으로 결국 그것에는 음성적 실체가 결여되어 있다. 그것의 근저에는 대타자 차원의 맨 처음 인격화인 어머니의 목소리라는 문제가 깔려 있는데, 시니피앙과 결여가 개입되기도 전에 최초의 융합이란 사후적인 환상이 부여되어 있고(예를 들어 크리스테바의 "코라"를 참조), 또한 애매하지만 "함정에 빠지는" 편집증적 환상을 불러일으킨다. 그것은 둥우리이자 감옥이 되는 목소리였다(실버맨 1988, p. 101ff. 참조).

따라서 정신분석에서 자기 현존과 자기 통제라는 자가 감동적인 목소리는 대타자의 다루기 힘든 목소리인 그것의 이면과 항상 대조되는데, 우리는 그 목소리를 통제할 수 없다. 그러나 둘 모두를 함께 생각해 봐야 한다. 자기애의 핵심 속에는 자기애적인 충족이 감춰보려고 애쓸 수도 있지만 내부로부터 끊임없이 그것을 손상시키겠다고 위협하는 낯선 핵심이 자리 잡고 있다고 말할 수 있다. 라깡이 최초의 통찰에 강요되어 거울단계에 관한 그 유명한 논문을 쓸 당시까지도 그 대상에 관한 이론을 갖고 있지 못하다가 훗날 자신의 스케치에 기다란 몇 개의 후기를 첨부해야 했다. 그 중에서 가장 주목할 만한 것이 정신분석의 네 가지 근본개념들에 관한 세미나(라깡 1979)에 나오는데, 한 장 전체에 「눈과 시선의 분열」이란 제목을 붙였다. 눈에서 쪼개져 나온 대상으로서의 시선은 정확히 자신을 인식하게 되는 이미지에 의해 속아 넘어가는 그런 것이다. 그것은 시각의 영역 내에 존재할 수 있으면서도 내부로부터 자주 나타나게 만드는 그런 것이 아니다.[3] 만일 그것이 그 이미지의 일부로 나타난다면, 예를 들어 낭만주의 문학의 전체 서가를 꽉 채워왔던 빼쏜꼴의 경험 속에서 일어나는 것과 같다면 즉각적으로 그것은 정립된 현실을 분열시키고 파국으로 이끌어 간다(이 책의 제2부에 나오는 필자의 「첫눈에」라는 논문을 참조). 유비로서 목소리와 귀 사이에 분열이 존재한다(밀레 1989, pp. 177–78). 자기애의 동일한 내부분열이 여기에 소개되어야 하고, 표면상 자기 투명한 자가 감동의 동일한 타고난 애매성이 소개되어야 한다.

시선으로서 동시에 목소리로서의 대상이 자기애적인 자기 이해의 요점으로 나타나자마자 그것은 자기 현존의 핵심에 단절을 개입시킨다. 비록 현존의 전반적인 개념이 그것 주위에 구성되고 오로지 그것의 생략에 의해 정립될 수 있더라도 그것은 그 자체로는 존재할 수 없는 어떤 것이다. 따라서 주체는 그 자체에게 그것의 현존의 명석함에서 자기 파악에 의해 구성되기는커녕 오로지 현재화될 수 없는 그 부분과의 불가능한 관계로 출현할 뿐이다. 다만 현존의 불가능성으로서 실재적인 것(그 부분에 대한 라깡의 명칭)이 존재하는 한 주체는 존재한다. 목소리는 현재의 현존에 대한 열쇠가 될 수도 있고 순수한 내재성에 대한 열쇠도 될 수 있지만 그것은 현존을 거의 투명하게 만들어 주는 목소리, 들을 수도 없고 견딜 수도 없는 대상 목소리를 가장 깊은 구역에 붙들어 매고 있다. 따라서 만일 데리다한테는 목소리의 본질적인 것이 흔적과 나머지, 타자성 등등에 대립되는 것으로서 **자가 감동**과 자기 투명성 속에 놓여 있다면, 라깡한테 그러한 **자가 감동**은 문제가 시작되는 지점이 된다. 데리다의 해체적인 전회는 목소리를 착각적인 현존의 근거로 환원시킴으로써 목소리한테서 근절 불가능한 애매성을 빼앗아 버리는데, 그 반면에 라깡의 설명은 자기 현존에 대한 내부적인 장애물로서의 대상을 그것의 핵심으로부터 풀어놓으려고 애쓴다. **자가 감동**을 획득할 수 없는 바로 그 불가능성을 그 대상이 구체화하기 때문에 그것은 완전한 현존의 한가운데에서 분리, 즉 절단을 개입시키고 그것을 허공이라 부른다.

데리다의 광범위한 분석의 가장 설득력 있는 특징은 표면상 주변 테마—글쓰기보다 우위에 두는 목소리의 우월성, 즉 음성중심주의적 편견이라는 테마—가 일관되게 형이상학의 전체 역사에 걸쳐 어떻게 다시 떠오르는지, 또한 그것이 어떻게 주요한 모든 형이상학적 선입견들과 본질적·필수적으로 연결되는지 그 방식을 보여주는 그의 능력이다. 이처럼 매우 한정된 한 가지 접근방법은 그의 거대한 모든 분파에서 형이상학의 역사를 기록하는 것으로 충분해 보인다. 그의 완전한 범위는 압도적이고 그 정합성은 강제적이다.

그런데도 음성중심주의적 편견은 아마도 목소리의 형이상학적 처리에 관한 전반적인 이야기가 아닌 것 같다. 목소리의 다른 형이상학적 역사가 존재하는데, 거기에서 목소리는 현존의 안전장치가 되기는커녕 위험스럽고 위협적인 것으로 생각되며 파괴적일 수도 있다고 생각된다. 불신임 투표를 받는 목소리의 역사가 있다. 글쓰기뿐만 아니라 목소리도 형이상학적인 일관성에 대한 위협으로 나타날 수 있고 현존과 의미의 분열로 보일 수도 있다. 라깡은 목소리의 애매성과 그것의 위험한 이면을 만들어낼 필요가 없었고, 형이상학은 그동안 그 점을 잘 알고 있었다. 우리가 이것을 찾아낼 수 있는 특별한 장소로서 음악의 철학적 취급이 있는데, 다시금 약간 제한된 시각임에 틀림없지만 기다란 그림자를 드리우는 것이다. 따라서 어떤 전형적인 사례들을 아주 잠깐 훑어보도록 하자.

음악에 관한 가장 오래된(비록 조금은 의심스럽고 신화적이지만) 텍스트에서 중국의 황제인 순(舜/Chun, 기원전 2200년)은 다음과 같은 간단한 지침을 내린다 : "음악이 말의 의미를 따르게 해보자. 그것을 간단하고 솔직하게 유지시켜라. 의미가 빠져 있고 연약해지는 겉치레뿐인 음악은 비난받아야 한다"(프와자 1991, pp. 197-98에서 인용). 이런 충고 한 마디의 단순함(또한 황제로부터 나온 것이라서 그것은 충고 이상의 것이다. 오히려 그것은 권력에 대한 음악의 관계라는 복잡한 문제를 야기하면서 따라야 하는 명령이 된다)에도 불구하고 놀랄 만한 집요함으로 전 역사를 통해 다시 나타날 주된 관심사는 간단히 말해 이미 그곳에 존재한다. 특히 목소리로서 음악은 의미를 부여해 주는 말로부터 벗어나 헤매지 말아야 한다. 그것이 원문의 정박지로부터 떨어져 나오자마자 목소리는 무의미해지고 위협적으로 되어 가는데, 유혹적이고 중독시키는 힘 때문에 더욱 그러하다. 더구나 의미를 넘어선 목소리는 자명하게 여성성과 등가를 이루는 반면에 의미작용의 심급인 텍스트는 이런 단순한 전형적인 대립에서 남성성의 편에 서게 된다. [약 4천 년 뒤에 바그너는 리스트에게 보낼 그 유명한 편지에서 다음과 같이 쓰게 될 것이다. "음악은 여자이다" (*Die Musik ist ein Weib*).] 말을 넘어선 목소리는 무의미한 관능의 유희가 되고, 그 자체로는 공허하고 경박할지라도 위험스런 매혹적인 힘이 된다. 목소리와 "로고스"라는 이분법은 이미 적당한 위치에 놓이게 된다.

2천 년쯤 뒤에 그것은 여전히 플라톤과 함께 적당한 위치를 차지하게 된다.

> 음악을 새로운 종류로 바꾸는 것은 우리 전체를 위해서 위험한 것이므로 세심한 주의를 기울여야 하네. 음악의 양식은 가장 기본적인 정치·사회적 관례들을 동요시키지 않고서는 결코 깨뜨려지지 않기 때문이지. … 우리의 수호자들이 위병소와 감시초소를 세워야 하는 곳이 바로 여기라고 나는 말했다네.
>
> 쉽사리 이것은 관찰되지 않은 채로 살며시 내비치는 무법성의 일종임에 틀림없다고 그는 말했지.
>
> 그렇다네. 그것이 유일한 유희의 부류가 되기 때문에 아무런 해로움도 주지 않을 것으로 생각된다고 나는 말했지.

점진적인 침투로서 그것이 인간들의 성격과 추구 위에 또한 그들의 사업관계를 공격할 만큼 퍼져나가 점점 확대되면 (이런 문제들로부터 부드럽게 넘쳐흐른다는 것을 제외하고는 그 어떤 것도 작동되지 않으며),[4] 마침내 공사(公私)를 가릴 것 없이 모든 것을 전복시킬 때까지 이런 관계로부터 그것은 제멋대로의 방종인 소크라테스와 함께 법률과 제도를 고소하게 된다네. (『국가』 4, 424c–e)

적어도 음악은 우스운 일이 아니다. 그것은 가볍게 취급될 수 있는 것이 아니라 최대한의 철학적 관심과 경계심으로 취급되어야 하는 것이다. 그것은 매우 기본적인 바탕이라서 그 어떤 방종도 불가피하게 일반적인 퇴폐를 만들어낸다. 즉 그것은 사회적인 구조와 그의 법률과 관례를 위태롭게 만들고 다름 아닌 존재론적 질서를 위협하게 된다. 음악에 존재론적 위상을 부여해야 하기 때문이다. 그것은 "자연"과 "문화", 즉 자연법칙과 인위적인 법 사이의 조화에 대한 열쇠를 쥐고 있다.[5] 그런 영역에 개입해야 한다면 모든 것은 의문시되고 그 기반을 잘라버리게 된다. 퇴폐는 음악적인 퇴폐로 시작된다. 태초에, 기원이란 위대한 시대에 음악은 법에 의해 통제되었고 그것과 하나가 되었지만 곧장 사물들이 감당할 수 없게 되었다.

—— 이후로 시간이 경과함에 따라 비음악적인 방종은 타고난 천재들인 시인들의 출현과 함께 시작되었다. 그러나 그들은 무엇이 옳은지 알지 못했으며, 뮤즈의 여러 신들의 영역에서 정당한 것으로 인정되었다. 그들은 쾌락에 대해 미친 듯하고 부정한 갈망에 사로잡혀서 … 형태들의 보편적인 혼동을 만들어냈다. 따라서 그들의 어리

석음 때문에 음악에는 옳고 그른 것과 같은 것이 없다는 가정에 의해 그들의 직업을 부지불식간에 훼손시키게 되었는데, 여기서 올바른 판단기준은 신분이 높든 낮든 청자한테 주는 쾌락이 된다.(『법률』 3, 700d-e)

일단 불경스럽게 표준으로서의 쾌락에 굴복하게 되면("음악에서 올바름의 표준이 쾌락을 주는 효과라고 흔히들 말하고 있다. 그러나 그것은 참을 수 없는 감정이다. 사실상 그것은 솔직한 불경의 한 조각이다", 『법률』 2, 655d), 일단 음악의 법칙에 따르기를 거부했다면 거기에는 끝없는 결과들—뻔뻔스러움, 도덕적 붕괴, 모든 사회적 연대의 붕괴—이 서서히 찾아오게 된다.[6]

이처럼 진정으로 계시적인 시각—문명의 종말, 음악적인 형태에서 해가 없어 보이는 변화들로 시작된 혼돈 속으로의 회귀—을 예방하기 위하여 음악적인 질료의 확고한 편성을 떠맡아야 한다. 첫 번째 규칙인 그 괴물과 싸울 최상의 해독제는 다음과 같다. "음악과 리듬은 반드시 말을 따라야 한다"(『국가』 3, 398d, 400d). 위험의 핵심이 말로부터 스스로를 느슨하게 풀어주는 목소리, 로고스를 넘어선 목소리, 무법의 목소리이기 때문이다.

다른 명령들이 뒤따른다. 영혼을 달래주고 방종을 유도하는 양식을 금지해야 한다. 즉 이오니아 조뿐만 아니라 "비가 같은" 혼성 리디아 조, 즉 상위의 리디아 조("그것들은 남성들은 말할 것도 없이 그 자신들 가운데 최고를 만들려고 하는 여성들에게조차 쓸모가 없기 때문에", 398e)를 배척해야 한다. 남성들한테 알맞은 것들, 즉 전사들과 사내다운 겸양과 절제에 꼭 맞는 것들—도리아 조와 프리기아 조—을 유지해야 한다.[7] 다시금 성적인 구분은 음악 전체에 걸쳐 내보이고 있다 [또한 이 점은 오늘날에도 장조(*duras*)와 단조(*mollis*)의 성적인 내포로 지속되어 있다].[8] 결국 여러 양식들 간의 자유로운 변이, 즉 "변조"를 허용해 주는 다중화음 악기들과 특히 플루트 및 "가장 많은 현들을 가진 악기"를 금지해야 한다(399d). 사실상 그것에 대하여 부가적이고 더 간단하며 더욱 강제적인 이유가 있다. 즉 플루트를 연주하는 동안에는 말을 할 수가 없다는 것이다.[9] 관악기에는 텍스트로부터 해방시키는 사악한 성질이 있어서 그것들은 말을 넘어선 목소리로서 그 목소리의 대체가 된다. 디오니소스는 선호하는 악기로서 플루트를 선택했지만(판 신의 피리를 참조) 아폴로가 리라로 정했다는 것은 이상할 것 없다. "내 친구여, 우리가 마르쉬아스와 그의 악기보다 아폴로와 아폴로의 악기를 더 좋아한다는 것은 새로울 것이 아무것도 없다네"(399e).[10] 또한 플루트가 여성들한테 적합하다는 것도 당연하다. "나는 또한 우리가 방금 들어온 플루트 소녀의 도움을 필요로 하지 않아서 가도록 내버려 두고 스스로를 위해서나 그 안에 있는 여성들을 위해서나 제가 좋아하는 대로 연주하도록 하고, 그동안 우리는 저녁시간 동안 토론하며 지내자고 제안하며 … "(『향연』 176e). 플루트는 소녀에 의해 연주되고 그 청중은 여성들이지만(플루트에서 의심스러운 미덕으로 재빨리 미끄러져 감), 반면에 남성들은 철학에 전념하게 되고, 플루트와 고르곤과의 신화적인 연결 등등에 대해서는 언급하지 않는다.

따라서 음악에는 가장 좋은 치료와 근본적인 위험, 즉 치료약과 독약이 함께 들어 있다. 파르마콘(*pharmakon*)에 대한 데리다의 유명한 분석(데리다 1972에 나오는 「플라톤의 약국」 참조), 즉 치료와 파멸이 글쓰기에 적용되듯이 목소리에도 적용될 수 있는 방법은 호기심을 자아낸다. "음악에서의 교육이 가장 최상의 것인 까닭은 올바로 교육받은 경우에 그 무엇보다도 리듬과 하모니가 가장 깊은 영혼 속으로 찾아들어가 가장 강력하게 붙잡고서 그것들과 함께 우아함을 나눠주기 때문이고, 그렇지 않으면 그 반대가 … " (『국가』 3, 401d–e).[11] 따라서 문제는 어떻게 유익한 효과와 위험한 결과 사이에서 수지를 따져보고 구별해 보느냐 하는 것이다.

> 이제 어떤 사람이 음악에 빠져서 그를 이용하고 깔때기 같은 그의 귀를 통하여 말하자면 감미롭고 부드러우며 슬픈 곡을 그의 영혼에 퍼부으며 … 그의 온전한 시간을 노래의 지저귐과 알랑거림에 쏟을 때, 그 첫 번째 결과는 그가 지니고 있다면 쇠붙이처럼 용맹한 기질이 부드러워지고 또한 쓸모 없거나 연약함 대신 유용하게 된다는 것이다. 그러나 그가 그런 실행을 줄이지 않고 계속하면서 매료되어 버릴 때 자신의 기질을 완전히 해체시킬 때까지 녹여서 액화시키는데, 말하자면 자신의 영혼의 힘줄을 잘라서 "약한 전사" 로 만드는 결과로 되어가기 시작한다. (『국가』 3, 411a–b)[12]

따라서 어떻게 우리는 이처럼 위험스런 종류의 향락으로 올바른 기준에 도달하려고 희망할 수 있을까? 어느 정도까지 음악은 숭고해지고 정신을 끌어올린다. 그러나 어떤 한계로부터 그것은 쇠퇴를 가져오는데, 모든 영적인 기능들의 쇠약이 되고 향락에서 그것들의 붕괴가 된다. 우리는 어디서 중단해야 하는가? 철학자는 이처럼 억제할 수 없고 무한한 향락에 한계를 설정해 줄 수 있을까? 그는 치명적인 독약을 주지 않으면서 치료를 계속할 수 있을까?

지금의 목적을 위해 아리스토텔레스를 옆으로 제쳐놔 보자. 그는 흥미롭게도 『정치학』 제8권 거의 모두를 교육론의 중심부분으로서 음악에 대해 할애하고 있다. 이제 그 이후 약 천년을 뛰어넘어 아우구스티누스의 『고백록』 제10권 33절을 펴보도록 하자. 거기서 우리는 다음과 같이 "귀로 죄를 짓는 일"에 대한 인상적인 명상을 읽게 된다.

> 자, 감미롭고 조율된 목소리로 노래를 불렀을 때 당신의 말씀이 영혼을 깊이 들이마시는 그러한 멜로디들[*sonis*]에서 저는 조금 휴식을 취하게 되고 … . 그러나 그것들의 생명이 되게 하고 저한테 들어오는 입구를 찾아내게 하는 그 말씀으로 그것들 자체[멜로디들, *soni*]가 저의 감동 속에서 어떤 존경의 자리를 찾아내게 되고, 저는 가까스로 그것들에게 적당한 자리 하나를 할당할 수 있게 됩니다. 한때 저는 제 스스로 그것들에게 고상한[*decet*] 것보다 더 큰 경의를 부여하는 것처럼 생각되고, 그렇게 노래를 불렀던 거룩한 말씀 그 자체에 의해 그렇지 않았을 때보다 우리의 마음이 더욱 거룩해지고 헌신의 불꽃으로 활활 타오르는 느낌을 받습니다. 또한 우리 영혼의 몇몇 감동들이 감미로운 변형에 의해, 그것들을 활동시키는 숨겨진 몇 가지 조응에 의해 목소리와 노래에서 그것들의 고유한 척도를 갖게 됩니다. 하지만 영혼이 힘을 빼앗기고 넘겨줘서는 안 되는 육신의 이러한 만족이 흔히 저를 속이고 있습니다만, 참을성 있게 그것(이성-역자)을 따르는 것처럼 그 이성을 기다린다는 의미가 아닙니다. 단지 그것을 위해 받아들임으로써 그것보다 앞서 달려나가 그것을 이끌어 가려고 노력하는 것입니다.

우리가 그 목소리가 위험과 쇠퇴의 가장 중요한 근원이 된다는 것을 알았다고 해서 놀랄 필요는 없다. 치유책도 역시 익숙해진 것이다. 즉 하나님의 말씀인 그 말씀에 매달려라. 말을 넘어선 목소리, 억제할 수 없는 목소리에서 벗어나기 위해 그 말씀이 우위를 유지하는 것을 확인하라. 따라서 아타나시우스가 가장 현명하게 행동했던 것은, 성가는 "노래 부르는 것보다 말하기에 더욱 가깝도록 목소리의 굴절을 아주 적게" 불러야 한다고 명령할 때였다. 노래 부르기는 애매성을 피하기 위해 차라리 금지되어야 하지 않을까?

> 저의 신앙이 회복되기 시작하면서 "당신의 교회 찬송가"를 들으며 제가 흘린 눈물을 기억할 때, 또한 이 때 제가 감동하게 된 것은 노래 부르기 때문이 아니라 노래로 불렀던 그것들 때문인데, 그것들을 맑은 목소리로 가장 적당한 변조[*cum liquida voce et convenientissima modulatione*]로서 부를 때 저는 이러한 서임의 위대한 용도를 알게 됩니다. 이리하여 저는 쾌락의 위험과 인정된 건전함 사이에서 동요하게 됩니다. … 귀를 기쁘게 함으로써 더 허약해진 마음은 헌신의 감정을 불러일으킬 수 있습니다. 그런데도 저한테 노래불러진 말보다 목소리로 더 큰 감동을 받는 일이 생긴다면 저는 벌받을 만한 죄를 졌다고 고백하고는 그 다음부터 차라리 음악을 듣지 않겠습니다.

다시금 그것은 불가능하지만 훌륭한 기준인 한계의 문제가 되는데, 음악이 영혼을 신성으로까지 끌어올리는 것이면서 동시에 죄가 되기(*delectatio carnis*) 때문이다. 그것이 가장 느린 잠행으로 육욕(carnality)을 나타내는 까닭은 그것이 물질성으로부터 해방되는 것처럼 보이기 때문이고, 육신의 가장 미묘하고 가장 불성실한 형태가 되기 때문이다.

성 아우구스티누스의 동요는 음악과 맺은 가톨릭교회의 난처하고 복잡한 관계 속에서 그 다음의 천여 년 동안에 일어났던 일들의 대부분을 매우 잘 규정해 주고 있다. 이상한 궁극적 구원과 함께 계속 출현하고 있던 주된 문제는 신성한 음악의 규격화와 법전화의 문제로서 결국엔 목소리를 거룩한 서체인 문자 속으로 가둬버린 셈이다. 그러나 시도된 규제가 그 무엇이든 거기에는 항상 틈새, 즉 구멍이 있었고 계속 반복되는 나머지, 매우 애매한 향락의 잔여가 있었다. 예를 들어 그것은 "할렐루야"(alleluia)에게 할당된 공간인 **유빌루스**(*iubilus*)의 형태를 취할 수 있는데, 그곳에서는 **한 가락**(note)**에 한 음절**이란 일반적인 원칙이 빠져 있었고, 그 자체의 환희에서 접수받는 목소리, 아무런 지지도 없는 **멜리스마**(*melisma*)이다. 매우 흥미로운 발전에서 말이 없는 곡조는 나중에 새로운 말과 시퀀스(반복진행 : 그 용어의 전문적인 의미로)의 토대가 되었고, 따라서 텍스트 속으로의 이단적인 침투를 위협하게 된다. 그러나 **유빌루스**가 위험하긴 하지만 그와 동시에 신을 찬양하기에 가장 적절한 방법이지 않을까? 아우구스티누스 자신은 이렇게 말하고 있다. 즉 환희는 말로 표현될 수 없는 것을 표현하게 되고, 성악가들은 기쁨에 넘쳐 어찌할 바 몰라 말을 버리고 **마음으로 받아들인다**(give way to their heart). "*Et quem decet ista iubilatio, nisi ineffabilem deum?*" (『고백록』에 관한 오도넬의 해설 제3권, pp. 218–19에서 인용됨). 따라서 신의 "말로 표현할 수 없음"과 연결시켜 주는 것은 오로지 "말을 넘어선" 순수한 목소리일 뿐이다. 그러나 다시금 우리가 찬양하고 있는 것이 진정으로 신이라고 확신할 수 있을까?

우리는 다성음악의 소개로 야기된 거창한 문제들을 갖는 동일한 궁지를 추적해 볼 수 있는데, 왜냐하면 몇 가지 목소리들이 동시에 노래를 부르고 각자 그들 자신의 선율들을 따라갈 때 그 텍스트는 이해할 수 없게 된다. 우리는 색채론에 대한 전투에서 그것을 다시 보게 되는데, 그 이유는 반음이 하모니 구조를 위태롭게 하기 위해 위협하며 영혼의 진정, 즉 금지된 향락을 인도하기 때문이다. 각각의 새로운 음악적 발명은 파괴적인 효과를 가져왔고, 그 즉시 다름 아닌 플라톤의 방식에서 도덕적 파멸로 가는 길을 보여주게 되었다. 교황 요한 22세는 사물들을 정리해 볼 목적으로 1324년에 음악에 관한 법령(*Docta sanctorum Patrum*)을 공포했지만 아무런 쓸모가 없었다. 16세기에 열린 공회의에서도 동일한 문제를 풀어보려고 애쓰면서 이해 가능성 대 목소리라는 동일한 교정수단을 권했다. 즉 *in tono intelligibili, intelligibili voce, voce clara, canta intelligibili* … (프와자 1991, pp. 144-45 참조). 모든 문서는 동일한 손으로 쓰여지고 단 하나의 동일한 강박관념에 의해 인도되었던 것처럼 보인다. 그것은 목소리를 문자에 얽어매고 분열적인 힘을 제한하며 고유한 애매성을 씻어내 버리는 것이다.

그런데도 모든 것들이 이처럼 단조로운 그림에 꼭 들어맞는 것은 아니었다. 어떤 신비주의적인 흐름들은 이처럼 육중한 패러다임의 놀라운 반전을 제시하게 되었다. 다시 말해 음악이 신에게로 가는 유일하게 적절한 길이 되는 까닭은 그것이 정확히 말을 넘어선 신을 목표로 삼기 때문이다. 그것은 무한하고 말로 표현할 수 없는 존재에게로 가는 길로서 아우구스티누스가 이미 알고 있었던 특성이다. 문제가 되는 것은 시니피앙을 넘어선 향락인데, 그것은 여성적 향락(*jouissance*)이라는 라깡의 문제에 대한 시각을 열어주고 있다 (라깡 그 자신이 정확하게 여성적인 신비주의를 통해 파헤쳤던 것, 라깡 1975, pp. 70-71 참조). 그러나 만일 신이 특히 음악적인 원리가 되고 신성한 말이 오로지 노래하는 목소리로 그의 진정한 차원을 획득하게 된다면 단지 말뿐인 것은 악마에게 속한다는 파격적인 결과가 뒤따라 올 수 있다. 실제로 이런 극단적인 결론은 12세기의 유명한 여자 수도원장이었던 빙엔의 힐데가르트에 의해 도출되었는데, 그녀는 철학적인 몰두와 그 당시 가장 유명한 몇 사람들과 가졌던 학술회의 외에는 대부분의 시간을 작곡하는 데 전념했다. 뮤지컬 도덕극인「오르도 비르투툼」(*Ordo virtutum*)에서 우리는 악마에 의해 유혹당하고 미덕—의인화되고 당연히 노래를 부르고 있는 미덕—에 의해 구원받고 있는 어떤 영혼의 이야기를 보게 된다. 가장 흥미로운 역작에서 악마는 유일한 남성이자 유일하게 말하는 역할을 내보이는데, 그것은 오로지 말에, 단지 "로고스"에 국한되어 있을 뿐이다. 선천적으로 비음악적 존재인 악마는 노래를 부를 수 없기 때문에 악마이다. (한 마디 덧붙일 수 있다. 당연히 그의 유혹은 대단한 것이 될 수 없다.) 물론 교회는 의심을 품고 걱정하고 있음에 틀림없었다. 1147년에 열린 트리에 종교회의는 대부분 그녀를 이단으로 비난하면서 그녀의 직감력이 신에게보다는 악마에게 부여된 것인지 묻고 있었다. 그녀가 듣고 쓰고 있는 목소리가 진정으로 신의 목소리인가? 말하게 되는 방법이 있는 것일까?—힐데가르트를 구하기 위해 클레르보의 베르나르의 권위를 빌려왔다.[13)]

제기되었던 질문은 마침내 이렇게 요약되었다. 음악은 신으로부터 오는가 아니면 악마로부터 오는가? 왜냐하면 말을 넘어 있는 것이 최고의 승격과 가장 수치스러운 파멸 둘 모두를 알려주고 있기 때문이다. 우리의 영혼을 신에게로 올려놓는 것은 신을 애매하게 만드는데, 말을 넘어서서 우리는 악마의 입을 통해 신께 말할 수는 없다. 음악은 세속성과 재현을 넘어서서 영적인 승격의 요소가 될 수 있을 뿐만 아니라, 바로 그런 이유 때문에 더욱 다루기 쉬운 관능적인 쾌락을 넘어서서 불굴의 무분별한 향락(*jouissance*)을 만들어내기도 한다. 목소리에는 확실성과 투명성을 찾아볼 수 없고, 오히려 그 반대로 목소리는 그 어떤 확실성도 위태롭게 만들고 확고한 의미의 확립도 위태롭게 만든다. 목소리는 여성 쪽에서는 끝이 없고 근거도 없으며 우연한 일치도 없다. 그러나 만일 그것이 이처럼 중대한 양가성을 개입시킨다면 일관된 유일한 방침은 교회음악을 완전히 금지시키는 일이 될 것이고, 실로 이런 과격한 결론은 정반대의 극단적인 입장에서 청교도들이 끌어내게 되었다 : 크롬웰 시대인 1645-1660까지 15년 동안 음악은 영국 국교회에서 금지되었고, 음악책과 악보가 소각되었으며, 오르간은 "악마의 파이프"라 해서 파괴되었다(프와자 1991, p. 44 참조). 신은 말 또는 침묵으로 복귀되었다.

이러한 "형이상학의 간략한 역사"에 대하여 더 많은 우회로를 고려해야 되고 세심한 사항들을 더 많이 조사하면서 더 많은 저자들을 검토해야겠지만 프랑스 대혁명으로 끝내보자. 승리에 도취된 대혁명의 절정에서 누군가가 1793년에 번뜩이는 아이디어를 만들어냈는데, 그것은 국가가 국민들의 최선의 이익을 위해 음악을 보호하게 될 국립음악원(the Institut national de la music)을 설립하자는 생각이었다.[14] 그 프로젝트의 책임자였던 프랑스와-조셉 고세크는 때맞춰 프로그램의 텍스트에다 그 목표가 "평등을 주장하는 옹호자들의 에너지를 뒤받쳐 주고 활성화시켜 줄" 음악을 증진시켜야 하고 "살롱과 사원에서 사기행위에 바쳐진 여자 같은 소리에 의해 프랑스의 영혼을 진정시키는 음악을 금지시키는" 것이어야 한다고 썼다(아탈리 1977, p. 111에 인용됨). 음악은 궁정과 교회, 콘서트홀로부터 공개된 장소로 끌어내야 되고, 누구나 접근이 가능하도록 야외에서 연주되어야 하며, 그 멜로디는 사람들이 따라 부를 수 있는 그런 것이어야 하지 타락자들만을 위하는 화려하고 허세부리는 수단이어서는 안 된다. 고세크 자신은 대중합창단의 창시자와 브라스 오케스트라를 위한 첫 번째 작곡가로서 음악사에 들어오게 되었다. 음악가들은 부호들의 관대함에 의존하지 않는 국가 고용인이 되어야 하고, 전반적인 음악사업은 위로부터 잘 계획되고 조직화되어야 한다.[15)]

따라서 이젠 의미에 대조되는 목소리의 주된 행위자로 보이듯이 국면이 바뀔 수도 있고 동일한 무기들이 교회로 향해질 수도 있다. 그러나 이성의 옹호자들은 한 번만은 저도 모르는 사이에 그들의 적들과 완벽하게 일치되었고, 무의미하고 여자 같은 목소리는 양쪽 모두에게 똑같이 위험해졌다. 또한 대혁명의 첫 번째 포고 가운데 하나가 카스트라토의 공개적인 독창의 금지였다는 것은 상당히 암시적인데, 카스트라토는 도착증과 구체제의 부패를 표상하는 괴이한 간판—목소리로 요약되는 타락한 향락(*jouissance*)의 구체화—이 되었다.[16)]

이처럼 간략하고 도식적인 개관으로부터 "로고중심주의"의 역사가 "음성중심주의"와 동일한 보조를 취하지 않는다는 잠정적인 결론을 끌어낼 수 있으며, 자기 투명성과 의미와 현존에 거스르는 목소리의 차원이 존재한다는 결론인데, 그 차원은 로고스에 대조되는 목소리, 로고스의 타자로서의 목소리, 그것의 근본적인 타자성을 말한다. "형이상학"은 우리가 이미 봐왔던 것처럼 정결하게 만드는 단순한 공식에 강박적으로 매달리고 그것을 계속 반복하며 천년에 걸쳐 눈에 띄지 않는 동일한 손에 의해 강요된다는 사실을 잘 알고 있었다. 아마도 그것을 형이상학으로 규정해 주었던 것은 역시 목소리의 추방이었을 것이다. "음성중심주의적" 목소리는 그 이야기의 한 부분일 뿐이었으며, 그것의 자기애적인 성취이고 현존의 착각적인 담보물이며 그것의 고유의 양가성 및 타자성의 일부의 환원이었다. 이런 단순한 분할에 의해 우리는 대상 목소리의 특유한 차원에 도달하지 못했다. 라깡의 문제가 진정으로 시작되는 곳이 바로 여기이다.

내가 지금까지 그려보려고 노력해 왔던 단순한 패러다임에서 로고스—"의미를 이해하게 해주는 것"의 가장 큰 의미로서—는 타자성과 향락(*jouissance*)과 여성성의 침투로서 목소리와 대조되었다. 그러나 다른 목소리도 있다. 즉 "아버지의 목소리"인데, 로고스 그 자체에 선천적으로 부착되어 있는 목소리이고, 명령하고 계약을 맺게 하는 목소리로서 신의 목소리이다. 만일 계약이 있으려면 목소리가 있어야 한다. 이것은 라깡이 불안에 관한 세미나(1963년 5월 22일)에서 제기한 문제로서 뿔피리에 대한 테오도르 라이크의 인상적인 분석에서 영감을 얻어오는데, 뿔피리는 유대인의 종교의식에 사용되던 원시적인 뿔나팔이고 가장 오래된 고대의 관악기 가운데 하나이다.

뿔피리의 놀랄 만한 힘은 어디서 오는 것일까? 예를 들면 속죄의 날인 욤 키푸르의 마감날에 매우 길고 연속적인 소리로 네 번부는데, 저항할 수 없는 심오한 감정으로 영혼을 채우는 것을 반박하게 되는 소리이다.[17] 거기에는 황소의 포효소리가 생각나게 하는 기다란 소리만 있을 뿐 멜로디는 없다. 라이크는 "토템과 터부"라는 프로이트의 신화에서 그 비밀에 대한 열쇠를 찾아보고 있다.

특히 불안하고 신음하며 울려퍼지는 뿔피리의 기다란 음조는 포효하는 황소를 생각나게 해주는 것으로 이해될 수 있다. 그것은 청자의 무의식적인 정신생활에 불안과 신성한 아버지의 최종적인 사투를 제시해 줌으로써 중대한 의미를 획득하게 되며, 만일 그 비교가 여기서 완전히 부적당했다면 그의 "백조의 노래"를 얘기할 수 있고 … . 아버지의 이미지가 토템의 동물한테서 재발견되고 신성한 것으로 숭배되었을 때 그것을 알아차린 사람들은 의성어의 소리에 의해 그의 목소리를 모방했다. 동물 울음소리의 모방은 신앙인들 사이에 신의 현존과 그와의 동일시를 의미했다. 토템의 신이 지닌 가장 특징적 특색인 뿔나팔은 몇 세기 동안에 걸쳐 이젠 청각적인 모방의 수단으로 사용되던 악기를 낳게 하였다. (라이크 1928, pp. 235–36)

따라서 뿔피리의 소리에서 아버지의 목소리를 인식해야 하는데, 그것은 원시종족의 죽어가는 최초의 아버지의 울음소리이자 나머지이며, 그의 법의 기반에 자주 나타나면서 그것을 다지게 된다. 그의 목소리를 들음으로써 그의 신앙인들의 공동체는 그것의 계약, 즉 신과의 결연을 성립시키고, 그들은 그 법에 대한 순종과 복종을 주장한다. 법 그 자체는 순수한 형태로 어떤 특별한 것을 명령하기 전에 목소리에 의해 요약되는데, 그 자체로는 무의미할지라도 완전한 복종을 명령하는 목소리이다. 법의 문자는 죽은 아버지의 나머지에 의해 그 권위를 획득할 수 있는데, 그 부분은 바로 완전히 죽은 것이 아니고 그의 죽음 이후에도 남아 있으며, 그의 현존—그의 목소리—을 증명할 뿐만 아니라 그의 부재, 즉 핵심적인 공허를 둘러싸고 있는 불가능한 현존의 대리자도 증명해 준다. 그것은 그의 희생의 예식적인 반복이 되고 근원의 결여를 덮어 가리는 법의 불가능한 근원의 나머지가 된다. 그러나 이런 몸짓은 매우 애매한데, 누가 생각나도록 해야 하는 것일까? 결국 그 목소리의 수신인은 누구일까? 라깡의 말로는 "그에 대한 기억을 불러일으켜야 하고 그를 기억하도록 해야 하는 그 사람이 아닌가? 그는 신 그 자신이 아닌가?" 그런 목소리의 기능은 신을 현재화하는 것과는 상관 없이 신을 잊어버린 경우에 신이 죽어 있다는 것을 신에게 상기시켜 주는 것이다.

라이크는 뿔피리 소리는 성경에서 그 지지를 이끌어내고 수많은 모든 사건들을 세심하게 기록해두고 있다. 그 각각은 주목할 만하다. 그것들은 모두 극적인 순간에 일어나는데, 가장 흔하게는 계약이 성립되거나 거듭 주장될 때이고, 가장 의미가 큰 경우는 모세가 시나이 산에서 십계명(tablets of the Law)의 석판을 받을 때 법이 제정되는 시기가 된다. 그런 기본적인 경우에 사람들에게 신의 현존을 증명하는 것은 뿔피리 소리였는데, 왜냐하면 그들이 다만 이처럼 무섭고 명령하는 소리를 들을 수 있을 뿐이기 때문이고, 또한 모세만이 신에게 말할 수 있고 그가 말했던 바를 이해할 수 있기 때문이다. 전통적으로 "트럼펫"이라 번역된 뿔피리는 천둥소리 한가운데에서 자연적인 "소음" 같은 목소리의 요소였다.

제삼일 아침에 우레와 번개와 빽빽한 구름이 산 위에 있고 나팔소리가 심히 크니 진중 모든 백성이 다 떨더라. (출애굽기 19 : 16)

뭇 백성이 우레와 번개와 나팔소리와 산의 연기를 본지라. 그들이 볼 때에 떨며 멀리 서서 모세에게 이르되, "당신이 우리에게 말씀하소서, 우리가 들으리이다. 하나님이 우리에게 말씀하시지 말게 하소서, 우리가 죽을까 하나이다." (출애굽기 20 : 18–19)

따라서 법에 붙어 있는 아무런 내용이 없는, 즉 그 문자를 떠받치고 있는 법의 지지가 없는 목소리로서 뿔피리는 존재하게 된다. 이런 개시 순간에 사람들이 무섭게 명령하는 현존으로 듣게 되는 목소리와 모세만이 "이해할" 수 있는 것의 법 사이에 분할이 존재한다. 그러나 목소리 없이는 법이라는 것도 없다.[18] 문자의 무의미한 잔여로서의 목소리는 문자에 권위를 부여해 주는 것처럼 보이는데, 시니피앙뿐만 아니라 행위로도 그것을 만들어낸다. 라깡이 말하고 있는 바와 같이 첫 번째 접근에서 "행위로의 이행"(*passage à l'acte*)이라 부를 수도 있는 것에서 시니피앙에 대한 주체의 관계를 완성시켜 주는 것은 그 어떤 것이다.[19] 그런 "원초적인 시니피앙들"은 본질적으로 "행위들"이며, "다시 말해 시니피앙이 분절될 때—오로지 연쇄 내의 다른 것들과 맺는 그것의 관계, 그것의 일관성만을 가정할 때—뿐만 아니라 말해지고 발음될 때에도 벌어지는 어떤 것"이다. 그러나 문제가 되는 것은 진정으로 행위의 개념이나 발음의 개념이 아니라 그 둘에 기본적인 대상의 위상이고, "그러한 음소화(phonematization)로부터 분리되어야 하는" 대상의 위상이다. 대상 목소리는 미리 가정되고 두려운 아버지의 향락(*jouissance*)의 나머지를 증언해 주는데, 법에 의해 흡수될 수 없는 것이고, 라깡이 아버지-향락(*le-père-la-jouissance*)이라 부르는 아버지의 이면이며, 제정된 법이 동반되는 그의 치명적인 최후의 울음이 된다. 그것은 결코 존재할 수도 없지만 부재하지도 않는 그런 부분이다. 대상 목소리는 그 교차점에 놓인 핵심이다. 그것은 현존을 드러내놓고 상상적인 인식의 기반을 제공해 주는데, 자기 현존에서 자신의 목소리를 인식할 뿐만 아니라 대타자의 목소리의 수신자로서 자신을 인식하게 된다. 그러나 그것은 동시에 완전한 현존이란 그 어떤 개념도 본질적으로 결여시키고 붕괴시키는 것이다. 그것은 그것을 잘려진 현존으로 만들어서 결여를 덮어 가린다.

따라서 우리가 그려왔던 형이상학적 그림은 잘못되고 있다. 만일에 법과 말과 로고스가 타자와 향락(*jouissance*)의 무의미한 담지자와 여성적인 퇴폐로서의 목소리에 대항하여 끊임없이 싸워야 한다면 오로지 다른 목소리, 즉 법을 동반하는 아버지의 목소리에 은연중에 의존함으로써 싸울 수 있다. 결국 우리는 목소리에 대항하는 "로고스"의 전투가 아니라 목소리 대 목소리의 전투를 벌이게 된다. 그런데도 로고스와 관련된 들리지 않는 목소리는 무한한 향락(*jouissance*)과 부패를 가져오는 저주받은 목소리와 완전히 다른 어떤 것일까? 법이 그것의 근본적인 타자성으로 학대하는 향락은 법 그 자체와 관련된 향락의 측면 이외의 다른 것일까? 아버지의 목소리는 여성적인 목소리와 완전히 다른 종류인가? 박해자의 목소리는 박해받는 목소리와 다른 것일까? 아마도 그 비밀은 그것들이 모두 동일한 것이고, 두 가지 목소리가 있는 것이 아니라 유일한 하나의 대상 목소리만 있을 뿐이라는 것일 것이다. 그 대상 목소리는 근절할 수 없는 "외심"(extimacy)에서 대타자를 분할시키고 막아버린다. "또한 어째서 대타자의 얼굴인 신의 얼굴을 여성적인 향락(*jouissance*)에 의해 지지되는 것으로 해석하지 않을까? … 또한 이런 아버지의 기능이 거세와 관련되는 기능이 되는 한 아버지의 기능이 기록되는 것도 역시 그곳이기 때문에 이것이 두 신들을 위할 수도 없지만 오로지 하나만을 위하지도 못한다는 것을 우리는 알 수 있다"(라깡 1982, p. 147).[20] 법에 권위를 부여해 주는 것이 그것을 돌이킬 수 없을 만큼 막아버리는 것이기 때문이고 또한 다른 목소리, 즉 로고스를 넘어선 목소리를 몰아내 버리려는 시도는 결국 법의 근본적인 타자성과 타협하기가 불가능하다는 것에 기초하고 있기 때문인데, 그 타자성은 목소리가 덮어 가리게 되는 그것의 타고난 결여의 자리에 놓여 있다. 이런 구조적인 지점은 라깡이 자신의 대수학에서 S(Ⱥ)으로 표시해 왔던 것이며, 대타자를 합산하게 될 최후의 시니피앙이 항상 빠져 있는 지점이고, 법의 기반이 결여되어 있는 지점이며, 또한 여성성 및 여성의 비존재와 본질적 관계를 맺는 지점도 된다.[21] 대상이 위치하는 곳은 대타자 내의 타자성의 바로 이 지점이다. 그렇다면 남성적인 위치와 여성적인 위치는 동일한 불가능성과 씨름하는 두 가지 방법이 된다. 그것들은 근절할 수 없는 애매성을 유지하는 동일한 목소리가 내부적으로 연결된 두 가지 변형으로서 동일한 곤경에서 생겨난다.

주

1_ 소쉬르의 『일반언어학 강의』는 얼마간 혼동을 일으켜 왔는데, 그의 참신함을 찾아볼 수 있는 부분이 명백하게 음운론을 다루는 부분이 아니기 때문이다. 우리는 다른 곳을 찾아봐야 한다 : "더구나 물질적 요소인 소리가 그 자체로서 언어에 속한다는 것은 불가능한 일이다. 소리란 언어에 있어서 부차적인 것, 즉 언어가 사용하는 재료일 뿐이고 … . [언어적인 시니피앙은] 그 본질에 있어 음성적인 것이 전혀 아니며, 감각으로 감지되는 것도 아니다. 그것은 물질적 실체에 의해 구성된 것이 아니라 단지 자신의 청각영상과 그 외의 모든 청각영상들을 구별하는 차이에 의해 구성된 것이다." 음소들을 규정해 주는 것은 "이들의 고유하고 적극적인 특질에 있는 것이 아니라 단순히 이들이 서로 혼동되지 않는다는 사실에 있다. 음소는 무엇보다 대립적이고 상대적이며 소극적인 본체이다" [소쉬르 1972, p. 164 : 최승언 옮김, 『일반언어학 강의』(민음사, 1990), 141쪽 참조].

2_ 명령하는 목소리의 권위는 이미 청취의 자세에 새겨져 있다. 우리는 청취하자마자 이미 복종하기 시작한 것이다. **복종하다**(to obey)라는 동사는 *obéir*라는 불어에서 나온 것으로서 그 불어는 **청취하다**는 라틴어 *oboedire*에서 유래한 것이다. 우리는 동일한 어원학적 연결을 독일어에서도 찾아볼 수 있다. 복종 *Gehorsam*이란 독일어는 **청취하다**라는 뜻의 *hören*에서 나온 것이고, 상당히 많은 다른 언어들에서도 찾아볼 수 있다. 따라서 그의 주인의 목소리는 가장 적절한 상징이다(우리말에서도 **말을 잘 듣는 아이**에서처럼 **말을 듣다**에는 복종한다는 뜻이 담겨 있다역자).

3_ 수많은 형성물들 가운데 우리는 여기서 라깡의 불안에 관한 세미나(1963년 5월 22일자)로부터 덜 알려져 있지만 매우 분명한 것들을 골라낼 수 있는데, 그 시간에 시선은 목소리와 유비를 이루면서 대립하게 된다 : "i (*a*)라는 형태로 대타자 속에 있는 나의 현존인 내 이미지에는 나머지가 없다. 나는 그 속에서 내가 잃어버린 것을 볼 수 없다. 이것은 거울단계의 의미인 … *a*인데, 결여되어 있는 것이고, 반사적이지 않다. 그것은 이미지 속에 사로잡힐 수 없다." (여러 가지 대수학 가운데 i(*a*)는 광학 모델에서는 **이상적 자아**를 의미하기도 하지만 여기서는 욕망의 그래프에서 보는 '거울상' 을 의미하는 것 같다역자).

4_ 이 인용문은 왕학수에 의해 번역된 『소크라테스의 변명, 국가』(동서문화사, 1975), 221쪽을 참고하여 번역했는데, 특히 괄호친 부분은 "심한 반작용이 따르고"라고 짧게 번역되어 있음.역자

5_ 이것은 또한 음악이 회화와는 매우 다른 방식으로 취급되는 이유도 되는데, 회화는 모방과 복사, 의태 등등과 같은 끝없는 문제들을 제기한다.

6_ "따라서 자유로 향한 여정의 그 다음 단계는 행정장관에 대한 복종의 거부가 될 것이고, 이런 의지를 따라 부모와 어른들의 권위와 질책으로부터의 해방이 뒤따라오며, 그 다음엔 경주의 목표 지점에 다가오면서 법칙에 대한 복종을 회피하려는 시도가 오게 되고, 그 목표 지점에 거의 도달하게 될 때 맹세에 대한 경멸과 서약문과 모든 종교에 대한 경멸이 찾아온다. 우리의 옛날 전설이 말해주는 타이탄의 본성이란 광경이 재연된다. 인간은 끝없는 불행의 지옥이란 옛날 상태로 되돌아간다" (『법률』 3, 701b–c).

7_ 양식에 관한 아리스토텔레스의 유사한 견해에 대해서는 『시학』 8, 1340b를 참조하시오. 그런데도 조금 더 나아가면(1342b) 그는 프리기아 조(Phrygian mode) 양식에 관하여 『국가』에 나오는 특별한 문장에 반대하고 있다.

8_ 다음도 역시 참조하시오 : "일반적으로 여성한테 알맞은 노래와 남성한테 알맞은 노래라는 두 가지 유형을 구분하는 것이 필요할 것이고, 따라서 우리는 적절한 음계와 리듬 두 가지를 모두 제공해야 한다. 한 작곡의 전반적인 곡조나 리듬이 부적당하다는 것은 괴로운 일이 될 것이고, 그것은 마치 여러 가지 노래들이 이런 관점들에서 부적절하게 취급되는 것과 같은 것이다" (『법률』 7, 802e).

9_ 다음을 참조하시오. "교육수단으로서 플루트에 대한 또 다른 반대가 있다 : 여러분은 그것을 연주하는 동안에는 노래를 부르거나 이야기할 수가 없다. 고대인들이 사용했다 하더라도 바로 전에 살았던 우리의 선조들에 의해 젊은이들과 자유인들한테 금지된 것은 옳은 일이었다" (아리스토텔레스, 『정치학』 8, 1341a).

10_ "바커스 축제의 광란과 그런 모든 감정들은 그 어떤 다른 악기보다 플루

트에 의해서 더욱 적절히 표현되고 … "(아리스토텔레스, 『정치학』 8, 1342b).

11_ 왕학수의 번역본 189쪽에는 이 부분이 알기 쉽게 번역되어 있다. "따라서 음악적 수련이야말로 다른 어느 수련보다도 가치 있는 걸세. 리듬과 하모니가 정신의 내부로 파고들어가 우아함을 심어주기 때문이지. 그것은 올바로 교육받은 사람의 정신을 더욱 우아하게 만들고 교육을 잘못 받은 사람의 정신도 우아하게 할 수 있네"라고 해서 그 후반부의 의미도 약간 다른 듯한 인상을 풍기고 있다.역자

12_ 아리스토텔레스는 동일한 문제를 다뤄야 할 것이다. 최고로 명예로운 위치에 놓여 있는 음악과 함께 일반적인 학문은 교육의 진수가 되지만 그것들에게는 "자유인이 특정한 관점에 헌신할 수도 있는데, 만일 그가 완벽함에 도달해 보려는 희망을 가지고서 너무 멀리 나아가면 비참한 결과들이 일어나게 될 것이다"(아리스토텔레스, 『정치학』 8, 1337b). (왕학수의 번역본 202쪽을 참고하면 이해하기 쉬워지는 장점이 있음역자).

13_ 최근에 다소 유행을 따르는 인물로 변해버린 힐데가르트를 알아보려면 피터 드롱케(Peter Dronke)의 『중세 시대의 여성 작가들』(*Women Writers of the Middle Ages*, 케임브리지 : 케임브리지대학 출판부, 1984) ; 바바라 뉴먼(Barbara Newman)의 『지혜의 수녀』(*Sister of Wisdom*, 버클리 : 캘리포니아대학교 출판부, 1987) ; 사비나 플리나건(Sabina Flanagan)의 『빙엔의 힐데가르트』(*Hildegard of Bingen*, 런던 : 루틀리지, 1989)를 참조하시오. 이들 가운데 어떤 책도 그녀의 음악작품을 공정하게 평가하지 않고 있다.

14_ 그 프로젝트는 18번째 공화력 2월인 대혁명 2년(1792)에 수녀원에 제출되었다. 1799년에 그의 더욱 유명한 빼쏜꼴인 나폴레옹의 권력장악보다 7년을 앞섰던 또 한 가지 기억될 만한 것은 18번째 공화력 2월이다. 따라서 마르크스 이론은 이렇게 확장될 수 있다. 나폴레옹의 쿠데타는 이미 그 자체로 반복이었는데, 특히 음악적인 변화들이 사회적인 변화들을 예시한다는 플라톤의 견해를 따른 것으로서 플라톤에 따르지만 않는다면 그런 변화들은 퇴폐를 알려주었는데, 반면에 여기서 그 변화들은 새로운 독재체제의 징조가 되었다.

15_ 고섹(François-Joseph Gossec, 1734-1829)은 음악지식과 궁중 작곡가로서의 영예를 획득했다. 그는 1766년에 콩데 왕자의 음악 감독관이 되었고, 1774년에는 왕립미술원의 음악장이 된 다음에 왕실가곡학교의 창시자 겸 초대 교장이 되었다. 대혁명 후에 그는 음악 장학관이 되었고, 25년

동안 프랑스 음악의 주요 권위자들 가운데 한 사람이 되었다. 1816년에 나폴레옹의 몰락과 군주제 회복 이후에 그는 즉각적으로 혁명적인 생각들에 대한 충성심에 불탔지만, 그렇게 해서 그는 매우 가난하게 죽어갔으며 완전히 잊혀졌다. 수많은 작품들 가운데 「장-자크 루소 찬가」, 「지고의 존재에 대한 찬가」, 「자유찬가」, 「7월 14일 노래」를 찾아볼 수 있다.

16_ 공간의 결여 때문에 나는 여기서 카스트라토의 역사라는 매혹적인 영역으로 과감히 들어가 볼 수 없다. 16세기에 가톨릭 교회 내에서 생겨났는데, 표면상으로 목소리의 향락을 성으로부터 분리시키는 준(準)천사 같은 행실, 오페라에서 견실한 현존, 약 300년쯤 지속된 놀랄 만한 유행을 보이며, 점진적인 쇠퇴를 보이다가 시스틴 성당에 제한되어 버리고, 그것들의 요람과 성역이 처음부터 있어왔으며 교회의 한복판에서 도착증의 핵심이 되어왔다. 마침내 1903년에는 교황 레오 8세에 의해 추방되었다. 그것들은 목소리와 거세 사이의 관계라는 문제를 즉각적인 방식으로 제기하고 있는데, 정신분석에서 거세와 대상 사이의 구조적인 유대를 더욱 분명하게 보여준다(예를 들어 라깡의 욕망의 그라프에는 목소리와 거세는 같은 방향의 유사한 자리에서 발견된다. 라깡 1989, p. 315 참조). 카스트라토의 역사에 대하여 가장 훌륭한 설명을 찾아보려면 바르비에(Patrick Barbier)의 『카스트라토의 역사』(파리 : 그라세, 1989)와 후베르트 오르켐퍼(Hubert Ortkemper)의 『의지에 반대하는 천사』(베를린 : 헨셀, 1993)를 참조하시오.

17_ 뿔피리는 라이크가 상세하게 조사했던 수많은 다른 의식에서도 사용된다. 1656년 7월 27일에 스피노자는 어떤 사제가 읽었던 파문의 공식적인 텍스트와 함께 뿔피리 소리를 들었다.

18_ 이런 별자리는 유대교와 기독교에 결코 한정되지 않는다. 그것은 어떤 번역본에서는 거의 모든 고대 신화들에 나타나는데, 거기서는 목소리와 창조 간의 결속, 특히 목소리와 원시 시대 법의 기반 사이의 결속이 평범해 보인다. 예를 들어 "음악의 본성과 이 세상에서의 그 역할에 관한 수많은 정보는 창조신화에 의해 제공된다. 세상의 기원이 어느 정도 정확하게 기술되는 때마다 청각적인 요소는 행위의 결정적인 순간에 개입된다. 어떤 신성이 그 자체나 다른 신성을 낳으려는 의지, 하늘과 땅 혹은 인간을 생겨나게 하려는 의지를 보여줄 때마다 소리를 발하게 되고 … . 이 세상이 나오게 되는 근원은 항상 청각적인 근원이다" (Schneider, 1960, p. 132). 슈나이더는 고대의 **원시적인** 다양한 문화들에서 취해온 수많은 사례들을 보여주고 있으며, 목소리와 종교와 기본적인 사회적 예식들 사

이에 있는 필수적인 연결을, 다시 말해 목소리와 초보적인 사회적 결속 간의 탯줄을 설득력 있게 내보여주고 있다. 거대한 분량의 인류학적 자료는 루제(Gilbert Rouget)의 뛰어난 저서인 『음악과 황홀』(파리 : 갈리마르, 1980)에서 정성을 들여 분석되고 있다.

19_ 라깡에게 있어서 **행위로의 이동**은 **행동화**(acting out)와 두드러지게 대조되는 개념이다. 영어로 훌륭한 등가물을 찾기는 어렵다. 인용문은 개인적으로 프린트된 텍스트에서 취해온 것이다.

20_ 이 문장을 취해온 『앙코르』의 부분은 실제로 「신과 여성의 향락」이란 제목이 붙어 있다.

21_ "여성은 S(A̸)와 관계하는데, 그녀가 이미 두 배로 되는 것을 의미하고 모두가 아니며 … ." "최고의 존재는 … 그 장소, 즉 대타자의 향락의 불투명한 장소에 위치하는데 … 만일 그 여성이 존재한다면 그녀가 되어갈 그런 대타자이다" (라깡 1982, pp. 152, 153).

참/고/문/헌

Aristotle. 1973. *"Politics" and "The Athenian Constitution"*. Ed. and trans. J. Warrington. London : Everyman's Library.

Attali, Jacques. 1977. *Bruits*. Paris : Presses Universitaires de France.

Augustine. 1924. *The Confessions*. Trans. E. B. Pusey. London : J. M. Dent.

______. 1992. *Confessions*. 3 vols. Ed. James J. O'Donnell. Oxford : Clarendon Press.

Barthes, Roland. 1982. *L'Obvie et l'obtus*. Paris : Seuil.

Derrida, Jacques. 1972. *La Dissémination*. Paris : Seuil.

______. 1976. *Of Grammatology*. Trans. G. Spivak. Baltimore : Johns Hopkins UP.

Jakobson, Roman. 1963. *Essais de linguistique générale* 1. Paris : Minuit.

Lacan, Jacques. 1962/63. "L'angoisse." Unpublished seminar.

______. 1975. *Encore*. Ed. J.-A. Miller. Paris : Seuil.

______. 1979. *The Four Fundamental Concepts of Psycho-Analysis*. Harmondsworth : Penguin.

______. 1989. *Écrits : A Selection*. Trans. A. Sheridan. London : Tavistock/Routledge.

Lacan, Jacques, and the École freudienne. 1982. *Feminine Sexuality*. Ed. J. Mitchell and J. Rose. London : Macmillan.

Miller, Jacques-Alain. 1989. "Jacques Lacan et la voix." In *La voix : Actes du colloque d'Ivry*, by Ivan Fonagy et al. Paris : La Lysimaque.

Plato. 1978. *The Collected Dialogues*. Ed. Edith Hamilton and Huntington Cairns. Princeton : Princeton UP.

Poizat, Michel. 1991. *La Voix do diable*. Paris : Éditions Métailié.

Reik, Theodor. 1928. *Das Ritual : Psychoanalytische Studien*. Leipzig : Internationaler Psychoanalytischer Verlag (Imago–Bucher).

Saussure, Ferdinand de. 1972. *Cours de linguistique générale*. Paris : Payot.

Schneider, Marius. 1960. "Le Rôle de la musique dans la mythologie et les rites des civilisations non européennes." In *Histoire de la musique* 1, ed. Roland–Manuel. Paris : Gallimard (Bibliothèque de la Pleiade).

Silverman, Kaja. 1988. *The Acoustic Mirror*. Bloomington : Indiana UP.

제2장

철학자들의 맹인 벽(癖)

알렌카 주판치치 저 | 이병혁 역

두 세기 동안 맹인(눈먼 사람)이 계몽의 강박적이자 전형적인 주제였다는 점은 매우 이상야릇한 감이 들 수도 있다. 맹인의 출현이 편재적(遍在的)이고 압도적이어서 계몽의 투사와 맹인 모습 사이에 필연적인 내적 연관이 있는가라는 질문이 제기된다. 계몽의 주체라는 새로운 주체성 형태의 출현과 맹목(눈멂) 사이에 숨은 연결고리가 있는가? 만약 계몽이 그 이름이 함축하듯이 새로운 형(形)의 시각과 통찰력을 부과하려 한다면 어째서 맹목을 핵심으로 삼아 그렇게 몰두했는가? 계몽의 주체가 본질적으로 맹목적이라고 역설적으로 주장할 수 있을까? 그리고 보다 구체적으로 우리가 이 새로운 주체성과 라깡이 시선을 타대상(objet a)으로 부른 것 사이에 내재적 연결고리를 만들 수 있을까? 맹목과 시각이 이론적 관심사의 중심에서 있는 일부 계열체적(paradigmatic) 사례들을 고찰해 보자.

보는 것

데카르트는 시각기제의 완벽하고도 철저한 표상작용을 무엇이라고 생각하는가? 여기서 시각의 기제라 함은 맹인이 교차시켜 손에 들고 있는 두 개의 필수적인 막대기들로 이어지는 맹인의 몸을 가리킨다(그림 1). 시각과정을 표상하고 설명하는 유일한 방법은 맹인의 모습을 통해서만 할 수 있다. 처음의 즉각적인 함축내용은, 데카르트의 경우, "맹인"은 보는 사람들의 반대항으로 기능하지 않는다. 맹인은 색깔을 포함해서 다른 사람이 하는 모든 것을 자기식으로 지각한다. 색깔은 더 이상 어떤 종류의 감각적 자극에 대한 뇌의 반응이 아니며, 색깔 차이는 상이한 막대기 운동들에서의 차이와 대상들이 막대기 운동에 가하는 다양한 종류의 저항에 비유할 수 있다.[1] 그러나 데카르트의 요점은 단지 맹인이 우리가 하듯이 어떤 식으로든 "보며", 그리고 위태로움은 훨씬 더 높지만 중요한 차이가 없다는 것이 아니다. (보는) 우리에 비유되는 사람이 맹인이 아니라, 우리가 볼 때 일어나는 것을 이해할 수 있도록 하기 위해서 맹인에 비유되어져야만 하는 사람이 "우리"이다. 게다가 여기서 난관에 부딪친 사람은 "맹인"이 아니다. 즉 여기서 "맹인"의 모습은 생각하는 것[*res cogitans*]의 시각적 버전으로 파악될 수 있다. 진지하게 따졌을 때 "순수한 생각의 주체"가 모든 주체성의 표지들(marks)을 상실하여 생각하는 것이 되어버리는 것과 같은 방식으로 굴절광학에 나타나는 "맹인"은 우리가 "보는 것"(*res videns*)이라고 부를 수도 있는 것을 구체화한다. 그래서 역설적으로 "맹인"이 보는 것의 본질을 인간화하기에 이르게 되면 "맹인"은 걸어다니는 뇌에 부착된 한 쌍의 안구에 지나지 않게 된다. 맹인의 모습은 보는 것의 "기제"를 구성하는 것과 대립되지 않을 뿐만 아니라 맹인은 보는 것의 기제의 압축으로 기능하기도 한다. 빛은—데카르트적인 우주에서처럼—"매우 미묘하고도 유동적인 물질"로 이해되고, 두 개의 막대기는 단지 두 개의 "압축된" 광선이며, "맹인"의 팔들과 상체는 감각기관, 신경, 그리고 기타 "시각장치들"의 신체들에 지나지 않고 그의 머리, 간단히 말해 뇌에서는 "그림"이 상이한 감각자극들로부터 만들어진다.

여기서 우리는 다음과 같은 분명한 질문을 제기해야 한다. 데카르트에게 있어서 어떻게 "맹인"의 모습이 보는 것과 시각 일반에 관계되는 모든 것과 완전히 양립 가능한가? 그 대답은 「타대상으로서의 시선」이라는 제목의 강의에서 라깡이 제시했다.[2] 라깡은 그가 처음에 두 개의 구성부분을 제시하여 소개하는 시각 도해를 제안한다(그림 2). 왼쪽에 "기하학적" 시선 양상이 있다. 오른쪽에 시선 양상의 기능과 관련된 양상[여기서는 "광점"(光點)으로 표상되는]이 있고, 그 아래에 "사실상 시각적 감광판의 기능작용을 나타내는" 중첩된 두 개의 삼각형이 있는 도해가 있다.[3] 맹인의 모습이 데카르트적 광학에서는 아주 잘 먹혀드는데, 그 이유는 데카르트적 광학이 근본적으로 "맹인의 광학"이기 때문이다. 그것은 라깡이 맹인이 느끼기에 아무 어려움이 없는 "평면의", "기하학적" 공간의 ["조망"(perspective)과 대립되는] "기하학적" 광학이라고 언급하는 그러한 광학이다.

[그림 1]

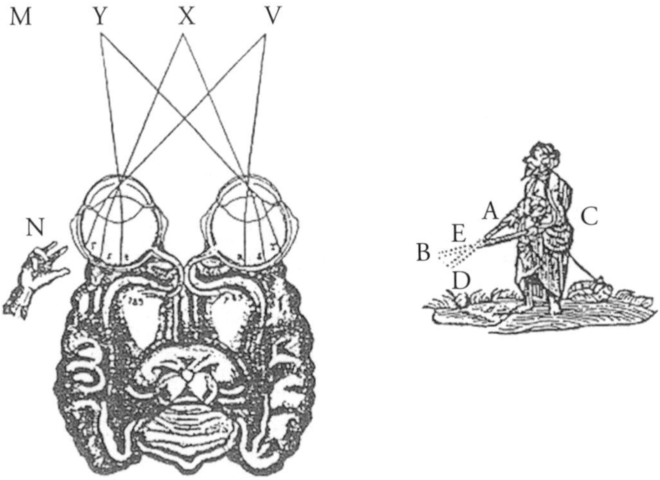

> 예를 들어 우리는 맹인에게 어떤 높이의 물건에 손가락을 대도록 해서 뻗어나간 실을 따라가게 할 것이다. 우리는 맹인으로 하여금 이미지들의 모습 그리기를 재생케 하는 어떤 모습을 손끝의 촉감으로 분간하도록 가르칠 것이다. 동일한 방법으로 우리는 순수한 광학에서 항상 끝에 가서는 한 실 위에 두 개의 점들이 있다고 보는 공간에서의 한 점과 다른 점의 대응, 다양하게 균형잡히고 근본적으로 상동적인 관계들을 상상한다.[4]

이러한 배치는 공간에서의 두 개 통합체들의 1 대 1 대응을 함축하고 있는데, 말하자면 그것이 표면과 연관되는 한에서는 한 이미지의 "기하학적" 점과의 관계를 함축하고 있다. 그러나 라깡이 "시각분야에서의 이미지 방식"이라고 부르는 이 방식은 시각분야

[그림 2]

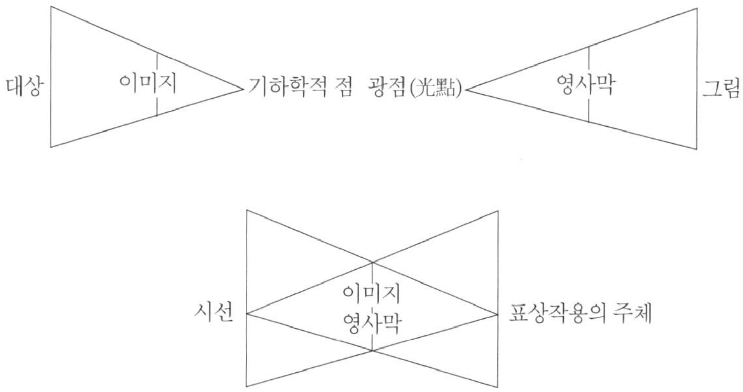

가 제시해야 마땅한 것을 모두 드러내지 못한다. 비록 이 방식이 우리가 보아야 할 모든 것을 "상상할 수" 있게 해줄지라도 시각과 관련되는 것이 전체적으로 빠져나가도록 허용하고 있다. 라깡이 말하듯이 이 방식은 단지 공간의 모습 그리기이지 시각(sight)의 모습 그리기가 아니다. 그렇다면 "보아야 할 모든 것" 이외에 시각을 구분짓는 것은 무엇인가? 보아야 할 것이 아니라면 맹인이 볼 수 없는 것은 무엇인가? 맹인이 볼 수 없는 것은 바로 보여질 수 없는 것과 시선기능에 의해 시각분야에 도입된 것이다. 맹인은 결여를 볼 수 없다. 시각 장(場)은 본질적으로 보일 수 없는 것과 "영사막" 또는 "색소"나 "지점"으로 나타나는 것을 둘러싸고 조직된다. 빛의 공간에서 그 자체가 빛과 불투명의 놀이로서 항상 나타나는 것이 시선이다. 다시 말해 기하학적 차원인 "이미지 방식"이 시각 장의 전모를 드러내지 못하게 막는 주요한 장애물은 시각 장이 본질적으로 결여의 차원을 내포하고 있다는 사실에 있다. 우리의 파악력을 피해서 항상 "결여하고" 있는 것이 시선이다. 즉 "우리가 사물들과 갖는 관계 속에서 이 관계가 시각방법에 의해 구성되고 표상작용의 모습들로 질서지워진다면 무언가가 단계별로 빠져나가고 지나가고 전달되고, 그래서 항상 어느 정도는 사라지고 만다. 이것이 우리가 시선이라고 부르는 것이다."[5] 따라서 한편으로 나로 하여금 나 자신의 **나는 생각한다**(*cogito*)의 나/눈인 표상작용의 주체로 구성할 수 있도록 해주는 (시각의) "기하학적 차원"이 있다. 다른 한편으로는 "내"(I)가 나 자신이 시선 하의 **그림**으로 변하는 "시선의 차원"이 있다. 이러한 이중적 뼈대에서 일어나는 것은 "주체가 자기 자신을 보는 곳"은 그가 그 자신을 바라보는 거기로부터가 아니라는 것이다.[6] 바라보는 것(looking at)과 보는 것(seeing) 사이, 시선과 눈 사이의 이원론은 보는 분야의 논리를 지배한다. 라깡에 따르면 이와 같은 이유로 인해 가장 많은 현대 철학의 착각들 중 하나인 결국 자의식으로 변하는, **자신을 보는 자신을 본다**는 의식의 착각이 필연적으로 시선을 "묵살하고" 있다는 것이다.

암실

> 우리로 하여금 보고 모든 다른 것들을 지각하게 만드는 눈처럼 오성은 자기 자신을 주목하지 못한다. 그리고 오성은 자기에게 거리를 두게 하기 위해 기술과 노력을 요구하여 오성을 자기 자신의 대상으로 만든다.
>
> – 존 로크의 『인간오성론』

17세기 후반기와 18세기 철학에서 맹인에 대한 이러한 집착은 당시의 모든 중요한 철학자들에게서 같이 나타난다. 라이프니츠, 로크, 버클리, 디드로, 콩디약 그리고 기타 많은 철학자들이 이 쟁점을 오래 논의하여 철학자들로 하여금 이것으로부터 가능한 한 많은 철학적으로 흥미로운 결과들을 끌어낼 수 있도록 하는 다양한 "기술들"을 만들어냈다. 대단히 흥미로운 점은 특히 "어둠에서 빛으로"의 통과였는데, 이 통과는 외과기술, 즉 백내장 수술에서의 진보에 감사하게 만들었다. 철학자들을 이 현상에 매혹되게 한 것에 대한 문제를 던지기 전에 우리는 맹인에 대한 이 호기심어린 몰두가 단순히 매혹의 문제가 아니었다는 점을 강조해야 한다. 맹인을 철학에 도입한 것은 그 자체가 엄격하게 철학적인 문제에 대한 응답이었다. 존 로크의 철학은 예외적으로 이러한 관점에서 시사적이다.

그의 반(反) 데카르트적 입장에서 로크는 철학에서 일종의 "노후지구"[어느 쪽(밝은 쪽과 어두운 쪽)에도 붙지 않는 영역]를 만들었는데, 그보다 젊은 당대의 철학자들은 맹인을 "철학실험"의 도구로 만들어서 빛을 던지기를 바랐다.

이제 방금 형태를 갖추기 시작한 새로운 철학의 대타자로서 로크 비판의 주된 상대자인 데카르트는 우리가 탐구하려는 이야기에서 중요한 역할을 수행했다. 여기서 문제가 되는 것은 그의 굴절광학이 아니라 철학의 근본원리이다. 간단하게 말하자. 즉 만약 나는 생각한다(cogito) 논쟁을 통해서 생각하는 주체, 즉 생각하는 것(res cogitans)의 확실성이 확립된다면 "외부세계"로의 통과는 어떤 도약을 내포한다. 그 도약은 순수하게 선형적(線型的) 방식으로 수행될 수 없다. 우리가 생각하는 것을 확실하게 알 수 있지만 우리 생각의 "내용"의 확실성과 진리성을 보장해 주는 것은 아무것도 없다. 외부세계[와 감각능력의 담지자로서, **수족연장자**(res extensae)로서의 우리 자신]에 대한 과학을 수립하기 위해서는 기만할 수 없고 영원한 진리를 만들고, 데카르트의 표현에 따르면 우리 영혼에 그것들을 씨앗들로 심은 신(하느님)의 존재를 상정하는 것이 필요하다. 그렇게 해서 "인간이 대타자의 진리의 **보고**(寶庫)인 한에서만 인간은 지식의 주체이며 세계의 **소유자** 역할을 할 수 있다."[7] 『인간오성론』에서 로크는 다음 사항을 확립하려고 시도한다. 즉 대타자에 의해 심어져 내면화된 것으로 상정된 이 모든 관념들은 **나의 것**이며, 이 모든 생각들은 인간으로서의 나에게 속한다. 전에는 단순히 **주어진** 것이 이제는 대타자에 의존하지 않고 **획득된** 것이어야만 하며, 그리고 "도약"을 허용치 않는 엄격하게 선형적인 방식으로 (증명되어야)만 한다. 어떤 것을 획득하는 유일한 방식은 물론 경험을 통해서이며, 더 정확히 말해서 감각작용(sensation)을 통해서이다. 이제 **암실**의 은유인 맹인이 행한 역할을 이미 예고해서 대신하는 새롭게 등장한 은유가 오성이다.

> ──── 나는 가르치는 것이 아니라 탐구한다고 주장한다. 그리고 그런고로 여기서 다시금 고백하지 않을 수 없는 것은 외적이자 내적인 감각작용이란 내가 알 수 있는 오성으로의 유일한 통과라는 것이다. 내가 발견할 수 있는 한, 이 통과들만이 빛이 이 **암실** 속으로 들어가게 해주는 창문들이다. 왜냐하면 내가 보기엔 오성이란 외부의 가시적인 유사점 또는 외부에 있는 사물들에 대한 생각들이 스며들 정도의 오직 아주 작은 틈들이 있는, 빛으로부터 완전히 차단된 작은 방과 그다지 다르지 않기 때문이다.[8]

『오성론』의 첫 책은 "내적 생각"의 부재를 증명하는 논쟁들에 전적으로 할애되어 있다. 로크의 논쟁은 "내적 생각"이란 인간이 의식 속에 처음부터 이미 "완전히 발전된 것으로" "갖고 있는" 어떤 것이라는 가정을 겨냥하고 있다. 그는 특히 내재한다는 가장 승인된 자격을 가진 "무엇이건 있는 것은 있는 것이다", 또는 "같은 물건이 존재하면서 그리고 또 존재하지 않는 것은 불가능하다"와 같은 진리에 대한 최소한의 이해나 생각이 없는 "어린이와 백치"를 언급하면서 내적 생각의 존재에 도전한다.[9] 이러한 "어린이와 백치"에 대한 언급은 또한 로크로 하여금 "보편적 동의" 논쟁인 "내적 진리"를 지지하는 가장 대중적인 논쟁을 기각할 수 있게끔 한다.

주어진 것을 획득된 것으로 대체하는 이러한 입장의 변화는 새롭게 개편되는 진리원리를 도입한다. 이제 진리나 원리 또는 관념은 이것들의 명증성 정도에 따라서 배열된다. 이것들의 배열은 바로 지각되어 (로크가 직관적 지식이라고 부르는 것의 일부인) 것에서부터 마음이 이것들을 증명하거나 검토하는 수고를 하게 되는 것에 이르기까지 다양하다. 그래서 "『오성론』의 담론은 단절이나 비약 없이 차례차례 데카르트적 지식의 전체 영역을 다루며, 신적(神的)인 무한성에 직면해서 데카르트적 오성영역을 제한하는 경계인 다른 경계까지 다룬다. 전에는 오직 빌리기만 했던 모든 것이 이제는 획득된다. 이 모든 것의 진리치를 제외한 모든 것이 획득된다."[10]

이것은 새로운 언어이론을 함축하고 있고, 이 새로운 언어이론 속에서 기본적으로 우리는 일단 삶 속에서 우리가 언어가 가리키는 대상을 "지각한" 경우에만 어떤 단어를 이해하고 제대로 사용할 수 있게 되고, 그리하여 데카르트가 옹호한 "유추적인" 표상작용 방식을 거부할 수 있게 된다. 지시적이고 유연성이 있는 단어들을 빛을 경험하지 못한 사람은 이해할 수가 없다. "그러므로 데카르트의 작은 입자들이 알 수 없는 원인(gutta serena)에 의해 앞이 보이지 않는 사람의 망막에 결코 오랫동안 부딪칠 수 없고, 따라서 그는 비록 작은 입자들이 무엇이고 다른 몸에 부딪치는 것이 무엇이었는지를 결코 잘 이해하지 못해서인지 빛에 대한 생각이나 빛에 가까운 어떤 생각도 갖지 못할 것이다."[11]

지금까지 말한 것에서 볼 때 18세기 철학에 출몰했던 "맹인"의 모습은 데카르트 철학에서 발견되었던 맹인과는 거리가 있다. 그러나 "시각적 감광판"에 관한 라깡의 발전에 비추어 볼 때 두 개의 분명히 모순적인 접근방법이 공유하고 있는 어떤 논리가 있다는 것이 나타날 것이다.

선천적인 맹인을 상정하자

선천적인 맹인이 이제 성인이 되어서 같은 금속의 거의 크기가 같은 입방체(정육면체)와 구(球)를 구별하는 것을, 말하자면 그가 하나는 입방체이고 다른 것은 구라고 느끼는 것을 촉감으로 배웠다고 상정해 봅시다. 그러고 나서 탁상 위에 그 입방체와 구가 놓여 있고 맹인이 그것을 보게 되었다고 상정해 봅시다. 그가 그것들을 만지기 전에 그의 시각으로 어느 쪽이 구이고 어느 쪽이 입방체인지 그가 말할 수 있겠습니까?

로크에게 보낸 몰리노의 편지에서 인용한 이 문장은 다

양한 답변들과 함께 로크(『오성론』), 버클리(『새로운 시각이론을 향한 에세이』), 라이프니츠(『신인간오성론』), 디드로(『맹인에 관한 편지』), 그리고 콩디약(『감각작용론』)에서 발견되었다. 몰리노에 의해 제기된 질문은 그 당시의 문제들 가운데 하나였다.

로크 철학의 기본적 딜레마로부터 시작해 보자. 로크는 모든 것의 진리치를 제외한 이 모든 것을 획득하는 데 성공했다. 다시 말해 (독자로서) 우리는 어떻게 그의 담론이 참인지 이해할 수 있는가? 그 대답은 그의 담론을 우리 자신의 담론으로 만드는 것이다. "나는 모든 사람 자신의 관찰과 경험에 호소할 것이다." 이것은 로크가 그의 이론을 참이라고 받아들이도록 하기 위해서 우리에게 제공하는 열쇠이다.

그러나 우리는 모두 맹목적으로 길러졌고 여론(opinion)에 의해 지배받아 왔다. 우리는 어디에서 순수하게 "우리 자신의 것"이라고 할 수 있는 경험을 찾아야 하나? 우리는 전적으로 획득되어진 관념, 즉 단지 주어지고 받아들여진 어떤 것의 "얼룩"이 없는 오로지 우리 자신이 경험한 것, 또는 참이라고 증명할 수 있는 것으로 이루어진 관념을 어디에서 찾을 것인가? 우리는 어디에서 "선입견이 없는 관념"을 발견할 수 있나? 로크가 인간 오성의 "황혼상태"라고 부르는 것인 믿음과 의견 그리고 개연성은 특히 직접 생존에 복무하고 있기 때문에 이것은 매우 어려운 과제임이 드러난다. 즉 "그는 자기에게 영양분을 줄 것이라는 증명을 갖기 전까지는 먹지 않을 것이다. 그가 손대는 사업이 성공할 것이라는 것을 확실히 알기 전까지는 움직이지 않을 것이고, 다른 어떤 것도 하지 않을 것이며, 그러다가 조용히 앉아 죽을 것이다."[12] 살아남기 위해서조차 우리는 뿌리내릴 곳이 어디에도 없다는 지식을 필요로 한다는 점은 분명하다. 우리는 알고 있다는 대타자에 대한 상정인 근거 있는 믿음인 "안다고 여겨진 주체"의 존재가 단순 존재의 수준에서 이미 요구되었다고 말할 수도 있다.

선입견이 경험주의 철학에 제기한 문제는 버클리가 그의 『새로운 시각이론을 향한 에세이』에서 깔끔하게 정리하여 발전시켰다. 버클리는 경험이나 지각이 어찌하여 항상 순수하지 않고 "선입견"과 틀린 개념형성의 주요한 원천이 될 수 있는지를 보여줌으로써 로크의 문제를 철저히 파고든다.

버클리는 비록 시야의 두 개의 본질적 구성인자들이 "말하자면 가장 긴밀하게 꼬이고 섞이고 함께 통합되어 있을지라도" "직접적인" 시각 대상과 "중개된" 시각 대상이라는 두 개의 본질적 구성인자들을 구분하는 것을 시작으로 하여 아주 "라깡적인" 방식으로 전개해 나가는 것 같다.[13] "순수시각"은 다른 감각들—특히 촉감—에서 오고, 그리고 우리의 "시각영역"을 공동 확립하는 것과 구별되어야 마땅하다. 내가 "볼 수 있는 눈"으로 보는 것은 내 마음 속에서, 내 자신 속에서 빛과 불투명과 색채의 놀이에 지나지 않는다. 나에게 공간, 넓이, 거리, 도형, 동작 등등을 알려주는 것은 "촉각적인 눈"이다. 빛과 어둠의 놀이는 시각의 유일한 대상이고 "촉각적인" 생각과 다른 감각들에서 생기는 모든 다른 생각들과 전적으로 다른 일군의 생각들을 구성한다. 이런 생각들의 조합과 연결은 오직 판단의 문제이다.

그러나 다른 출처들에서 오는 생각들은 앞에서 언급했듯이 매우 "긴밀하게 꼬이고" "함께 통합되어" 있다. 예를 들어 우리가 2피트 높이의 대상을 본다고 말하는 것에 있어서의 선입견은 "언어 사용법과 성찰의 부족 때문에 장기간에 걸쳐 우리 사고에서 확정되어 굳어져 버렸다."[14] 우리는 습관적으로 가시적 도형들을 촉각적 도형들의 표지처럼 지각하곤 하며, 그리고 이 표지들이 "항상적 · 보편적이고, 이 표지들의 촉각적인 생각과의 연결은 우리가 이 세상에 태어날 때에 학습된 것이다." 이것은 "조물주의 보편 언어"이고, 이 보편 언어를 통해 우리는 "우리 몸의 보전과 안돈에 필요한 것들을 얻고, 또한 몸을 해치고 파괴할 수도 있는 것은 무엇이나 피하기 위해서 우리 행위들을 규제하는 방법을 배우게 된다."[15]

따라서 우리가 눈을 뜨자마자 눈은 거리와 몸 그리고 촉각적 도형들에 대한 생각을 제시한다. 시각적 생각이 촉각적 생각으로 변천하는 것이 대단히 신속하고 갑작스럽고 지각불능이라서 우리는 그 생각이 똑같이 직접적인 시각 대상으로 생각하는 것을 억제할 수 없다. 이런 원인과 그 밖의 다른 원인들에 근거하고 있는 선입견이 "아주 빨리 달라붙기 때문에 선입견을 통째로 제거하려면 마음의 끈질긴 노력과 수고 없이는 불가능하다."

버클리의 시각이론에 대한 이 개략적인 소개에서 보더라도 근본문제가 어디에 있는지 분명해진다. 첫 번째 신기루인 선입견이 자연적 사실로 여겨지는 지각단계에 이미 자리 잡고 있다.[16] 이것은 몰리노의 질문이 겨냥하고 있는 요점이고, 그리고 맹인의 문제가 철학원리와 관련해 매우 적절해지는 자리이다.

우리가 지배 하에 있는 주체와 관련해서 환대할 수도 있는 여하한 선입견들과 우리의 마음을 끊어놓기 위해서는 나중에 성장해서 보게 된 선천적 맹인의 사례를 우리 마음 속에 간직하는 것보다 더 적절한 것은 없는 것 같다. 그리고 우리의 사고를 정확하게 그러한 사람의 입장에 놓을 수 있도록 하기 위해서 우리 자신이 시각으로부터 얻은 경험을 전적으로 깡그리 내던지는 것이 비록 쉬운 일이 아닐지라도 그럼에도 불구하고 우리는 가능하다면 이치에 맞게 그의 마음 속에서 일어난다고 여겨질 수도 있는 것에 대한 참된 개념형성을 만들도록 노력해야만 한다.[17)]

선천적 맹인으로 태어나서 나중에 보게 된 사람이 처음 눈을 떴을 때 "눈에 의해 삽입된" 대상들에 대해 다른 사람들과는 다르게 판단할 것이다. 그는 시각의 생각을 촉각의 생각에 준거하거나 또는 촉각과 연결해서 고려하지 않을 것이다. 즉 대상들에 대한 그의 시각(view)은 대상 자체들 내에서 전적으로 규정될 것이고, 그것은 "순수시각"(sight)이 될 것이다. 선천적 맹인으로 태어나서 나중에 보게 된 사람에게 있어서 시각은 어떠한 거리 생각도 주지 않을 것이다. 그는 가장 가까이 있는 대상과 아울러 가장 멀리 있는 대상도 그의 눈 속에, 또는 더 정확하게는 그의 마음 속에 존재하는 것으로 볼 것이다. 다시 말해 그는 다른 감각들에서 오는 혼합작용 없이, **경험**에서 나오는 습관과 선입견의 영향 없이 **순수하게 시각적 차원**을 지각할 수 있는 가장자리에 도달할 것이다. 이것은 가장 흥미로운 요점들 가운데 하나다. 즉 경험주의 철학의 "등록상표"인 경험이 선입견의 주요 출처 가운데 하나임이 그 자체 속에서 증명되고 있다. 우리 경험을 통해서 다른 기원들에 대한 생각이 "구별 불가능한 덩어리" 속에 결합되어 있다. 이러한 맥락 속에서 선천적 맹인으로 태어나서 나중에 보게 된 사람은 "우리가 자연에서 오직 구성형태로만 존재하는 어떤 순수물질을 화학에서 만들어내는 것과 같은 방법으로 순수한 감각작용, 즉 단순 생각의 이면을 만들어내도록 의도된 … 도구"이다.[18) 선입견이 요소적인 지각 수준에서조차 많이 있을지라도 "나중에 보게 된 맹인"은 지각, 언어, 습관 및 경험을 넘어서 감각주의적인 철학이 그 자신의 신뢰성을 주장하기 위해서 필요로 하는 자리의 어딘가에 위치하게 된다. 그 자리는 로크가 명쾌하게 진술한 바 있고 또한 버클리가 지적한 바 있듯이 어떤 존재도 더 오랫동안 생존할 수 없는 그런 자리이다.

궁극적으로 문제가 되는 것은 여기서 일단 시각영역이 구성되면 항상 이미 중첩되어 있는 두 개의 (라깡적) 삼각형들을 해체시키려는 노력이라 할 수 있다. 이러한 해체는 우리 자신을 구성된 자아로 보는 표상작용의 거울을 넘어설 것을 요구한다. 만약 우리가 실제로 우리 지식을 "소유하고" 있다면, (그리고 지속되지 않는 의견들의 단순한 창고 이상이라면), 만약 우리가 처음부터 우리 경험에 대해 책임을 져야 한다면 이러한 "한계넘기"는 지상명령적이다. 이 과업을 달성하기 위해서 철학자는 그의 오성 "내부에서" 정신적 실험을 수행해야만 한다. 우리는 맹인에 대해 실험해서는 안 된다. 버클리가 말하듯이 우리가 해야만 하는 것은 우리의 사고 속에서 선천적 맹인의 사례를 취해서 우리 자신을 그의 입장에서 상상하고, "우리 자신을 그의 사회적 지위에 놓는 것이고", 그리고 "이치에 맞게 그의 마음 속에서 일어난다고 여겨질 수도 있는 것에 대한 참된 개념형성을 만드는 것이다."

허구 속으로 들어가기와 "시선의 탄생"

그러므로 나는 우리가 관찰하고자 하는 조각상의 자리에 자기 자신을 놓는 것이 매우 중요하다고 공고한다. 우리는 그것을 가지고 존재하기 시작해야 하고, 그것이 우리 없이 가지고 있을 때 하나의 감각 없이 가지고 있어야 한다. 그리고 그것이 획득한다는 생각 없이 획득해야 하고, 그것이 물드는 습관 없이 물들어야 한다. 즉 한 마디로 우리는 조각상 없이 존재해야 한다. 조각상이 모든 우리의 감각과 경험을 갖고 있을 때 조각상은 우리 식으로 오직 사물을 판단할 것이다. 그리고 우리는 만약 조각상이 결여하고 있는 모든 것을 우리 스스로 빼앗겼다고 여긴다면 우리는 조각상 식으로 오직 판단할 것이다. 내가 믿는 것은 자기 자신을 이 조각상의 자리에 제대로 놓는 독자들은 이 작업을 이해하는 데 어려움이 없을 것이라는 것이다. 그리고 (그렇지 않은) 다른 사람들은 나에게 수많은 반대를 할 것이다.

– 콩디약의 『감각작용론』

철학을 관통하는 맹인 이야기는 콩디약과 더불어 새로운 중요한 전환을 맞이한다.[19] 즉 기원에 관한 일종의 (허구적인) 실험 모델을 만드는 것이 필요해진다.

콩디약이 창안한 모델은 조각상의 모델이다. 그리고 이 조각상은 바로 우리처럼 내면적으로 "조직되어" 있지만 겉에는 대리석으로 덮여 있고, 그 속에 어떠한 생각도 일으키지 않는 정신으로 살아간다. 이 조각상의 표면을 덮고 있는 대리석은 그 어떤 감각에도 쓰이는 것이 허용되지 않는다. 콩디약은 "감각들이 유발할 수 있는 상이한 인상들에 대해 우리가 선택하는 방법을 감각들에게 개설하는 자유와" 힘을 자신을 위해 비축한다.[20] 따라서 다른 감각들을 위한 길을 (다른 조합으로) 개척하기 위해서, 그리고 "무엇이 일어나고 있는지" 관찰하기 위해서 이 조각상의 "몸"에서 대리석을 조각조각 벗겨낼 사람은 조각가이다.

오성의 온전한 발생은 제1질료(materia prima)로서의 감각 작용에서 파생되고 쾌락과 고통의 원리에 의해 규제된다. 콩디약은 우선 이 조각상에게 후각을 제공한다. 만약 이 작업 바로 뒤에 후각에 사로잡힌 이 조각상에게 장미 한 송이가 제공된다면 우리 자신과 관련해서 이 조각상은 장미향을 느끼는 조각상이 될 것이다. 그러나 조각상 자체와 관련해서 이 조각상은 장미향 그 자체가 될 것이다. 그래서 이 조각상은 오직 이 냄새로서 (스스로) 존재하고, 냄새 일반은 이 조각상에게 그 자신의 다른 "존재양식"(*manière d'être*)에 지나지 않게 된다.[21] 다시 말해 이 조각상은 아직 "자아한계"가 없는, "표상작용의 거울" 너머로 자기 자신을 찾는다. 타자 속에서 자기 자신의 **존재양식**을 알아보는 의식의 이러한 시작단계는 우리가 이 조각상에게 오직 한 가지 감각으로 국한시킬 때마다 생긴다. 콩디약에 따르면 촉각을 제외한 모든 감각을 이미 "갖춘" 조각상은 아직도 "외부적인 것"인 "자아한계", 즉 이 조각상에 의해 **자신의 일부**, 자신의 "존재양식"으로 바로 지각되지 않는 어떤 것에 대한 관념을 형성할 수 없다. 네 가지 감각들은 함께 (외부적인) 넓이, 공간, 거리에 관한 어떤 관념도 조각상에게 제공하지 않는다. 그 경험의 "평면성"(flatness)을 잴 수 있는 것은 아무것도 없다. 이러한 생각을 도입하는 유일한 길은 콩디약이 그의 책에서 한 부(제2부) 전체를 할애하는 촉각에 의한 길이다. 물론 여기서도 또한 사태들이 점진적으로 일어난다. 즉 촉각도 또한 영혼이 "외부세계"에 대한 생각에 도달하도록 하기 위해서 "진화할" 필요가 있다. 이 "진화"의 첫 단계가 이 조각상 자신의 몸의 발견이다. 대리석은 이제 피부로 변형되고 만약 "이 조각상의 손이 자신의 팔을 만지고 중단 없이 자신의 가슴과 머리 등등을 만진다면, 말하자면 자기(self)의 연속성을 자신의 손으로 느낄 것이다. 그리고 이런 방법을 통해 손은 앞서 분리되어 있었던 부분들을 하나의 연속성에 통합할 것이다."[22] 이 조각상의 손가락 밑에서 일단 몸이 하나의 전체로서 구성되고 "자기"로서 여겨지게 되면 이 조각상은 "응답의 부재"에 의해 이 "자기"의 일부가 아닌 것들을 분간해낼 것이다.[23] 여기서 우리는 (시각의) 기하학적 공간을 구성하고 표상작용의 주체를 수립하는 것이 촉각임을 분명히 보게 된다.

이러한 입장에서 콩디약은 촉각에다 다른 감각들을 하나씩 점진적으로 덧붙여 나간다. 여기서 우리에게 특히 흥미로운 것은 촉각이 시각과 연관되는 방식이다. 빛과 색채가 순수 시각적 차원의 유일한 구성요소들이기 때문에 눈은 시각에 적합한 운동들을 배우고, 그것에 대한 지각을 광선의 가장자리와 연결시키며, 그리하여 거리, 크기, 위치 및 도형을 판단하기 위해서 촉각을 필요로 한다. 여기서 콩디약은 흥미로운 구별을 도입한다. 즉 "이 조각상은 눈뜨고 보는(see) 방법을 배울 필요는 없으나 주시하는(look) 방법을 배워야 한다 … . 우리는 눈뜨고 보는 것(seeing/voir)과 주시하는 것(looking/regarder) 사이에 차이가 있다는 것을 모르는 것 같다."[24] 이 조각상은 눈에 띄는 것, 즉 색채 있는 빛의 배열을 보기 때문에 보는 것을 배울 필요가 없다. 그러나 주시하는 것(look)은 배워야만 한다. 여기서 문제가 되는 것은 바로 시각영역을 상당히 변화시키는 시선의 기능이다.

"순수하게 시각적인 것은" 시선에 의해 "차지된" 영역이다. 촉각의 경험이 없이 시각에 국한된 이 조각상은 오로지 시선만을 보거나, 또는 더 정확하게 말해 이 조각상 밖에 있는 모든 것이 바로 그 자신의 "존재방식"인 한에서 이 조각상은 그 자신의 시선을 보고 있다. 다시 말해 이 조각상은 아무것도 보고 있지 않은데, 왜냐하면 이 조각상이 보고 있는 것은 사물로서의 자기 자신의 일부이기 때문이다. 이제 촉각은 이 조각상에게 주시하는 방법을 가르쳐야만 하는데, 즉 이 조각상으로 하여금 그가 보는 것에 대한 의식(意識)을 자신과는 다른 어떤 것, "외재적(外在的)인" 어떤 것, 밖에서 "보인" 어떤 것이라는 의식으로 여기도록 만들어 주어야만 한다. 처음에 광선들과 번쩍이는 색채들로 이루어진 망상조직의 일부에 지나지 않았던 이 조각상이 이제 눈으로, 감각기관으로 출현한 것이다. 이 기관은 시선을 대체하여 "축출해서", 이 "최소한의 작용"이 우리가 하듯이 조각상이 보도록 만든다. 즉 이제부터 모든 다른 인간들처럼 이 조각상은 눈에 띄는 것만을 보도록 하지 않기 위한 눈을 갖게 되었다.

이 콩디약의 허구적 모델을 『정신분석의 네 가지 근본 개념』에서 라깡이 제안한 일부와 관련시키는 일이 가능하다. 콩디약의 시각의 기원에 관한 신비스러운 소개는 제우스에 의해 남성과 여성 두 쪽으로 "찢어져서" 한 쪽이 다른 쪽을 쉴 새 없이 찾도록 운명지어진 양성체에 관한 플라톤적 신화와 비교될 수도 있는데, 이 신화는 성적 차이를 설명하도록, 특히 양성 사이의 조화로운 관계의 결여를 설명하도록 고안된 신화이다. 그래서 만약 플라톤의 신화가 "성적인 관계는 없다"라는 라깡의 언명을 해명해 준다면 콩디약은 라깡의 다른 진술들의 일부를 해명할—(해명할 이야기를 만들어야 할)—책임을 지게 된다. 예를 들면 이 주체화(subjectivation)는 (라깡이 소외에 대한 "인본주의적" 불평과 하등 관계가 없는 용어들로 개념화한) 소외와 일치하고, 주체의 일부 신화적 부분의 상실과 부합한다. 여기서 주체의 일부 신화적 부분의 상실은 결여 자체를 구현하고, 본질적으로 그 도피적 성격 탓에 결여를 일으키는 특권적 대상(즉 타대상) 속에서 "구현된다." 그리고 여기서 타대상으로 기능하는 것은 바로 시선이다. 콩디약에 따르면, 엄밀히 말해 시각의 기원에는 근본적인 "소외"와 상실이 있다. 주체는 글자 그대로 자기 자신의 주요한 부분을 포기하고 단념해야만 한다. 그 조각상이 단지 눈을 뜨고 있을 뿐이지 주시하는 방법을 아직 배우지 못했을 때 그 조각상이 본 모든 것은 그 자신의 일부였다. 그 조각상은 "우주와 합치된 하나"였다. 그러나 주체가 되기 위해서는, 그 조각상이—라깡의 시각도식에서 표상작용의 주체 자리인—"나"라고 말할 수 있는 자리를 차지하기 위해서는 그 조각상이 자기 자신을 "잘라"내야만 하고, 나머지 세상으로부터 갈라져야만 한다. 순수한 시선인 "보는 물건"으로부터 주시하는 주체로 변형되어야만 하고, 그리고 이를 달성하기 위해서는 "가장 소중한 대상"인 시선이 될 것을 "축출해야만" 했다.

콩디약은—조각상이라는 허구적 모델에 감사하면서—그의 이론적 결론이 증명 가능하고 현실적 실험에 의해 객관적으로 검증 가능하다고 생각한다. 이 실험은 조직화된 백내장 수술이 될 것이고, 콩디약은 다음과 같은 절차를 제안한다.

> 모든 의심을 일소하기 위해서 매우 믿을 만한 실험수행 방법은 수술받을 맹인을 유리상자에 넣는 것이 될 것이다 … . 내가 추

> 정컨대, 만약 이 맹인이 그의 상자 너머를 보지 못한다면 그가 자기 눈으로 찾아낼 공간은 그의 상자가 작을수록 줄어들 것이다. 즉 그릇은 커야 1피트나 1/2피트 또는 그보다 더 작을 것이다. 이런 식으로 우리가 확신하는 것은 그가 자기 상자에 들어갈 무렵 촉각이 색깔을 보도록 가르쳐지지 않았다면 그는 자기 눈 밖에 있는 색깔을 볼 수 없을 것이라는 점이다.[25]

이것은 촉각이 시각에 미치는 영향을 줄이고 "무력(無力)하게 하는" 이상적 방법이다. 이 치료를 받는 사람에게 있어 주변 물체들은 채색된 유리 외에 아무것도 아닐 것인데, 왜냐하면 그는 자기 손으로 그 유리 너머에 도달할 수 없기 때문이다. 우리가 유리로 된 이 상자를 축소시킬수록 우리는 "단지 시각을 부여받은 조각상의 상태를 복구하려고 애쓰는 이 실험의 이상적 상황에 더 가까이 다가가게 된다. 유리는 돌의 단단함을 가지고 있으나 투명하다. 유리 표면으로 둘러싸여 움직일 수 없는 콩디약의 피실험자는 순수한 감수성이 강한 망막으로 환원되는데, 이 망막은 망연자실한 사람(즉 맹인)이 우리가 생명을 불어넣고자 하는 조각상과 조우하는 자리이다."[26]

[기시점(起始点)을 향한, 즉 신화적인 "시선의 탄생"을 향한 탐구의 방향인] 이러한 방향의 다음 단계는 쉬발리에 드 메리앙이 행한 후천적인 맹인에 관한 그의 세미나에서 이루어졌다.[27] 이 세미나에서 우리는—지금까지 논의된 문제의 철학적 배경이라고 가정한다면—임의적일 수도 있는 어떤 요점, 바로 맹인에 대한 철학적 몰두의 "부산물"을 발견할 것인데, 그러나 이것은 "주(主)생산"의 관념에 비추어서 매우 중요한 그런 "부산물"이다. 그것은 대단히 매혹적인 요점

이다.

메리앙이 제안한 기술은 보통 제안되는 실험들에서 보이는 많은 새 고안물을 소개하는데, 메리앙은 실험에서 생기는 어려움, 즉 주요한 장애를 제거하기 위해서 새 고안물을 소개하고 있다. 현대 생리학자와 외과의사들이 지적하는 것과 같다.

> 백내장은 거의 완전한 맹목을 일으키지 않으며, 완전한 맹목은 우리가 회복하지 못하는 것이 아니다. 그 결과 촉각적 범위를 즐기게 해준 희미한 광선을 비록 불완전하게나마 이미 겪어본 맹인들은 그들의 눈이 열렸을 때, 혼합물이 없는 순수한 시각적 지각을 더 이상 갖지 못할 것이다. 그들이 보는 색채들과 광선은 **이미 그들 밖에 있고, 공간 속에 퍼져나가 있고, 또는 그것들이 적어도 그들의 눈 밖에 있게 된다.** 그래서 이 사람들은 순수하게 시각적인 범위에 있는 우리의 관심사를 더 이상 충족시킬 수 없게 된다.[28)]

그래서 메리앙은 어떤 향상을 제안한다. 즉 그가 추천하는 것은 우리가 요람에서 어린이들을 꺼내서 그 어린이들이 "이성의 나이"(*l'âge de la raison*)에 이를 때까지 절대적 어둠 속에서 자라게 한다는 것이다. 그 아이들 중 일부는 "자연상태로 남겨질" 것이고, 다른 아이들은 다양한 수준의 교육을 받게 될 것이며, 그리고 일부 아이들은 "그들의 상태가 허용하는 가장 우수한 교육을 받게 될 것이다."

이제 어둠에서 빛으로의 변천인 "첫 시각"(first sight)의 순간에 바쳐진 참된 서사시이자 길게 인용할 가치가 있는 메리앙의 텍스트 부분을 검토해 보자.

비록 어느 기간 동안 시각을 빼앗긴 것이 진짜 손실일지라도 그것은 충분하게 벌충되지 않을 것인가? … 우리가 아이들을 밤에서 낮으로, 어둠에서 빛 속으로 지나가게 만들 때, 그리고 아이들을 위해서 번쩍이는 세계인 새로운 우주가 혼돈의 한가운데로부터 열릴 때 얼마나 큰 기쁨의 분출이 그들에게 밀려들 것이고 얼마나 거기에 넋을 잃게 될 것인가! 그러한 순간에 비교할 만한 것이 또 있는가? 그리고 기쁨에 도취된 삶이 단지 이 순간에 대한 창백한 이미지만을 제공하는가? 왜냐하면 결국 거의 모든 우리들의 기쁨은 반복 외에 아무것도 아니기 때문이다. … 나는 어린이들이 그들의 시각(視覺)으로부터 오랫동안 차폐되어 왔던 이 훌륭한 존재인 빛의 첫 번째 인상에서, 그리고 그 무진장한 출처인 빛을 지닌 알록달록한 색채놀이에 깜짝 놀라서 움직이지 못한다고 짐작한다. 일단 아이들이 그들의 놀라움으로부터 회복해서 움직이기 시작하면 그들은 상당히 많이 넘어질 것이다. 시각이 촉각과 결합됨으로써 아이들이 **마치 그들의 눈앞에서 만들어진 것처럼 그들로부터 벗어나 움직이는** 벌판의 푸른 잎들, 초원의 광택제, 꽃의 여신의 즐거운 제국을 조금씩 느끼기 시작할 때 그들은 이 빛과 색깔들이 자신들을 공간 속에서 보호하고, 땅과 하늘을 밝히고, 칠하고, 장식하는 것을 보게 될 것이며, 멀리 창백한 그늘로 시야를 제약하고 수평선을 이루는 숲과 산들을 보게 될 것이다.[29)]

이러한 노력의 발로에서 우리에게 충격을 주는 첫 번째 것은 매혹의 명백한 "중계적" 성격인데, 이 성격은 바로 보기 시작하는 맹인을 바라보는 사람이 이 장면에 의해 관련 당사자(즉 맹인)보다 훨씬 더 매혹에 빠진다는 사실이다. 이 사실은 "어둠에서 빛"으로 넘어가는 이 순간에 대한 보고에서 또한 명백해진다. 바로 백내장을 제거한 사람에 관해 디드로가 한 다음과 같은 해명을 고찰해 보자. 백내장을 제거한 사람은 자기가 본 것에 조금도 매혹당하지 않았을 뿐만 아니라 그는 "자기에게 복원된 감각을 거칠게 사용할 수밖에 없었다. 다빌(Daviel)은 "너는 보게 될거야, 이 서투른 멍청아! … "를 반복하면서 그를 때렸다. 그는 걸었고 일했지만 우리가 눈을 뜨고 하는 모든 것을 그는 눈을 감고 했었다."[30] "맹인"이 놓였던 구도인 "보는 사람"에 대한 환상적 구성은 콩디약이 인간을 순수한 감수성이 강한 망막으로 환원한 일에서 이미 작동하고 있는 그런 욕망으로 인해 활성화된다. 즉 그 욕망이란 "시각을 부여받은 조각상의 어떤 근원적이고 근본적인 순간을 찾아내는 욕망이자 출생 후 바로 우리가 아직 깨달을 수 없는 때에 일어나기 때문에 항상 우리에게서 벗어나는 주체와 시선 사이의 조우 순간인 "시선의 탄생" 순간을 입증하려는 욕망이다.

이런 이유 때문에 이런 글 속에서 우리는 우리가 이성을 부여받은 존재, 즉 합리적 의식이 가능한 존재로 바뀌는 가상적 단계인 "이성 시대"라는 표현을 자주 접하게 된다. 비록 이 시대가 순전히 상상적인 것일지라도(이것은 결코 명백하게 확정된 것이 아니다) 이것은 이러한 종류의 실험에 내포된 모든 "기술"의 필수적인 공준(公準)이다. 그러나 만약 "이성 시대"의 발단이 결코 엄밀하게 확정되지 못한다면 사태는 "시선의 탄생" 순간과 다르게 된다. 사태는 우리가 생각할 수도 있듯이 붕대가 수술 후 눈에서 제거될 때의 순간이나, (또는 메리앙의 경우에서는 아이들이 그들의 어두운 구역들을 떠나도록 허용되는 순간과) 일치하지 않는다. 이러한 이론적 세상에서는 우리가 논의한 모든 저자들에게서 관찰할 수 있었듯이 보는 것(seeing)의 첫 시기는 실험의 주체가 "자신의 일부"로 보고 "자기 자신의 눈 속에서" 일어나는 것으로 보는 모든 것을 믿을 때인 것으로 이해된다. "순수시각 단계"(순수하게 시각적 지각)를 분리시키는 시차(시간적 간격)가 "시선 탄생" 순간에 선행한다. 여기서 "시선 탄생" 순간이란 주체가 빛과 눈에 보이는 대상들이 어떻게 "자기를 떠나고" 메리앙의 표현을 따르면 "자기로부터 멀어져서" 자기 자신과는 다른 어떤 것으로 자기 눈앞에서, 밖에서 만들어지는지를 느끼는 순간으로 묘사된다.

겉모양은 반대로 보여도 우리는 시선기능의 도피를 다루고 있다. 데카르트는 그의 시각이론을 오로지 그 "기하학적" 측면(버클리가 "촉각적 눈"에 초점을 둠으로써 말했을 측면)에 초점을 둠으로써 시선의 차원을 시야에서 놓쳤다. 그러나 "새로운 철학"은 말하자면 독점적으로 시선에만 초점을 둠으로써 역설적으로 시선을 놓치고 있다. 더 정확히 말해 시선 차원의 실재계가 회피되었는데, 왜냐하면 시선 차원의 "기하학적" 차원과 같은 수준에 놓여 있기 때문이다. 즉 시선은 (주체에 의해) **보여진** 어떤 것으로 간주되고 있다. 반면에—라깡이 아주 확실하게 보여주었듯이—시선은 **주체**가 보이는 요점인데, 다시 말해 주체가 "**사진찍힌**" 요점이다.

제안된 모든 종류의 실험들에 의해 체계적으로 회피되고 은폐되었던 것은 (대타자의) 시선이 우리의 본다는 것(seeing)과 "우리가 본다는 것을 의식하기"에 선행한다는 외상적인 사실이다. 근본적으로 동시에 일어날 수 없는 것을 "동시에 일어나도록" 겨냥하는 환상의 구성이 있다. 의식과의 관계에서 시선의 선행은 시선과 의식의 상호적 인정이라는 단계설정—현재 또는 미래에 시선과 의식의 성공적 조우라는 가설적 요점—에 의해서 이 의식과 동시에 일어날 수도 있고 중단될 수도 있는 어떤 것으로 보인다. "원초적 환상"이 항상 기원에 관한 환상임이 분명하다.[31)]

콩디약과 메리앙의 "과학적 허구" 실험들에서의 시나리오는 라깡이 "환상의 창문"이라고 불렀던 것을 완벽하게 구현하고 있다. 이 실험의 목적은—실험 "대상"(어린이나 맹인 또는 조각상)을 통해—주체로 하여금 자신을 보고 있는 자신을 볼 수 있도록, 자신의 시야 영역에서 대타자의 시선을 고정할 수 있도록, 그리고 대타자의 시선과 자신의 의식이 "동시에 일어날 수 있도록" 하기 위한 것이다. 그러나 이러한 발상은 여전히 이 실험들에서 문제가 되고 있는 모든 것을 제대로 서술하지도 해명하지도 못한다. 그것은 실험의 "주체"(철학자나 과학자)와 "대상"(어린이나 맹인 또는 조각상)의 각각의 역할들이 매우 애매할 뿐만 아니라 실제로 실험 도중 뒤바뀌었다는 것을 좀더 자세히 들여다 보면 곧 분명해진다. 콩디약에게 있어 조각상은 말하자면 철학자인 주체가 환상의 창문 안에서 표상한 것이다. 우리는 로크 이래로 어떻게 순수감각작용을 지각할 수 있는 자리가 그 어떤 존재도 잠시도 생존할 수 없는 장소로 여겨지는지를 보았다. 이 장소를 엮어내는 것이 "환상의 창문"이다. 이제 실험 "대상"(예를 들면 조각상)이 그 경직성을 잃으면 잃을수록 "주체"(관찰자) 자신은 점점 더 굳어져서 그가 보는 광경에 사로잡히고, 매료되며, 자기의 관음증적 관점에 얽매이게 되고 자기 자신이 구성한 환상장면에 홀리게 된다. 맹인과 어린이들이 이러한 "형이상학적 실험들"에 의해 단순한 대상들로 환원되었다고 간단히 말하는 것은 요점을 놓치는 일이 될 것이다. 왜냐하면 여기서 문제가 되는 것은 바로 순수주체로서 그들이 출현하는 그들의 주체화(subjectivation)이기 때문이다. "단순한 대상"으로, 주체 자신의 출현을 증거하는 (불가능한) 순수시선으로 환원된다고 말해질 수 있는 것은 관찰자이다.

이 점은 메리앙의 텍스트에서 가장 명백히 드러난다. 비록 여기서 논의한 모든 저자들이 "순수시각"이 우리가 과거 어딘가에 남겨놓은 것, 우리가 항상 이미 상실한 어떤 것이라는 점에 동의한다 할지라도 이 과거를 획득하는 전략은 다른 모든 사람의 전략과는 상당히 다르다. 주요한 차이점은 우리가 그러한 실험행동에 함축된 "이념적인 이해관계의 고백"이라고 부를 수도 있는 것에 있다. 만약 다른 저자들에게 있어 순수한 시각적인 지각탐구가—편견과 여론 그리고 습관들에 의해 아직 영향받지 않은 지각을 발전하기 위해서—다른 더 일반적이고 더 중요한 목표를 달성하기 위한 방법과 수단이라 한다면 메리앙은 다른 경우이다. 비록 그도 또한 그의 실험이 과학에 가져다 줄 수도 있는 온갖 종류의 유용한 결과들을 추천하지만 그는 제한된 실험 그 자체를 즐기는 것처럼 보인다. 더구나 그는 "선입견 없는" 마음 상태를 얻기 위한 유일한 방법이 어린이들의 머리 속을 온갖 종류의 선입견으로 채우는 것이라고 분명히 밝히고 있다. ("어린이들의 정신이 말하자면 우리 손아귀에 있어서 우리가 그들의 정신을 부드러운 왁스처럼 주무를 수 있고 그 정신의 지식을 우리 멋대로 연속하여 발전시킬 수 있으므로 우리는 모든 예방책을 취할 수 있고 상상 가능한 모든 방법들로 그 실험을 다양화할 수 있다.")[32] 다시 말해 만약 아이들이 (또는 어느 다른 주체들이) 아무것도 모른다면 우리는 아무것도 배우지 못했을 것이다.

만약 그 실험이 제 기능을 한다면 실험의 주체는 그의 눈이 처음 떠졌을 때 그가 봐야 할 것을 알아야만 한다.

그래서 로크가 시작한 길을 따라서 철학자들은 유명한 뫼비우스 띠에서처럼 같은 길을 따라가다가 그들을 그 반대편으로 이끌고, 만약 우리가 순수한 지각작용을 발견해야 한다면 우리 영혼 속에 심어졌어야 마땅한 모든 "씨앗들"을 정성들여 만드는 쪽으로 이끈 요점에 마침내 도달했다. 메리앙뿐만 아니라 디드로도 로크의 출발점에—그 반대면에—제대로 이르게 된다.

> 고백컨대 나는 매우 예민한 기관에 대해 고통스러운 수술을 받는 사람으로부터 철학자들이 무엇을 기대하는지를 이해하지 못한다 … . 나는 백내장 수술로 시력을 회복한 교육도 지식도 없는 사람에게서 듣느니보다는 차라리 물리학의 원리, 수학의 제요소 그리고 기관의 형태에 익숙한 형이상학자가 말하는 감각이론을 더 만족감을 가지고 들을 것이다 … . 만약 우리가 이 실험들에 어떤 확신감을 주고 싶다면 적어도 그 주체는 미리 오랫동안 준비되어야 하고 교육받아야 하며 그리고 가능하다면 철학자가 될 필요가 있을 것이다.[33)]

착각의 미래 : 초험적인 것으로서의 착각

> 내용 없는 생각은 공허하고 개념 없는 직관은 맹목적이다.
>
> – 임마누엘 칸트의 『순수이성비판』

18세기 후반기에 맹인의 형상은 철학무대에서 서서히 사라지는 것 같다. 그러나 정말로 사라졌는가? 또는 더 정확히 말해 철학 속에 그 도입을 요구했던 "구조적 문제"가 정말 사라졌는가?

순수한 지각을 발견하려는 노력들—(다른) 감각들이나 오성에서 오는 "혼합물"이 없는—은 어떤 시기적 역설로 "시기상조"와 "더 이상 아니" 사이의 틈바구니에 끼이거나 지식의 (순수)대상과 (순수)주체 사이의 이루어지지 않은 조우로 끝나고 말았다. 그 주체—처음 대상을 만났을 때—는 참된 (자의식적인) 주체가 아직 아니었거나 또는 그 대상이 더 이상 순수하지 않고 "혼합물"이 섞여 있었다. "맹인"은 이러한 "행복한 조우"라는 알 수 없는 요점을 찬찬히 보기 위해 동원되었다.

임마누엘 칸트의 "철학에서의 코페르니쿠스 혁명"이 이러한 철학과 (이 철학만이 아닌 다른 철학의) 기본명제를 뒤집었다. 지금부터 대상은 더 이상 주체 지식의 "원인"으로 간주되지 않고 대상의 "원인"이 되어야만 하는 것은, 즉 오로지 대상을 대상으로 구성하는 것은 주체의 "지식능력"이 된다. 그리고 아직도 이 새로운 접근방법에서조차 비록 수준은 다르지만 낡은 문제가 다시 나타난다. 그 낡은 문제는 직관과 개념 사이의 관계 형태로, 즉 원래 잡다하게 주어진 직관과 오직 개념에 의해서만 제공될 수 있는 통합 사이의 관계 형태로 나타난다.

칸트는 직관을 그 자체로 무한히 많은 특질들을 내포하고 있는 전체적으로 결정된 표상작용으로 정의한다. 다른 한편 개념은 일반적 표상작용이고, 결과적으로 (여러 개의 표상작용이 공유하는 특성과 관계 있는) 일부 양상으로만 결정된다. 직관이 무한히 많은 결정작용을 포함하는 데 반해서 개념은 항상 유한하다("비전체적이다"). 문제는 "전체적으로 결정된 표상작용"이 항상 이미 우리에게서 사라져 버렸다는 점이다. 오성이 다양성에 형태를 부여하는 그 창조적 힘과 함께 직관에 접근하기 전에 직관들은 **맹목적**일 뿐만 아니라 아주 "모호하고", 실제로 "비표상적"이다. 그러나 오성이 직관들을 처리한 후에는 명료한 표상작용이 더 이상 직관이 아니라 개념이 된다. 직관들이 실제로 직관들인 한에서 직관들은 혼란스럽지만 일단 직관들이 명료해지면 직관들은 이미 개념들이 된다(즉 유한한 표상작용들로 부분적으로 결정된다). 직관은 (1) 개념들을 형성하기 위한 **소재**로서, 즉 특정한 결정작용의 무진장한 부(富)를 갖고 있어서 오성이 자기 일을 완수한 후에는 전체적으로 결정된 지식으로 귀결될 어떤 것으로, 그리고 (2) 모든 감각적 소재를 개념으로 "변형시켜서" 우리를 "완전한 개념"에 이르게 해주는 지식과정의 **결과**로서 파악될 수 있다. 그러나 이런 종류의 지식을 얻는 것은 무한한 과업이며 전체적으로 결정된 지식이라는 가설적 요점에서 볼 때 개념은 그 보편성을 상실하며 직관과 일치한다.

> 따라서 첫 번째 접근방법에서 직관은 지식과정의 두 개의 똑같이 역설적 요점들에 위치할 수 있다. 즉 우리가 표상작용을 다루고 있는 한 항상 이미 뛰어넘은 그 출발점에, 그리고 우리가 인간인 한 결코 도달될 수 없는 최종점에 위치할 수 있다. 직관은 항상 이미 초월되었으며 동시에 결코 도달될 수 없다.[34)]

지식과 관련해서 직관은 결정작용을 완전하게 하기 위

한 잠재적 도우미로서 기능한다. 그러나 개념이 개념으로 남아 있는 한 완벽하게 결정될 수 없고 일반적인 것으로 남게 된다. **오성**은 그런 개념들을 다루지만 사물 자체와의 유대가 느슨해지는 대가를 치러야만 한다(사물 자체란 본체로서의 본래적인 사물이 아니라 그 완전한 결정작용과 무한한 개별 특징이 있는 사물을 가리킨다). 여기서 지식과정의 다른 방향인 **이성**의 영역 방향이 시작된다. 항상 이미 상실된 특이성과 완전한 결정작용은 다른 어떤 것에 의해 대체된다. 즉 "완전한 개념"은—말하자면 놓친 부분을 "생각으로" 추가하면서—표상작용이 전체적으로 결정되도록 요구하는 "관념"이나 이성의 "이상"이 된다. "따라서 완전한 결정작용은 그 총체성 속에서는 결코 **구체적으로** 제시될 수 없는 하나의 개념이다. 개념은 오직 이성의 능력 속에서만 그 자리를 차지하는 관념에 근거하고 있다. 여기서 이성의 능력이란 오성에게 개념의 완벽한 사용규칙을 처방해 주는 능력을 가리킨다."[35)]우리는 매우 특정한 의미에서 (그의 "초험적 착각"에 관한 논의와 함께) 칸트의 초험적 관념이론은 그의 선구자들의 철학에서 나타나는 맹인의 모습과 똑같은 "구조적 문제"를 다룬다고 말할 수 있다. 칸트의 초험적 관념이론은 의식의 출현에 내포된 "시간고리"에 대한 답변을 제공하고 있다. 그의 초험적 관념이론은 **대상의 항상 이미 상실된 부분**—만약 이 대상이 (주체에게) 대상으로 구성되어져야 한다면 상실되어야만 하는 부분—의 문제와 씨름한다.

비록 칸트의 이 문제에 대한 해결이 지금까지 논의해 온 것과 상당히 다를지라도 그럼에도 불구하고 그것들은 하나의 공통적 특징을 갖고 있다. 즉 칸트는 명시적으로 "시각적 맥락"을 언급한 은유들의 부단한 사용과 함께 초험적인 이상들과 그리고 시각장의 논리를 지배하는 법칙 사이에 상동성을 수립하는 개념화 작업을 동반한다.

이제 인격오류론과 관련된 초험적 관념들 중 하나를 검토해 보자. 이 "관념"은 특히 흥미로운데, 왜냐하면 이 관념은 그 구성에서 상실된 대상이 주체 자신인 상황을 내포하기 때문이다. 칸트에 따르면 주체는 자기 자신에게 오직 내적 감각의 대상으로만 나타날 수 있다. 주체의 자신에 대한 관계는 어떠한 "지름길"도 허용치 않으며 주체의 다른 모든 대상에 대한 관계와 똑같은 성격을 갖고 있다.

그의 최후 작품 가운데 초험적 관념을 다루는 절에서 칸트는 우리에게 "인간은 또한 가면을 의미한다"는 것을 환기시키고 있다.[36] 이 어원적 연결은 또한 라깡이 쓴 그의 「다니엘 라가쉬의 보고서에 대한 언급 : "정신분석과 인격구조"」 속에서도 지적된 바 있다. 라깡은 내포된 어원적 놀이 이상의 것이 있다고 강조한다. 즉 "문제가 되는 것은 그 과정의 애매성의 유발인데, 이 애매성의 유발 속에서 개념은 그 자체가 존재한다고 주장하는 것으로 여겨지는 통합체를 구현하게 된다."[37] 자기 방식으로 초험적 관념이라는 생각을 정확히 서술하는 이 말들의 칸트적 반향을 무시하기가 어렵다. 즉 개념이 마치 존재물로 존재하는 것인 양 하는 통합체를 구현한다는 것이다.

인격오류론은 무엇으로 구성되는가? 칸트는 그것을 다음과 같이 공식화한다. 즉 제각기 다른 시간에 그 자신에 대한 수적인 정체성을 의식하고 있는 것은 인간이다. 이러한 오류론은 칸트가 "착각"(Schein)이라고 부른 것의 일부이지만 그럼에도 불구하고 이성의 "불가피하고" "필연적인" 결론이라는 것을 강조하는 게 중요하다. 다시 말해 인격에 대한 "추론"(Schluss)은 생각하는 주체의 "자발적인 이념"이다.

이러한 오류론에 대한 칸트의 비판에 따르면 우리의 정체성에 대한 결론은 다음과 같다. 내가 내 자신을 의식하고 있는 전체 시간 속에서 나는 나 자신의 통합체에 속하는 것으로 이 시간을 의식하고 있다. 그리고 "내가 이 전체 시간이 개인 통합체로서의 내 속에 있다고 말하는 것이나 또는 내가 이 모든 시간에서 숫자상으로 식별되는 것으로 발견되었다는 것은 결국 같은 것이다."[38] 요점은 내가 다른 하나가 없으면 어느 하나를 생각할 수 없다는 점이다. 그러나 만약 내가 모든 표상작용의 변화 속에서 단지 "나"를 관찰하고 싶다면 다시금 나 자신을 제외하면 나는 나의 비교작업에서 사용할 다른 상관물(*correlatum*)을 갖고 있지 못하다. 제각기 다른 시간에 나 자신의 의식의 정체성은 오직 내 생각들과 그 정합성[통각(統覺)의 선험적 정체성]의 형식적 조건이고, 그리고 "인간의 정체성은 결코 "나"의 [논리적] 정체성에서 나오지 않는다."[39] 물론 만약 이 정체성이 "외부 감각"의 형태로 나타나고 "외부에 있는 것으로" 파악된다면 그것은 다른 문제가 될 것이지만, 만약 우리가 두 번째 "사람"을 도입할지라도 이 정체성은 그런 경우가 아니다.

그러나 만약 내가 (다른 사람의 외부 직관의 대상으로서) 다른 사람의 관점에서 나 자신을 본다면 **시간 속에 있는 나**를 먼저 표상하는 사람은 이 외부 관찰자인데, 왜냐하면 통각 속에서 **시간**이 표상되는데, 엄격하게 말하자면 오직 **내 속에서** 표상되기 때문이다. 그러므로 비록 그가 내 의식 속에 있는 항시적인 모든 표상작용을 완전한 정체성을 가지고 수반하는 "나"(I)를 인정한다 할지라도 그는 이로부터 나 자신의 객관적인 영속성에 대한 추론을 끌어내지 못할 것이

> 다. 왜냐하면 관찰자가 나에게 설정해 놓은 시간이 나 자신의 시간이 아니라 그의 감수성의 시간인 것처럼 필연적으로 내 의식과 결부되어 있는 정체성은 그러므로 그의 의식, 즉 내 주체에 대한 외부 직관을 담고 있는 의식과 결부되지 않기 때문이다.[40]

이것을 간단히 표현하면 다른 사람이 나를 자기의 외부 직관의 대상으로 본다는 사실은 나에게 내 정체성에 대한 결론을 끌어내는 것을 아직 허용치 않는다. 이러한 추론은 만약 내가 내적이자 외적 직관의 대상으로 동시에 나 자신을 볼 수 있다면, 즉 만약 내가 남이 나를 보는 방식대로 나 자신을 볼 수 있다면 내가 관찰되고 있는 바로 그 자리에 나 자신을 놓을 수 있는 경우에만 가능해질 것이다.

이렇게 해서 우리는 한편으로는 자아 이상을 "나를 보고 있는 대타자를 내가 보는 방식"[41]으로 규정하는 라깡적 개념화에 이르렀고, 다른 한편으로는 인격오류론에 상응하는 선험적 관념에 이르렀다.

그러나 이러한 배열이 "심리학적 관점"에 국한되는 것이 아니라 적어도—한 가지 양상에서는—초험적 관념 일반을 위한 모범이 된다는 점이 지적되어야 마땅하다. 칸트가 초험적 관념 일반에 대해 말할 때마다 그는 바로 여기서 논의된 구도를 서술하는 어떤 "시각적 은유"를 사용하여 말한다. 초험적 관념은 전적으로 오성과 이성 사이의 어떤 관계를 표현한다. 한편으로는 개념과 개념 계열의 창조, 다른 한편으로는 이 개념들의 질서잡기와 통합하기가 오성과 이성 사이에 배분된 두 개의 독자적 과업들이다. 오성은 개념 창조에 흡수되어 버리므로 결코 개념의 총체성을 시각에 (이 표현은 칸트의 표현) 갖고 있지 않고, 총체성은 오성의 시각에서 탈출한다. 총체성은 오직 이성의 "관점"에서만 파악될 수 있다. 그러나 만약 이성의 입장이 (항상 비록 "규제적 형식"으로만 갖고 있듯이) 지식과정에 어떤 영향을 미쳐야 한다면 이러한 두 개의 상호 배제적인 "관점"이라는 개념형성은 충분한 것이 아니다. 반대로 오성은 마치 "그 눈들 가운데 하나를 가지고" 이성의 관점을 공유하고 있는 것처럼 오성의 일을 수행해야만 한다. 만약—"규제원리"로서의 초험적 관념들을 통해—이성이 오성의 작업에 영향을 미쳐야 한다면, 가장 일반적 의미에서의 초험적 관념은 **오성이 이성에 의해 보이는 자기 자신을 보는 방법**에 지나지 않을 수 있다. "순수이성의 관념에 대한 규제적 사용"이라는 장에서 따온 다음 구절을 고찰해 보자.

> [초험적 관념]은 우수하고 사실 불가피하게 필요하며 규제적인 사용을 갖고 있는데, 다시 말하자면 그 교차점처럼 그 규칙들이 설계해 놓은 길들이 수렴하는 어떤 목표 쪽으로 오성을 향하게 한다. 이 요점은 사실상 **허점**이라는 단순한 관념인데, 여기에서 허점이 아주 가능한 경험 경계 밖에 있기 때문에 오성의 개념이 현실에서는 생겨나지 않는다. 그래도 역시 허점은 이 개념들에게 최대의 가능한 범위와 결합된 최대의 가능한 통합을 주는 일에 봉사한다. 여기에서—거울에 반사된 대상들이 거울 뒤에 있는 것처럼 보이듯이—선(線)들이 경험적으로 가능한 지식의 장(場) 외부에 있는 실제 대상 속에 그 출처를 갖고 있다는 착각이 일어난다. 그럼에도 불구하고 만약 우리 눈앞에 있는 대상 외에 우리 등 뒤 멀리 있는 대상들을 보아야 한다면 이 착각은 불가피하게 필요해진다.[42)]

칸트가 서술한 상황을 음미하는 데 있어서 유명한 라깡의 광학장치를 언급하는 것보다 더 좋은 방법이 있는가? 이 시각장치는 라깡이 부아스(Bouasse)로부터 빌려와 약간 수정한 새로운 고안물인데, 라깡이 자기 개념들 중 몇 가지(이상적 자아와 자아 이상 사이의 차이점 그리고 상상계로부터 상징계로의 통과)를 설명하기 위해 여러 번 사용한 장치이다(그림 3 참조). 우선 이 도해의 왼쪽 부분인 평면거울(O)의 왼쪽 구역을 검토해 보자. 그 위에 꽃이 고정되어 있는 받침대가 놓여 있는 그 앞에 곡면거울(x, y)이 있다. 이 도식이 순수한 개념적인 모델로 파악될 수 있다고 가정하면 꽃을 현재 논의에서 우리의 관심을 끌고 있는 것으로 대체하는 것이 가능하다. 꽃이 오성에 의해 만들어진 일련의 개념들을 나타내거나 또는 (제각기 다른 시기에) 나의 표상작용마다 동반하는 수많은 "나는 생각한다"라는 표현의 집합을 나타낸다고 상상해 보자.

받침대 안에 뒤집어진 꽃병이 있는데, 즉 그것이 오직 형식적이거나 논리적인 것인 한 칸트가 통각의 초험적 통합체라고 부르는 것의 틀린 표상작용이 아닌 "존재하는 어떤 것이 있는 무(無)"가 있다. 그것은 내가 결코 독립된 생각으로 볼 수 없는 하나의 생각으로서의 통합체인데, 왜냐하면 내가 생각하는 모든 것을 "통해" 나는 생각하며, 따라서 그것은 나의 직접적 고찰의 대상이 결코 될 수 없기 때문이다. 만약 우리가 관찰자(예를 들어 우리 자신)를 이 도해의 왼쪽 부분의 우측 상단(즉 평면거울 앞쪽 어딘가)에 위치시킬 수 있다면 꽃병이 곡면거울의 효과에 의해 받침대 위에 나타날 것이고, 그리고 꽃을 "한 덩어리 전체"로 통합하여 일련의 개념들을 위한 총체성을 제공함으로써 우리 자아의 논리적 통합체로부터 "현실적" 통합체를

[그림 3]

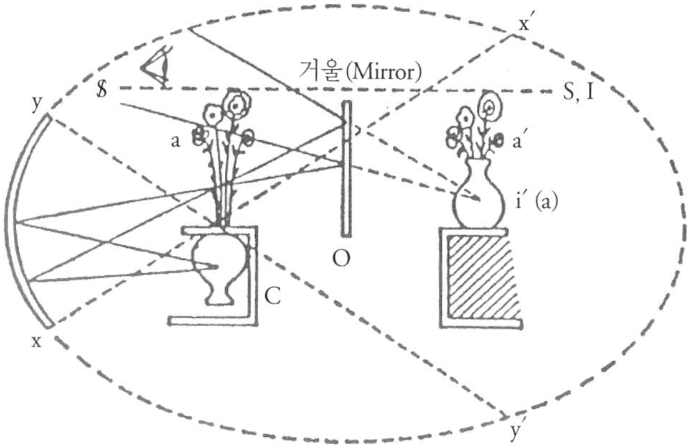

만들게 될 것이다. 칸트와 라깡 모두에 따르면 이러한 구도는 데카르트의 나는 생각한다(cogito)의 토대에서 작용하고 있다. 그러나 문제는 라깡적 주체나 칸트적 주체 어느 것도 (자신에 대한) 그러한 이상적인 관찰자의 자리를 차지할 수 없다는 사실에 있다. 주체로서 나는 필연적으로 "꽃 사이 어딘가에" 놓이게 되어(라깡) 나는 곡면거울이 총체성으로 통합하는 것의 일부이다. 칸트에 있어 이에 대한 이유는 물론 그가 "지적인 직관"을 인정하지 않는 데 있다. 즉 나는 "나 자신을 관조하는 나 자신을 관조할" 수 없다.

이제 우리는 도해의 오른쪽 부분인 "가상공간"을 열어주는 두 번째 거울(이번에는 평면거울) (o)을 도입한다. 이 개입으로 무엇이 일어나는가? 비록 주체가 내(I)가 여전히 "꽃 사이 어딘가에서" 나 자신을 발견할지라도 나는 항상 내 등 뒤에 있는 것(내포된 나 자신의 총체성)을 이제 내 앞에서 보게 된다. 이제 나는 곡면거울의 효과인

"정합성"과 "통합체"를 평면거울에서 볼 수 있다. 이제 개념의 완전한 결정작용의 문제로 돌아가 보자. 즉 지식의 주체가 대상에 접근할 때 반드시 상실되는 대상 부분인 항상 이미 내 뒤에 있는 것이 마치 그 대상의 미래적 마무리에 이를 수 있는 것처럼 이제 주체 앞에 투사돼 나타난다. 이 주체가 (규제원리에 따라서) 자기의 지식능력을 사용해야만 하는 것은 시각에 있어서의 이 "투사된 통합성"(칸트)을 통해서이다.

다시 말해 두 번째 거울의 개입을 통해 일어난 것은 바로 칸트가 서술한 것(여기에서—거울에 반사된 대상들이 거울 뒤에 있는 것처럼 보이듯이—선들이 경험적으로 가능한 지식의 장 외부에 있는 실제적 대상 속에 그 출처를 갖고 있다는 환상이 일어난다)이다. 초험적 통각의 순수형태로서의 "나는 생각한다"는 그 자체가—이 구도에 의해 함축된 인격이라는 생각을 통해—**마치** 존재하고 있다고 우기는 **것처럼** 나타나는 정체성으로 변형된다.

칸트가 부르는 바의 이 "착각"이 일어나기 위해서는 그 주체가 자기 등 뒤에 위치하고 있는 첫 번째 거울에서 그가(또는 어떤 다른 대상이) 갖는 "효과"를, 두 번째 거울에서 그가 분간하는 식으로 그 주체가 두 거울 사이에서 위치되어져야만 한다. 초험적 관념의 기능은 이 구도의 뼈대를 부여하는 것이다. 인격관념의 경우에 이 인격관념은 다른 사람에 의해 그/그녀가 보이는 대로 그 주체가 자신을 보게 되는 가상점을 구체화한다. 유추적으로 더 일반적 수준에서 초험적 관념은 오성과 이성 사이의 관계를 분절한다. 그것은 이미 언급한 대로 이성이 본대로 오성은 자신을 본다는 식이다.

여기서 우리가 칸트와 관련해서 사용한 라깡의 도해는

또한 두 개의 삼각형이 겹쳐져서 이루어진 시각도해의 정교화로서 파악될 수도 있다. 이 정교화된 도해는 "표상작용의 주체"가 (대타자의) 시선 하에서 어떻게 자신을 하나의 그림으로 바꾸는가를 명백하게 보여준다. 따라서 엄격히 말해 기하학적 차원과 거기에 상응하는 자신을 보는 자신을 본다는 의식의 착각은 시선의 출현에 선행하지 않고 반대로 시선 출현의 결과이다. 그러나 이 "착각"이 가능하기 위해서는 그 주체가 자기의 주체적 정체성의 핵심 속에 있는 대상을 알아보지 못해야만 한다. 우리가 "우리 사고 속에서 선천적 맹인[의 사례]를 취해야" 한다는 버클리의 제안은 말하자면 생각하는 주체의 항상 이미 갖추어져 있는 "존재론적 조건"이다.

주

1_ 르네 데카르트(René Descartes), "굴절광학", 『방법론』[이 판(版)은 굴절광학, 대기현상, 바이에(Baillet)의 데카르트 전기(傳記), 르몽드, 롬므(인간), 그리고 편지들에서의 발췌문을 포함하고 있다] (파리 : 가르니에-플라마리옹, 1996), 101, 102쪽 참조.

2_ 자끄 라깡, 『정신분석의 네 가지 근본개념』, 앨런 쉐리던 역(하몬즈 워스 : 펭귄북스, 1979) 중 제6-9장 참조.

3_ 같은 책, 106쪽 참조.

4_ 같은 책, 93쪽.

5_ 같은 책, 73쪽.

6_ 같은 책, 144쪽.

7_ 알랭 그로스리샤르(Alain Grosrichard), "18세기의 심리학적 경험", 『분석용 노트』 1-2(파리 : 세이유, 1996), 104쪽 참조.

8_ 존 로크(John Locke), 『인간오성론』(뉴욕 : 도버, 1959), 1권, 211쪽.

9_ 같은 책, 1권, 40쪽.

10_ 그로스리샤르, "경험", 105쪽.

11_ 로크, 『인간오성론』, 2권, 227쪽.

12_ 같은 책, 제2권, 360쪽.

13_ 조지 버클리(George Berkeley), "새로운 시각이론을 향한 에세이", 『철학연구』(토토와 : 로우만과 리틀필드, 1975), 50-51절 참조.

14_ 같은 책, 51절.

15_ 같은 책, 147절, 밑줄은 저자의 것임.

16_ 그로스리샤르, "경험", 106쪽 참조.

17_ 버클리, "에세이", 92절.

18_ 그로스리샤르, "경험", 107쪽.

19_ 1728년에 불리에(Boullier)가 동물들도 영혼(souls)이 있다고 주장했을 때 그는 인간 몸과 동물 신체 사이의 유추적 구조에 관한 그의 결론에 근거하고 있다. 불리에가 덧붙이기를, "어떤 측면에서 볼 때 동물들은 인간과 똑같으며, 따라서 동물들이 인간의 어떤 수준을 갖고 있다고 생각함으로써 그는 성찰적 분석이 더 이상 얻을 수 없는 영역의 한계를 구획한다." 즉 오직 인간에게만 주어진 "이성적 영혼"과 구별되는 "감각적 영혼"의 영역을 구획한다. 따라서 오성 내부(inside the understanding) 실험은 그 정당화를 상실한다. 이제부터 그 자신의 기원에 대해 실험하면서 멀리 단순 요소까지 분석을 수행하는 데 있어서 불투명이 오성을 불가능하게 만든다. 이제 "내부로부터" 오성의 왕국을 위협하는 이 불투명에 직면하면서 철학은 몰리노(Molyneaux)의 오성 내부 실험과 동등한 가치가 있는 새로운 기술을 창안했다. 그로스샤르, "실험", 109-110쪽 참조.

20_ 에티엔느 보노(Etienne Bonnot), 사제 드 콩디약(de Condillac), 『감각작용론 : 동물론』(파리 : 페이야르, 1987), 11쪽.

21_ 같은 책, 15쪽 참조.

22_ 같은 책, 104쪽.

23_ 조각상이 자기 손을 자기 몸에게만 놓는 한, 그런 면에서 그것은 마치 조각상이 거기에 있는 모든 것인 양 존재하게 된다. 그러나 그 조각상이 낯선 몸을 만진다면 손에서 수정되어 느끼는 자아(나)는 이 몸에서 수정되어 느껴지지 않는다. 만약 그 손이 나를 알아보더라도 조각상 같은 답을 얻지 못한다. 이런 방법으로 조각상은 그 존재방식을 전적으로 자신의 외부에 존재하는 것으로 판단한다. 자신의 몸을 형성한 것과 똑같은 방식으로 조각상은 모든 다른 대상들을 형성한다. 첫 번째 경우에 다른 대상들에게 일관성을 부여한 고체성의 감각작용은 다른 경우에서도 또한 다른 대상들에게 고체성의 감각작용을 부여한다. "자신에게 응답한 자아가 너 이상 응납하지 않는다는 것이 차이점이다." 같은 책, 105쪽.

24_ 같은 책, 170쪽.

25_ 같은 책, 204쪽.

26_ 그로스리샤르, "경험", 112쪽.

27_ 쉬발리에 드 메리앙(Chevalier de Merian), "몰리노 문제의 역사"(8번째 기억), 『분석노트』 1-2(파리 : 세이유, 1966).

28_ 같은 책, 118쪽, 밑줄은 저자가 함.

29_ 같은 책, 122-23쪽, 밑줄은 저자가 함.

30_ 데니 디드로(Denis Diderot), "맹인에 관한 편지에 덧붙임", 『철학전서』(파리 : 가르니에, 1961), 153쪽.

31_ 이 요점의 해석에 관해서는 슬라보예 지젝, 『그들은 자기가 하는 일을 알지 못하나이다』(런던 : 버소, 1991) 속의 "이데올로기의 '미싱 링크'"(인류와 유인원의 중간에 있었다는 가상의 동물) 장 참조.

32_ 메리앙, "역사", 119쪽.

33_ 디드로, "맹인에 관한 편지", 『철학전서』, 126-27쪽.

34_ 즈드라우코 코베(Zdravko Kobe), "초험적 관념론에서의 무의식의 위치", 『정신분석을 통해 본 철학』(류블랴나 : 아날렉타, 1993), 197쪽.

35_ 임마누엘 칸트(Immanuel Kant), 『순수이성비판』, 노먼 캠프 스미스 번역(런던 : 맥밀란, 1992), B 601쪽.

36_ 임마누엘 칸트, 『전집』(아카데미 판), vol. 21(베를린 : 발터 데 그루이터, 1936), 142쪽.

37_ 자끄 라깡, "다니엘 라가쉬의 보고서에 대한 언급 : '정신분석과 인격구조'", 『에크리』(파리 : 세이유, 1966), 671쪽.

38_ 임마누엘 칸트, 『비판』, A362쪽.

39_ 같은 책, A365쪽.

40_ 같은 책, A362-63쪽.

41_ 자아 이상에 대한 해석을 보려면 슬라보예 지젝, 『그들은 자기가 하는 일을 알지 못하나이다』, 11-16쪽 참조.

42_ 임마뉴엘 칸트, 『비판』, A644-45/B672-73쪽.

제3장

죽이는 시선, 시선 안에서 죽이기 :
마이클 파웰의 「피핑 톰」

엘리자베트 브론펜 저 | 이수연 역

눈에 관해서 우리는 성적인 관음증의 억압과 심인성 시각장애의 전개에 관련된 애매한 심리적 과정을 마치 주체 안으로부터 처벌하는 목소리가 "너의 시각기관을 나쁜 호색적인 쾌락을 위해 오용하려고 했으니 더 이상 아무것도 보지 않는 것이 좋겠다"라고 말하는 것으로 해석하는 습관이 있다. 그리고 이런 식으로 그 결과를 승인하는 것처럼 군다. 이에는 이, 눈에는 눈 식의 처벌 개념이 포함된 것으로 우리의 시각장애의 심인성 설명은 실상 신화나 전설이 암시하는 것과 일치한다고 할 수 있다. 고다이버 부인의 아름다운 전설은 환한 대낮에 발가벗은 채 말을 타고 영지를 돌아야 하는 부인의 임무를 쉽게 하기 위해 모든 마을 사람들이 덧문이 닫힌 창문 뒤로 숨었는데 단 한 명의 남자는 덧문을 통해 그녀의 드러난 사랑스러움을 훔쳐보았기 때문에 눈이 머는 것으로 처벌을 받았다고 얘기하고 있다.

– 지그문트 프로이트, 1910

고전 정신분석에서는 자신을 타인의 시선에 노출시키거나 응시함으로써 성적 자극이나 만족을 얻는 관음증을 일차적 도착증의 하나로 간주하고 있다. 이는 소위 정상적인 성행위, 말하자면 "생식기의 삽입을 통해 오르가즘의 성취를 목적으로 하는, 반대 성을 가진 사람과의 성교"로부터의 이탈이다(Laplanche와 Pontalis 1973, 306). 마이클 파웰의 영화「피핑 톰」(1960)에서 살해된 여성의 시체가 발견된 범죄현장에 불려온 정신분석가는 지그문트 프로이트의 저술을 암시하면서 관음증에 포함된 이러한 "정상적"인 성적 욕망의 전도를 "시선에의 병적인 충동"으로 묘사한다. 오래된 영국 전설에서는 그의 관음증으로 인해 눈이 멀도록 처벌받은 훔쳐보는 톰의 행동에서 잘못된 것, 말하자면 왜곡된 것은 그의 시선이 섹스 준비행위에 과도하게 머물러서 이를 성적 행위의 정상적 목표를 대신하는 새로운 목표로 전환한다는 데 있다(Freud 1905, 156). 애초에 주체가 소위 성교(coitus)라고 불리는 성행위의 궁극적 목표로 진행하는 궤적에서 빨리 건너고자 의도했던 응시하는 행위는 성행위의 목표 자체로 전환되고 성적 만족감은 전적으로 이 응시행위에서 얻게 된다. 프로이트는 그러나 도착증적인 응시와 "성적 색조를 띤 섹스 목표의 중간 과정으로 바라보기에 머무르는" 정상적 행위를 구분한다(Freud 1905, 55ff). 전자, 즉 도착적 응시에 있어 특별한 것은 그것이 전적으로 몸의 한 부분에 국한되고 그에 대한 역겨움도 극복된다는 것이다. 무엇보다 도착증적인 응시는 성행위의 정상적 목표를 준비하기는커녕 이를 억압한다. 관음증 환자나 노출증 환자에게 있어 눈은 성감대에 상응하고 생식기의 대리로 부상하게 된다. 응시는 접촉을 대신하며 사실상 독립적인 과정이 되고 그 자체로 작동하여 일종의 비뚤어진 형태의 삽입으로 가게 되고, 파웰의 영화 「피핑 톰」에서는 응시를 통한 삽입, 혹은/그리고 남성 생식기를 상징하는 살인적인 칼로서 찌르기가 된다.

명백하게 말해서 도착증은 욕망이 "생식기관이나 그것의 정상적 사용을 전적으로 무시하며 성적인 것으로 작동하는"(Freud 1940, 152) 욕망을 가진 사람에게 일어난다. 이러한 정의에 더하여 프로이트는 응시하고자 하는 충동과 응시되고자 하는 충동은 두 형태로 존재하는데, 이는 각각 능동적·가학적(남성적)인 응시의 욕망과 수동적·피학적(여성적)인 욕망이고, 전자로부터는 호기심이, 후자로부터는 예술적이고 연극적인 과시 충동이 나중에 자라나게 된다고 첨언한다(Freud 1909a, 44).

자기 충족적 시선 : 창녀, 핀업, 대역

보이는 것은 모두 촬영해야 한다는 증상을 겪고 있는 사진사 마크에 대한 마이클 파웰의 이야기에서 구조적 원칙으로 나타나는 것은 바로 응시하고자 하는 충동과 고통을 주고자 하는 충동의 이상한 맞물림이다. 이러한 정신병 때문에 그는 카메라 뷰파인더라는 중간 대리자를 통해서거나 아니면 그의 생활공간에 인접해 있는 암실의 개인 화면에 영사되는 영상 복제로서만 이 세상을 인식하는 것이다. 그의 정신장애는 치명적인 것이 되는데, 그것은 그가 죽음 불안에 대한 기록영화를 만들고 있기 때문이다. 그는 처음에는 관음증자의 시선에 기꺼이 자신들을 제공한 아름다운 세 여인을 묘사하기를 선택하지만 궁극적으로 오로지 자신의 죽어가는 몸을 대상으로 함으로써 그의 잔인한 종합예술을 이룰 수 있다는 것을 깨닫게 된다. 죽음이 찾아오기 직전에 죽음 불안이 각인된 여성의 얼굴을 찍음으로써 죽음을 영상으로 고정하고자 하는, 다시 말해 죽음의 순간의 이미지를 포착하고자 하는 노력을 통해 그는 시선이 문자 그대로 살인을 할 수 있다는 진부한 표현을 택하고 있는 것이다. 그는 대단히 특이한 관음증으로 살아가고 있다. 예를 들어 그의 고객들이 포르노 사진을 은밀히 거래하는 담배 가게 이층의 스튜디오에서 마크가 촬영한 "구경거리"를 살 때처럼, 도착증 환자들이 여성의 벗은 몸을 보고자 하는 것처럼 비뚤어진 성적 욕망에 투자했던(Freud 1909b, 163), 임상적으로 좀더 일반적인 충동을 가지고 있는 것은 아니다. 그보다는 혐오감을 띠고 있는 그의 도착증적 환상은 폭로로서의 노출의 제스처를 수행하며 모든 인간이 공유하는 죽음의 불안을 섹슈얼리티의 렌즈를 통해 관찰하는 것으로 이루어진다. 그의 목적은 이러한 통찰력을 영화적 광경이라는 시각의 형태로서 가장 깊은 인간 실존의 영역에서 포착하는 데 있다. 그는 한가한 시간에 필름 스튜디오에서의 자신의 직업적 행위를 모방하여 죽음의 경험에 초점을 맞추고자 하는데, 이 경험은 산 자에게는 누구에게나 단지 죽음의 전조로서만 존재할 뿐이다. 그래서 우리는 마크의 기록영화 만들기의 시도를 섹슈얼리티에서 죽음의 필연성으로, 초점이 틀린, 사진 찍기의 왜곡된 형태라고 말할 수 있다.

그의 희생자의 한 명이며 대역인 비비안에게 그는 기록영화에서 그녀가 연기할 역할의 분위기를 만들어 주기 위해 이 치명적 프로젝트를 위해 생각해낸 시나리오를 다음과 같이 묘사한다. "한 남자가 당신한테 다가오고 있다고 상상해 봐. 그런데 그 남자는 결과에 상관없이 너를 죽이려고 하는 … 미친 놈이야. 하지만 그는 그 사실을 알고 있는데 너는 몰라. 그리고 단지 너를 죽이는 것으로는 그에게 충분치가 않아." 그리고는 그녀에게 삼각대의 발에 숨겨진 칼을 보여주고 "하지만 다른 것도 있어" 하고 부언한다. 의미심장하게도 마크는 비비안에게 이 "다른 것"을 단지 **보여줄** 수 있을 뿐이다. 그리고 이 다른 것은 그의 기록영화 프로젝트에 있어 특별히 도착증적인 무엇을 표시하는 잉여이다. 이 비뚤어진 애착에 대한 **단어들은** 그가 카메라 대신 사랑할 수 있는 여인을 직면하도록 강요될 때만 **찾을** 수 있다. 그 여인은 헬렌이다. 그녀가 마크에게 그의 카메라 화면에서 본 공포의 이미지에 대한 대답을 요구했기 때문에 마크는 다음과 같이 설명한다. "당신은 세상에서 가장 무서운 것이 무엇인지 알아요? 그건 공포죠. 그래서 나는 아주 간단한 일을 했어요." 그리고는 계속해서 카메라 한편에 달린 볼록거울을 그녀에게 보여주고는(사진 1) 다음과 같이 결론짓는다. "그들이 칼이 목에 닿는 것을, 그리고 내가 그들을 죽일 것이라는 것을 느낄 때 나는 그들이 자신의 죽음을 바라보게 만들지. 그리고 만약 죽음이 얼굴을 가지고 있다면 그들은 그것을 보았을거야."

따라서 마크의 도착증은 시선에 머무르는 것, 즉 시선의 성욕화(sexualization)에만 존재하는 것은 아니다. 그것이 응시를 살인으로 변화시키는 것만을 가리키는 것은 아니듯이. 그보다 그의 도착증을 특별하게 만드는 것은 시선의 중계라는 의미심장한 첨가로서, 거기에서 살인의 희생자들이 살해되는 행위 중에 스스로를 바라보도록 강요되는 것이다. 기꺼이 자신을 관음증자의 시선에 바치고자

[사진 1]

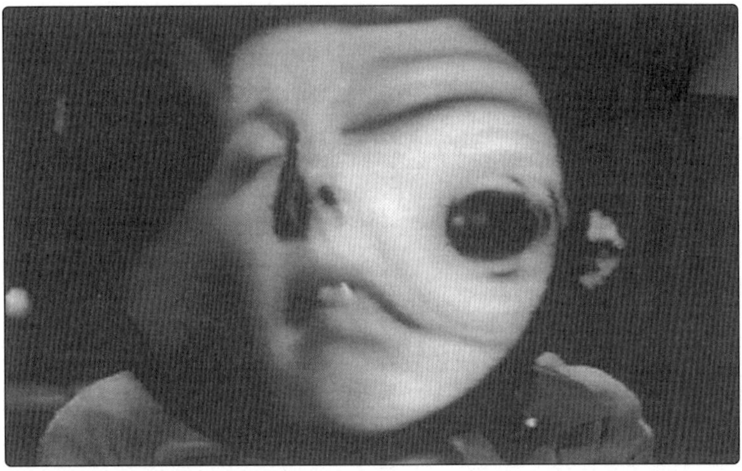

했던 아름다운 여인들은 스스로 관음증자의 위치를 차지하도록 강요받게 되는 것이다. 결과적으로 관음증의 형태는 왜곡될 때 타자를 자신의 한 버전으로 관찰하는 행동과 자신을 타자의 버전으로 관찰하는 행동이 서로의 경계를 넘어 완전히 무너지게 되는 것이다. 물론 이러한 시나리오를 연출하면서 마이클 파웰은 자신의 영화제작자로서의 행위에 대해 자의식적인 질문을 던진다. 그것의 시사점은 그와 그의 관객은 적어도 비유적인 의미에서 비슷한 시선들의 도착증적 중계에 갇혀 있다는 것이다. 영화를 만드는 모든 행위는—그렇게 파웰의 자기 비판적인 메시지는 말하는데—죽음과 관련된다는 것이다. 왜냐하면 의도 자체는 명백히 살인적이지 않더라도 묘사된 몸은 항상 프레임되고 생명 없는 몸으로 전환되어 대체물인 이미지에 의해 다시 존재하도록 만들어지기 때문이다.

영화의 초반부에서 감긴 눈이 공포로 인해 갑자기 열리

고 나면 우리는 가게 윈도우 앞에서 다음 고객을 기다리고 있는 창녀를 보게 된다. 한 남자가 그녀에게 다가가면서 그녀를 촬영하고 있다. 그의 카메라는 코트 안에서 골반 바로 위에 숨겨져 있다. 그녀의 모습을 포착한 순간부터 우리는 그 여성을 그의 시선의 선택된 대상으로만, 정확히 말하자면 중재된 시선을 통해서만, 다시 말해 그의 카메라의 뷰파인더를 통해서만 보게 된다. 그 여자가 비유적으로 말해 이미지로 무생물화되는 것에만 갇혀 있게 되는 이러한 시야는 뷰파인더를 구성하는 검은 십자가에 의해 네 부분들과 중심점으로 나누어진다. 카메라는 경험적인 세상을 나타내고, 응시되는 몸까지의 거리를 결정하고, 초점을 맞추고자 하는 상세한 부분을 선택한다. 카메라는 그녀의 등에서 다리로, 발로, 그리고 얼굴로 왔다갔다 하기를 반복한다. 그러나 중요한 것은 그 여인이 시야로부터 도망치는 것을 카메라가 허용하지 않는다는 것이다. 어떤 의미에서 그 여자는 아직도 분명히 거리를 따라 굽이치며 돌아다니다가 문으로 들어가고 고객에게 따라오라고 손짓하면서 건물의 꼭대기 층에 있는 자신의 방으로 올라가고 있더라도 이미 비유적으로 뷰파인더의 십자가에 못박혀 있다고 말할 수 있다.

이러한 응시의 행위는 영화의 초반부부터 우리가 공모하고 있는 것인데, 그러나 영화인의 사심 없는 시선이 아니다. 영화를 보는 중간에서야 우리는 그 여자가 응시행위에 갇혀서 셀룰로이드에 부재한 몸을 대신하는 과정을 자기 반영적으로 가리키는 기록영화의 일부분이라는 것을 깨닫게 된다. 뷰파인더를 통해서 우리는 그가 자신의 도착증적 행위에 대해 언급하는 것을 보게 되는데, 스스로 필름 카트리지의 껍질을 던져버리는 자신을 촬영하고 있는 것을 알

[사진 2]

게 되기 때문이다. 영화제작 행위에 대한 그런 명백한 지시는 상업영화 언어의 관습적인 양식과의 결별을 말한다. 상업영화는 그 자체의 재현 매체에 대한 주의를 끄는 것을 최대한 피하고자 하기 때문이다 (Bordwell 및 Thompson 1979). 그 때 우리가 보는 것은 옷을 벗고 침대에 누우며 고객의 시선에 의식적으로 자신을 바치는 여자이다. 그 여자는 고객을 만족시키려는 상품으로서 자신의 몸을 명백히 연출한다. 그러나 그녀가 모르는 것은 자신을 창녀로 주는 것 외에 도착증적 영화제작자의 시선에 자신을 제공하고 있다는 사실이다. 작은 첨가적 요소, 보충물, 불길한 "다른 어떤 것"이 갑자기 그녀의 머리 위로 빛의 반사로 가장하여 나타난다. 그녀의 시선은 더 이상 일상적 행위의 권태로 표시되지 않고 공포를 의미하게 된다. 관객들은 아직 보지 못한 치명적 부속물인 숨겨진 칼과 거울로 무장된 카메라는 엎어진 창녀의 형상에 접근한다. 정상적인 성적 삽입의 역전은 비명으로 끝난다. 우리는 불안과 혐오 그리고 공포로 일그러진 그녀의 얼굴을 본다 (사진 2).

매춘이 시사하는 관습적 교환의 상황은 확실히 전환되었다. 창녀는 더 이상 고객의 시선을 통제하지 않고 오히려 고객의 시선이 그녀를 지배한다. 이제 응시는 문자 그대로 소유의 행위가 되었다. 우리 관객은 응시되는 여인처럼 갇혀서 그녀처럼 마크의 뷰파인더가 제공하는 시각의 장으로 축소된다. 살해 장면들이 연출되는 정점에서 마이클 파웰은 삼각대의 다리에 숨겨진 칼이 희생자의 목을 자르기 직전에 편집을 끊어서 이러한 영화적 절단 안에서, 그리고 이를 통해서 자체로는 보일 수 없는 죽음과 죽음의 공포가 발생하도록 한다. 그런 식으로 추구되는 죽음의 이미지는 명확히 생략으로서 강조하게 된다. 커트 뒤에 창녀의 비명 소리의 이미지로 끝내면서 파웰은 장면을 반복해 보여주고 시야는 유사하게 한정된다. 시작 제목과 크레딧이 화면 위아래로 움직일 때 우리는 영화제작자 마크가 이제 뷰파인더에 십자가가 없는 자기 개인극장의 화면 위에서 전 장면을 바라보고 있는 것을 보게 된다(사진 3).

화면에 투사되었을 때 살해 장면은 마크의 뷰파인더를 통해 보이는 것보다 더 잘 중재되어 보이는데, 하지만 두 번째 연출은 동시에 섬뜩한 모순을 노출시킨다. 문자 그대로 카메라의 살인적인 시선을 따르는 것은 죽은 여인의 부활이다. 화면에는 살해된 창녀가 다시 살아 있고, 영화 속의 형상으로서 그녀는 전 장면의 행위들—고객을 위해 옷을 벗고 갑자기 공포의 비명을 지르고 공포에 질린 눈이 죽음을 예기하는 것—을 끊임없이 반복한다. 재현된 죽음은 이중적인데, 거기에 파웰의 영화가 제공하는 해체가 존재한다. 창녀

[사진 3]

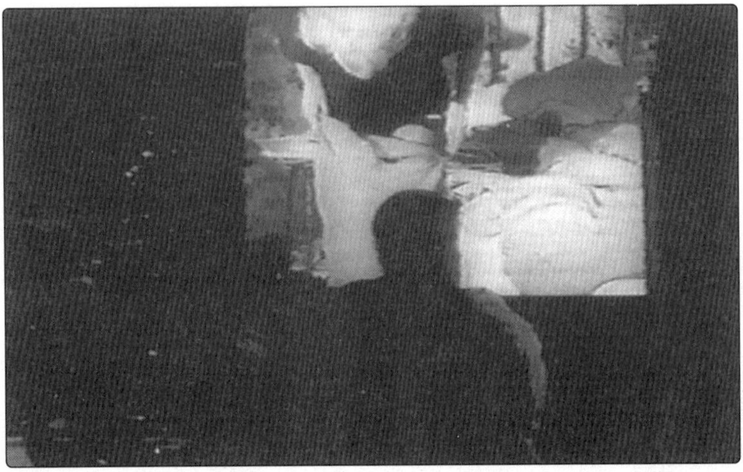

는 비유적인 의미에서 죽었는데, 그녀의 몸이 부재하고 이미지로서만 존재하기 때문이다. 그러나 그녀는 실제적인 의미로도 죽었는데, 마크 카메라의 부착물로서 찔려 죽기 때문이다. 응시와 죽음 사이의 교환은 다음과 같은 궤적을 좇는다. 희생자의 몸을 상품으로 전환시킴으로써 비유적 의미에서 대상을 죽이는 응시의 행위는 사실적 죽음으로 이어지는데, 이는 그 출발점이 사실적 죽음인 시선에 의해 다시 대체되어 시각적 이중성의 끝없는 유희 안에서 죽음을 포착하게 된다.

이러한 첫 번째 살해 시퀀스는 이야기 차원에서는 결론으로 지어진다. 마크는 창녀의 시신을 그녀의 아파트에서 들고 나오는 경찰을 찍는다. 우리는 다시 마크의 카메라 뷰파인더의 십자가를 통해 시신을 보게 되고, 그래서 다시금 그의 시선에 의해 한정된다. 하지만 부분적으로는 암시된 영화제작자이며 마이클 파웰 자신인

제3자의 시선을 통해 이 시신을 보게 되는데, 그는 이 순간까지 기다렸다가 자신과 그의 도착증적인 유사자 사이에 서술적 거리를 두게 된다. 왜냐하면 이 순간에서야 파웰은 처음으로 마크를 외부의 시각에서 보여주기 때문이다. 다시 말해 마크가 처음에 사용된 주관적인 카메라를 통해서가 아니라 거의 객관적인 시각으로 촬영하는 것을 보여주는 것이다.

재현과 죽음 사이의 어떤 관계에도 선천적으로 존재하는 논리적 아포리아를 묘사하기 위해 미셸 푸코는 죽음을 배경으로 세우고 무한에 반사되는 거울의 탄력적 은유를 만들어낸다. 그는 이렇게 설명한다. “죽음이 막 닥쳐오기 이전에 언어가 밀려온다. 그러나 이는 다시 시작해서 스스로에 대해 말하고 … 죽음을 향하게 되었으며, 언어는 스스로한테로 되돌아간다. 이는 거울 같은 무언가를 만난다. 그리고 그것을 멈추게 할 죽음을 멈추도록 하기 위해 단 하나의 힘만을 갖는다. 한계가 없는 거울의 유희 안에서 자신의 이미지를 탄생시키는 것이다. 그것이 죽음을 향해 시작한 지점에 다시 도착하려고, 그러나 궁극적으로 죽음으로부터 탈출하기 위해 시작하는 장소인 거울의 깊숙한 곳으로부터 다른 언어가 들린다. 이는 실제 언어의 이미지인데, 그러나 대단히 작고 내부적이며 가상적인 모델이다” (Foucault 1963, 54).

마이클 파웰은 푸코가 자기 반영적 시적 언어의 실제적 권력이라고 도취적으로 선언한 그 무엇을 이미 어느 정도는 잠정적으로 해체했다고 할 수 있다. 왜냐하면 파웰은 죽음의 경계에서 스스로를 재현하는 영화 언어의 논리적 귀결이 무엇인지 서술하기 위해 마크가 자신의 도착증적 기록영화의 대상으로 선택한 아름다운 세 여인의 살해 장면을 사용하기 때문이다. 죽음의 시점에서의 재현은 어쩔 수 없이 모순적 행위를 포함한다. 살인의 순간을 영화 언어로 포착하려는 마크의 도착증적 시도는 그의 이미지 생산이 죽음에 의지하면서도 동시에 교묘하게 회피하는 것으로서 위험한 반복이며 이중적인 강박행위로 증명된다. 파웰에게는 죽음의 경계에서 반영의 유희로부터 나타나는 또 다른 가능한 영화 언어는 회피적 물러남과 동시에 복제의 언어이다. 한편으로 마크는 그의 죽음의 이미지가 그를 영화 언어의 경계에 근접하게 만든다는 것을 전제로 그의 치명적인 영화제작을 끊임없이 되풀이하도록 강요하는데, 이는 마크가 그 경계를 건너도록 허락하지 않고 다시 돌아오게 할 뿐이다. 그는 "조명이 너무 빨리 어두워진다"라고 설명한다. 최소한 영화의 이야기 차원에서 이러한 실패는 사실적 희생자를 부른다. 다른 한편으로 파웰 자신도 이러한 치명적 순환에서 부분적으로만 물러날 수 있을 뿐이다. 왜냐하면 그의 영화 「피핑 톰」은 가상적 공간에서 나타나는 다른 언어, 즉 푸코가 죽음의 경계에서 죽음을 배경으로 세워진 거울의 은유로 환기시킨 언어를 정확히 발전시키고 있기 때문이다. 그러나 영화의 이러한 생산적인 가상성은 죽음의 포착과 고착으로부터 이익을 얻긴 하지만 묘사된 살인의 자기 비판적 이중성으로 연출된다.

영화의 중간에 두 번째 살인이 발생한다. 마크와 대역인 비비안은 어느 날 저녁, 일이 끝난 후 그들이 일하는 스튜디오의 문을 잠그고 그 안에 머무르기로 하는데 그들이 금지된 행위에 가담하고 있다는 사실을 스스로 잘 알고 있다. 그들은 비비안이 제작자 자비스에게 그녀가 연기능력이 있다는 것을 설득할 수 있도록 그녀의 테스트 영상을 비밀리에 만들고자 하는 것이다. 비비안은 허영심이

[사진 4]

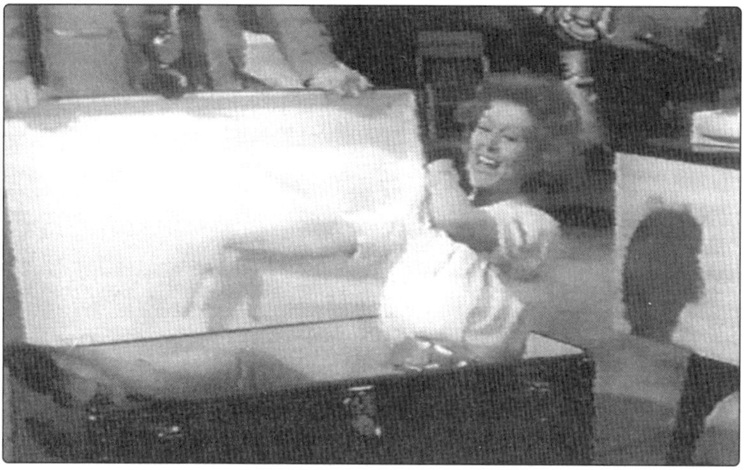

있어서 촬영을 위해 스스로를 의식적으로 꾸미고 자신을 욕망되는 대상으로 솜씨 좋게 전환함으로써 남성의 시선을 자극한다. 그러나 여성이 남성의 시선을 통제하고 지배할 수 있다고 믿는 여성적인 퍼포먼스는 다시금 잘못 틀어져 여성 권력의 탈락 장면으로 전환되고 만다. 비비안이 스타로 가장한 스스로에게 만족하여 끝없이 자기 만족하는 자기애적인 즐거움을 내보이고 있을 때 마크는 용의주도하게 무대를 소도구로 꾸미고 조명을 켜서 스포트라이트와 카메라를 여자에게 맞추어 그녀가 서 있는 장소를 십자가로 표시한다. 그들은 사후의 자세까지 예행연습한다. 비비안은 웃으며 나중에 자신이 살인적 카메라로부터 도망갈 수 없도록 막아 그녀의 관으로 기능하게 될 가방 안에 드러눕는다(사진 4).

우연적인 첫 살인 장면과는 대조적으로 마크는 죽음의 이미지를 포착하려고 하는 두 번째 시도에서 모든 세부사항을 계산한다. 이번에는 아무것도 우연에 맡기고 싶지 않은 것이다. 그는 "결과는 너무 완벽해서 그조차 … "라고 설명한다. 비비안의 공연은 살인적인 시선의 교환에 있어 제3자인 또 다른 관객을 의식적으로 향하고 있다. 그러나 비비안이 자신의 몸을 제작자인 자비스를 위해 명백히 드러내 보이고 있는 반면 마크는 암암리에 자신의 아버지에게 말을 걸고 있다. 왜냐하면 죽음 공포의 완벽한 유사성에 대한 그의 기록영화는 사실상 그의 죽은 아버지에 의해 시도된 연구에 관한 그의 도착증적 답변을 상징하는 것이기 때문이다. 행동과학자로서 그의 아버지는 자식인 마크의 성장에 대하여 가능한 한 완벽한 기록을 만들려고 시도했다. 연출된 장면을 자비스와 죽은 아버지에 이중적으로 제시하고 있기 때문에 마크한테는 두 대의 카메라가 필요하다. 한편으로는 마크가 그의 상사에게서 빼앗은 듯한 공식적인 카메라이고, 다른 한편으로는 그 자신의 개인적이고 살인적인 카메라이다. 다시 한 번 파웰은 이야기 흐름에 있어 자기 반영적인 단절을 연출한다. 비비안은 공식적인 "아버지" 카메라 뒤에 서기로 결정한 반면 마크는 그러한 그녀를 그 자신의 도착증적 카메라로 촬영하고, 그럼으로써 카메라의 시선 중계의 반영을 연출한다. 그는 "난 당신이 나를 촬영하는 것을 촬영하고 있다"라고 설명한다. 그리고는 비비안에게 그녀가 스타 역할, 다시 말해 마크가 강박적으로 반복하여 되돌아오는 죽음 불안의 장면을 연기할 수 있도록 십자가 위에 서라고 요구한다. 완벽한 연출에 대한 그의 집착에 내재된 모순은 비비안에게 있어서 가장하기가 사실로 전환된다는 사실이다. 그녀는 문자 그대로 죽음의 공포로 인해 죽는다. 그러나 이러한 공포, 이러한 얼굴 표정은 계산되거나 영상 이미지로 포착될 수 없다. 죽음의 실제적인 순간은 어떤 재현으로부터도 물러나는 반면 죽음 자체는 기대나 추가로 나타나는 것이다. 마크에게는 조명이 다시 한 번 너무 빨리 어두워지기 때문이고, 관객에게는 파웰이 자의적으로 또 다른 컷을 연출함으로써 죽음 바로 직전에 장면을 끝내기 때문이다.

마크는 절망하여 이젠 핀업인 밀리에게로 되돌아간다. 마크의 영화에서 비비안의 살인 장면 이전에 밀리는 담배 가게 위에 있는 스튜디오에서 마크가 촬영하는 포르노 장면을 위해 모델을 섰고, 반복해서 의식적으로 그의 카메라에 굴복하여 유혹적인 여성미를 흉내내며 자신을 욕망되는 이미지로 전환시키는 자신의 힘을 잘 의식했다. 예를 들어 첫 사진촬영에서 그녀는 카메라의 기만적 능력을 이용하여 스스로의 이해를 만족시키고자 하였다. 그녀는 마크에게 "내 멍이 안 보이도록 고칠 수 있어요?" 하고 그녀 몸에 있는 푸른색 부분을 없애줄 것을 요구한다. 파웰은 보는 방법을 두 가지로 연출한다. 하나는 사회적으로 인정받은 응시의 방법으로서 포르노식으로 연출되고 가장된 에로티시즘의 장면으로서 사실적 폭력을 덮고 미화하는 이러한 이미지의 인위성에 밀리의 몸의 상처가 재현적인 상징이 되는 것이다. 두 번째 응시방법은 시각과 시각 교환의 어떤 허용된 경제로부터도 배제된 것이다. 그래서 영화의 가장 교란적 아이러니는 포르노 시선은 여성의 몸을 남성 욕망의 이미지로 전환함으로써 생명이 없는 것으로 만들어 이를 추상화하여 여성(창녀)의 몸이나 그 이미지(대역, 핀업)가 상품으로 작동하게 한다. 그러나 관습적으로 허용된 시각의 순환, 다시 말해 마크가 "내가 대가 없이 촬영하는 어떤 것들"의 촬영에서 떨어져 나온 성욕화된(sexualized) 응시만이 문자 그대로의 의미에서 실제로 살인이 가능하다. 결국에는 밀리도

[사진 5]

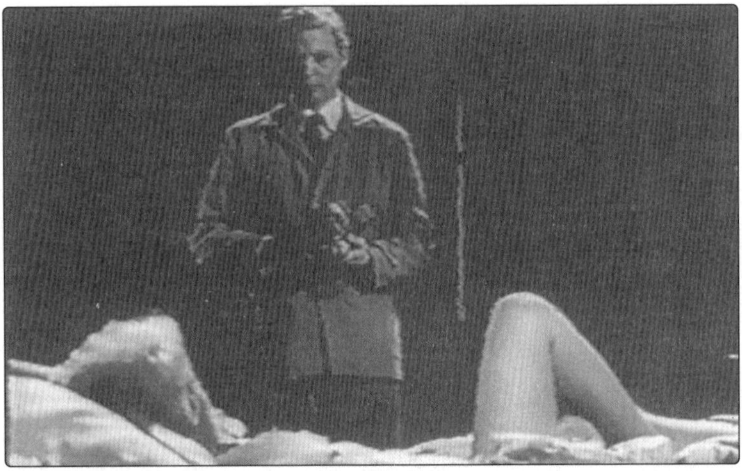

이 다른 영화 언어로부터 탈출하지 못한다. 처음에 그녀는 스튜디오 안의 침대에 가볍게 입은 그대로 누워 있었다. 창녀의 자세를 흉내내면서 자족적으로 마크와 그리고 암묵적으로 우리를 응시하는데, 이 순간에는 아직 마크의 시점을 공유하고 있다. 다음 촬영에서 파웰의 카메라는 밀리가 이제 발가벗고 누워 있는 침대의 다른 쪽으로 넘어가는데, 그녀의 시선은 카메라를 들고 그녀에게 접근하는 마크를 향하고 있다. 마치 파웰이 영화 언어를 사용하여 관객을 위해 이제 막 일어나는 위반을 재현하고자 하는 것처럼 우리도 이제 처음으로 희생자의 이미지를 더 이상 보지 않고 있다. 그보다는 우리는 희생자의 위치를 공유하고 그녀와 함께 바라보고 있는데, 눈 깜짝할 순간에 살인자가 그녀와 암암리에 우리에게 접근하기 때문이다(사진 5).

프로이트는 욕동이 왜 반대로 전환하는가에 대해 다음과 같이 두 가지로 설명한다. 즉 "능동성에서 수동성으로의 변화와 내용의 역전"으로 설명한다. 이 설명은 도착된 시선의 치명적 경제가 어째서 세 여성 희생자의 몸 위에서 먼저 일어나야 하는가라는 질문에 대한 대답이 될 수 있을 것이다. 프로이트는 "첫 과정에 대한 예는 서로 반대되는 것의 두 짝에서 발견된다. 즉 가학증-피학증과 관음증-노출증이다. 역전은 단지 본능의 목적에만 영향을 미친다. 능동적 목적(괴롭히고자 하는, 보고자 하는)은 수동적 목적(괴롭힘을 당하고자 하는, 보이고자 하는)으로 대체된다. 내용의 역전은 사랑이 미움으로 전환되는 한 경우에서만 발견된다"(Freud 1915, 127)고 주장한다. 마크가 세 아름다운 여성들을 그의 고문과 같은 시선의 희생자로서 선택한 것은 관음증과 노출증의 보완성을 드러낸다. 왜냐하면 그의 치명적 시선 경제를 지지할 수 있는 그 여성들만이 그의 기록영화 프로젝트에서 일할 수 있기 때문이다. 영화의 끝장면에서 마크 시신의 마지막 이미지를 통해 파웰은 능동적·남성적·관음증적 욕동과 수동적·여성적 욕동이 완전히 무너지는 것을 연출한다.

영화가 해체하고자 하는 마크의 도착증은 무엇보다 여성적인 몸이 이미지로, 이미지는 상품으로 교환된다는 시선의 상징적 경제(Baudrillard 1976)가 일단 죽음과의 경계에 도달하면 실재계의 영역으로 되돌아간다는 사실로 이루어져 있다. 구상화에 내재하는 비유적인 살인은 실제로 발생하게 되고, 그래서 소위 여러 가지 의미로 교환된 시선의 정상적인 순환을 방해한다. 여성의 몸을 두 번째 매체인 영화 이미지로 전환하는 과정에서 그 몸은 두 번 살해당하고, 마크는 죽음이라는 수수께끼가 멈추기를 희망한다. 또한 그는 죽어가는 여자의 얼굴에서 죽음의 이미지가 노출되기를 희망한다. 그러나 그러는 중에 그는 재현체계의 한계에 다다르게 된다. 그는 반복해서 실패하고 반복해서 이 살인적 행위를 시도하도록 강요당한다. "조명이 너무 빨리 어두워지기 때문에."

마크의 희생자 선택에 대한 설명을 부연하자면 이는 서구 전통의 시선에 대한 문화적 경제 안에서 발견된다. 이에 대해 존 버거는 "남성은 행동하고 여성은 보인다. 남성은 여성을 보고 여성은 보이는 자신을 바라본다. 여성 안에서 여성을 관망하는 자는 남성이고 관망되는 자는 여성이다. 그렇게 여성은 자신을 대상—특히 시각의 대상, 즉 광경—으로 전환한다"(Berger 1972, 47)고 말한다. 「피핑 톰」에서 버거가 언급한 구상화(reification)는 실제 상황으로 전환된다. 아름다운 세 여인은 허영심이 있어서 버거가 말하고 있는 남성 시선을 향한 여성성, 아름다움과 매력을 의식적으로 가장하기 때문에, 그들은 돈과 명성(비비안), 그리고 장식과 미화(밀리, 비비안)를 위해서 스스로를 기꺼이 이미지로 전환시키기 때문에 마크의 괴물 같은 종합예술에 꼭 맞는 것이다. 이 세 사람에게 있어서 마크의 도착증적 시선 경제에 참여한다는 것은 위반된 공간—어두운 밤거리, 야간에 잠긴 필름 스튜디오, 담배 가게 위의 잠긴 방—에 들어가는 것을 말한다. 그들은 스스로 자신의 몸을 이미지로 전환하는 살인적 구상화를 어느 정도 욕망하기 때문에 마크 프로젝트의 유용한 재료로서 기능하게 되는 것이다. 어떤 의미에서 실제 살인은 단순한 결과일 뿐이다. 세 가지 살해 장면에서 각 여성에게 그토록 자기애적으로 쾌락적인, 스스로 사랑하는 자기 이미지는 문자 그대로 치명적인 것이 된다. 이 여성들은 마크가 그들의 공포에 질리고 놀란 시선을 비추기 위해 들고 있는 거울 안을 기꺼이 들여다 보길 원하므로 죽을 수 있고 죽어야만 한다. 거기서 자신의 반영의 경계에서, 그들의 아름다운 자기 이미지의 소실점에서 죽음을 본다. 파웰은 여기서 유럽 바로크 미술에서 지배적이었던 바니타스(vanitas) 전통의 도상학(iconography)을 간접적으로 언급하는 것이다. 좀더 정확히 말하자면 그것은 허영의 전통적 비유인데, 자신의 완벽하고 영원한 아름다움을 확인하고자 하는 남녀가 대신 거울에 비쳐진 죽음을 직면하게 된다는 것이다.

이런 여성들의 시신은 가짜 어머니의 반복을 재현하기 때문에 아름답고 유혹적이다. 마크가 헬렌의 생일에 보여준 어렸을 적의 홈무비에서 차후의 여성 희생자의 모델인 마크 아버지의 두 번째 부인이 비너스처럼 파도에서 걸어나오는 것을 본다. 그러나 무엇보다 이 여성들의 시신을 특성짓는 것은, 그리고 파웰이 거울을 들여다 보는 관습적 여성 시선의 역전으로 연출하는 것은 바로 이 고전적 여성미에 대한 훼방이다. 여성들이 자신들을 촬영하는 남성의 중재적 시선이 아니라, 거울에 비친 자신의 이미지로부터 스쳐 날아온 자신의 시선을 보도록 강요될 때 그토록 치명적인 방식으로 포기하게 되는 시선은 바로 왜상적인(anamorphotic) 시선(Lacan 1973)이다. 이 여성들은 볼록거울을 들여다 보도록 강요되고 거기서 죽음을 이미 각성적으로(analeptically) 보게 되는데, 이는 자기애적으로 자족감을 지지하도록 의도된 거울상이 그 왜곡된 영상으로 인해 자신들의 비친 모습을 전복시키기 때문이다. 어떤 의미에서 거울 유사자는 이미 비유적으로 삼각대 다리에 숨겨진 칼이 수행할 것을 예언한다. 거울 안의 왜곡을 실제화하는 실제 살인이 일어나기 몇 초 안에 세 여인은 이미 자신들의 파편화된 몸을 보게 된다.

이러한 기괴한 미의 역전은 계속해서 관객을 괴롭힌다. 경찰은 죽은 여성들의 공포에 질린 시선이 사후강직으로 인해 얼굴에 남아 있음으로써 다른 시신들과는 다르다는 것을 깨닫는다. "이 여자 같은 그런 공포는 누구의 얼굴에서도 본 적이 없다"는 것이다. 이제 구입해서 액자에 넣을 수 있을 정도로 아름답게 전시된 여성의 몸의 전형은 극도로 추하게 변한다. 역전된 과정, 다시 말해 마크가 시작한 도착증적인 시선의 교환은 그렇게 다음의 궤적을 따른다. 세 여성 모두 남성적인 시선에 자신들을 내주는데, 이는 신체적인 눈을 말할 수도 있고 기계적인 사진이나 필름 렌즈를 말할 수도 있다. 이 아름다운 시신 위에서 구상화가 암시하는 무생물화와 살인의 과정은 문자 그대로이다. 그러나 두 측면이 응시의 경제를 훼방한다. 첫째, 마크는 찾아내려는 이미지를 결코 성취하지 못한다. 죽음을 이 경제에 엮고자 하는 이미지의 완벽화는 불가능하다. 외상적인 재료는 결코 이미지로 완벽히 고정될 수는 없다. 한 부분은 인정사정 없이 재현에서 물러난다. 둘째, 아름다운 시신들은 공포의 얼굴을 하고 있다. 여성의 시신이 남성적인 시선의 특권적 대상으로서의 기능을 수행하는 여성의 완벽한 재현으로 기능할 수 있는 반면 이 시신이 드러내는 얼굴 표정은 의도하는 효과의 보장을 방해한다. 전환은 잘못된 방향으로 갔을 뿐만 아니라 왜곡이 너무나 심해져서 실재적으로 되어간다. 그러나 욕망된 잉여, 즉 마크가 끊임없이 추구하는 "다른 어떤 것"은 물러난다.

거부하는 시선 : 죽은 어머니, 눈먼 어머니

아름다운 여인의 시선에 대비하면 죽은 어머니의 부재

[사진 6]

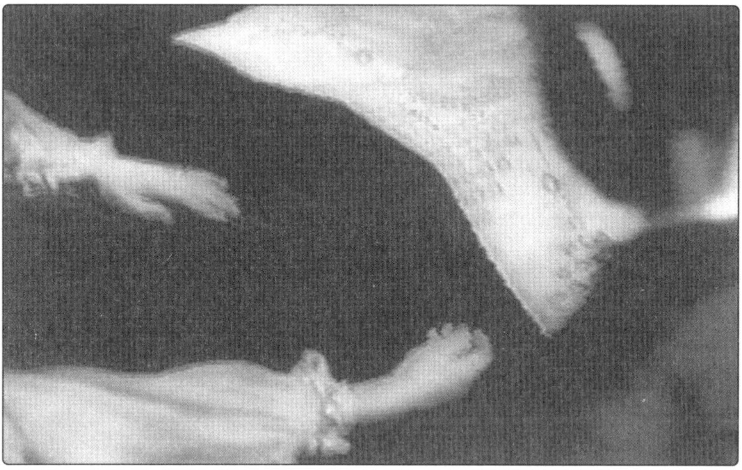

한 시선도 헬렌의 어머니인 눈먼 스티븐스 부인의 멍한 시선도 마크의 도착증적 경제에 묶일 수는 없다. 어린 시절에 대한 기록영화의 한 장면(사진 6)은 마크가 죽은 어머니를 떠나가고 있는 모습을 묘사하고 있다. 의미심장하게도 우리는 소년의 몸 전체와 시신의 손을 볼 수는 있으나 어머니의 얼굴은 결코 볼 수 없다.

마크는 곧이어 계속되는 어머니의 장례식과 매장을 빨리 진행시킨다. 그가 헬렌에게 기꺼이 보여주려고 하는 다음 이미지는 어머니를 대체하는 아버지의 새 연인의 이미지로서 그녀는 해안으로 여행을 가는 동안 자신의 아름다움을 보여준다. 아버지는 신혼여행을 떠나는 날 아침에 아들에게 카메라를 선물하는데, 이제 마크는 아버지의 대리인으로 행동하면서 그의 주변을 카메라 뷰파인더를 통해 간접적인 방식으로 인식하고 등록하게 된다. 카메라는 물론 매우 명백하게 아버지의 눈의 대리가 됨으로써 아버지의 부재중에

[사진 7]

도 아들에게 아버지의 법을 생각나게 해준다. 따라서 마크의 정신적인 지형 안에서 어머니의 죽음과 함께 텅 비었던 위치를 채우게 되는 것은 실재적인 계모가 아니라 오히려 카메라이며, 그와 연결된 아버지의 시선이다. 실재적인 계모의 기능은 단순히 목격자일 뿐이다. 아들이 세상을 촬영하기 시작할 때 그녀는 아버지로부터 아들에게로 가는 카메라의 교환을 촬영하는 첫 번째 사람이다.

마크는 헬렌의 눈먼 어머니를 죽이려고 시도하지만 실패한다. 이렇게 실패한 시도는 전통적인 모성적 시선에 정반대되는 응시의 경제를 연출한다. 대개 아이는 어머니의 시선에서 반영되는 자신을 찾아보려고 어머니의 시선을 끌고자 한다. 아이는 자신의 깨지기 쉬운 자기애를 지키기 위해 완전한 주체의 이런 이미지 반영을 이용하는 것이다. 그러나 스티븐스 부인은 볼록거울에 비친 왜곡된 자신의 얼굴에 반응하여 공포의 시선을 돌려줄 수 없는 정확히 그 이유 때문에 죽음의 공포에 대한 그의 기록영화를 끝내려는 자신의 욕망을 만족시킬 수 없다. 그녀는 죽은 시선만을 마크에게 비추어 줄 뿐이다(사진 7). 그녀는 마크가 그녀의 흐린 눈 앞에서 그의 개인 영화의 스크린에 투사하는 것을 성취할 수 없으며, 비비안의 얼굴을 왜곡시키는 공포를 재생할 수 없다. 그녀의 시선은 마크가 죽음의 가장자리를 촬영하는 시도에서 반복적으로 직면하게 되는 바로 그 후퇴의 제스처를 나타내 보이고 있다. 그녀의 시선은 거부, 즉 잃어버린 동작을 의미하고 있다. 도착증과 또한 그것과 함께 여성의 살해는 반전이 불가능하기 때문에 여기서 중단된다.

여기에 무엇인가 잘못되었는데, 이 경우에 실패한 것은 무엇보다 정신분석에서 자기애라고 부르는 정신상태, 말하자면 합일의 환상이다. 이는 어머니의 시선과 그의 대리인인 연인의 시선이 주체에게 제공하고자 의도하는 것이다. 소위 아이의 정상적인 발달은 다음과 같은 궤적을 따라간다. 일차적 자기애의 과정에서 이러한 충만함의 환상이 얻어진 다음에야 상상적 자기 이미지의 와해가 일어나게 되는데, 더욱 정확히 말해서 권위와 문화, 법칙과 상징계의 일관성의 대리자인 아버지를 통해 모자의 이자관계가 깨지는 것이다. 물론 이러한 자신의 "완전한"(intact) 이미지는 어머니의 시선을 통해 전달되어 한편으로는 자신의 거울이 비춘 이미지가 결코 재현된 몸과 완벽히 동일할 수 없기(Lacan 1966a) 때문에, 또 다른 한편으로는 이미지 자체가 몸의 부재를 시사하기(Bronfen 1992) 때문에 소외시키는 차이를 이미 포함하게 된다. 왜냐하면 주체의 "건강한" 발달이 일어나기 위해서는 이러한 완결성과 합일의 환상은 내재한 차이와 함께 포기되어야만 하기 때문이다. 하지만 이는 어머니의 몸을 포기하는 것에 부수되는 자기애적인 상처를 완화시키는 수단으로서 애정관계의 구성적인 기만과 쾌락적인 환상으로 가장하고 성인의 생활로 되돌아온다.

고전적인 정신분석은 시선의 두 번째 단계를 명시하는데, 이는 다시 아버지와 연결된다. 제3의 행위자의 대리인으로서 아버지는 아이에게 거세시키는 금지와 문화의 법을 가르치는데, 이러한 금지는 아이가 상징계에 진입하도록 만든다. 정신분석적으로 말하면 아버지는 어머니의 몸의 포기와 거세—이는 둘 모두 문화적 성취로서 이해되는데—를 상징적으로 타협한다. 어머니에 대한 금지와 그녀의 시선(이는 모호한 형태의 충족감을 전달하는데)의 대체물로서 아버지의 시선, 즉 부성 은유를 받아들임으로써 주체는 새롭고 다른 종류의 안정성을 획득하게 된다. 금지시키는 아버지의 시선과 경계를 접하는 권위는 모순되는 우주를 일관성 있게 만든다. 충만한 몸에 대한 상상적 이미지는 주체 안의 분열의 승인으로 대체되고, 완벽한 만족에 대한 환상은 유예되며, 몸과 이미지 사이에 그리고 사고와 그것의 실현 사이에 경계가 그어진다. 그렇게 해서 문화는 파괴와 충만함 및 완성의 환상을 기호의 영역으로 대체하는 것을 뜻하게 된다. 그리고 「피핑 톰」의 이야기에서는 과학과 예술로 대체한다. 그러나 영화에 있어 중요한 것은 파웰의 분열의 해체, 즉 이러한 소위 정상적 회로의 도착증적 반전만이 아니라 오히려 마크의 도착증이 어머니의 자리가 전혀 적절하게 채워지지 않았다는 사실에서 유래한다는 그의 주장이다. 이런 실패 때문에 아버지의 시선이 초래하는 이러한 모자의 이자관계의 분열이 처음에 빈 자리로 인해 일어나는 것이다. 동시에 마크의 일차적 자기애는 충분히 발달되지 못한다.

의미심장하게도 헬렌의 눈먼 어머니는 마크의 관음증의 위험에 대해 통찰력을 지닌 유일한 사람이다. 그녀는 마크에게 "본능은 놀라운 것이지. 유감스러운 것은 그것이 사진 찍히지도 않는다는 것이야. 내가 수년 전에 본능에 귀를 기울였더라면 눈이 멀지 않았을지도 몰라. 내가 신뢰할 수 없는 사람에게 수술을 맡기지는 않았을거야. 그래서 이제 본능에 귀를 기울이지. 마크, 내 본능이 이 모든 영화 찍기는 건강하지 않다고 해. 당신은 도움이 필요해. 도움을 얻게나, 마크." 그리고 그녀는 그가 의사의 도움을 받을 때까지 헬렌을 보는 것을 금한다. 그녀는 맹인이기 때문에 그녀가 마크의 정신적 위상수학에서 어머니의 빈 자리를 채우는 것이 허락되지 않고, 따라서 마크에게 충만함의 위안적인 환상을 주는 모성적 시선을 주는 것은 불가능하지만 대신 영화 찍기의 위험을 인식할 수 있는 것이다. 이 결여는 다른 곳에서 협상되어야 하는데, 말하자면 마크의 개인적 카메라와 잠재적 연인인 헬렌의 대조에서 이뤄진다.

호기심의 시선 : 카메라, 연인

카메라와 연인의 직면에 있어서 우리는 부성적인 프로젝트의 연속성과 중요한 분열을 모두 발견한다. 이미 지적한 것처럼 마크의 기록영화는 도착증 드러내기인데, 그것이 아버지가 일생 동안 작업한 자식의 성장에 대한 기록영화의 반전된 완성을 의미하기 때문이다. 헬렌 또한 마술적 카메라와 그것의 촬영 대상에 대한 책을 쓰고 있는데, 이 책은 부성적인 프로젝트에 대항하는 것이다. 마크의 집에서 어머니와 함께 세 들어 살고 있는 헬렌은 영화 시작부터 마크의 치명적인 시선 경제 밖에 위치하는 유일한 인물로 설정된다. 그녀는 스물한 살 생일에 마크에게 접근하여 생일축하에 참여해 줄 것을 부탁한다. 그가 거부하자 그에게 생일 케이크 한 조각을 주기 위해 위층 그의 방까지 따라가서 죽음의 영화를 보고 있는 그를 방해한다. 그녀는 마크의 도착증적 응시를 반복적으로 방해하는 유일한 사람이다. 생일날 밤에 그녀는 암실에 들어가게 해달라고 부탁할 뿐만 아니라 일종의 생일선물로 영화를 보게 해달라고 요구하고, 마크는 의미심장하게 그녀에게 자신의 기록영화가 아닌 아버지의 영화를 보여준다. 말하자면 그는 자신의 도착증적 증세를 보여주지 않고 그의 외상의 원초적 장면을 보여주는 것이다. 즉 이미지에 의해 두 번 살해되는 그의 살인적 시선의 대상이 아니라, 다른 사람의 시선과 다른 사람의 영화의 대상인 스스로의 몸을 보여주는 것이다.

이 선물은 시선의 위치를 교환하는 것을 의미한다. 헬렌은 마크의 관찰자의 위치를 공유하도록 허락받는다. 그리고 그와 함께 아이인 마크와 부모의 실험이 그에게 가하는 고문—야밤에 눈 가리기, 갑자기 깨우기, 그리고 도마뱀이 그의 침대에 던져졌다는 것을 발견할 때와 같은 공포—을 같이 지켜보게 된다. 그러나 헬렌은 아름답고 자기애적으로 자족적인 다른 여성들과는 대조적으로 이러한 시선의 경제를 지지하지 않는다. 마크는 헬렌이 기록영화를 보는 동안 그녀를 촬영하여 관찰 주체가 아닌 대상의 수동적 위치에 위치시키고 싶어한다. 그 위치는 유년시절 반복적으로 자신이 처해졌던 것으로 후에 외상적으로 발견한 것이다. 그러나 헬렌은 이러한 응시와 이미지 만들기의 살인적 회로를 거부하고 재현된 시나리오를 복제하기보다는 이를 이해함으로써 중단하고자 하는 것이다. 그녀는 자신을 마크의 카메라에 맡기는 것이 아니라 렌즈 앞을 손으로 가려서 자신을 시선으로부터 보호한다.

더 나아가 이러한 유아기 고문의 이미지를 보는 동안 마크는 움직이지 않고 어렸을 적 장면들을 무기력하게 바라보는 반면에 헬렌은 영사기를 멈출 때까지 계속적으로 설명을 요구하며 부모의 프로젝트의 적절함과 유용성에 의문을 제기한다. 그녀가 영사기를 끄려고 결심한 것은 의미심장하게도 아버지가 신혼여행을 출발하려고 하면서 아들에게 카메라를 건네주는 바로 그 지점이고, 마크가 이 새로운 선물의 렌즈로서 자신을 촬영하는 아버지 카메라의 렌즈를 가리키는데, 자신의 유아적 시선의 연장임을 암암리에 의미한다(사진 8).

「피핑 톰」의 마지막 장면에서 헬렌은 마침내 마크의 살인적 기록영화를 보게 되지만 혼자서 그리고 마크의 금지에 반하여 보게 된다. 더욱이 그녀의 응시는 그로 하여금 그의 사정을 설명하고 고백하도록 만든다. 또 카메라와 연인 사이의 대면에 있어 의미 있는 것은 이 시점에서 우리는 죽어가는 여인들의 얼굴에 나타난 공포, 그리고 그들의 시신에 대한 헬렌의 반응만을 보고 영상 이미지 자체를 보지 않게 되는 것이다. 파웰은 마크의 도착증적인 정신 지형에서 그의 사랑의 대상들이 스스로를 촬영하도록 허락하거나 원함으로써 마크의 살인적인 시선 경제를 지지하는 여성들의 위치에 속하거나 혹은 헬렌의 눈먼 어머니처럼 최소한 부분적이라도 그의 환상에 참여하고, 헬렌처럼 근본적으로 교환된 시선의 이런 회로를 분열시키는 여성들의 위치에 속한다는 것을 보여준다.

[사진 8]

마크가 촬영하고자 하는 헬렌의 마술 카메라에 대한 아동도서는 또 다른 살인적 시선을 보여주는 일종의 대응 프로젝트로 작동한다. 그 책에서 카메라는 작은 소년의 것인데, 그 카메라가 찍는 사진은 어른들의 얼굴에서 유아적 형태의 숨겨진 흔적을 드러내고자 하는 것이다. 그녀는 “어른들이 어렸을 때 그들의 모습으로 보려고 해요”라고 설명한다. 그녀의 프로젝트는 그래서 마크의 것과 정반대가 된다. 파웰은 이런 대조를 시퀀스로 연출하는데, 두 개의 별개의 방에서 두 프로젝트가 동시에 진행되는 것이다. 비비안의 죽어가는 장면을 담은 마크의 공포의 이미지를 재현하는 필름이 그의 암실에서 현상되는 동안 헬렌은 거실에서 마크에게 얘기하면서 자신의 아동도서에 대한 계획을 발전시키기 시작한다. 이 두 프로젝트의 유사성은 헬렌도 어른에 있어 유아기의 흔적을 포착하고자 한다는 데에 있다. 하지만 마크처럼 유아기 외상의 흔적 또는 공포와 절망의 경험이 아니라 성인이 되는 과정에서 감춰졌지만 완전히 사라지지는 않은 행복과 무조건적 경이의 상태를 찾고자 한다. 다시 말해 어른의 인상에서 어머니의 시선과 근원적으로 연결된 일차적 나르시시즘의 흔적을 찾는 것이다. 헬렌에게는 성인기의 한가운데에서 유아적 상태를 회복한다는 것은 마크의 경우처럼 아이가 부성적인 타자의 시선의 대상으로서 추상화되고 생명이 없어지는 장면을 시사하는 것이 아니다. 그보다는 아이가 대타의 시선에 의해 활력을 띠게 되는 장면을 말한다.

헬렌은 응시된 아이를 무생물화보다는 지지적인 상호주체성을 유지하는 대타의 시선을 재현한다. 파웰은 그녀를 어머니 대리인으로서 거의 중복결정된 방법으로 연출한다. 그녀는 죽은 어머니의 방에서 살고 우유가 반복해서 그녀의 속성으로 제시된다. 마크와 저녁식사를 하러 나가기 전 그녀는 마크의 카메라를 빼앗아 이 경쟁자를 자신의 침실(말하자면 모성의 방)에 넣고 잠근다. 일단 카메라가 없어지자 마크는 연인과 소위 정상적인 관계를 즐기게 된다. 헬렌과 집에 돌아오자 처음으로 그녀에게 키스를 한다. 마크 자신도 카메라와 연인 사이의 이 경쟁관계를 다음과 같이 설명하며 강조한다. "그것이 다시는 당신을 못 볼 거예요 … 나는 촬영을 하기만 하면 카메라에 져요." 그처럼 헬렌은 카메라나 볼록거울을 들여다 보지 않기 때문에 고백의 장면에서 살아남게 되는 것이다(사진 9). 그렇게 존재에 근거하여 헬렌은 완전한 응시를 재현하게 되며 부재와 복제의 유희를 통한 응시의 살인적 경제를 중단하게 되는 것이다.

그러나 영화의 주장에서 중요한 의미를 가지는 것은 이런 재현 프로젝트는 둘 모두—마크는 그의 희생자의 얼굴 표정을 통

[사진 9]

해 죽음의 공포의 이미지를 드러내고자 하고 헬렌은 성인의 얼굴 표정에서 그들을 아이처럼 보이게 하는 흔적을 드러내고자 하지만— 불가능한 것으로 증명된다는 것이다. 죽음의 완벽한 재현이나 행복의 완벽한 재현 혹은 두 가지 재현의 시도 모두 실패하는데, 텅 빈 모성의 위치는 정상적 대리인(마크의 카메라에 대한 생명유지적인 대체물로서의 헬렌)으로서도 이 결여(아름다운 여인들 및 마크의 카메라와 맺는 그들의 치명적인 관계)의 도착증적 재현으로서도 채울 수 없기 때문이다.

이러한 대조대비가 실패하지 않는 것, 그리고 이 점 때문에 파웰의 메시지가 우리의 마음을 흔드는데, 그것은 이미지의 생산이 부성적인 권위에서 출현한다는 사실이다. 마크는 항상 아버지의 시선의 대상이 되기 때문에 건강한 나르시시즘을 발달시킬 수 없다. 마크의 이야기를 공감적으로 제시함으로써 이 영화는 사람으로 하여금 끊임없이 세상을 보도록 하는, 응시의 수단만을 통해 주변과 관계를 맺고자 하는 관음증이라는 정신장애로부터 야기되는 위험과 고통을 보여주고자 한다. 그럼으로써 파웰의 영화는 관음증자와 살인자 사이에 유사성을 보이는데, 카메라가 연인의 자리를 차지하고 정상적 성관계 대신 마크가 "일"이라고 부르는 촬영과의 살인적 관계가 차지하는 정신적인 시나리오를 보여주는 것이다.

그러나 파웰은 이에 못지않게 항상 응시되고 항상 대타의 시선을 의식하는 데에서 오는 고통에 대해서도 기록하고 있다. 아마도 마크가 저지르는 살인은 이 영화가 보여주는 가장 공포스런 행동이 아닐 것이다. 왜냐하면 영화의 초반부터 파웰은 우리가 주관적 카메라 기술을 교묘히 사용하여 이 도착증 환자의 정신상태에 공감하도록 만들기 때문이다. 무엇보다 헬렌을 관객의 반응과 동일시할 수 있는 인물로 설정함으로써 파웰은 살인행위 자체보다 더 끔찍한 것은 마크가 아버지에 의해 끊임없이 관찰되고 있다는 사실임을 분명히 제시한다. 아버지는 아들의 유년 시절부터 매 순간을 기록하고 이러한 원초적 외상의 결과로 마크는 대타의 시선을 완벽히 내면화하여 자신의 재현을 반복적으로 바라보고 듣지 않을 수 없게 되는 것이다. 이러한 반복 강박의 치명성은 이제 마크가 자신이 접하게 되는 모든 사람들을 이 시선의 회로에 포함시켜 끝을 보게 되기를 희망하는 데에 있다. 자신의 정신적 외상을 끝내려는 시도에서 마크는 아름다운 여성 희생자들과 같은 타인들을 자신의 동일자로서, 자신의 외상의 원초적 장면을 반복적으로 수행하여 타인을 희생시키는 장면에서 굴절된 스스로의 희생을 반복적으로 바라보도록 사용하고자 하는 것이다. 왜냐하면 이 도착증적 시나리오가 향하는 의미심장한 "다른 무엇"인 최초의 잉여는 그의 희생자들이 죽으면서 스스로를 바라보아야만 하는 것, 즉 죽음의 경계에서 자신의 시선을 만나야만 한다는 사실이기 때문이다. 바로 이 순간에 파웰은 프로이트가 도착증의 목표라고 지적한 능동성에서 수동성으로의 와해를 연출한다. 이러한 논리에 따르면 응시하는 주체도 응시되는 주체도 모두 처벌될 것이다. 마크가 여성적이고 자학적인 몸을 희생함으로써 자신의 남성적 가학증을 확인하려는 몸짓에서와 같이 또한 스스로 수동적인 위치로 전락할 것이다.

마크의 도착증을 연출하는 파웰에게 중요한 것은 자기애적인 완전함의 어떤 의미도 성취하지 못하고 그의 환상세계에서 착각적 완전성을 구축하지 못하게 되는 것은 그의 의식적 실존의 처음부터 마크는 아버지를 자기 구축의 제3요소로 포함시켜야만 했다는 사실과 관련된다. 그렇게 함으로써 말하자면 그가 모성적 시선 위에서 타협해야 했을 상상적 영역으로부터 상징적 영역을 구분하기 이전에 상징계에 시기상조적으로 진입하게 되었다는 것이다. 결과적으로 그는 도착증적으로 상징계를 상상적 행위로 넘쳐나게 한다. 도착증에서 그는 어머니의 시선과 동시에 일어나는 자기 동일성의 완전한 이미지의 붕괴, 즉 거울단계의 붕괴를 반복하게 되는데(Lacan 1966a), 말하자면 그의 희생자들로 하여금 조각난 자기 이미지를 직면하게 하여 아버지의 중재에 근거한 자기 이미지의 파편화를 반복하는 것이다. 그래서 그들은 자신을 희생자 안에서 비추어 보고 그렇게 마크의 취약성을 반영해 준다. 마크는 결국 타자인 여성적인 몸에 의지하는 한 결코 자신의 기록영화 프로젝트를 완성할 수 없다는 것을 깨닫게 된다. 그가 외부적으로 결정된 부성적인 시선과 내부적으로 동기화된 시선의 대상으로서 자신의 몸으로 복귀해야만 종결은 도달될 수 있다. 그 체계로부터의 해방은 단락(短絡)을 통해서만 이루어질 것이다.

여성의 시신에서 관음증자의 자살로

다시 한 번 프로이트의 관음증과 노출증의 논의로 되돌아가 도착증의 언어로 표명된 이와 같은 두 가지 위치들을 찾아보기로 하자. 프로이트는 다음과 같이 세 단계로 구분한다. (1) 외부 대상으로 향한 행위로서의 보기, (2) 대상을 포기하고 관음증적 본능을 주체 자신의 몸의 한 부분으로 향하는 것과 이와 동시에 수동성으로의 전환과 보이고자 하는 새로운 목표를 설정하는 것, (3) 새로운 주체를 소개하여 그 주체에게 보이기 위해 자신을 내보이는 것(Freud 1915, 129). 그러나 프로이트는 이런 행위의 초기에 있어 관음증적 욕동이 자가성애적이라고, "그것은 대상을 갖긴 하지만 그 대상은 바로 주체 자신의 몸의 일부분"(130)이라고 설명한다. 나중에야 비교의 과정을 통해 그 욕동은 이런 대상을 다른 사람의 몸의 유사한 부분과 교환하게 된다. 달리 말해서 자신을 응시하는 일차적 행위(예비적인 자가성애 단계)는 두 가지 가능성을 낳는다. 자신과는 다른 대상을 응시하는 것(남성적인 관음증) 혹은 자신과는 다른 사람에 의해 응시되는 대상이 되는 것(여성적인 노출증)이다. 프로이트에게서 전자는 자가성애에서 시작하는 욕동의 능동적 표현이고 후자는 수동적 표현이다.

「피핑 톰」에서 파웰은 프로이트에 의해 제시된 발달양식을 근본적으로 반전시켰는데, 영화의 제목 때문만이 아니라 부재한 아버지가 심리학자이고 경찰에 의해 영화 스튜디오 내의 살인현장에 불려온 사람이 정신분석가라는 이유 때문에 프로이트의 저서를 자신의 영화의 명백한 참고서로 사용하고 있더라도 말이다. 왜냐하면 마크의 정신발달에서 최초의 분열은 그가 첫 단계를 거치지 않았다는 사실에서 발생하기 때문이다. 응시하려는 충동이 주체의 몸을 대상으로 전환시키고 자기애의 영역에 들어가게 하는 관음증의 예비단계에서 응시하려는 충동의 능동적인 표명은 자기애적인 위치를 떠남을 의미하는 반면에 응시하려는 수동적인 충동은 자기애적인 형성물에 붙잡혀 있다. 그러나 마크의 전기는 자기애를 비어 있는 위치로 제공한다. 다시 말해 파웰은 "주체 자신의 자아 위에서 맴도는 본능과 능동성에서 수동성으로의 반전을 겪는 본능으로 구성되어 있는 본능적인 변천과정은 자아의 자기애적인 구성에 의지하고 그 단계의 특징을 보인다"(Freud 1915, 132)는 프로이트의 개념을 이어받는다. 그러나 그의 영화는 이런 궤도의 포스트모던적인 해체를 연출한다. 왜냐하면 그의 이야기에서는 근원의 위치가 비어 있기 때문이다. 어떤 자기애적인 형성이 가능하기도 전에 우리는 아버지의 거세적인 목소리와 권위주의적인 시선을 발견하지 않을 수 없다. 마크의 경우에는 어떤 자가성애에도 대타의 처벌적인 시선에 대한 의식이 이미 항상 새겨져 있다.

똑같이 중요한 것으로 파웰이 시도했던 프로이트의 두 번째 반전은 아버지와 아이 사이의 시선의 중계가 초래한 응시하려는 최초의 충동이 본질적으로 반드시 성적인 것은 아니라는 데에 있다. 다시 말해 주체의 성적인 신체부위나 부모의 성행위를 목표로 삼지 않는다는 것이다. 그보다는 섹슈얼리티와 몸의 완전성에 대한 위협과의 교차점으로 나타난다. 아이의 성장발달에 대한 완벽한 기록을 제시하고자 하는 시도에서 마크의 아버지는 어린 시절의 기쁨이나 즐거움 혹은 행복보다는 오히려 공포에 대한 아이의 신경계통의 반응에 특전을 부여했다. 그래서 마크의 병리적인 범죄가 아니라 오히려 아버지의 병리적인 범죄에 대해 얘기하는 영화의 두 번째 핵심적인 설명은 마크가 헬렌에게 자신의 어린 시절을 기록한 영화의 의미를 설명할 때 생겨난다. 의미심장하게도 영화에서 어린 마크의 침대에 누군가가 도마뱀을 던져넣어 그 동물이 담요 밑 소년의 성기 바로 위로 기어가자 어린 소년이 공포에 질려 깨어나는 정확히 그 순간에 헬렌은 소리를 지른다. 마크는 설명하기를, 아버지가 아이의 성장발달에 대해 모든 세목들을 가능한 한 완벽하게 묘사하길 원했다는 것이다. 응시하고 기록하려고 하는 이런 과학적인 충동 때문에 아버지는 아들의 행동에 대해 끊임없이 기록하게 되었고, 따라서 마크는 한 순간도 프라이버시를 가질 수 없었다. "아버지는 훌륭한 과학자였지"라는 마크의 감탄에 대해 헬렌은 "아이에게 도마뱀을 던져주는 과학자? 그것이 좋은 결과를 낳았나?!"라고 회의적으로 응수한다.

이렇게 해서 우리는 다음과 같은 회로를 만나는데, 그것의 출발점은 역시 부재하지만 아직도 강력한 아버지이다. 아이로서의 마크는 부성적인 대타에 의해 그에게 과해진 외상 때문에, 또한 이런 부성적인 대타가 그에게 만들어낸 재현을 끊임없이 인식하고 있었기 때문에 생명이 없는, 비유적으로 말해서 죽은 몸으로 환원되었다. 거세적인 아버지의 시선에 의한 최초의 상처 이후에 그의 나르시시즘을 확인시켜 줄 수 있었던 어머니의 자리에 죽은 어머니를 대신하여 카메라를 선물로 받는다. 이 회로는 그의 성인 시절에 다음과 같이 반복된다. 영화 이미지로 죽음의 공포를 포착하려는 충동은 그 자신의 공포의 전치된 외부화이다. 이 시선의 치명적 순환에 종지부를 찍기 위해서 그는 기록영화 프로젝트의 우선적 대상으로서 결국엔 자신의 몸으로 회귀한다. 그의 희생자들이 자신들의 종말 바로 직전에 자신들에게 들이댄 거울에서 죽음의 얼굴을 볼 수 있기는 하지만 카메라는 이러한 표정을 포착할 수 없었다. 그는 자신의 죽음을 응시하려고 생각해야만 그토록 욕망하던 죽음의 공포라는 이미지를 받아들일 수 있을 뿐이라는 것을 깨닫는다. 왜냐하면 그가 찾는 광경이 근본적으로 주관적이고 제3의 중재된 시선의 위치를 차지하는 어떤 사람과 공유될 수 없는 관찰자의 반영이 되기 때문이다. 마크 자신이 이러한 공포의 시선 중계를 응시하는 주체가 되면서 동시에 응시되는 대상이 되어야만 아버지의 프로젝트를 완성할 수 있을 것이다. 마크가 틀린 방향으로 마지막 선회를 하자 일어나는 일은 도착증의 능동적 및 수동적이란 양극이 와해되고 외부와 낯선 것과 내부와 자신의 몸 사이의 경계가 없어진 것이다. 그렇게 마크는 자신의 유아기 외상 시나리오에서 아이의 위치와 아버지의 위치 둘 모두를 떠맡아 그것들을 마지막으로 다시 반복한다. 그가 헬렌에게 설명하듯이 이러한 자살에 대해서 "나는 그처럼 오랫동안 이것을 준비해 왔죠"라는 말로 설명하고 있었다.

마침내 단락이 일어나는 장면에서 마크는 모든 카메라의 플래시가 차례로 터지게 하고 카메라가 돌아가게 하며 아버지가 녹음한 모든 목소리를 동시에 튼다. 삼각대에 숨겨진 칼로 자신을 찌를 때 그는 처음으로 완화되지 않은 공포로부터 해방되는 감정을 경험한다. 그러나 살아 있는 사람들에게는 이 죽음의 공포의 표현이 절대로 접근할 수 없다. 영화의 마지막에 녹음기가 들려주는 목소리들이 이제 마크의 자살에 의해 종결된 치명적인 시선의 회로를 대신한다. 마크의 영사기에 끼워진 필름이 모두 돌아가서 더 이상 영화 이미지를 전달하지 못하고 의미 없이 회전할 때 우리는 "얘야, 바보같이 굴지 마라. 두려워할 것은 아무것도 없어"라는 부성적인 금지를 듣는다. 파웰의 영상도 어두워졌을 때 우리는 스크린 밖에서 마치 영화 「피핑 톰」 자체의 환각인 것처럼 어린 시절 마크의 목소리가 "아빠 잘 자요. 내 손을 잡아줘요" 하고 사랑의 선언으로 아버지의 금지에 대답하는 것을 듣는다. 여기서 실제로는 다시금 이미지로부터 물러나지만 부성적인 시선의 경제를 확인함으로써 회로는 닫힌다. 마지막에서 마크는 죽음의 이미지 대신 죽음 자체를 선택함으로써 부성적인 시선에 의해 움직이는 무생명적 이미지의 순환을 완결할 수 있다. 그러나 도달할 수 없는 것은 그가 만약 헬렌을 어머니의 빈 자리 대신으로 선택했다면 경험할 수 있었을 행복이다. 파웰은 이 행복을 아버지에게서 아들로 내려온 시선의 도착증적 순환을 종결하는 두 번째로 제시하지만 그것은 불가능한 방법이다.

영화의 제작과 감상에 암암리에 내재한 관음증의 자의식적인 비판을 시도한 「피핑 톰」은 궁극적으로 무사히 응시를 허락받을 수 있는 사람이 과연 누구인가 하는 질문을 던지고 있다. 파웰의 대답은 과학자로서 기능하는 아버지와 정신분석가, 예술가로 기능하는 감독과 영화제작자, 법의 대리인으로 기능하는 경찰, 그리고 마침내 매매춘의 고객과 포르노의 소비자이다. 그러나 헬렌의 호기심 어린 시선과 관음증자인 마크의 도착증적인 시선은 인정되지 않는다. 이는 다시 두 번째 질문을 제기한다. 그렇게 인정받은 자와 인정받지 못하는 자 사이의 경계를 가르는 것은 어떤 행위자를 근거로 하는 것인가? 그리고 그렇게 해서 안정되는 것은 누구의 법인가? 파웰이 반복해서 보여주는 것은 살인과 이미지의 제작이 뒤섞이게 되는 것은 아버지의 위치에 의지한다는 것이다. 이 관계를 유지하기 위해서는 아버지의 이름, 즉 부성 은유의 교섭이 근본적인 것이라고 증명되었다. 한편으로 아버지라는 행위자는 유아기 초부터 마크의 정신기제가 지지적인 어머니의 시선을 대신하여 상처를 주는 아버지의 시선으로 새겨지는 그런 방식으로 모자(母子)라는 이자관계를 너무 빨리 손상시켰다. 다른 한편으로 이런 부성적인 시선은 그 근원으로서 구체적인 아버지와는 상관없이 작동한다. 어린 마크는 아버지가 방에 있지 않을 때에도 자신이 끊임없이 아버지의 시선의 과녁이었다는 사실을 알 뿐만 아니라, 이런 부성적인 권위는 아버지가 신혼여행이나 훗날의 죽음으로 인해 부재할 때에 특히 강력해진다는 사실도 알고 있다. 이러한 아버지의 부재에 의해 작동되는 소위 정상적인 응시의 일탈적 반전은 도착증적 주체가 자신의 세계에 일관성을 주는 기능을 가진 제3의 시선을 어떻게 다루느냐에 달려 있다. 다시 말해 마크의 일차적 나르시시즘은 처음부터 부성적인 시선에 의해 방해받는데, 그에 따라 아버지의 보호 아래 있는 상징적 영역과의 관계에서, 그리고 그 영역에 반대하여 어머니의 시선을 통해 대개 타협되는 상상적인 활동을 발달시킬 수 없게 되었다. 그보다는 마크의 정신발달에 있어 이러한 뒤틀림에 반응하여 상징계의 심급은 상상계의 영역을 완전히 지워버려 폐제된(foreclosed) 상상적인 정신적 에너지가 상징계의 정신병화라는 모습으로 되돌아올 수 있을 뿐이다.

「정신병의 어떤 가능한 치료에 대한 예비적 질문」이란 논문에서 자끄 라깡은 이 세상에 일관성을 부여하는 문화적으로 특권적인 심급으로서 기능하는 부성 은유가 실패할 때 어떤 일이 벌어질 수 있는지 설명한다. 라깡에 따르면 주체는 자신의 실존에 관한 질문에 대해 일관성을 확신시키는 이런 심급의 대리자로서 기능하는 대타에 의해 표명된 질문의 형태로 제시된다. 즉 "그의 성과 그의 존재의 우연성에 관하여, 다시 말해 한편으로 그가 남자거나 여자라는 것, 또한 다른 한편으로 그가 없을 수도 있다는 것, 이 둘이 그것들의 신비를 결합해내고 생식과 죽음의 상징들로 그것을 묶어내는 것에 관하여 '나는 거기에서 무엇인가?'"(Lacan 1966b, 194)라고 묻는다. 그러니까 질문을 해결하는 것은 그처럼 안정시키는 대타의 실존에 달려 있다. 그러나 만일 부성 은유가 부적절한 것으로 증명되면, 다시 말해 만일 상징적 질서를 획득하는 그 기능에서 실패하게 되면 그 결과는 시니피앙의 폐제, 즉 대타의 법의 폐제이다. 이 폐제와 함께 한계설정의 모든 기호학적 과정, 다시 말해 의미론적 대조의 생산과 문화적으로 부호화된 구축뿐만 아니라 거부와 부정과 긍정의 과정이 불안정해진다. 대타의 위치는 일관성을 전달하고자 의도하는데, 더 이상 질문을 제기하는 장소로가 아니라 오히려 상징계의 구멍으로 인식되고 부성 은유의 결여는 실제계에서 환각들로 대치된다.

부성 은유는 섬망적인 은유가 된다. "그것이 시니피에에 열어놓은 구멍에 의해 폭포 같은 시니피앙의 재형성화 작용이 되는 바로 그 장소에서 부명(父名)의 결여가 되는데, 그 시니피앙으로부터 상상계의 점증하는 재앙이 진행되어 시니피앙과 시니피에가 망상적 은유 안에서 안정되는 수준에 도달하는 지점에 이르게 된다"(Lacan 1966b, 217). 파웰의 「피핑 톰」에 대해서 아버지의 과학적 프로젝트가 아들의 환각적인 프로젝트가 된다고 말할 수 있는데, 더 정확히 말해서 그것은 몸과 이미지가 더 이상 서로 분리되지 않고 이미지로의 비유적인 살해가 실재적인 것이 되는 망상적인 기록영화가 된다고 말할 수 있다. 실재계에서 그런 환각들이 출현하는 최고의 사례는 마크와 헬렌이 대면하는 장면인데, 거기서 헬렌은 마크가 자신의 살인 시나리오를 설명하는 대로 거울을 들여다 보길 거부하고 있지만 그동안에 영화 관객은 여성 희생자들의 비명소리를 듣는다. 파웰은 마크의 기록영화가 부성 은유에 대한 최고의 찬사를 재현하면서 그와 동시에 그것의 정신병적인 반전도 재현한다는 사실을 하나의 아포리아로 주장하고 있다. 그와 똑같이 마크와는 정반대되는 방식으로 호기심 많은 헬렌 역시 망상적 은유에 대한 그녀 나름의 각색인 마술적인 카메라에 관한 책에서 부성 은유, 즉 비유적으로 살해하는 마크의 아버지의 과학적인 프로젝트를 반전시킴으로써 그것을 인정한다는 사실도 아포리아이다. 유아적인 표현과 성인의 표현 사이의 경계가 흐려지는 그녀의 마술적인 이야기로서 그녀는 일관성을 제공하게 될 제3의 심급의 대안적 대리자를 스스로에게 제공하는 것이다.

그러나 결국에 승리하는 것은 그녀의 마술적 환상이 아니라 오히려 마크의 환각이다. 그녀에게 전달하는 "미안하지만 나는 당신을 위해 그런 얼굴들을 찾을 수 없었어요"라는 그의 마지막 문장 후에, 또한 헬렌을 땅바닥에 내던진 후에 그는 아버지한테서 받은 상징적인 명령을 마지막으로 반전시키고 스스로에게 남아 있는 유일한 성공적인 행위를 자살로서 성취한다. 슬라보예 지젝은 주체에게 가능한 단 하나의 진정한 위치가 자신의 상징적 명령을 수행적으로 인수하는 것이라고 주장한다. 다시 말해 상징계의 보호 하에 그것의 논리적 결론으로 생각되었던 역할을 수행하여 상징적인 현실과 실재적인 부정성 사이의 경계에 도달하는 것이라고 주장한다. 상징적인 자살과정에서 상징적인 세계로부터 물러남은 어떤 상호 주체적 순환으로부터도 주체를 제외시키는 것을 목적으로 삼는다(Žižek 1992). 「피핑 톰」에 나오는 상징적인 자살행위에서 이것이 아주 세세하게 미리 잘 계획된 것으로서 마크의 실제적인 자살과 관련된 것이 아니라 오히려 죽음의 마지막 이미지의 연출과 관련된 것처럼 그의 살인적인 응시 경제를 구축해 왔던 세 가지 위치들이 붕괴된다. 응시된 주체(아이로서의 마크)와 응시하는 주체(아버지와 부성적인 시선의 내면화) 및 그의 상징적인 명령을 떠맡는 응시하는 주체의 대리인(살인적인 영화제작자로서 마크)이다. 이런 진정한 행위는 그것을 수행하는 주체가 그의 일상에서 그를 유지시켜 왔던 상징적인 관계들과 개념들의 네트워크를 멈추고 그 대신 모든 상징적인 부호화의 기초가 되는 근본적 부정성과 직면하게 되는 순간이다. 실재계와의 조우로서, 즉 상징적인 경계의 위반으로서 이런 행위는 모든 상징적인 현실을 출현시키는 실재계의 심연 속으로 주체를 던져버린다(Žižek 1992). 상징적인 현실에서 실재계로 가는 궤도를 따라가는 행위는 기호와 시선의 상징적인 순환의 단락을 연출해낸다. 따라서 우리는 부성 은유가 제공하는 안정적인 일관성이 얼마나 필요한지 그를 부인하지 않으면서 그의 이름으로 가장된 모든 역할의 무효를 드러내 보임으로써 마크의 행위가 상징적 아버지의 명령의 권위를 비난한다는 결론을 내릴 수 있다. 이로부터 지젝은 주체가 반드시 가정해야 하는 결여가 자신의 결여가 아니라 오히려 대타의 결여로서 이는 훨씬 더 견디기 힘든 것이라고 결론짓는다. 가장 큰 착각은 바로 대타의 일관성에 대한 주체의 믿음에 있다. 마크가 자신의 죽음의 순간에 경험하는 자유는 그가 아버지에게 더 이상 말을 걸지 않고 오히려 자신의 실존의 부담을 완전히 스스로에게 짊어짐으로써 부성적인 대타의 지지를 포기하는 첫 번째로 이것을 해석한다면 설명될 수 있다. 왜냐하면 궁극적으로 마크의 도착증을 시작할 뿐만 아니라 유지시켰던 것도 대타의 일관성에 대해 의문의 여지가 없는 무한한 신뢰였기 때문이다.

마지막으로 마치 부성 은유와 은연중에 마크가 내면화했던 아버지의 처벌적인 시선이 다시 한 번 확실히 설정된 것처럼 그것은 나타난다. 영화의 마지막 장면에서 모든 영상 이미지들이 마침내 사라져 버리고 암암리에 마크의 망상적 은유와 헬렌의 환상적 은유에 반대되는 방향을 지시하게 되면 우리는 마크가 보관해 왔던 테이프에 녹음된 "바보같이 굴지 마라"는 금지를 말하는 아버지의 목소리를 암시적으로 듣는다. 부성 은유의 이름으로 응시하고 있는 사람들은 손상되지 않은 채로 남아 있는 반면에 부성 은유에 반대하거나 저항하는 사람(헬렌)이나 혹은 그것을 반전시킨 사람(마크)은 처벌되는데, 마크의 경우에는 이렇게 일탈적으로 반응하는 과정에서 스스로를 문자 그대로 파괴시킨다. 그러나 부성적인 심급이 상징계의 정신병적 반전뿐만 아니라 상징적 질서의 순간적인 중지의 표시인 아들의 진정한 행위조차 분명히 살아남게 할지라도, 부성적인 기능을 유지시키는 살인적인 측면도 역시 한편으로 마크의 부성적인 유산의 파괴적 반전에 의해, 다른 한편으로 헬렌의 비판적 대응 프로젝트에 의해 노출되어 왔다. 결정되지 않은 채로 남아 있는 것은 여성 희생자들의 목소리가 영화 관객에게 더 이상의 환각들을 재현하는지 아닌지의 여부이다. 후자의 경우 최소한 영화의 이야기 밖의 차원에서라도 망상적 은유는 중지되지 않았을 것이다. 같은 맥락으로 일관적 상징적 질서를 보장하고자 하는 전형적인 대리인, 다시 말해 경찰들도 불충분한 것으로 드러나는데, 그들은 항상 너무 늦게 현장에 도착하기 때문이다. 마지막으로 관음증의 인정된 큐레이터로서 상업 영화와 포르노를 제작하는 스튜디오도 영화 「피핑 톰」이 수행하는 해체에 의해 손상되지 않은 채로 남아 있게 된다. 왜냐하면 스튜디오 가운데에 어떤 재현과정에도 지울 수 없을 정도로 새겨진 내부적 차이의 불안한 기호로 기능하는 트렁크 안에서, 그리고 침대 위에서 우리는 비비안과 밀리의 시신을 발견하기 때문이다.

참/고/문/헌

Baudrillard, Jean. 1976. *L'Échange symbolique et la mort*, Paris : Gallimard.

Berger, John. 1972. *Ways of Seeing*. Harmondsworth : Penguin.

Bordwell, David, and Kristin Thompson. 1979. *Film Art : An Introduction*. Reading, Mass. : Addison–Wesley.

Bronfen, Elisabeth. 1992. *Over Her Dead Body : Death, Feminity and the Aesthetic*, Manchester and New York : Manchester UP and Routledge.

Foucault, Michel. 1963. "Language to Infinity." *Language, Counter–Memory, Practice : Selected Essays and Interviews*. Ed. and trans. Donald F. Bouchard and Sherry Simon. Ithaca : Cornell UP.

Freud, Sigmund. 1905. "Three Essays on the Theory of Sexuality." *Standard Edition* 7. Ed. James Strachey. London : Hogarth Press, 1953. 123–245.

______. 1909a. "Five Lectures on Psycho–Analysis." *Standard Edition* 11. Ed. James Strachey. London : Hogarth Press, 1957. 3–55.

______. 1909b. "Notes upon a Case of Obsessional Neurosis." *Standard Edition* 10. Ed. James Strachey. London : Hogarth Press, 1955. 153–318.

______. 1910. "The Psycho–Analytic View of Psychogenic Disturbance of Vision." *Standard Edition* 11. Ed. James Strachey. London : Hogarth Press, 1957. 207–18.

______. 1915. "Instincts and Their Vicissitudes." *Standard Edition* 14. Ed. James Strachey, London : Hogarth Press, 1957. 111–40.

______. 1940. "An Outline of Psycho–Analysis." *Standard Edition* 23. Ed. James Strachey. London : Hogarth Press, 1964. 141–207.

Lacan, Jacques. 1966a. "The Mirror Stage as Formative of the Function of the I."

Écrits : A Selection. Trans. Alan Sheridan. New York : Norton, 1977. 1–7.

______. 1966b. "On a Question Preliminary to Any Possible treatment of Psychosis." *Écrits : A Selection*. Trans. Alan Sheridan. 179–225.

______. 1973. *The Four Fundamental Concepts of Psycho–Analysis*. Ed. Jacques–Alain Miller, trans. Alan Sheridan. New York : Norton.

Laplanche, J., and J.–B. Pontalis. 1973. *The Language of Psychoanalysis*. Trans. Donald Nicholson–Smith. London : Karnac Books, 1988.

Žižek, Slavoj. 1992. *Enjoy Your Symptom! Jacques in Hollywood and Out*. London : Routledge.

제4장

"나는 눈으로 너를 듣는다", 또는 보이지 않는 주인

슬라보예 지젝 저 | 윤정주 역

목소리와 시선은 프로이트의 "부분 대상"(젖가슴, 대변, 남근)의 목록에 자끄 라깡이 추가한 것이다. 그들은 대상들이다. 즉 그들은 보고 있거나 듣고 있는 주체가 아니라 주체가 보거나 듣는 대상을 말한다. 히치콕 영화의 원형적인 장면을 상기해 보자 : 여주인공들(「사이코」의 릴라, 「새」의 멜라니)은 미스테리한 빈 집에 접근한다. 그녀는 그것을 바라본다. 그런데 그 장면이 우리를 불안하게 만드는 것은 관객들이 그녀가 바라보는 대상이 어쩐지 시선을 되돌려 주고 있다는 묘한 느낌을 지울 수 없기 때문이다. 물론 중요한 점은 이 시선이 주관화되지 말아야 된다는 것이다. 그것은 단지 "그 집안에 누군가가 있다"는 것이 아니다. 이는 오히려 우리가 분명한 현실을 정확히 가리킬 수 없는 뭔가 공허한 선험적인 시선을 다루고 있다는 것이다. 즉 그녀는 "그 모든 것을 볼 수 없고", 맹점(盲點)을 보고 있다. 그리고 그 대상은 이러한 맹점(盲點)에서 시선을 되돌려 주고 있다. 이런 상황은 목소리도 마찬가지이다. 마치 우리가 이야기할 때 우리가 말하는 것은 무엇이든지 대타자가 최초로 말하는 것에 대한 대답처럼. 이미 우리는 말을 들었지만 이 말은 빈 칸이다. 그것은 특정한 행위자를 정확히 가리킬 수 없지만 일종의 비어 있는 선험적인 것이다. 즉 우리 말하기의 형식적인 "가능성의 조건"이다. 그래서 그것은 시선을 되돌려 주는 대상과 관련되는데, 그것은 우리가 어떤 것인가를 보고 있는 행동의 형식적인 "가능성의 조건"의 일종이다 … . 정신병에서 일어나는 것은 우리가 보고/또는 듣는 것 안에서 타자의 이런 빈 점이 실현되고 유효한 현실의 일부가 된다. 정신병에서 사실상 우리는 우리에게 말을 건네는 원초적인 대타자의 목소리를 듣는다. 우리는 실제적으로 우리가 항상 관찰되고 있다는 것을 안다. 일반적으로 정신병은 사물들의 "정상적인" 상태에 비하여 결여의 한 형태로 생각된다. 정신병에서는 어떤 것이 빠져 있는데, 핵심적인 시니피앙("부성 은유")은 상징계로부터 거부되고, 폐제(foreclosure, 廢除)되고, 제외되어, 정신병적인 환영의 모습으로 실재계로 돌아온다. 그러나 이런 폐제의 이면인 포함도 잊지 말아야 한다. 라깡은 우리의 "현실경험"의 일관성이 그것으로부터 그가 타대상(*objet petit a*)이라 부르는 것의 배제에 달려 있다고 말했다. 우리가 정상적으로 "현실에 접근"하기 위해서는 어떤 것이 반드시 배제되어야, 즉 "원초적으로 억압되어야" 한다. 정신병에서 이 배제는 취소된다. 대상(이 경우에는 시선과 목소리)은 현실에 포함되는데, 그 결과는 당연히 "현실감"의 붕괴, 즉 "현실의 상

실"이다.[1)]

목소리와 시선의 유사 초월적 상태에 대해 동일하게 주장하는 또 다른 방법은 라깡이 그랬듯이 두 가지 경우에서 우리가 칸토르(Cantor)의 의미인 "초한적인" 대상을 다루고 있는 것이다. 왜 라깡은 뜻밖에 칸토르를 참조하는가? 칸토르가 다듬어낸 "초한"과 "무한"의 구분은 헤겔의 "진짜"와 "나쁜"(또는 "가짜") 무한 사이의 구분과 대충 일치한다. "나쁜 무한" 내에서 우리는 무한, 즉 우리가 계속해서 또 다른 단위를 더할 수 있는 모든 숫자에까지 결코 도달하지 못할 것이다. 여기서 "무한"은 끊임없이 더해질 가능성, 즉 수열에서 궁극적인 요소에 도달할 수 없는 불가능성을 가리킨다. 하지만 만일 우리가 덧셈에 영원히 "열려" 있는 이런 요소들의 집합을 닫힌 총합으로 다루고 이 무한을 그 자체의 한 가지 요소로, 즉 그것이 포함하고 있는 요소들의 끊임없는 집합의 외부적 틀로 가정한다면 어쩔 것인가? 이것이 바로 초한수이다. 이것은 덧셈이나 뺄셈에 영향을 받지 않는 역설적인 특성을 가진 숫자 또는 요소이다. 만약 우리가 단위 하나를 더하거나 빼더라도 그것은 같은 상태이다.[2)] 이는 칸트가 "선험적 대상"이란 개념을 구성했던 방식과 유사하지 않았던가? 우리는 여기서 칸토르-칸트(Cantor-Kant)라는 말장난을 하고 싶어진다. 선험적 대상은 일련의 끝없는 경험적 대상들의 외부에 있는 것이다. 우리는 이 끝없는 수열을 닫힌 것으로 다루고 그것의 외부에 공허한 대상, 수열의 틀인 대상의 바로 그 형태를 가정함으로써 그것에 도달하게 된다.[3)] 이는 라깡의 욕망의 대상 원인인 타대상(*objet petit a*)과 더욱 유사하다는 것을 쉽게 깨닫게 된다. 후자 또한 "초한적"이다. 즉 그것은 경험적 대상의 끝없는 집합의 틀을 만드는 공허한 대상이다. 이런 정확한 의미로 보자면 두 개의 타대상인 목소리와 시선은 "초한적"이다. 두 경우 모두에서 우리는 구조적으로 이 영역에서 벗어나 있는 것을 실체화함으로써 볼 수 있고/들을 수 있는 영역인 "나쁜 무한"의 틀을 만들어내는 공허한 대상을 다루고 있다. 따라서 대상 시선은 가시적인 것의 영역 내에서 맹점(盲點)이 되지만, 전형적인 대상 목소리는 당연히 침묵이다.

시각 차원과 청각 차원 사이의 관계의 수준에서 타대상(*objet a*)과 현실의 틀 사이에 있는 이런 긴장에 대해 생각하는 것이 가능한 일인가? 목소리 그 자체가 시각의 타대상으로, 즉 그림이 시선을 되돌려 주는 맹점으로 작용한다고 생각할 수 있는가? 거기에 유성영화의 교훈이 있는 것 같다. 다시 말해서 무성영화에 소리를 더한다는 것은 무슨 효과가 있는가? 예상되는 "자연스러움", 즉 더욱 더 "현실적인" 삶의 모방과 정반대인 유성영화의 초창기에 발생했던 것은 목소리의 기괴한 자율화가 시옹(Chion)에 의해 명명된 청각화(aucousma-tisation)이다.[4] 이것은 이야기 속 현실에서 대상(인물)에서 나오는 소리도 아니고 외부 해설자의 소리도 아닌 유령의 목소리이다. 즉 미스테리한 중간 영역을 자유롭게 떠다니고, 그래서 어디에나 있고 뭐든 다 할 수 있을 것 같아서 공포스러운 측면을 갖게 되는, 보이지 않는 주인의 목소리이다. 프리츠 랑의 「닥터 마부제의 유언」으로부터 히치콕의 「사이코」에 나오는 "어머니의 목소리"까지. 「사이코」의 마지막 장면에서 "어머니의 목소리"는 글자 그대로 시각적 현실에 구멍을 만들어낸다. 스크린 이미지는 안 보이고/부재하는 주인의 신체 없는 목소리가 비밀스럽게 지배하는 유혹물인 가상의 차원이다. 즉 이야기 속 현실 안의 어떤 대상에서도 나올 수 없는 목소리인 것이다. 이는 노만의 어머니 목소리의 진짜 주체가 마치 죽음 그 자체인 것처럼, 다시 말해서 노만의 사라지는 얼굴 속에서 순간적으로 인식한 해골의 그것처럼 … .

따라서 우리가 단념해야 하는 것은 보이는 것과 들리는 것이 서로 조화롭게 보충해 주는 근본적으로 잘 짜여진 현실이라는 통념이다. 우리가 상징적 질서에 들어가는 순간 인간의 몸과 "그의" 목소리를 영원히 연결시킬 수 없는 틈이 벌어진다. 목소리는 기괴한 자율성을 지니고, 우리가 보는 몸에 속하지 않고, 그래서 우리가 살아 있는 사람이 말하는 것을 볼 때조차도 거기에는 항상 어느 정도 복화술이 있다. 마치 목소리가 말하는 사람을 공허하게 만들고 어떤 의미에서는 그를 통해서 "자기 스스로" 말하는 것 같다.[5] 헤겔은 그의 『미학강연』에서 해질녘마다 기적처럼 깊은 울림소리를 내는 고대 이집트의 신성한 조각상에 대해 언급한다. 살아 있지 않은 대상에서 나오는 마법 같은 신비한 소리는 주관성의 탄생에 대한 가장 좋은 은유이다. 하지만 우리는 **침묵**의 절규와 떨리는 음조, 즉 침묵의 절규가 크게 **울려퍼지는** 순간들 간의 대비된 긴장을 놓치지 말아야 한다. 실제 대상 목소리는 "목구멍에 걸린" 침묵이고 실제적으로 울려퍼지는 것은 빈 것이다 : 울림은 항상 **진공상태**에서 일어난다. 그와 같은 음조는 원래 잃어버린 대상에 대한 애도이다. 그 대상은 소리가 발화되지 않는 한 여기에 있다. 그것이 울리는 순간, 즉 그것이 "쏟아지는" 순간 그 대상은 공허해진다. 그리고 이 공허는 대상을 잃어버려 슬퍼하는 빗금친 주체($) 를 탄생시킨다. 물론 이 슬픔은 매우 모호하다. 극단적인 공포는 우리에게 "너무 가깝게" 다가오는 대상 목소리이다. 그래서 목소리의 울림은 동시에 대상 목소리가 너무 가깝게 다가오지 못하게 하는 주문이다. "왜 우리는 음악을 듣는가?"라는 간단한 질문에 이제 대답할 수 있다. 대상으로써의 목소리와 마주치는 것에 대한 두려움을 피하기 위해서이다. 릴케가 아름다움에 대해 말했던 것은 음악에서도 역시 마찬가지이다. (목소리) 대상의 공포에 직접적으로 직면하는 것으로부터 우리를 막아주는 것은 다름 아니라 매혹물, 스크린, 종영 커튼이다. 복잡한 음악적인 태피스트리가 발화되지 않는 순수한 절규로 분해되고 해체될 때 우리는 대상으로써 목소리에 접근한다. 라깡이 지적했듯이 엄격한 의미에서 목소리와 침묵은 형상과 바탕에 부합한다. (사람들이 쉽게 생각하는 것처럼) 침묵은 목소리의 형상이 나타나는 바탕이 아니다. 이와는 완전히 반대로, 울리는 소리 그 자체는 침묵의 형상을 시각화해 주는 바탕을 제공한다. 따라서 우리는 목소리와 이미지 관계의 형식에 도달한다. 목소리가 단지 보는 것과 관련하여 다른 수준에 있는 것이 아니라 오히려 시각적 범위에서의 틈, 즉 우리의 시선을 회피하고 있는 차원을 가리키고 있다. 다시 말해서 그들의 관계는 불가능성에 의해 매개된다. 궁극적으로 우리가 모든 것을 볼 수 없기 때문에 듣는다.

다음 단계는 몸의 구조적인 차이를 메우는 목소리의 논리를 반전시키는 것이다. 우리가 결코 볼 수 없는 것, 즉 우리의 시선을 피하는 것에 실체를 주는 목소리와 상응하는 것은 목소리의 부재를 나타나게 해주는 이미지이다. 이미지는 아직 울리지 못하고 목구멍에 걸려 있는 소리의 대체물로 나타날 수 있다. 예를 들면 뭉크의 「절규」는 그 정의상 침묵이다. 우리는 이 그림의 앞에서 (절규)를 "눈으로 듣는다." 그러나 이 비교는 여기서 결코 완벽하지 않다. 들을 수 없는 것을 보는 것은 볼 수 없는 것을 듣는 것과 같지 않다. 목소리와 시선은 삶과 죽음처럼 서로 관련되어 있다 : 목소리는 생기를 주는 반면에 시선은 억제한다. 그런 이유로 데리다가 증명했던 것처럼 "자기 자신이 말하는 것을 듣는 것"(*s'entendre-parler*)은 바로 핵심이고, 살아 있는 존재로서 자기 자신을 경험하는 근본적인 기반이다. 반면에 시선 측면에 상응하는 것, 즉 "바라보는 자신을 보는 것"(*se voir voyant*)은 분명히 죽음을 표현한다. 대상으로서의 시선이 볼 수 있는 영역에서 더 이상 맹점이 아니고 이 영역에 포함될 때 자기 자신의 죽음을 마주하게 된다. 유사자(Doppelgänger)와의 섬뜩한 조우에서 우리의 시선을 회피하는 것은 그의 눈이다 : 유사자는 이상하게도 우리 눈을 똑바로 쳐다보지 못하고 항상 곁눈질하는 것 같다. 그가 우리 눈을 직시하는 순간 우리 삶은 끝날지도 모른다 … .[6)]

쇼펜하우어는 **물자체**(*Ding an sich*)와 연결시켜 주는 것은 음악이라고 주장했다. 말들이 단지 의미할 수 있는 것은 삶의 실체의 욕동을 직접적으로 주는 것이다. 이런 이유로 음악은 의미를 우회하면서 그/그녀 존재의 현실 안에서 주체를 "포착"한다. 음악에서 우리는 볼 수 없는 것, 즉 **표상**(*Vorstellungen*)의 흐름 밑에 있는 떨리는 생명력을 들을 수 있다. 그러나 삶의 실체의 흐름이 중단되고 멈춘다면 어떻게 되겠는가? 이 때 부패와 생성이라는 죽음과 재탄생의 순환을 뛰어넘는 절대적인 죽음을 나타내는 이미지가 생겨난다. 우리 귀로 보는 것—시각적인 것을 초월한 떨리는 삶의 실체, 즉 시각적 영역에서 이 맹점을 보는 것—보다 더욱 공포스러운 것은 우리 눈으로 듣는 것이다. 즉 카라바조의 「메두사의 머리」(*Testa di Medusa*)에서처럼 삶의 중단을 나타내는 절대적인 침묵을 보는 것이다 : 메두사의 절규는 정의상 "목구멍에 걸린" 침묵이 아닌가? 이 그림은 목소리가 부재한 순간에 이미지를 제공하지 않는가?[7)]

"볼 수 없는 것을 듣는 것"과 "들을 수 없는 것을 보는 것"의 이런 배경에 대하여 "존재의 형이상학"의 착각을 일으키는 장소를 묘사할 수 있다. "자신이 말하는 것을 듣는 것"과 "자신이 보이는 것을 보는 것" 사이의 틈으로 잠시 돌아가 보자. 두 번째 경우만이 (외부) 이미지에서 자신을 인식하는 행위인 적절한 **반영**을 포함한다. 반면 첫 번째 경우에서는 거울 이미지에서 자신을 인식하는 개념이 함축하는 최소한의 자신과의 거리 유지를 막아주는 즉각적인 자기 애정(self-affection)의 착각을 다루고 있다. 데리다와는 다르게 사람들은 존재의 형이상학의 기본적인 착각은 "자신이 말하는 것을 듣는 것"뿐만 아니라, 오히려 "자신이 말하는 것을 듣는 것"과 "자신이 보이는 것을 보는 것" 사이의 짧은 순환이라고 주장하고 싶어한다 : "**자신이 말하는 것을 듣는**" 형태로 "자신이 보이는 것을 보는 것", 즉 청각적인 자기 애정(self-affection)의 즉각성을 되찾는 시선. 다시 말하면 우리는 플라톤의 **이론**(*theoria*) 이후로 줄곧 형이상학이 "**보이는 것**"을 지배하고 있다는 믿음을 간직해 왔다. 그렇다면 우리는 이것과 "자신이 말하는 것을 듣는 것"을 어떻게 연결시킬 것인가? "형이상학"은 반영의 거리를 없애고 "자신이 말하는 것을 듣는 것"의 즉각성을 획득하는 거울에 비친 자기 보기(self-mirroring seeing)의 개념에 정확히 놓여 있다. 달리 말해 "형이상학"은 "보는 것"과 "듣는 것"의 대립적 관계에서 두 용어 사이의 매개 불가능성(볼 수 없기 때문에 듣고 그 반대도 마찬가지이다)을 폐기하고 "듣는 형태로 보는 것"의 독특한 경험으로 그것들을 융합하는 것이 가능하다는 착각을 나타낸다 … .

"듣는 형태로써 보는 것"이 어떻게 힘의 논리에 영향을 미치는가? 카프카의 『심판』을 영화로 만든 오손 웰스를 떠올려 보자. 그는 영화에서 "법의 문"(the door of Law)이라는 유명한 우화의 장소와 기능을 재해석함으로써 대표적으로 반몽매주의적 작업을 수행했다. 그 영화에서 우리는 그것을 두 번 듣는다. 도입부에서 위조된 고대 석판이 슬라이드를 통해 보이는데, 이는 프롤로그로 작용한다. 그리고 영화가 끝나기 직전에 (소설에서처럼) 신부가 아니라, 성당에서 (웰스 자신이 연기한) 신부와 K를 우연히 만나는 K의 변호사가 요셉 K에게 말해준다. 이제 영화는 카프카의 소설과는 다른 길로 접어든다. 변호사가 그의 이야기를 본격적으로 시작하기도 전에 K는 그의 말을 잘라버린다 : "나는 그것을 들었어요. 우리는 그것을 모두 들었어요. 그 문은 그를 위한 것입니다." 뒤따르는 내용은 K와 변호사의 고통스러운 대화이다. 변호사는 K에게 미스테리한 국가 기관의 악마와 같은 계략의 희생자라는 생각에 고통을 받았다고 주장하며 "미쳤음을 호소"하라고 충고한다. 그러나 K는 변호사가 제안한 희생자의 역할을 거절한다 : "나는 순교자인 척하고 싶지 않아요." "사회의 희생자도 안 돼요?" "나는 희생자가 아니고 사회의 일원이에요 … ." 그의 마지막 절규에서 K는 (권력의) 진정한 음모는 주체들이 비이성적이고 이해할 수 없는 권력의 희생자들이고, 모든 것이 미쳤고, 세계는 불합리하고 의미 없다고 설득하려는 시도에 있다고 주장했다. 그런 다음 K가 성당을 떠날 때 두 명의 사복경찰은 이미 그를 기다리고 있었다. 그들은 그를 버려진 건물로 데려가서 폭파시켜 버린다. 따라서 웰스의 영화에서 K가 죽임을 당한 이유는 소설에 나타난 이유와는 정반대이다. 현존하는 권력의 사회적 연결구조에 근간이 되는 허구적 세계를 "꿰

뚫어 보는" 순간, 그는 권력에 위협적인 존재가 된다.

웰스의 『심판』 읽기는 따라서 카프카의 두 가지 지배적인 접근, 즉 모호한 종교적인 접근과 순진하고 계몽된 휴머니스트적인 접근과는 다르다. 전자에 따르면 K는 사실상 유죄이다. 그가 유죄인 이유는 무죄에 대해 순진하게 저항한 것, 즉 순진하고 이성적인 논쟁에 대책 없이 의존했기 때문이다. 이런 읽기의 보수적인 메시지는 분명히 K를 권위에 의문을 갖는 깨어 있는 사람의 대표로 인식하는 것이다. K는 진정한 니힐리스트로서 도자기 가게에 뛰어든 유명한 황소처럼 행동한다. 공공적 이성에 대한 확신 때문에 그는 관료주의의 진정한 속성인 미스테리한 권력에 완전히 눈멀게 된다. 법정은 K에게 미스테리하고 역겨운 기관으로 나타난다. 그리고 전적으로 K의 왜곡되고 주관적인 관점 때문에 "비이성적인" 요구와 고소를 함으로써 그를 공격한다. 성당의 신부가 K에게 지적했듯이 법정은 사실상 무관심하고 그에게 아무것도 원하지 않았다 … . 다른 읽기에서 카프카는 그 자신이 저항할 수 없었던 치명적인 매력을 가진 전체주의적이고 관료적인 메커니즘을 환상적으로 지지한 무대를 펼쳐보인 모호한 작가이다. 바로 그 점에 있어서 카프카의 "계몽된" 많은 독자들이 불편함을 느낀다. 결국 그는 자신이 묘사한 지옥의 메커니즘에 가담하고, 그래서 그것을 깨부수는 대신 더욱 강화시키는 역할을 한 것이 아닌가?

웰스가 그 자신이 후자 쪽에 속해 있다고 할지라도 상황은 그렇게 명쾌하지 않다. 다시 말하면 그는 둘의 권력에 대한 "음모"를 제기함으로써 한번 더 비튼다. 웰스의 영화에서 K가 마지막 절규를 통해 말했듯이 진정한 음모의 힘은 그 음모라는 개념, "줄을 당기고" 사실상 쇼를 운영하는 미스테리한 그 기관이라는 개념, 즉 눈에 보이는 공권력 뒤에 역겹고 보이지 않는 "미친" 권력구조가 있다라는 바로 그 개념에 있다. 이처럼 다른 숨겨진 법칙은 라깡이 말한 "대타자의 대타자" 역할, 즉 대타자(사회적 삶을 규정하는 상징적 질서)의 일관성을 확실하게 보장하는 역할을 한다. "음모이론"은 대타자의 영역이 일관성 없는 브리꼴라주(bricolage)가 아니라는 것을 보장한다. 그것의 기본 전제는 공공의 주인(Master) 뒤에는 (물론 그는 사기꾼이다) 사실상 모든 것을 통제하는 숨겨진 주인(Master)이 있다라는 것이다. "전체주의" 체제는 안 보이고, 그렇기 때문에 더욱 전능하며, 일종의 "조직 내 조직"인 비밀스러운 권력의 신화를 만드는 데 특히 탁월하다. KGB, 프리메이슨 등과 같은 "조직 내 조직"은 공공적이고 법적인 권력의 노골적인 무능을 보완해 주고 사회 시스템을 원활하게 가동시켜 준다. 이 신화는 절대로 체제를 전복하지 않을 뿐만 아니라 도리어 권력을 무한정 지지한다. 이것의 미국적인 사례는 대통령 뒤의 역겨운 "다른 권력"의 화신이며, 합법적 권력의 그림자 같은 분신인 에드거 후버(의 신화)이다. 그는 정치적인 권력을 가진 엘리트 집단 자체를 관리하는 비밀스러운 리스트를 수단으로 권력을 움켜잡았다. 그러나 그 자신은 정기적으로 여성 복장을 했다….

K의 변호사는 최후의 수단으로 그에게 순교자-희생자 역할을 제안했다. 하지만 K는 그것을 받아들이면 그가 가장 신뢰할 수 없는 권력의 함정 속으로 들어간다는 것을 잘 알고 있었기 때문에 거절했다. 이 역겨운 다른 권력의 신기루는 스미르노프 보드카를 위한 잘 알려진 장소와 같은 환상적인 장소로 작동한다. 그 장소는 현실과 환상 공간의 "다른 표면"과의 사이에 있는 차이를 교묘하게 조

작한다. 카메라는 호화스러운 쾌속선의 갑판을 왔다갔다 한다. 즉 카메라가 사물 하나를 지나칠 때마다 우리는 이 대상을 현실에 있는 것으로 보게 되고, 그런 다음 짧은 순간 투명한 유리병이 우리의 시선과 그 대상 사이에 놓이고, 이를 통해서 우리는 환상 차원에 있는 왜곡된 것을 보게 된다. 검은 정장 차림의 두 명의 신사는 펭귄이 되고, 한 숙녀의 목에 있는 목걸이는 살아 있는 뱀이 되며, 계단은 피아노 건반이 되고 기타 등등. 카프카의 『심판』의 법정에서도 동일한 착시적 존재가 있다. 그의 선조가 바그너의 「파르지팔」에 등장하는 클링조르의 성이다. 주체에 대한 그것의 영향력이 완전히 환상적이기 때문에 거리두기를 통해서 주문을 깨는 것은 충분하다. 그러면 법정 또는 성(城)은 먼지처럼 사라질 것이다. 거기에 「파르지팔」과 웰스의 『심판』의 정치적인 교훈이 있다 : 우리가 "사실상" 사회적인 권력을 극복하려면 우리는 먼저 환상적인 영향력을 깨야 한다.[8]

허구가 위협받을 때 폭력이 등장하는 것을 입증하기 위해, 문학적 허구의 한 예에 의존해서 **논점의 선취**(*petitio principii*)의 오류를 범하는 비난을 피하기 위해서는 허구세계로 묘사되었지만 "실재 삶"에서 온 악(惡)의 경우를 생각해 보자. 「바운티」의 불행한 함장 블라이의 경우처럼. 우리는 여기서 수수께끼를 다루고 있다. 수병들의 안전과 건강을 생각한 이 함장이 왜 우리 대중문화에서 전형적인 악의 모습으로 나타났는가? 블라이의 계속 변화하는 주된 이미지는 헤게모니적 이데올로기 안에서 변화의 완벽한 지표로서 작용한다. 시대마다 블라이라는 인물이 있었다 : 세 명의 영화적인 인물을 언급하는 것으로도 충분하다. 1930년대의 퇴폐적이고 귀족적인 찰스 로튼,

1960년대의 차갑고 관료적인 트레버 하워드, 1980년대의 정신적으로 고통받는 안소니 홉킨스.

그러나 이런 변천보다 더 흥미로운 것은 태생의 수수께끼이다. HMS 「바운티」에서 무슨 일이 "실제로 발생"했는가? 반란의 "진정한 원인"은 무엇인가?[9] 물론 우리의 첫 번째 유혹은 공식적인 신화에 대한 대항 신화를 제안하는 것이다 : 블라이는 진지하고 지나치게 열정적이고 잘난 척하지만 아주 공정하고 누군가를 잘 보살펴주는 결점 없는 개성을 가진 함장이었다. 그에 대항한 반란은 관료적 혈통을 가진 철없는 젊은 장교들과 부랑노동자(*lumpenproletarian*) 출신의 범죄자 수병들이 힘을 합쳐 일으켰다. 젊은 장교들은 그들의 상관인 블라이가 진정한 신사가 아니고, 즉 "그들 중의 하나"가 아니라 낮은 혈통에 평범한 선원들을 다루는 데 있어서 공정했기 때문에 화가 났다. 그리고 부랑노동자들은 평범한 수병들을 위협하려는 것을 막아주는 블라이의 공정성 때문에 화가 났다. 그 당시에는 평범하지 않았던 그의 "진보적인" 태도는 영국 역사상 유일한 군사 쿠데타인 바운티 반란이 일어난 지 20년 후에 그가 호주의 통치자로 좌천되었을 때 다시 한 번 증명되었다. 뉴사우스웨일즈의 부패한 관료들은 그의 정책 때문에 그를 타도했다 : 블라이는 불법인 독점적 럼주 무역을 중단하겠다고 위협했다. 그는 죄수들이 자신들의 복역기간을 다 마치고 난 후에 그들을 정상적인 사회생활로 복귀시키고, 심지어 정부기관 등의 일자리를 주려고 노력했다.

그러나 이 대항 신화는 이 일의 너무 단순화된 그림을 그려준다. 그 안에서의 진실은 블라이가 "적절한 신사가 아니고", 권력을 가진 존재(그 배의 사령관으로서 그는 의사결정과 명령을 내릴 권리를 가졌고 그가 충분히 이익을 얻을 권리를 가졌다)이지만 진짜 권위[존경심을 일으키고 그를 진정한 지도자로 만들어 줄 정체 모를, **무엇인지 모를**(*Je ne sait quoi*), 카리스마]는 보여주지 못했다. 이 모든 묘사들은 하나의 점으로 귀결된다. 블라이는 어찌되었든 "딱딱하고" 언제 어떻게 규칙을 적용할지, 부하들 사이에서 "유기적"이고 자발적인 관계망을 어떻게 고려해야 할지 등의 좋은 지도자를 말해주는 민감함이 부족하다. 그러나 심지어 이런 분석도 충분히 정확한 것은 아니다. 블라이의 실수는 단순히 민감하지 못해서가 아니다. 또한 그 수병들 사이의 구체적인 "유기적" 관계망에 민감하지 못해서가 아니다. 그의 결정적인 한계는 수병들 사이의 의식(儀式)을 통해서 얻어지는 힘의 구조적인 권력관계를 완전히 "보지 못한" 것에 있다(더 나이 많고 경험 많은 수병이 더 어리고 경험 없는 수병을 업신여기고 성적으로 착취하고 시련을 겪게 만드는 등의 권리). 이러한 의식은 공식적이고 합법적인 힘의 관계에서 모호한 보완물을 제공해 준다. 의식들은 겉보기에는 공식적인 권력관계를 깨뜨리고 전복시키지만 사실상 더욱 공고하게 해주는 그림자 같은 유사자로 작동한다. 처음으로 적도를 넘는 사람들이 겪게 되는 아주 잔인하고 모욕적인 시련인 "선을 넘은"(Crossing the Line) 일을 고려해 보자(그 시련은 로프에 묶여져서 몇 시간 동안 바다 속에 던져놓고 바닷물을 마시게 하는 것 등등이다).

[세상]을 반구(半球)로 나눈 것은 그 선, 바로 적도였다. 그 선은 뒤죽박죽 세상으로 들어가도록 만든다. 대립물 속으로, 즉 거울 반대편의 장소, 계절이 뒤바뀐 곳, 심지어 변치 않는 하늘이 다른 곳 … . 시간과 국가들 사이를 가로지르면 의식은 달라지지만 그들

> 의 표현에 있어서 공통점이 있다. 첫째 그것들은 뒤집힌 세계를 보여주는데, 거기에서는 배의 진정한 권위가 위임, 보증, 임명의 권리에 의해서 주어지는 것이 아니라 이미 선을 넘은(Crossed the Line) 사람에게 주어진다. 두 번째 공통점은 의식의 연극이 권력의 제도나 역할에 대한 항상 기괴한 풍자였다는 것이다. 그 풍자는 국가의 의식—기사의 작위수여—또는 교회의 의식—신부의 세례—에 관한 것일 수 있다. 18세기 후반의 영국 배에서의 풍자는 왕권과 생사를 결정짓는 권력에 대한 것이었고 … . 그 심판은 모욕, 업신여김, 불공정, 에로틱한 맹세 그리고 타협적인 선택으로 가득 차 있었다.[10)]

다시 우리는 아주 모호한 성격의 의식들에 주의를 기울여야 한다. 그것들은 법적 제도에 대한 풍자이고 공권력에 대한 전복이지만 그것은 그것이 위반하는 것을 공고히 해주는 위반이다. 블라이는 의식들의 이런 안정화하는 역할을 보지 못해서 그것을 금지시켰고, 아니면 적어도 그것들을 해롭지 않은 민속놀이로 바꾸어서 무력화시켰다. 계몽의 함정에 사로잡혀서 블라이는 이 의식의 만족적인 면을 보지 못하고 최악의 형태("관습들 중에서 가장 잔인하고 비인간적인" 이라고 그가 쓴)만 볼 수 있었다. 헤닝센(Henningsen)[11)]은 선원들이 '선을 넘은' 의식을 묘사하기 위해서 다음과 같은 말을 사용하는 것을 알게 되었다 : 우스꽝스러운, 유치한, 바보 같은, 어리석은, 멍청한, 웃기는, 이상한, 기괴한, 미친, 역겨운, 익살스러운, 불경스러운, 미신적인, 몰염치한, 무례한, 방종한, 진저리나는, 위험한, 야만스러운, 난폭한, 잔인한, 야비한, 탐욕스러운, 보복적인, 폭동을 일으키는, 음탕한, 무모한—이 모든 말들이 결국에는 향락(*jouissance*)의 많은 동의어들이 아닌가? 반란—폭력—은 블라이가 권력의 환상적인 배경으로서 작용하는 이 역겹고 더러운 의식의 세계를 간섭했을 때 발생했다.

근대 영국 역사의 다른 쪽 끝에서 수많은 비망록에 묘사된 영국 공립학교의 삶에서도, 그리고 마이클 앤더슨의 영화 「만약」(*If*)에서도 마찬가지로 불문율들을 만나지 않는가? 지루한 듯하지만 매력적인 분위기를 가진, 개화되고 열린 자유로운 학교생활의 표면 아래에는 하급생과 상급생의 잔인한 권력관계의 또 다른 세계가 있다. 그 자세한 내용은 상급생이 하급생을 여러 가지로 착취하고 모욕하는 방법들이며, 이들 대부분은 성적으로 금지된 것을 포함한다. 우리는 공적으로 "억압하는" 법과 질서의 규칙이 감춰진 항명의 형태—공적인 권위 흉내내기 등등—로 훼손시키는 것이 아니라 오히려 그 반대이다. 공적인 권위는 문명화되고 부드러운 외양을 유지한다. 반면 그 밑에는 권력이 무자비하게 행해지는, 따라서 그자체로 성화되는(sexualized) 그림자 같은 세계가 있다. 그리고 중요한 점은, 물론 이 외설스러운 그림자 같은 세계는 문명화되는 공권력의 외양을 훼손시키기는커녕 그것의 고유한 지지자로서 복무한다. 학생이 학교생활을 잘 하려면 불문율을 가진 이 세계에 가입해야만 한다. 이 규칙을 깨는 데 따르는 벌칙은 공권력을 깨는 것으로부터 오는 벌칙보다 훨씬 더 혹독하다.

공적이고 성문화된 법과 그것에 대항하는 외설적인 초자아의 대항 사이의 이와 같은 거리 때문에 우리는 근래 자본주의 주체의 이데올로기적인 태도의 두드러진 형태로서 냉소주의 또는 냉소적 거리가 미치지 못하는 곳을 분명히 이해할 수 있다. 냉소자는 공적인 법을 그 법 밑에서 조롱하는데, 그 밑은 결과적으로 냉소자가 손대지 않는 곳이다. 이 밑에 스며 있는 향락이 환상으로 짜여져 있다면 우리는 다음과 같이 말할 수 있다 : 냉소자가 손대지 않은 곳은 바로 그 환상이며, 이 환상은 공적이고 문서화되어 있으며, 이데올로기적인 텍스트의 환상적 배경이다. 따라서 냉소적인 거리와 환상에 대한 전적인 의존은 엄격히 말해서 상호 의존적이다. 오늘날 전형적인 주체는 공공 이데올로기의 냉소적 불신을 표출하면서도 대타자의 음모와 위협 및 향락의 과도한 형태에 대한 편집증적 환상에 주저 없이 빠져든다.

그러나 여기서 우리는 결정적인 혼동을 피해야 한다. 블라이가 잘못 이해한 불문율은 우리 일상생활의 소위 내재되고 이해할 수 없는 배경과는 어찌되었건 관련이 없다. 다시 말해서 그 규칙들은 하이데거주의자들이 말했던 것처럼 우리 유한한 인간이 어떤 상황에 항상 "던져지고"(被投) 우리 자신이 거기에 있다는 것을 알게 되고 나서 구체적인 규칙들로 정형화시킬 수 없는 방법으로 우리가 행하는 것들과는 관련이 없다. 이러한 권력의 역겨운 의식(儀式)이 펼쳐지는 또 다른 영화인 스탠리 큐브릭의 「풀 메탈 자켓」을 보자. 이 영화의 도입부에서 우리가 보게 되는 것은 육체적인 군사훈련인데, 그것은 성화(sexualization), 굴욕감을 주는 힘의 과시, 모독(크리스마스에 군인들은 "생일 축하 합니다 예수님" 이라고 노래 부르라는 명령을 받고 …) 등이 섞여 있었다. 요컨대 이는 가장 순수한 형태의 힘을 가진 초자아 기관이다. 우리의 일상생활 세계와 연관된 이 역겨운 기관의 상태와 관련해서 이 영화가 주는 교훈은 명백하다. 이 문서화되지 않은 의식의 이면세계의 기능은 공식적인 "공공의" 이데올로기가 "이해되도록", 즉 실제 사회적 삶의 구성요소로서 작용되도록 해줄 수 있는 것은 아니다. 다시 말해 이 역겨운 이면세계가 상징적인 법의 추상적 구조와 실제적인 생활세계의 구체적 경험을 "매개"해 주지는 않는다. 상황은 오히려 반대이다. 우리가 초자아 기관의 미친 요구를 들어줄 수 있기 위해서는 "인간의 얼굴", 즉 거리감이 필요하다. 영화 전반부에서는 한 병사가 군사 이데올로기 기관과 과잉 동일시함으로써 "미쳐 날뛰고", 또한 교관을 쏜 후에 자기 자신을 쏘는 것으로 끝난다. 급진적이고 중재되지 않는 초자아 기관과의 동일시는 필연적으로 살육적인 행위로의 이행(*passage à l'acte*)[12]으로 연결된다. 영화의 두 번째 주요 부분에서는 다음과 같이 끝난다. 영화 내내 군대 기관에 대해서 일종의 아이러니한 "인간적인 거리"를 보여주었던(즉 그의 철모에 "타고난 살인자"라는 글씨가 평화의 상징과 함께 쓰여 있다) 한 병사(매튜 마딘)가 부상당한 베트콩 소녀 저격수를 동정심에서 쏴 죽인다. 그는 군대 대타자의 호명에 완전히 성공한 사람이며 완전히 구조화된 군대 주체이다.

외설스러운 초자아 기관이 무의식의 구조를 보여주고 주인이 무의식이라는 라깡의 가설을 두드러지게 예증해 준다면 그것으로부터 도출할 더욱 일반적인 결론이 있다. 그의 지지자들에게조차도 일반적으로 잘 알려지지 않은 지나친 라깡의 역설적인 업적은 정신분석 입장에서 보면 그가 현대 시대로 "탈맥락화하고"(decontextualize) 주체의 이성주의적인 개념으로 돌아왔다는 것이다. 하이데거를 오늘날 미국에서 흔히 적용하는 것 가운데 하나는 비트겐슈타인, 메를로-퐁티 등등과 함께 그가 얼마나 개념적인 틀을 정교하게 만들었는지 강조하는 일임을 상기해 보자. 그런데 그 틀은 감각이 제공한 데이터를 우리가 컴퓨터처럼 처리하는, 세상과는 격리된 자율적인 존재로서 이성주의적인 주체 개념을 제거할 수 있게 해준다. "세계-내-존재"라는 하이데거의 개념은 우리가 구체적이고 아주 우연한 삶의 세계에서 단순화하기도 힘들고 초월하기도 힘들게 "깊이 파묻혀 있는 것"을 가리킨다. 우리는 이미 항상 세상 안에 있고, 우리가 포착할 수 없으며, 유한한 존재로서 "내던져진" 희미한 지평선으로 영원히 남아 있는 어떤 배경 안에서 실존적인 일에 몰두한다. 그리고 같은 맥락에서 의식과 무의식을 반대로 해석하는 것은 관습적이다. 분리된 자아는 이성적 의식을 나타내지만 그 반면에 불투명한 배경과 동의어인 무의식은 우리가 결코 지배할 수 없다. 왜냐하면 우리는 항상 그것의 일부분이고, 항상 사로잡혀 있기 때문이다 … . 그러나 라깡은 들리지 않는 제스처로 정확히 그 반대를 주장한다. 프로이트의 "무의식"은 구조적으로 필요하지만 단순화할 수 없는 불투명한 배경과는 관련이 없다. 그 불투명함은 이미 항상 어떤 일에 몰두하는 존재로서 우리가 파묻혀 있는 삶의 맥락의 그것을 의미한다. "무의식"은 오히려 주체의 삶의 세계가 요구하는 것과는 상관없이 자신의 길을 가는 분리된 이성의 기계이고, 그것이 원래부터 "접점이 없는", 즉 문맥화된 상황과 일치하지 않는 한 이성적 주체를 나타낸다. "무의식"은 파열이고, 때문에 주체의 최초 입장은 "세계-내-존재"의 그것이 아니다. 이런 식으로 우리는 주체가 어떻게 자신을 삶의 세계에서 해방시키고 분리된 이성적 존재로서 인식(오인)할 수 있는지라는 그처럼 오래된 현상학적 문제에 새롭고 예기치 않은 해결책을 제시할 수도 있겠다. 이런 해방은 주체가 삶의 세계 맥락에 완전히 몰입하는 것을 막아주는 주체 안에 어떤 것이 처음부터 있기 때문에 일어날 수 있고, 이 "어떤 것"은 물론 "현실원칙"의 요구를 무시해 버리는 정신기관으로서의 무의식이다.

우리가 더 주목해야 할 점은 우리에게 목소리에 관해서 많은 것을 알려줄 수 있는 이 불문율, 즉 이 그림자 같은 보조적인 영역의 내재되어 있는 목소리 상태이다. '자신이 말하는 것을 듣는'(*s'entendre-parler*) 사실상의 경험은 말하는 주체의 투명한 자기 현존이란 착각의 기반이 된다. 그러나 목소리는 동시에 주체의 자기 현존과 자기 투명성(self-transparence)을 가장 급격히 훼손하는 것이 아닌가? 나는 내 자신이 말하는 것을 듣는다. 그러나 내가 듣는 것은 결코 완전한 나 자신이 아니고 기생물, 즉 내 마음 속에 살고 있는 이물질이다. 내 자신 안의 이방인은 양심의 목소리와 최면술사의 불투명한 목소리에서부터 편집증에서의 박해자의 목소리까지 다양한 모습으로 존재의 긍정성을 획득한다. 목소리는 시니피앙으로서 의미를 거부하고, 그것은 의미로 회복될 수 없는 불투명한 타성을 나타낸다. 의미의 안정성을 보장해 주는 것은 오로지 쓰기(writing)의 차원이다. 즉 사무엘 골드윈의 불멸의 표현을 인용하면 "구두계약은 그것이 쓰여 있는 종이보다 가치가 없다." 그처럼 목소리는 죽은 것도 산 것도 아니다. 초기 현상학적 상태에서는 오히려 살아 있는 사자(死者), 즉 의미의 소멸인 죽음을 이겨낸 유령 같은 환상이다. 다시 말해서 목소리의 생명은 쓰기의 죽은 글자와는 반대일 수 있다. 대신 이 생명은 "건강한" 의미의 살아 있는 자기 현존이 아니라 안 죽은 괴물의 기괴한 생명이다….

이 기괴한 목소리를 나타내기 위해서는 음악의 역사를 피상적으로 보는 것으로도 충분하다. 그것은 일종의 대항 역사(counter history)로서 서구 형이상학의 일반적 이야기와는 다르게 소리가 쓰기를 지배하는 것으로서 읽힌다. 우리가 그 속에서 반복적으로 만나는 것은 체계적인 질서를 위협하는 소리이다. 때문에 그것은 통제되어야 하고, 구어와 문어의 이성적인 발화에 종속되어야 하며, 쓰기 속으로 고정되어야 한다. 여기에 숨어 있는 위험성을 지적하기 위해서 라깡은 의미향락(*jouis-sense*)이라는 신조어, 즉 의미상 향락을 만들어냈는데, 이는 노래하는 목소리가 의미의 고정에서 떼어내고 자기 향략(self-enjoyment)의 소비를 가속화하는 순간이다. 따라서 문제는 항상 같다. 확실한 남성 단어(Word)를 "여성화시키는" 소비하는 자기 향락(self-enjoyment) 속으로 목소리가 미끄러지는 것을 우리는 어떻게 막을 것인가?[13] 데리다의 표현에 따르면 목소리는 "대리 보충"으로 기능한다. 사람들은 목소리를 억제하고, 규정하고, 분절된 단어(Word)에 종속시키려고 노력한다. 그러나 사람들은 목소리를 모두 멈추게 할 수 없다. 왜냐하면 적절한 사용이 권력의 실행에 필수적이기 때문이다(전체주의 사회를 세우는 데 애국적인 군가의 역할을 회상해 보면 충분할 것이다). 그러나 이 짧은 묘사는 우리가 "억압적인" 분절된 단어와 "위반적인" 소비하는 목소리 사이에서 단순한 대조를 다루고 있다는 잘못된 인상을 줄 수 있다. 즉 한편으로는 표명된 사회적 규율과 권위를 강화하는 수단으로서 목소리를 훈련시키고 규정하는 분절된 단어(Word)와 다른 한편으로는 법과 질서의 훈계적인 연쇄를 끊어내는 자유의 수단으로서 작용하는 자기 향락적인 목소리가 있다 … . 그러나 미국 해병대의 최면적인 "행진곡"는 어떠한가? 처지는 리듬과 가학적으로 성화된 무의미한 내용이 소비하는 자기 향락의 전형적인 경우가 아닌가? 따라서 목소리의 과잉은 근본적으로 결정될 수 없다.

우리의 논쟁은 간단히 요약될 수 있는데, 그것은 다음과 같다 : "실재" 폭력의 발발은 상징적 교착상태에 의해서 조건화된다. **"실재" 폭력은 공동체의 삶을 보장해 주는 상징적인 허구가 위험에 처했을 때 나타나는 일종의 행동화이다.**[14] 그리고 우리는 다른 쪽 끝에서 그 문제에 접근할 때 동일한 답을 얻는다. 폭력 발생의 "과녁"은 무엇인가? 우리가 도시에서 유대인을 몰살하거나 외국인을 흠씬 두들겨 팰 때 우리는 무엇을 목표로 하고 무엇을 전멸시키려고 하는가? 스스로에게 다시 제공되는 첫 번째 대답은 상징적 허구를 포함한다. 예를 들어 보스니아 전쟁에서 성폭행의 궁극적 목표는—직접적인 육체적 고통과 인간적인 모욕을 넘어서—무슬림 공동체의 응집력을 보장해 주는 허구(상징적 서사)를 훼손하려고 하는 것이 아닌가? 극심한 폭력의 결과는 역시 "공동체가 자신에 대해서 스스로 말해왔던 이야기가 더 이상 이치에 닿지 않는다"(리처드 로티를 재인용하면)는 것이 아닌가?[15] 그러나 이런 적(敵)의 상징적인 세계의 파괴, 즉 "문화 살해"는 본래 민족적인 폭력의 발발을 설명하는 데 충분하지 않다. 궁극적인 원인(추동력의 의미에서)은 좀더 깊은 수준에서 추구되어야 할 것이다. 외국인에 대한 우리의 "편협성"은 무엇을 기반으로 하는가? 우리를 짜증나게 하고 우리의 정신적인 균형을 방해하는 것은 무엇인가? 이 원인의 결정적인 특성을 단순한 현상학적 묘사의 수준에서도 정확하게 지적할 수는 없다. "그들"과 함께 있을 때 우리를 짜증나게 하는 특징들(그들이 너무 크게 웃거나 나쁜 냄새가 나는 음식, 등등)을 열거할 수 있지만 이런 특징들은 더욱 근본적인 낯설음의 지표로서 기능한다. 외국인들이 우리처럼 보이고 우리처럼 행동할지 모르지만 심오한 정체 모를, 무엇인지 모를(*je ne sait quoi*), 즉 그들을 "완전히 인간답지 않게" 만드는 "그들 안에 그들 자신을 뛰어넘는" 무언가가 있다(엄격한 의미에서 이야기하면 "외계인"이란 이 용어는 1950년대 공상과학 영화에서 나왔다).[16] 대타자에게서 "우리를 괴롭히는" 이 불가해한 외상적인 요소와 우리의 관계는 환상에서 구조화된다(대타자의 정치적인 그리고/또는 성적인 전능함에 대하여, "그들의" 이상한 성적인 실행에 대하여, 그들의 비밀스런 최면적인 힘에 대하여 등등). 우리가 이미 보았듯이 라깡은 이런 역설적인 기괴한 대상에 이름을 붙였는데, 그것은 긍정적이고 경험적으로 인지된 대상에게서 반드시 우리의 시선을 피하고 그럼으로써 내가 그것을 욕망하도록 만드는 추동력으로, 타대상(objet petit a)이란 욕망의 대상원인으로 작용하는 것을 나타낸다. 그것의 또 다른 이름은 대상의 긍정적이고 경험적인 특성들이 일으키는 만족의 과도함을 나타내는 "잉여 향락"(*plus-de-jouir*)이다. 가장 근본적인 수준에서 폭력은 정확히 대타자에 포함되어 있는 이 참을 수 없는 잉여 향락에 일격을 가하려는 노력이다.

폭력이 "단순히 언어적"일 때에도 상처를 주는 말("증오의 말")에서처럼 그것의 영향력을 나타내기 위해서는 의미의 영역을 초월해야만 한다. 참고할 좋은 방법은 라깡의 가설을 떠올려 보는 것이다. 그것에 따르면 사디스트의 목적은 대타자를 존재하도록 하는 것(*faire exister l'Autre*)이다. 내 희생자의 고통을 통해서 대타자를 존재하게 만든다. 희생자의 고통은 존재론적인 증명의 가치를 지니고 있다. 그것은 실재계에서, 상징적 허구를 넘어서 그/그녀 존재의 충만함으로 대타자가 존재하는 것을 나타낸다.[17] 고통은 정의상 무의미한 실재로서 경험되고 정확하게 이것은 모욕에도 적용된다. 화자의 목표는 타자(그것의 청자)가 "주체화"(subjectivize), 즉 의미영역으로 통합 할 수 없을 것 같은 말, 그리고 타자의 의미체계를 순간적으로 무너뜨리게 하는 말을 하는 데 있다. 향락은 바로 이 의미가 **소멸**(*aphanisis*)하는 순간에 나타난다. 상처를 주는 말의 목표는 타자에게서 논증의 파괴를 일으키는 것이다 : 그 상처가 타자를 너무 궁지로 몰아서 그가 어쩔 수 없이 폭력적인 **행위로의 이행**(*passage à l'acte*)에 의존할 수밖에 없도록 만든다. 상징적 허구가 허물어지는 이 당황스러운 순간 타자가 실재계에 존재한다는 것을 입증한다. 가장 기초적인 사례를 든다면 내가 누군가에게 "이 멍청한 년"이라고 소리쳤을 때 희생자인 그녀가 이성적인 논쟁으로 나의 모욕을 반박하려는 순간 그녀는 웃음거리가 된다. 왜냐하면 그런 행동을 함으로써 그녀는 나의 모욕을 진지하게 받아들였다는 함정에 빠졌기 때문이다. 바로 그 점에 있어서 상처주는 말에는 이중의 구속이 있다. 그것은 희생자가 반증을 **통해서** 반박하고자 하는 시도를 사전에 무마시킨다.[18)]

라깡이 세 번째 세미나인 『정신병』에서 지적했듯이 상처주는 말의 정신병적인 핵심은 나, 즉 화자가 타자로부터 내 자신의 메시지를 뒤집힌 진실한 형태로 받게 되는 의사소통의 "정상적인" 체계를 혼란시키는 데에 있다. 내가 다른 사람에게 "당신은 나의 주인입니다!"라고 말할 때 나는 그의 하인이나 제자로 설정된다. 즉 나의 언표가 가능한 답변의 영역을 구분해 주고, 상징적 맥락의 윤곽을 그려준다. 처음에 언급했던 "이 멍청한 년"은 "당신은 나의 주인입니다"라는 언표와 비슷하게 보이지만 두 언표의 저마다의 논리는 상당히 다르다. 상처주는 말은 문맥이 결여되거나 좀더 적극적으로 그 문맥을 보류시키고 상징적 문맥을 알려주는 질문이 없는 답의 실재계로서 튀어나온다. 이런 문맥의 결여는 상처주는 말의 놀라운 충격을 설명해 준다.[19] 미국의 옛 남부로부터 유래한 가장 역겨운 인종차별 의식들 가운데 하나는 한 백인 갱에 의해 궁지에 몰린 아프리카계 미국인이 먼저 모욕적인 제스처를 취하도록 강요당하는 것이었다. 아프리카계 미국인은 백인 인종차별주의자 폭력배들에 의해서 옴짝달싹 못하게 묶여 있는 동안 그 백인이 소리쳤다. "나에게 침을 뱉어라. 나에게 쓰레기라고 말해!" 등등. 그렇게 말한 이유는 그로부터 잔인한 매질 혹은 린치의 "경우"를 강제로 끄집어내기 위해서이다. 마치 그 백인 인종차별주의자는 그의 폭력적 폭발을 위해 적절한 대화적 문맥을 소급해서 만들어내고 싶었던 것처럼. 여기서 우리는 가장 순수한 형태의 상처주는 말의 **도착증**을 만나게 된다. 연속과 함축의 고유한 질서는 도착되었다. "정상적인" 질서를 조롱하듯이 모방함으로써 나는 희생자가 자발적으로 나를 모욕하도록, 즉 공격자의 산만한 자세를 취하면서 그것을 통해서 나의 폭력적 폭발을 정당화하도록 강요한다. 따라서 그 상처의 메커니즘은 육체를 가진 사람으로서 실제적인 화자와 구체적 담론에서 그가 취하는 언술행위의 가상적/상징적인 자세와의 사이를 구별하지 않고는 생각할 수 없다.[20] 더 정확히 말하면 상처주는 말은 희생자를 언술행위의 굴욕적인 위치에 빠뜨리는 것만이 아니다. 게다가 곤욕스러운 충격을 통해서 희생자가 언술행위의 적절한 위치를 취할 수 없게 만드는 것이다. 그래서 희생자는 상징적인 정체성이 결여되고 그 역겨운 대상을 마주하게 되는 순수한 빗금친 주체($)로 환원된다.

따라서 증오는 그 대상의 "실제적인 특성"에 제한되지

않고 그것의 실재적 핵심인 **타대상**(*objet a*), "그 자체를 넘어서는 대상 안에 있는" 것을 목표로 하기 때문에 증오의 대상은 **엄격한 의미에서 파괴될 수 없다.** 실제로 우리가 그 대상을 더 많이 파괴하면 할수록 그것은 더욱 강력하게 우리 앞에 나타난다. 이런 역설은 오래 전에 나치 독일 하에 있었던 유대인들의 분쟁의 원인으로 인식되었다. 그들이 무자비하게 제거되면 될수록 남은 자들이 얻는 공포의 크기는 더욱 커진다 … . 실제로 그것을 전멸시킬수록 환영적인 존재로 더 강력하게 되돌아오는 이 환상적인 요소가 가리키는 것은 프로이트학파가 문제시하는 거세 콤플렉스이다. 거세 콤플렉스란 개념은 오랫동안 페미니스트 비평의 타겟이 되어왔다. 만약 우리가 남녀 두 성들을 구분하는 표준으로서 "남근 소유"를 조용히 받아들인다면 "남근을 가지지 못한 것"은 결여로 나타나고, 여성은 "거세된" 것으로 인지된다. 다른 말로 하면 이런 여성적인 거세의 개념은 궁극적으로는 악명 높은 옛 그리스의 궤변론의 변형이다. "당신이 갖고 있지 않은 것은 당신이 잃어버린 것이다. 당신이 뿔을 갖고 있지 않으면 그것을 잃어버린 것이다." 그럼에도 불구하고 이 궤변론(그리고 그것을 통한 이 거세의 개념)을 대수롭지 않은 거짓 추론이라고 내팽개치는 것은 너무 성급한 일이다. 그것의 논리에 적합할지 모르는 실존적인 불안에 대해 예감을 얻으려면 늑대인간을 상기해 보자. 이 늑대인간은 프로이트의 러시아 환자였다. 그는 건강염려증적인 **고정관념**(*idée fixe*)으로 고생하고 있었는데, 전기분해 요법으로 코에 상처가 생겼다고 불평했다. 하지만 철저한 피부검진을 통해 그의 코에는 아무런 이상이 없다는 것이 밝혀졌을 때 이것이 그에게 견딜 수 없는 불안을 야기했다 : "잘못된 것이 아무것도 없기 때문에 그의 코를 위해 해줄 수 있는 것이 아무것도 없다는 말을 들었을 때 그는 회복할 수 없는 불구상태로 계속 살아갈 수는 없다고 느꼈다."[21] 물론 이 "회복할 수 없는 불구"는 거세를 상징하고, 그 논리는 위에서 인용한 그리스의 궤변론과 정확히 같은 이야기가 된다. 만일 당신에게 뿔이 없다면 당신은 그것을 잃어버린 것이다. 만일 아무것도 해줄 수 없다면 그 손실은 회복될 수 없다. 물론 라깡의 관점에서 이런 궤변론은 구조적/변별적 질서의 근본적인 특성을 가리킨다. 결여 그 자체가 결여되고 있는 바로 그 시점에서 견딜 수 없는 절대적인 결여가 나타난다.

프로이트에 의하면 거세에 대한 남성들의 태도는 역설적인 분리와 관련되어 있다. 나는 거세가 실제적인 위협이 아니고 그것이 실제로 일어나지 않을 것을 알고 있지만 그런데도 그런 예상 때문에 늘 불안하다. 그리고 동일한 이야기가 그 "개념적인 유대인"(conceptual Jew)의 형상에도 적용된다. 그것은 (사회적 현실에 대한 우리 경험의 일부로서) 존재하지 않지만 그 이유 때문에 나는 그를 더 많이 두려워한다. 간단히 말해 **현실에서 그 유대인이 존재하지 않는 것이 반유대주의의 주요 논쟁으로서 작용한다.** 즉 반유대주의 담론은 그 유대인의 형상을 현실에서는 그 어디에서도 발견되지 않는 유령 같은 존재로 구성하고, "개념적 유대인"과 실제로 존재하는 유대인의 실체 사이에 생긴 틈을 유대인에 대한 궁극적인 논쟁으로 사용한다. 따라서 우리는 일종의 악순환에 사로잡혀 있다. 더 많은 것들이 정상적으로 보일수록 더 많은 의심이 일어나고 또한 우리는 더 크게 패닉 상태에 빠질 것이다. 이런 측면에서 유대인은 어머니의 남근과 같다. 현실에는 그런 것이 없다. 하지만 바로 그러한 이유로 그것의 환영적인 존재가 견딜 수 없는 불안을 가져다 준다. 거기서 또한 라깡의 실재계에 대한 가장 간명한 정의를 볼 수 있다. 나의 (상징적) 추론이 X는 가능하지 않다고 내게 더 많은 말을 하면 할수록 그것의 환영이 더 자주 내게 나타난다. 그것은 마치 유령을 절대로 믿지 않았을 뿐만 아니라 심지어 두려워하지도 않았던 속담에 나온 용감한 영국인과 같다.

여기서 "개념적인 유대인"과 "아버지의 이름" 사이에는 상동관계가 있다. 후자의 경우에서 우리는 지식과 신념 사이의 분리를 다루고 있다(나는 나의 아버지가 실제로 불완전하고 혼란스럽고 무능한 존재임을 안다. 그럼에도 불구하고 나는 그의 상징적인 권위를 믿는다). 아버지라는 그 경험적인 인간은 그의 이름(Name)에, 그의 상징적인 명령에 결코 맞춰 살지 않는다. 만약 그가 정말로 그것에 맞춰 산다면 우리는 정신병적인 가족구성(constellation)을 다루게 된다(자신의 이름에 맞춰 살았던 아버지의 분명한 사례는 프로이트에 의해 분석된 사례에서 슈레버의 아버지였다). 따라서 아버지의 이름에서 실재적 아버지의 "실체변화", 즉 "지양"(*Aufhebung*)은 "개념적 유대인"(그의 외양의 형태)으로 변하는 경험적 유대인의 "실체변화"와 엄밀히 말해서 상동적인 것이 아닌가? "개념적 유대인"의 환상적인 형상으로부터 실제적인 유대인을 분리시키는 틈새는 경험적이고 항상 부족한 아버지라는 인간을 아버지의 이름으로부터, 그의 상징적인 명령으로부터 분리시키는 틈새와 같은 성질의 것이 아닌가? 그것은 두 경우에 있어서 실재적인 인간이 비실재적 · 가공적인 기능(agency)의 인격화로 행동한다는 것은 아닌가? 실제적인 아버지는 상징적인 권위의 기능의 대역이고 실제적인 유대인은 "개념적 유대인"의 환상적인 모습의 대역이 아닌가?

분명한 것처럼 들리지만 이런 상동은 속임수이므로 거절되어야 한다. 유대인의 경우에는 일반적인 상징적 거세의 논리가 반전된다. 정확하게 상징적 거세는 어디에 존재하는가? 실재적 아버지는 초월적인 상징적 기능의 구체화로서 위치될 때에만, 즉 그의 말로 그를 통해서 말하는 것은 그 자신이 아니라 대타자라는 것을 받아들일 때에만 권위를 행사하게 된다. 클로드 샤브롤의 영화에 나오는 백만장자가 돈 때문에 사랑받는 것에 대해 일반적으로 불평하는 것을 뒤집는 것처럼 : "나 자신이 아니라 오로지 내 돈을 사랑하는 여성을 찾게 된다면!" 여기에는 존속살해, 즉 원초적인 아버지의 폭력적인 죽음 뒤에 그의 이름으로 가장된 상징적 권위자로서 더 막강하게 돌아오는 프로이트 신화의 근본적인 교훈이 있다 : **만약 실재적 아버지가 아버지의 상징적 권위를 행사하고자 한다면, 어쨌든 그는 산 채로 죽어야만 한다.** 그것은 그 개인에게 권위를 부여해 주는 상징적인 명령의 "죽은 문자"와의 동일시가 된다. 즉 옛날 미국의 반(反)토착적인 슬로건으로 바꾸어 말하자면 다음과 같다 : "죽은 아버지만이 좋은 아버지이다!"[22)]

라깡의 "남근중심주의"를 비난하는 사람들의 문제는 대체로 그들이 "남근" 그리고/또는 "거세"를 선입견적이고 상식적인 은유의 방식으로 언급한다는 것이다. 예를 들면 전형적인 페미니스트 영화 연구에서 남자가 여자에게 공격적으로 행동하거나 권위를 내세울 때마다 그의 행위는 분명히 "남근적인" 것을 가리키게 된다. 그리고 여자가 어떤 틀에 맞춰지고 무기력해지며 궁지에 몰릴 때마다 그녀의 경험은 확실히 "거세당하는 것"으로 명시될 것이다. 우리가 여기서 놓치고 있는 것은 정확히 거세의 시니피앙으로서 남근의 역설이다. 만약 우리가 (상징적) "남근적인" 권위를 내세운다면 우리가 행위자로서의 위치를 포기하고 대타자가 행동하고 말하는 매개체로서 기능하는 것에 동의해야 하는 대가를 치르게 될 것이다. 시니피앙으로서의 남근이 상징적인 권위의 기능을 규정한다면 그것의 중요한 특징은 다음과 같은 사실에 놓여 있다. 그것은 "내 것", 즉 살아 있는 주체의 기관이 아니고 외부 권력이 개입하고 내 몸에 새겨놓은 장소, 즉 대타자가 나를 통해 행동하는 장소라는 사실이다. 간단히 말해 남근이 시니피앙이라는 사실은 무엇보다도 구조적으로 내 몸으로부터 "분리된" 육체 없는 기관을 의미한다는 것이다.[23] 남근의 결정적 특징인 그것의 분리 가능성은 플라스틱으로 만든 인공 남근(모조 남근/dildo)의 사용에서 볼 수 있다. 예를 들어 레즈비언의 행위에서 한 사람이 그것을 가지고 놀 수 있고, 그것은 돌려서 사용된다. 남근은 남자들처럼 어리석은 피조물들에게 그 사용을 맡겨두기에는 너무 심각한 물건이다.[24]

그러나 거세의 시니피앙으로서 남근이 보장하는 이런 상징적 권위와 "개념적 유대인"의 유령 같은 존재 사이에는 중요한 차이가 있다. 이 두 가지 경우에서 우리는 지식과 신념 사이의 분리를 다루고 있지만 그것은 근본적으로 다른 성질의 것이다. 첫 번째 경우는 신념이 "눈에 보이는" 공적인 상징적 권위와 관련된다(아버지의 불완전성과 쇠약을 인식하고 있지만 나는 여전히 그를 권위의 인물로서 받아들인다). 반면에 두 번째 경우는 내가 믿는 것은 보이지 않는 유령 출현의 힘이다.[25] 환상적인 "개념적 유대인"은 상징적 권위의 부성적인 존재, 즉 공권력의 "거세된" 전달자-매개체가 아니고 결정적으로 다른 것으로서 적절한 논리를 왜곡하는 공적인 권위의 기괴한 분신이다. 그는 대중에게는 보이지 않고 유령 같은 전능함을 쏟아내며 음지에서 활동한다. 이처럼 이해하기 힘들고 파악하기 어려운 그의 정체성에 대한 설명에서 그 유대인—"거세된" 아버지와는 대조적으로—

은 거세할 수 없는 것으로 인식된다. 그의 실질적 · 사회적 · 공적인 존재가 더 많이 잘려나가면 나갈수록 파악하기 어려운 환상적인 외존(外存/ex-sistence)은 더욱 더 위협적이게 된다.[26)]

보이지 않기 때문에 더욱 강력한 주인의 이런 환상적인 논리는 페루의 센데로 루미노소 당수인 "곤잘로 대통령" 아비마엘 구즈만이란 인물이 체포되기 전에 기능했던 방식대로 분명히 작동되고 있었다. 그의 존재가 의심되었다는 사실(사람들은 그가 실제로 존재했는지 아니면 신화적인 참조점인지 확신하지 못했다)이 그의 권력에 덧붙여졌다. 안 보이고 그 때문에 더욱 강력한 존재인 이와 같은 주인의 가장 최근 사례는 브라이언 싱어의 「유쥬얼 서스펙트」(*The Usual Suspects*)에 나타나는데, 이 영화는 존재 자체가 불확실한 주범인 미스테리한 "카이저 소제"에 초점을 맞추고 있다. 영화에서 한 사람이 다음과 같이 말한다 : "나는 신을 믿지 않지만 그럼에도 그를 두려워한다." 사람들은 그를 만나는 것을 두려워하거나 만났더라도 그에 대해 언급하는 것을 두려워한다. 그의 정체는 일급비밀이다. 영화 말미에 카이저 소제는 리하르트 바그너의 「니벨룽겐의 반지」에 등장하는 알베리히처럼 용의자들 중에서 가장 비참하고 절뚝거리고 자신을 비하하는 무기력자임이 밝혀진다. 결정적인 것은 보이지 않는 절대 권력자와 그의 정체가 드러났을 때 절뚝거리는 나약한 사람과의 극명한 대조이다. 이와 같은 주인 형상이 행하는 권력을 설명하는 환상적 특징은 그의 상징적 장소가 아니라 모든 평범한 인간관계를 단절하는 그의 무자비한 의지와 준비성을 보여주게 되는 행위이다(카이저 소제는 적이 자기 아내와 아이들을 죽이겠다는 위협을 하지 못하도록 하기 위해서 그들을 냉혈하게 처단한 것으로 알려져 있다. 이는 알베리히가 사랑을 포기한 것과 정확히 같은 행위이다).

간단히 말해 아버지의 이름과 "개념적 유대인" 사이의 차이는 상징적 **허구**와 환상적 **유령** 사이의 차이이다. 라깡의 대수학에서는 주인 시니피앙(상징적 권위의 텅 빈 시니피앙)인 S_1과 타대상(objet petit a) 사이의 차이를 가리킨다.[27] 주체가 상징적 권위를 부여받으면 그는 상징적 타이틀의 부속물처럼 행동한다. 즉 그를 통해서 행동하는 것은 대타자이다. 재판관이 비참하고 타락한 사람일지라도 그가 법복과 훈장을 착용하면 그의 말은 곧 법이 되는 것을 상기해 보자. 그에 비해서 유령 같은 존재의 경우에 내가 발휘하는 힘은 「에일리언」으로부터 「히든」(*Hidden*)에 이르는 수많은 공상과학 스릴러 영화에서 잘 보여주었듯이 "내 자신보다 더 많은 내 안"의 어떤 것에 의존한다. 전(前)상징적인 생물체를 의미하는 불멸의 외계체인 역겨운 점액질의 기생체가 나의 내부로 침입하여 나를 지배한다.[28] 자, 그렇다면 백만장자에 대한 샤브롤의 농담으로 되돌아가 보자. 누군가가 나 자신 때문이 아니라 나의 상징적인 위치[권력, 부(富)] 때문에 나를 사랑한다고 말했을 때 누군가가 내 안에서 "나 자신보다 더 많은 어떤 것"의 존재를 느껴서 사랑한다고 했을 때보다는 내 상황이 확실히 더 낫다. 백만장자가 그의 돈을 잃는다면 돈 때문에 그를 사랑했던 애인은 흥미를 잃고 어떤 외상도 없이 그를 포기할 것이다. 그러나 내가 "나 자신보다 내 안의 더 많은 어떤 것" 때문에 사랑을 받는다면 이 열렬한 사랑은 쉽게 강렬한 증오로, 즉 나의 파트너를 혼란시키는 내 안의 잉여 대상을 없애버리려는 폭력적인 시도로 쉽게 바뀔 수 있다.[29] 사람들은 불쌍한 백만장자의 처지를 동정할 수 있다. 어떤 여자가 나의 재산(또는 권력이나 명예) 때문에 나를 사랑한다는 것을 아는 것이 훨씬 더 큰 위안이 된다. 이와 같은 인식으로 인해 나는 안전한 거리를 유지하고, 내 존재의 핵심을 타자한테 노출시키지 않도록 너무 깊이 그 게임에 빠지는 것을 피할 수 있게 된다. 문제는 상대방이 "나보다 더 많은 어떤 것"을 내 안에서 볼 때 일어난다. 그 때 라깡이 만들어낸 신조어 애증(*l'hainamoration*)인 사랑과 증오 사이에 역설적 단락으로 가는 길이 활짝 열린다.[30)]

남자와 여자 사이의 차이에 대한 일반적 견해를 따르면 남자의 정체성은 "다른 사람들을 위한" 자신의 모습인 그의 상징적 직함에 달려 있고, 반면 여자의 정체성의 무게중심은 그녀의 상징적 직함을 넘어서서(혹은 어쩌면 그 아래에서) 그녀의 구체적 현실 속에서 그녀의 본질 속에 놓여 있다. 그러나 상징적인 명령에 대한 남자의 집착이야말로 공적인 권한을 넘어서 실재계의 핵심에 대한 착각적인 추구를 촉진케 한다("나는 공적인 직함 때문이 아니라 직함의 이면에 있는 개인으로서의 진정한 내 본질 때문에 사랑받기를 원한다"). 반면에 여성은 상징적인 권한의 이면에는 아무것도, 어떤 숨겨진 보물도 없다는 불안한 사실을 훨씬 더 잘 깨닫고 있다.[31)]

상징적 허구와 환상 사이의 이런 차이는 이데올로기의 정신분석 이론에 있어서 매우 중요하다. 마르크스에 대한 데리다의 최근 저서에서 그는 현실과 착각의 고전적인 존재론적 대립 등등을 전복시키는 포착하기 어려운 유사물질성(pseudomateriality)을 가리키기 위해서 "유령"(specter)이란 용어를 이용했다.[32)] 그리고 아마도 여기서 우리는 이데올로기의 최후의 안식처, 즉 다양한 이데올로기적 형태를 접목할 수 있는 전(前)이데올로기적 핵심인 형식적 매트릭스를 찾아야 될 것이다. 이는 유령 없이는 현실도 없기 때문이다. 다시 말해 현실의 원둘레는 오로지 기괴한 유령의 대리 보충에 의해 둘러싸일 수 있기 때문이다. 그렇다면 왜 유령 없이는 현실이 없는 것인가? 라깡이 이 문제에 대해 정확한 답을 제공하고 있다. 현실(혹은 우리가 현실이라고 경험하는 것)은 "물자체"가 아니다. 그것은 이미 항상 상징적인 메커니즘을 통해서 상징화되고 구성되고 구조화된다. 그리고 상징화는 항상 궁극적으로는 실패한다는 점, 그것은 실재계를 충분히 "포함"하는 데 성공하지 못한다는 점, 그것은 항상 어떤 불안정하고 상환되지 못하는 상징적인 빚과 관련되어 있다는 점에서 문제가 된다. 이 실재(상징화되지 않은 현실의 일부)는 유령의 모습으로 돌아온다. 따라서 "유령"은 "상징적인 허구", 즉 현실 그 자체는 그것이 상징적으로 (혹은 어떤 사회학자들이 말하듯이 "사회적으로") 구조화되어 있다는 점에서 허구의 구조를 가지고 있다는 사실과 혼동되어서는 안 된다. 유령과 (상징적인) 허구의 개념은 양립불가능하다는 점에서 상호의존적이다(그것들은 양자역학적 의미에서 "보완적"이다). 간단히 말해 현실은 바로 그 자체가 결코 아니며, 불완전한 실패된 상징화를 통해서만 그 자체를 드러내고 유령은 실재계로부터 현실을 영원히 구분하는 바로 이 틈에서 등장한다. 그렇기 때문에 현실은 (상징적인) 허구의 특성을 갖는다. 유령은 (상징적으로 구조화된) 현실을 회피하는 것을 구체화한다.

따라서 이데올로기의 전(前)이데올로기적 "핵심"은 실재계의 구멍을 메우는 유령의 출현으로 구성되어 있다. 이것은 "진정한" 현실과 착각 사이에 분명한 구분선을 긋는 (또는 현실에 착각의 기반을 두려는) 모든 시도가 미처 고려하지 못한 것이다. 만일 "현실" (또는 우리가 현실로 경험한 것)이 나타나게 하려면 어떤 것이 그것으로부터 폐제되어야 한다. 다시 말해 진실 같은 "현실"은 그 정의상 결코 "전체"가 아니다. 유령이 감추고 있는 것은 현실이 아니라 "원초적으로 억압되어" 표상될 수 없는 X이고, 그것의 "억압"은 현실의 토대가 된다. 따라서 우리는 구체적인 사회투쟁과 관련된 것이라곤 아무것도 없는 사변적인 어두운 바다에서 길을 잃었던 것 같다. 하지만 그런 "실재적인 것"의 가장 좋은 예를 계급투쟁이라는 마르크스주의적 개념이 제공해 주는 것은 아닌가? 이 개념으로부터 나온 필연적인 생각은 우리에게 "실제로는" 어떤 계급투쟁도 없다는 것을 인정하도록 강요한다. "계급투쟁"은 객관적인 (사회적) 현실이 스스로 둘러싼 전체가 되는 것을 방해하는 반목을 가리킨다.[33)]

사회적 반목(계급투쟁)을 객관적인 사회적 현실(의 일부)이 아니라 실재로서 이렇게 해석하는 것은 우리가 닳아빠진 논쟁을 반박할 수 있도록 해주고, 그에 따라 우리가 이데올로기 개념을 포기해야만 한다. 왜냐하면 "단순한 이데올로기"와 "현실"을 구분짓는 행위가 인식론적으로는 지지할 수 없는 "신의 시각", 즉 "진정으로 있는 그대로"의 객관적 현실에의 접근을 내포하기 때문이다. 오늘날 반목의 주된 형태를 가리키기 위해 "계급투쟁"이란 용어의 적합성의 여부는 여기서 부차적인 것이고, 구체적인 사회분석과 관련이 있다. 중요한 것은 사회적 현실의 그 구성이 반목의 "원초적인 억압"에 관련되고, 따라서 이데올로기 비평에 열렬한 옹호자—우리의 즉각적인 경험의 내용을 "이데올로기적"이라고 비난하는 것을 가능케 하는 초이데올로기적인 기준점—는 "현실"이 아니라 반목의 "억압된" 실재이다.[34)]

실재로서 반목의 이런 기괴한 논리를 명확히 하기 위해서 클로드 레비-스트로스의 『구조주의 인류학』에 나오는 그레이트레이크 부족의 하나인 위네바고족(族)의 건물 공간배치에 대한 모범적인 분석을 상기해 보자. 이 부족은 두 개의 하위그룹("절반"), 즉 "위에서 내려온 사람들"과 "아래에서 올라온 사람들"로 나뉜다. 우리가 각자에게 그/그녀의 마을(오두막집들의 공간배치)을 종이나 모래 위에 그려보라고 요청했을 때 우리는 그/그녀가 어느 하위그룹에 속하는지에 따라 두 개의 다른 대답을 얻게 된다. 둘 모두 마을을 원(圓)으로서 인식한다. 하지만 한 그룹은 이런 원 안에 집들이 가운데 모여 있어 또 하나의 원이 있다고 생각하고, 따라서 두 개의 동심원을 그렸다. 반면에 다른 그룹은 원에 분명한 구분선이 있어 두 부분으로 나뉜다고 생각한다. 달리 말해서 첫 번째 그룹의 구성원("보수적인 협동조합주의자"라고 하자)은 중심에 사원을 두고 집들이 대칭적으로 배치되어 원을 이루고 있다고 마을의 평면도를 이해한다. 반면에 두 번째 그룹의 구성원("혁명적이면서 대립적인")은 안 보이는 경계선으로 나눠진 서로 다른 두 무리의 집들로 그/그녀의 마을을 인식하고 … .[35] 레비-스트로스의 요점은 이 사례를 통해 사회적 공간에 대한 인식이 그가 어떤 그룹에 속해 있는지에 따라 달라진다는 문화적 상대성으로 이끌려 가서는 안 된다는 것이다. 이런 두 개의 "상대적"인 인식의 분리는 변하지 않는 것에 대한 숨겨진 기준을 내포한다. 이는 객관적이고 "실제적인" 건물의 배치가 아니라 외상적인 핵심, 마을 사람들이 상징화시키지도, 설명하지도, "내재화"시키지도, 타협하지도 못할 근본적인 반목, 공동체가 조화로운 전체로 안정되지 못하게 막는 사회적 관계에서의 불균형을 말한다. 평면도에 대한 두 가지 인식은 이런 외상적인 반목에 대처하는, 즉 균형잡힌 상징적 구조를 부과함으로써 그 상처를 치유하고자 하는 단순한 두 가지 상호 배타적인 노력일 뿐이다[성 차이와 관련해서도 모든 것이 똑같다고 덧붙일 필요가 있을까? "남성"과 "여성"은 레비-스트로스 식의 마을에서 집들의 상대적 배치와 같은가? 또한 우리의 "개발된" 세계가 동일한 논리의 지배를 받지 않는다는 착각을 없애기 위해서 좌익과 우익으로 나뉜 우리의 정치공간이 좌익과 우익으로 나뉘는 것을 상기해 보는 것으로 충분하다. 좌파와 우파는 레비-스트로스 식의 마을에서 대조적인 하위그룹의 구성원들과 똑같이 행동한다. 그들은 정치공간 내에서 서로 다른 장소들을 차지하는 것에 그치지 않는다. 그들 각각은 정치공간의 배치를 다르게 인식한다. 좌파는 어떤 근본적인 반목에 의해 본래부터 나누어진 장(場)으로 정치공간을 인식하고, 우파는 오로지 외부의 침입자들에 의해 방해를 받는 하나의 공동체의 유기체로 인식한다].[36]

상식은 우리에게 주체적 인식의 편견을 수정하고 "사물의 진정한 상태"를 확인하는 것은 쉬운 일이라고 알려준다. 우리는 헬리콥터를 빌려 타고 바로 그 위에서 마을의 사진을 찍는다. 이것을 통해 우리가 얻는 것은 현실에 대한 왜곡되지 않는 시각이다. 그러나 우리는 사회적 반목의 실재계, 즉 현실의 동일한 왜곡에서 그 표현을 찾았던 상징화할 수 없는 외상적인 핵심, 다시 말해 집들의 "실제적인" 배치에 대한 환상적인 전치를 완전히 놓쳐버린다. 이것은 라깡이 바로 그 왜곡 그리고/혹은 위장은 드러나고 있다고 주장할 때 유의하고 있는 것이다. 현실의 정확한 표상을 왜곡함으로써 나타나는 것은 실재계이다. 즉 그 외상을 중심으로 사회적 현실이 구조화된다. 달리 말해서 마을의 모든 주민들이 정확히 동일한 평면도를 그린다면 우리는 반목 없는 조화로운 공동체를 다루게 될 것이다. 그러나 우리가 상품물신주의라는 마르크스의 개념이 내포하는 근본적인 역설에 도달하고자 한다면, 우리는 한 걸음 더 나아가 레비-스트로스가 언급한 주거지 배치 측면의 두 가지 환상적인 평면도 가운데 하나를 실현하는 각각의 "실제적인" 마을들을 상상해 봐야 한다. 이 경우에 사회적 현실의 구조 그 자체는 반목의 실재계에 대처하려는 시도를 실현하는 것이다.[37] 다시 말해서 우리가 절대로 잊지 말아야 할 것은 상품물신주의가 (부르주아의) 정치경제 이론을 가리키는 것이 아니라, 시장교환이란 바로 그 "실재적인" 경제적 실행의 구조를 결정하는 일련의 전제조건들을 가리킨다는 것이다. 이론상으로 자본주의자는 공리주의적인 명목론에 집착하지만 (교환 등의) 실제 실행에 있어서는 "신학적 변덕"을 따르게 되고 사변적인 이상주의자로 행동한다. "현실" 그 자체는 상징적인 허구로 통제되는 한, 반목의 실재계를 숨기고 상징적 허구에서 폐제된 채 유령의 모습으로—물론 전형적인 "개념적인 유대인"의 모습으로—돌아온다.

달리 말해서 실재계는 허구와 환상의 기만적 영역 밑에 놓여 있는 것으로서 직접 접근할 수 없다. 오히려 실재계에 접근할 수 있도록 해주는 것은 두 종류의 허구, 즉 본래의 상징적 허구와 유령 같은 환상 사이의 분리이다. 그들은 동일한 수준에 있지 않고 그들의 관계는 "뒤얽혀" 있다. 다시 말해 환상은 상징적 허구의 실패인 빈 곳을 채우기 위해 나타난다.[38] 따라서 "모든 것이 허구는 아니다"라는 증거는 바로 그 배가된 허구 영역에 놓여 있다. 다시 말해서 상징적 허구와 유령 같은 환상은 둘 모두 똑같은 "부재한 대의"(absent Cause)에 따라 결정되는데, 상징적 허구는 끝없이 그것에 다가가고 유령 같은 환상은 그 빈 부분을 직접 채우려 한다. 실재계는 바로 그것들을 떨어져

있게 만드는 눈에 보이지 않는 틈인 "부재한 대의"이다.[39)]

상징적 허구와 유령 출현의 이런 이중성은 환상 개념의 전적인 모호성을 통해서도 구분될 수 있다. 다시 말해 환상의 개념은 변증법적인 반대의 일치(coincidentia oppositorum)의 전형적인 사례를 제공해 준다. 한편으로는 축복받은 쪽에 있는 환상, 안정화시키는 차원에 있는 환상, 방해되지 않는 상태의 꿈, 인간적인 타락으로부터 벗어나 있는 환상이 있고, 다른 한편으로는 불안정한 차원에 있는 환상인데, 그의 기본적 형태는 질투이다 : 대타자에 대해서 나를 "짜증나게 하는" 모든 것, 즉 내 시야를 벗어날 때 그 또는 그녀가 하는 것으로, 그 또는 그녀가 어떻게 나를 속이고 음모를 꾸밀지, 그 또는 그녀가 어떻게 나를 무시하고 내 표상의 능력을 넘어설 만큼 강렬한 즐거움에 빠져드는지 등으로 나를 끊임없이 괴롭히는 이미지(이를테면 이것은 「스완의 사랑」에서 오데트와 관련해서 스완을 괴롭히는 것이다). 또한 소위 전체주의의 근본적인 교훈은 환상 개념의 이런 두 가지 측면들의 상호 의존성 면과 관련되어 있지 않는가? 환상[1](상징적인 허구)을 완전히 실현시키겠다고 주장하는 사람들은 자신들의 실패를 설명하기 위해서 환상[2](유령의 출현)에 의지해야 했다. 나치의 조화로운 민족공동체(*Volksgemeinschaft*)라는 폐제된 이면은 "유대인 모략"에 대한 편집증적 강박관념의 모습으로 되돌아왔다. 마찬가지로 사회주의의 끝없는 새로운 적들을 찾고자 하는 스탈린주의자들의 강박행위는 "새로운 사회주의적인 인간"의 이상을 실현시키려고 가장하는 불가피한 이면이었다. 아마도 환상[2]에 대한 지독한 집착에서 벗어나는 것이 성인(聖人)에 대한 가장 간결한 정의를 제공해 줄 것이다.

따라서 환상[1]과 환상,[2] 즉 상징적 허구와 유령의 출현은 동전의 양면과 같다. 공동체가 자신을 환상[1]에 의해 통제되고 구조화된 그의 현실로 경험한다면 그것은 내재된 불가능성, 즉 그의 핵심에 있는 반목을 부인(否認)하게 된다. 또한 환상[2](예를 들어 "개념적 유대인"의 모습)은 이 부인(否認)을 구체화한다. 요컨대 환상[2]의 유효성은 환상[1]이 그 영향력을 유지시키는 조건이 된다.[40)] 라깡은 데카르트의 "나는 생각한다, 고로 존재한다"(I think, therefore I am)를 "나는 '고로 나는 존재한다' 라고 생각하는 사람이다"(I am the one who thinks 'therefore I am')라고 다시 썼다. 물론 그 요점은 두 가지 "am"의 불일치인데, 다시 말해 두 번째 "am"은 환상적인 성질이 된다. 사람들은 동일한 재공식화에 민족적인 정체성의 감상적인 주장을 제시해야 할 것이다. "나는 프랑스인(독일인, 유대인, 미국인 …)이다"라는 표현이 "나는 '고로 나는 프랑스인이다' 라고 생각하는 사람이다"라는 말로 다시 나타내는 순간에 나의 자기 정체성의 한가운데에서 틈이 보이게 된다. 그리고 "개념적 유대인"의 기능은 정확히 이 틈을 안 보이게 해준다.

그렇다면 환상은 무엇인가? 사람들은 환상으로 "실현된"(상영된) 그 욕망이 주체의 것이 아니라 **타자의** 욕망이라는 것을 항상 기억해야 한다. 다시 말해서 환상, 즉 환상적 형성물은 "Che vuoi?" [너는 무엇을 원하는가?(What do you Want?)]라는 수수께끼에 대한 답이고, 그것은 주체의 원초적이고 구성적인 위치를 부여해 준다. 욕망의 근원적인 질문은 직접적으로 "나는 무엇을 원하는가?"가 아니라 "타자들이 나한테서 무엇을 원하는가?, 그들은 내 안에서 무엇을 보는가?, 나는 타자들한테 무엇인가?"이다. 작은 아이가 관계의 복잡한 네트워크에 빠져 있고, 그를 둘러싼 주변 사람들의 욕망에 대한 일종의 촉매이면서 전장(戰場)의 역할을 하고, 아버지, 어머니, 형, 누나 등은 그를 두고 싸우고, 엄마는 그 아들을 돌봄으로써 아버지에게 메시지를 보내는 등등. 아이는 이런 역할을 잘 알고 있지만, 자신이 정확히 타자들한테 어떤 대상인지, 그들이 그와 함께 벌이는 게임이 정확히 어떤 성질의 것인지 이해할 수 없다. 그리고 가장 근본적인 수준에서 환상은 이런 수수께끼에 답을 제공해 준다. 즉 환상은 내가 나의 타자들한테 무엇인지를 알려준다. 그것은 다시 반유대주의, 반유대적인 편집증이 되는데, 이것이야말로 근본적으로 환상의 **상호 주관적인** 특성을 전형적인 방법으로 보여준다. 환상(유대인의 모략의 사회적인 환상)은 "사회가 나에게 무엇을 원하는가?"에 대한 답을 제공해 주려는 시도이다. 다시 말해 내가 어쩔 수 없이 관여한 더러운 사건들의 의미를 밝히려는 시도이다. 그렇기 때문에 반유대주의자가 자신의 부인된 부분을 그 유대인의 모습에 "투사할" 때 의거하게 되는 "투사"의 전형적인 이론으로는 충분치 못하다. "개념적인 유대인"의 모습은 나(반유대주의자)의 "내적 갈등"의 외재화로 환원될 수 없다. 그와는 반대로 그것은 내가 원래부터 분산되어 있고 그 의미와 논리가 나의 통제권을 벗어나 있는 불명료한 네트워크의 일부분이라는 사실을 증언해 준다(또한 그 사실에 대처하도록 노력한다).

그 때문에 **환상의 횡단**(*la traversée du fantasme*)이란 문제, 자신의 향락을 조직하는 환상적인 구조로 향하는 최소한의 거리를 얻는 방법의 문제, 그것의 효율성을 보류시키는 문제가 중요해지는데, 이는 단지 정신분석 치료의 개념과 그의 결론 때문만은 아니다. 오늘날 반유대주의가 보편화되어 인종차별적인 긴장이 다시 새로워진 우리 시대에서 그것은 어쩌면 가장 중요한 **정치적인** 문제가 될 것이다. 전통적인 계몽주의적 태도의 중요성은 반인종차별주의자들에게서 잘 보여지는데, 그들은 이성적 논증의 수준에서 인종차별주의적인 대타자에 대항하는 일련의 확실한 이유들을 만들어내지만 그럼에도 불구하고 그 비판의 대상에 의해 분명하게 매료된다. 그리고 결국에는 그의 모든 방어가 실제 위기의 순간에(예를 들어 "조국이 위험에 빠질" 때) 무너져 버린다. 고전적인 할리우드 영화에서 나쁜 놈이 "공식적"으로 비난받고 마지막에는 파멸되지만 그럼에도 관객의 리비도 투자의 초점이 되는 것처럼(한 편의 영화가 그 나쁜 놈처럼 그저 매혹적일 뿐이라는 것을 강조했던 사람은 히치콕이었다). 가장 큰 문제는 적을 비난하고 이성적으로 물리치는 방법—우리에게 그 영향력을 쉽게 강화시킬 수 있는 일—이 아니라 우리에게 걸린 그 (환상적) 주문을 깨뜨리는 방법이다. 환상의 횡단의 요점은 향락을 제거하는 것이 아니다(옛날 좌파의 청교도주의의 형태로). 오히려 그것이 의미하는 것은 내가 환상적인 구조에서 향락을 "풀어주고" 그것을 당연하게 미결정적인 것으로 인정하는 것이다. 다시 말해 본래부터 "보수적인"(reactionary), 즉 역사적인 타성의 지지자도 아니고, 우리로 하여금 기존 질서의 구속력을 무력하게 만들 수 있는 해방시키는 힘도 아닌 불가분의 잔여로서 인정하는 것을 말한다.

주

1_ 이 대상이 기본적인 환상 대상이라면(라깡의 환상의 학소인 $\$ \diamond a$를 보라) 동일한 관점을 취하는 또 다른 방법은 현실이 근본 환상에 너무 많이 접근해 가는 순간에 우리의 현실감이 붕괴된다고 말하는 것이다. 우리는 여기서 그 패러독스를 놓치지 않도록 주의해야 한다. "현실의 상실"은 정확히 언제 일어나는가? 사람들이 예상하듯이 "말"과 "사물"을 구분하는 심연이 커질 때, 그래서 "현실"은 우리가 상징적으로 이미 이해하고 있는 틀 또는 범위에 더 이상 맞지 않는 것이 아니라 반대로 현실이 "말"에 딱 들어맞을 때, 즉 말의 내용이 "글자 그대로" 지나치게 현실화될 때이다. 아크로폴리스에 대해 오랫동안 환상을 품은 뒤에 처음으로 그곳을 방문했을 때 프로이트의 기괴한 반응을 떠올려 보면 우리는 충분히 위의 상황을 이해할 수 있다. 그가 유년 시절부터 읽었던 모든 것들이 실제로 존재하고 책에 적혀 있는 그대로 보인다는 것에 매우 놀란 그의 첫 번째 반응은 "현실의 상실"에 대한 압도적인 느낌이었다—아니야, 이것이 현실일 리 없어….

2_ 첫 번째 접근법에서는 우리가 헤겔로부터 꽤나 멀리 떨어져 있는 것 같다. 유한 밖에 존재하고 그것 옆에 나란히 서 있고, 유한의 외부 틀로서 별개의 어떤 개념으로서 칸토르의 초한수의 개념은 이른바 헤겔의 "추상적인 무한"의 전형적인 경우와는 다르지 않는가? 만약 초한수가 유한의 외부에 존재해서 유한과는 대립되고 그것을 배제한다면 그 자체로 다시 유한한 것이 아닌가? 그리고 이 초한수와는 대조적으로 헤겔의 "진짜 무한"은 유한에 내재되어 있지 않든가 자기 지양의 움직임 속에서 유한의 유기적 총합은 아니지 않는가? 하지만 유한의 살아 있는 총합으로서 무한의 "유기적"인 개념이야말로 그것이 바로 실체적인 수준에 머물러 있는 것이다.

왜냐하면 그 안에서 무한은 아직 **독자적이지**(for itself) 않기 때문이다. 헤겔에게 있어서 결정적인 것은 무한이 유한과는 다르게 나타나야, 즉 "그렇게 긍정"되어져야 한다. 그래야만 우리는 실체에서 주체로 이동한다. 헤겔에게 있어서 절대적인 부정성의 힘을 통하여 "주체"는 유한한 모든 것과 맺는 그것의 부정적인 관계 속에서 무한이 그렇게 설정되어지는 지점을 가리킨다.

3_ 엄격히 말해 **초월적인** 차원도 마찬가지이다. 우리 경험의 영역은 원래부터 "열려" 있고, 즉 무한이고 항상 끝없이 더해지는 어떤 것이 있다. 우리가 "열려진" 경험의 장을 닫힌 틀이 있는 총합으로 다루고, 우리 경험의 일부는 아니지만 선험적으로 우리의 윤곽을 그려주는 주제로 그 틀을 생각할 때 우리는 초월적인 차원에 도달하게 된다.

4_ Michel Chion, *La Voix au cinéma*(Paris, Cahiers du Cinéma, 1982) 참조.

5_ 그러므로 요점은 이미지 안에서 목소리가 단지 구멍을 메우는 것이 아니라는 것이다 : 목소리는 동시에 구멍을 **잘라낸다**. 우리가 여기에서 다시 맞닥뜨리는 것은 그것 자체가 열어놓은 틈을 메우는 환상에 대한 근본적인 패러독스이다. 감추고 있는 요소가 동시에 드러내는 요소가 된다. 즉 그 감추는 과정이 감춰진 내용을 만들고 뭔가를 감출 것이 있다는 인상을 준다. 두 명의 아이들이 앞줄이 앉아 있는 멜 부룩스(Mel Brooks)의 『고도 공포』(*High Anxiety*)의 한 장면에서 정신분석적 참고가 될 만한 것이 나타난다. 호기심 많은 아이들에게 집요하게 질문을 받은 화자는 도착증, 남근, 거세 등과 같은 것을 말하려고 하자 당황하여 복잡한 정신분석 용어를 "아이들의 용어"로 바꾸어서 곤경을 피한다("아빠는 아이의 고추를 자르겠다고 위협한다" 등등). 이 방법의 가장 큰 실수는 아이들이 접근하기 쉽게 그 내용을 아이들 수준으로 바꾸고 (그리고 트라우마 같은 충격을 중화시키기 위한) 노력에 있다. 만약 화자가 간단하게 텍스트만 읽어주었다면 아이들은 그 내용을 몰랐을 것이다.

6_ 그러나 비록 "보이는 것을 보는 것"이 불가능할지라도 바로 그 이유로 "보여지는 것을 통해 자신을 보는 것"(*se voir être vu*)은 가능하다. 그 점에 있어서 다른 사람의 시선에 노출되는 것을 보는 것에 노출증 환자의 즐거움이 있다. 반면에 "자신이 말하는 것을 듣는" 가능성은 "들리는 것을 통해 자신이 듣는 것"(*s'entendre, être entendu*)을 불가능하게 한다(남이 내 이야기를 듣고 있는 것을 듣는 것은 불가능하다). 라깡이 지적하듯이 "자기 자신이 들리는 것을 정말로 듣는" 사람은 "목소리를 듣는" 사람들이다. 이 사람들은 환청을 가지고 있는 정신병자이다[Jacques Lacan, *Le Séminaire*, book 8 : *Le Transfert*(Paris : Éditions du Seuil, 1991), p. 360을 보라].

7_ 조지 발란신(Georges Balanchine)은 웨번(Webern)이 작곡한 짧은 오케스트라 작품을 무대에 올렸다(웨번의 작품은 모두 짧다). 그런데 무용수들은 음악이 끝난 뒤에도 음악이 끝난 것을 모르는 것처럼 얼마간 완전한 고요 속에서 춤을 계속 추었다. 마치 자기 발 밑에 땅이 없다는 것을 무시하면서 절벽의 가장자리를 가로질러서 계속해서 걷고 있는 만화 속의 그 고양이처럼. 음악이 끝난 뒤에도 계속해서 춤을 추는 무용수들은 빈 시간의 틈에 머물러 있는 살아 있는 시체와 같다. 소리가 결여된 그들의 움직임 때문에 우리는 소리뿐만 아니라 침묵도 볼 수 있다.

8_ 국가권력 그 자체가 연루된 실제적인 음모 또는 부패 스캔들이 언제나 있다면 어찌하겠는가? 이런 환상적인 음모 논리가 실제적인 음모, 부패사건 등이 대중에게 드러나는 것을 효과적으로 잘 막아준다. 환상적인 음모 논리가 효력을 발휘하려면 적(敵)은 진정한 정체성이 결코 충분히 드러날 수 없는 불가해한 실체로 남아 있어야 한다.

9_ 여기서 우리는 그렉 데논(Greg Denong)의 훌륭한 책인 *Mr. Bligh's Bad Language : Passion, Power and Theatre on The Bounty*(Cambridge : Cambridge UP, 1994)에 근거한다. 특히 pp. 55-87을 참조하라.

10_ 앞의 책, 77-79쪽 참조.

11_ Henning Henningsen, *Crossing the Equator : Sailor's Baptisms and Other Initiation Rites* (Munksgaarde, 1961), Dening, *Mr. Bligh's bad languane*, p. 77 인용.

12_ 「풀 메탈 재킷」(*Full Metal Jacket*)은 「사관과 신사」(*An Officer and a Gentleman*)와는 다르게 교관을 "인간화"시키려는 유혹을 잘 뿌리쳤다. 거기서 교관의 잔인하고 끊임없이 명령하는 얼굴 아래에는 따뜻하고 아버지 같은 모습이 있다는 이데올로기적인 제스처를 취한다.

13_ 목소리의 위치에 대해서 더 자세한 것을 알고 싶다면 믈라덴 돌라르(Mladen Dolar)의 「목소리 대상」 최근판을 보라.

14_ 이러한 가설—폭력은 사회체계를 유지하는 근본적인 상징적 허구가 위험에 처했을 때 (위험에 처한 것으로 인식되었을 때) 나타난다—은 혁명적인 과정과도 연관되어 있다. "실제로 존재하는 마르크시즘"(미발간 원고)에서 프레드릭 제임슨은 초기 자본주의 프로테스탄티즘에서 지상의 부(富)와 혁명적인 경험에서 폭력의 역할을 나란히 비교했다. 프로테스탄트의 신성한 숙명의 세계에서 지상의 부(富)는—비록 그 **자체가** 선(善)은 아니지만—그럼에도 불구하고 "은총의 표시"이다. 그 사람은 선택된 사람 중의 하나이다. 같은 방법으로 혁명의 과정에서 폭력(즉 지배

계급, 정부조직, 혁명적 변화과정에 대한 그들의 이데올로기 창시자들에 대한 폭력적 저항)의 발발은 혁명적 변화의 진정성을 가리키는 핵심 지표이다. 그것은 우리가 사실상 존재하는 사회적 질서의 "신경을 건드렸다"는 사실을 알려준다. 따라서 요점은 혁명에서 폭력이 그 자체로 선(善)은 아니다라는 것이다. 그것은 혁명과정의 "필수적 부산물"로서 나타나고, 대체로 "평화적인" 개혁형태를 띠고 있는 혁명적인 방법들의 존재하는 권력구조의 놀라운 "반응"으로서 나타난다.

15_ 보스니아의 사례는 폭력과 상징적 허구의 연결이 어떻게 또 다른 방향으로 가는지 보여주는 대표적인 경우이다 : 주체(공동체)의 극단적 "실재적인" 폭력의 노출은 상징적 동일시의 형성을 유발시킬 수 있다. 그들이 노출되었던 최근의 전쟁과 고통에 앞서서 보스니아 무슬림들은 전(前) 유고슬라비아에서는 민족적 정체성이 거의 없는 가장 "국제적인"(cosmopolitan) 민족이었다. 극단적 폭력이라는 바로 그 사실이 상징적 정체성의 구성이란 엄청난 과정을 유발했다. 즉 폭력의 반응에서 보스니아 무슬림들은 명확한 민족적 정체성을 가지고 그들 자신을 하나로 인식하기 시작했다. Renata Salecl, *The Spoils do Freedom*(London : Routledge 1994)을 보라.

16_ 내 어머니의 다소 개인적인 경험을 말해보겠다. 그녀의 가장 친한 친구는 속담에서처럼 늙은 유대인 여성이다. 그녀와 몇 번 금전거래를 한 뒤 어머니는 나에게 말했다. "그녀는 멋진 여성이구나. 그런데 그녀가 돈을 세는 방법이 이상하지 않았니?" 엄마의 눈에는 이런 특징, 즉 유대인 여성이 돈을 다루는 방법이 공상과학 소설이나 영화에 나오는 이상한 특징(세 번째와 다섯 번째 손가락 사이에 있는 투명한 얇은 막, 그리고 눈의 이상한 번쩍임)처럼 보였다. 이것은 우리와 다른 방법으로는 구별되지 않는 외계인의 정체를 파악하게 해주는 특징이다.

17_ 여기서 요점을 놓치지 않도록 주의해야 한다. 성도착자가 **존재하게 만들고자 하는**(*faire exister*) 타자는 가상의 상징계로서 대타자가 **아니라** 오히려 **실재적인 타자**이다. 대타자("언어의 벽")는 타자로부터 우리를 영원히 떼어놓는다. 성도착증자의 목적은 상징적인 차원을 제거하는 타자의 참을 수 없는 고통을 통해서 상징화를 피하는 실재계의 핵심을 명백히 하고자 하는 데에 있다.

18_ "증오의 말"의 리비도적인 경제에 대해 더 자세히 알고 싶다면 Renata Salecl, "See No Evil, Speake No Evil" in Joan Copiec, ed., *On Radical Evil*, S series, vol. 2(Landon : Verso, 1996)을 보라.

19_ 이 문맥이 의사소통을 규정하는 공식적인 구조로서 대타자라면 다음처럼 말할 수 있겠다 : "거세"는 그와 같은 대타자를 직접적으로 듣는 것이 불가능하다는 것을 나타낸다. 대타자는 "쇼를 운영하는" 빈 구조이고, 그 때문에 들릴 리가 없는 "부재한 원인"(absent Cause)이다. 반면 상처주는 말은 (상징적) 거세의 보류로서 경험된다. 마치 그 안에서 **대타자가 직접 자신이 들리도록 만드는 것 같다.** 대타자의 이런 직접적인 개입은 (대항)논증을 불가능하게 한다.

20_ 필요한 변경을 가해서(*mutatis mutandis*) 픽션 작품의 담론 분석에서도 동일하게 적용할 수 있다. 그것의 고유한 대상은 원형적인 포퍼주의자의 "제3세계"이다. 그것은 이야기 속의 현실세계도 아니고(이 경우에는 이야기 속의 현실에서 나온 사람들을 실제적인 사람들로 대우하고 정신적인 콤플렉스를 분석한다. "햄릿은 강박신경증 환자인가 아닌가?" 등등), 독자나 관객의 정신적인 현실도 아니며(이 경우에는 픽션의 작품이 그/그녀에게 미치는 정신적인 영향, 즉 이 작품이 작동시키는 환상을 연구한다), 오히려 중간수준의 언술행위의 위치 그리고/또는 픽션의 작품과 소비자 사이에 "대화"를 구성하는 동일시이다. 말하자면 히치콕의 「사이코」에서 서로 다른 위치들의 복잡한 상호작용이 관객을 위해 구성, 즉 "설정"되었다.

21_ Muriel Gardiner, *The Wolf-Man Sigmund Freud*(Harmondsworth : Penguin, 1973), p. 287 참조.

22_ 그런 이유로 아버지의 모습에 대한 우리의 경험은 분명히 결여와 과잉 사이에서 갈팡질팡한다. 아버지의 모습이 항상 "너무 많거나" 또는 "충분치 않아서" 올바로 측정되지 않는다. "그는 존재로서 부족하거나 혹은 그가 존재하면 넘쳐나거나 둘 중 하나이다" [자끄 라깡의 8번째 세미나 『전이』(Paris : Seuil, 1991), p. 346]. 한편으로 우리는 **부재한** 아버지의 반복된 동기를 갖게 되어 청소년기의 범죄율을 포함한 모든 것은 그의 부재의 탓으로 돌려진다. 다른 한편으로 그 아버지가 사실상 "여기"에 있게 되면 마치 그의 존재가 이미 눈에 거슬리는 과잉이 된 것처럼 그의 **존재**는 불안하게 하고, 야비하며, 허풍떨고 천박하며 부모의 권위와는 모순되는 것으로 경험되어진다.

결여와 과잉의 이런 변증법은 권력의 인물과 맺는 우리의 관계에서 역설적인 전도를 설명해 준다. 이런 인물(아버지, 왕 …)이 더 이상 성공적으로 그 기능을 수행하지 못하고 더 이상 자신의 권력을 충분히 행사하지 못할 때 **이러한 결여는 반드시 과잉으로 (잘못) 인지된다.** 즉 그 통치

자는 마치 우리가 "야만적인 권력의 과잉"을 다루고 있는 것처럼 "너무 많은 권위를 축적했다"는 비난을 받게 된다. 이런 패러독스는 전형적인 혁명 이전의 상황이다 : 어떤 체제(1789년 이전의 프랑스의 구체제를 말한다)가 그것의 합법성에 대해 불확실하면 할수록 더욱 더 반대파에 대해 주저하고 허용해 주며, 반대파에 의해 불법적인 전체정치라고 더 많은 공격당하게 된다. 물론 이 반대파는 여기서 히스테리 환자처럼 행동한다. 왜냐하면 지나친 권력행사에 대한 비난이 정반대의 것을 포함하기 때문이다. 반대파의 진정한 비난은 그 체제가 **충분히 강하지 못해서** 그 권력의 명령에 부응하지 못한 데 있다.

23_ 만일 우리가 어째서 기관으로서의 남근이 남근적인 시니피앙으로서 기능하도록 선택되었는가를 생각한다면 이런 "역할을 하게 만든" 특성은 성 아우구스티누스가 언급한 특성이 될 것이다. 남근은 권력-잠재력의 기관이지만 잠재력을 내보이는 그 기관은 본질적으로 주체의 통제를 피하게 된다. 몇몇의 힌두교 승려들의 예외가 있지만 누구나 마음대로 발기시킬 수는 없다. 따라서 발기는 주체의 심장부에서 어떤 외부의 힘이 작용하고 있다는 증거가 된다.

24_ 다른 (잘못) 읽기는 첫 번째와 밀접히 연결되어 있는데, 이는 남근 경제와 주체 위치들의 다형태적인 다수 사이의 대립과 관련되어 있다. 전형적인 시각에 따르면 남근 경제의 임무는 여러 개로 분산된 전(前)오이디푸스적인 주체의 위치를 하나로 통합시키는 것이다. 이는 아버지의 이름(사회적 권위의 담지자와 승계자)이라는 규칙에 복종하고 그럼으로써 (사회적) 권력의 이상적인 주체가 된다. 여기서 이의가 제기되는 점은 사회적 권력이 남근적인 아버지의 법에 전적으로 복종하는 통일된 오이디푸스적인 주체를 통해서 발휘된다는 가정과, 반대로 통일된 주체가 다양한 주체 위치로 분산되는 것은 말하자면 권력의 권위와 행사를 자동적으로 무력화시킨다는 가정이다. 이런 흔한 생각과는 다르게 반복되어 지적되는 사항은 그 권력이 자체를 재생산하기 위해서 우리의 분리에 의존한다고 **분리된** 주체인 우리에게 항상 질문하고 말한다는 것이다. 권력담론이 우리에게 퍼붓는 메시지는 정의상 일관성이 없고, 항상 공적 담론과 그 환상적 토대 사이에는 틈이 있다라는 것이다. 권력의 불완전성의 기호인 부차적인 약점과는 별도로 이러한 분리는 그것의 행사의 구성요소이다. 이른바 후기 자본주의에 어울리는 주체성의 포스트모던 형태와 관련해서는 한 걸음 더 나아가야 한다. 포스트모던 주체는 직접적으로 공적 담론 그 자체의 수준에서 일관성 없는 다양한 "주체의 위치들"로서

구성되어 있다(경제적으로는 보수적이지만 성적으로는 "계몽된" 여피, 등등).

25_ "나는 잘 알고 있지만 아직도 … "의 다른 버전의 고전적인 언표를 보고 싶다면 *Clefs pour l'imaginaire*(Paris, Seuil, 1968)에 나오는 옥타브 마노니(Octave Mannoni)의 "Je sais bien, mais quand même … "를 보라. 그것을 정치적으로 읽으려면 슬라보예 지젝(Slavoj Žižek)의 *They Know Not What They Do*(London, Verso, 1991)의 제6장을 보라.

26_ 같은 논리가 예전 동유럽 사회주의 국가들에서 최근에 힘을 얻고 있는 반공산주의 우익 포퓰리즘에 작용되는 것 같다. 현재 경제적인 곤란과 다른 문제에 대한 해답은 공산주의자들이 비록 법적인 공권력을 잃었을지라도 계속 뒤에서 영향력을 행사하고, 실제적인 경제력의 수단들을 지배하며 미디어와 정부기구를 통제하고 있다는 것이다. 따라서 공산주의자들은 유대인에게 환상적인 존재로 인식된다. 그들이 공권력을 잃고 안 보이면 안 보일수록 그들의 유령 같은 상존성(常存性, all-presence)과 음지에서 행하는 그들의 실제적인 통제력은 더욱 강해진다 … . 이런 포퓰리스트들의 **고정관념**(*idée fixe*)에 따르면 후기 사회주의 국가들에서 지금 나타나고 있는 것은 "진정한" 자본주의가 아니라 실제적인 권력과 통제력이 갓 구워낸 자본주의자처럼 옷을 입은 과거 공산주의자들(ex-Communists)의 손에 있는 거짓된 모방이다. 또한 이러한 고정관념은 환상에 대한 적절한 사례를 제공하는데, 그것의 메커니즘은 헤겔에 의해서 처음으로 드러났다. 이런 "거짓" 자본주의에 대한 반대가 사실상 **갑작스러운**(*tout court*) 자본주의에 반대라는 것을 그들은 인식하지 못했다. 즉 그들은 과거 공산주의자들이 아니라 사회주의의 이상적인 계승자라는 것을 인식하지 못했다. 당연히 그 포퓰리스트들은 "형식적인" 민주주의와 "진정한" 민주주의 사이에서 옛 공산주의 반대를 부활시키도록 강요받고 있다. 간단히 말해서 우리는 혁명과정과 관련이 있는, 마르크스가 이미 묘사한 아이러니의 또 다른 사례를 다루고 있다. 놀란 혁명가들은 그들의 "역사적인 역할"이 단지 옛 주인이 새로운 모습으로 인수하도록 토대를 마련하는, 즉 사라지는 중계자일 뿐이라는 것을 불현듯 깨닫는다.

27_ 덧붙여 말하자면 같은 이유로 거절되는 또 하나는 아버지의 이름과 환상적인 여성(Woman) 사이의 차이이다. 라깡의 "여성은 존재하지 않는다" [la Femme n'existe pas] (Jacques Lacan, *Le Séminaire*, book 20 : *Encore*[Paris : Éditions du Seuil, 1975] p. 68 참조)라는 것이 경험하는, 살아 있는 여성이 절대로 "그녀"(She)를 의미하지는 않는 것이 아니다. 즉 그녀가 도달

할 수 없는 이상적인 여성[경험하는 "실재적" 아버지가 상징적 기능인 그의 이름(Name)에 결코 부응하지 못하는 것처럼]에 부응할 수 없다는 것을 의미하지 않는다. 경험하는 여자(women)와 여성(Woman)을 영원히 구분짓는 차이는 텅 빈 상징적 기능과 그것에 충실히 부응할 수 없는 그 경험적 수행자 사이의 차이와 같이 것은 아니다. 반대로 여자(women)에게 있어서 문제는 그녀의 텅 빈 이상적이며 상징적인 기능을 공식화하는 것이 가능하지 않다는 것이다. **이것**은 라깡이 "여성은 존재하지 않는다"는 것을 주장했을 때 염두에 두었던 것이다. 이 불가능한 "여성"은 상징적인 기능이 아니라 S_1이 아닌 타대상(objet a)이 토대가 된 환상적 유령이다. 여성과 같은 의미로 "존재하지 않는" 것은 원초적인 아버지의 향락이고, 따라서 그의 지위는 여성의 지위와 관련된다.

28_ 상징적인 권위와 보이지 않는 유령 같은 주인 사이에 이런 대립의 사례는 바그너의 「니벨룽겐의 반지」에서 보탄과 알베리히 사이의 대립의 형태로 나타난다. 이 책의 제8장 「성적인 관계는 없다」 참조.

29_ 그 백만장자의 위치는 사실 훨씬 더 복잡하다. 다시 말하면 여자가 "나는 당신의 돈(또는 권력 …) 때문에 사랑하는 것이 아니고 당신 자체를 사랑해요"라고 말한다면 이를 어떻게 받아들여야 할까? 그녀가 진지하게 말하면 말할수록 그녀는 일종의 시각적인 착각에 사로잡혀서 어떻게 **내가 백만장자(혹은 권력가)라는 사실(혹은 사람들이 그렇게 알고 있는 사실)이 이러한 내 재산과는 상관없이 "내 자신 안"에 있는 내 본질에 대한 사람들의 인식에 영향을 주는지** 깨닫지 못한다. 내가 부자로 남아 있다면 사람들은 나를 강하고 독립적인 인격체로 인식하지만, 그 반면에 내가 재산을 잃는 순간 그들은 갑자기 나를 아둔한 허약자로 볼 것이다(또한 그 반대도 사실이다). 간단히 말해서 내 재산이 그녀의 인식을 더 이상 왜곡시키지 않기 때문에 돈 때문에 나를 사랑하는 (혹은 사랑한다는 것을 알고 있는) 여자만이 진정한 나의 방식을 인식할 수 있다는 사실에 역설이 놓여 있다.

제임스 아이보리(James Ivory)의 영화 「남아 있는 나날」(*Remains Of The Day*)은 "(상징적) 지위가 아니라 있는 그대로"의 한 남자를 사랑한 여자의 전형적인 착각의 흥미로운 변형을 보여준다. 이 영화에서 엠마 톰슨은 완고하고 강박에 사로잡힌 집사(안소니 홉킨슨)를 사랑한다. 그녀의 상황 인식에서 그녀는 감정의 배출구를 찾으려 하는 강박적인 완고함과 무능함의 상징적인 얼굴에도 **불구하고** 그를 사랑한다. 그렇지만 실제로는 그의 강박적인 완고함 **때문에** 그를 사랑한다. 우리는 이 강박적인 얼굴 이면에 자유롭고자 하는 따뜻한 인간이 있을 것이라는 생각을 갖게 된다 … . 따라서 그 사랑의 주요 이해관계 안에서 그들의 관계는 완성되지 않고, 즉 그녀의 부름에 반응하지 **않는다**. 그가 "자유롭게" 된다면 그는 즉시 사랑의 대상이 되는 것을 그만둘 것이다.[이 책의 제7장 레나타 살레츨(Renata Salecl)의 「당신을 포기하지 않고는 당신을 사랑할 수 없어요」 참조.] 그리고 똑같이 잘못된 인식이 교황 요한 바오로 II세에 대한 대중들의 인식에서도 나타나는 것 같다. 사람들은 그의 카리스마, 즉 그의 도덕적인 내적 신념과 확신에 감명을 받지만, 한편으로는 그의 "극단적인" 입장(낙태, 피임, 이혼 등의 문제에 대한)을 유감스러워 한다. 마치 이 두 면을 분리할 수 있는 것처럼, 즉 이 비타협적 태도가 교황의 카리스마의 결정적인 요소가 아닌 것처럼. 바로 여기에 교황의 카리스마에 대한 역설이 있다. 그것의 오점이나 장애가 되는 것처럼 보이는 것은 사실상 내재된 조건이다. 교황은 이런 극단적인 경직성에도 **불구하고** 카리스마가 빛나는 것이 아니라 그 **때문에** 빛난다.

30_ Jacques Lacan, *Le Séminaire*, book 20 : *Encore*(Paris : Éditions du Seuil, 1975) p. 84 참조. 이 문제는 바그너의 「로엔그린」에 새로운 방법으로 접근하도록 해준다. 이 오페라에서 아주 위태로운 것은 샤브롤의 불행한 백만장자의 곤경, 즉 그 여자가 그 영웅에게서 인지하는 "그 자신보다 더 많이 그 안에" 있는 어떤 것의 지위이다. 더 자세한 설명은 이 책의 제8장 「성적인 관계는 없다」 참조.

31_ 이 역설에 대해 더 자세한 설명을 보려면 Slavoj Žižek, *The Indivisible Remainder* (London : Verso, 1985), 제2장 참조.

32_ 자끄 데리다(Jacques Derrida)의 *Spectre de Marx*(Paris : Galilée 1993)를 보라.

33_ 반목의 이 개념은 물론 에르네스토 라클라우(Ernesto Laclau)와 상탈 무페(Chantal Mouffe)의 *Hegemony and Socialist Strategy*(London : Verso, 1985)에 기인한다.

34_ 아마도 이 실재계의 개념은 또한 1980년대 후반에서 1990년대 초반 다큐멘터리들의 "뉴웨이브"의 핵심적인 특성을 설명해 주는데, 그것의 대표적 사례는 「가늘고 푸른 선」(*The Thin Blue Line*)이다[린다 윌리엄스(Linda Williams)의 비할 데 없는 분석인 "Mirrors without Memories–Truth, History and the New Documentary", *Film Quarterly* 46, no. 3 (spring 1993), pp. 9–21 참조]. 이 영화들은 비록 "그곳의 외부", 즉 영화적 현실 밖을 고집하는 현실의 순진한 참조를 남겼지만, 또한 시뮬라크르(simulacre)의

한없는 게임의 "포스트모던주의적인" 함정을 피하게 해준다. 위의 시뮬라크르의 한없는 게임에서 "지시물"이라는 개념은 사라지는, 즉 형이상학적 착각의 마지막 잔존물로서 깨끗이 잊혀지는 것이다. 「가늘고 푸른 선」에서 그 지시물은 잘 작동된다. 영화는 살인이 일어난 날 밤에 "실제로 일어났던 것"을 보여주고 있다. 영화는 현실이 다양한 관점으로 증발되는 유사 **라쇼몽**(*pseudo-Rashomon*) 이데올로기에서 가능한 한 멀리 떨어져 있다. 그러나 이 실재적인 핵심, 즉 "하드코어"는 동시에 전통적인 "리얼리스트"의 지시물보다 더 가까우면서도 더 멀리 떨어져 있다. 그것이 본래 표상될 수 없는 것, 즉 선험적으로 내러티브로의 통합을 피하고 저항하는 어떤 것으로 가정되기 때문에 보다 더 먼 것이다(그 영화는 "실제로 일어났던" 것에 대한 다양한 가설들의 거짓으로 드라마화하는 것을 보여줄 수 있을 뿐이다). 영화는 자기가 묘사하는 것에 개입할 수 있다고 생각함으로써 더욱 가까운 것이다(영화제작자는 재시도의 발판을 마련하고자 분명히 노력한다). 우리는 여기서 근본적 초월성(실재계를 표상할 수 없는, 우리의 표상범위를 넘어선 것으로 가정)이 근본적 내재성과 어떻게 일치하는지 볼 수 있다("우리"와 실재계 사이에는 표상된 내용과 지각-기록하는 주체를 구분해 주는 분명한 거리가 없다는 사실과 일치하는데, 주체는 표상될 수 없는 내용에 직접 관여하거나 혹은 그것의 일부이고, 따라서 그것은 **이처럼 과도한 접근성 때문에 표상될 수 없는 상태로 남아 있다**). 그것은 클로드 란즈만(Claude Lanzmann)의 「쇼아」(*Shoah*)에서도 마찬가지이다. 그 영화는 홀로코스트의 외상을, 표상을 넘어선 어떤 것으로 암시하고 있다(그것은 오로지 흔적과 살아 있는 증인들과 남아 있는 유적을 통해서 분간될 수 있다). 그러나 이 홀로코스트를 표상하기가 불가능한 이유는 그것이 단지 "너무나 외상적이서"가 아니라 주체들을 관찰하는 우리가 아직도 그것에 관련되어 있고, 그것을 일으키는 과정의 일부이기 때문이다(다음과 같은 「쇼아」의 한 장면을 상기해 보자. 당시 강제 수용소 근처의 한 마을에 살았던 폴란드의 농부들을 인터뷰해 보면 그들은 지금도 여전히 유대인들을 "이상한" 사람들로 계속 알고 있으면서 홀로코스트를 일으켰던 바로 그 논리를 되풀이하고 있다). 이런 우연성은 당연히 헤겔주의이고, 그렇기 때문에 보드리야르가 예전에 비난했던 디즈니랜드의 논리와는 대조되는 것이다. 디즈니랜드의 함정은 이 거짓 매력들이 진짜임을 확신시키려는 시도에 있는 것이 아니라, 오히려 우리가 그 테마 공원을 떠날 때 (다시) 들어가는 세상인 디즈니랜드의 **바깥** 세상이 가짜가 아니라 "진짜 현실"이라는 것을 우리에게 확신시키려는 시도에 있다는 것이다. 달리 말해서 진짜 속임수는 연출된 외양이 **거짓으로 그 자체를 제공해 준다는** 사실 속에 놓여 있는데, 그에 의해 외부 그 자체의 "현실"이 진짜임을 보증해 준다. 다시 말해 헤겔에 따르면 진짜 속임수는 외관이란 개념에 관련된다.

35_ Claude Levi-Strauss, "Do Dual Organizations Exist?" *Structural Anthropology*, Claire Jacobson and Brooke Schoeph 번역(New York : Basic Books, 1963), p. 131-63 ; 삽화 p. 133-34.

36_ 여기에서 우리는 반목의 실재계로서의 그 차이가 그것이 구분하는 두 가지 용어를 어떻게 역설적으로 "우선하는가"에 대한 모범적인 사례를 갖는다. 이런 두 가지 긍정적인 용어들(정치적으로 "좌익"과 "우익")은 상징적 질서를 피하는 그 차이(반목)를 상징계 내에서 형식화하려는 두 가지 노력이다.

37_ 건축의 영역은 특별히 흥미롭다. 대규모의 건축 및 도시계획은 사회적 반목에 대해 상상된 해결책을—빌딩과 공공장소, 여가시설 등등의 사회적 공간의 모든 배치에 있어서—실현시키려는 노력을 항상 보여주려는 것은 아닌가? 예를 들면 모더니즘적인 기능주의는 사회적 삶의 모든 측면들(일, 자유 시간, 행정)에 대한 조화로운 조정을 보장하는 투명하고 이성적으로 조직된 사회적 공간을 건설하려는 시도가 아닌가? 건축은 아마도 (건물배치의) 그 "실재적" 물질성이 이데올로기적 계획을 어떻게 항상 구체화하는지에 대한 가장 분명한 사례이다.

38_ 엄밀하게 동일한 방법으로 법의 차원이 윤리학의 모든 영역을 포함하지 못한다는 증거가 공공적인 상징적 법과 그 이면의 외설적인 초자아라는 **두 가지 법들**이 있다는 바로 그 사실에 놓여 있다. 각각의 이 **두 가지 법들**(주체들의 평화로운 공존인 "재화의 서비스"를 통제하는 공공적인 법뿐만 아니라 향락에 대한 외설적 명령인 그의 닮은꼴)은 우리의 "욕망을 타협시키는" 방법과 관련되는데, 다시 말해 주체가 "자신의 욕망에 굴복하지 않도록 하는" 윤리적인 측면을 배반하도록 유혹한다. 법의 두 가지 측면에 대해 더 많이 알고 싶으면 Slavoj Žižek, *Metastases of Enjoyment* (London : Verso, 1994), 3장을 보라.

39_ 이 문제는 또한 우리가 알튀세와 라깡을 구분하는 차이를 공식화시킬 수 있게 한다. 알튀세의 이론체계에서는 허구/환상의 차이는 없다. 알튀세는 단지 두 용어들—(상징적) **구조**와 그것의 (잘못된) 인식의 **상상적** 경험—을 가지고 운용한다. 반면에 라깡은 최소한 세 가지를 필요로 한다. 비록 환상이 상상적인 것이지만 실재계의 자리를 차지한다. 다시 말해서

한편으로 우리는 상징적인 기계에 대한 상상적인 오인을 가지고 있다. 그러나 다른 한편으로 이 기계는 구조적인 방해물을, 한 마디로 말해 불가능성의 실재계를 중심으로 본질적으로 방해되고 구조화되어 있다. 또한 환상은 이런 허공에 대한 일종의 대역으로 기능하는 상상적인 시나리오이다. 다시 말해 그것을 보여주는 동시에 감춘다. 마찬가지로 라깡은 알튀세와 분명한 대조를 이루고, "소외"란 용어를 계속 사용할 뿐만 아니라 심지어는 그것을 혼돈되지 않도록 두 가지 의미로 사용하기도 한다. 한편으로 상징적 매개에 대해 나를 눈멀게 하는 거울-타자(mirror-other)와의 상상적 동일시로서의 소외로 다른 한편으로 나를 다른 것들로 표상하는 시니피에와 나의—주체의—동일시, 즉 의미화하는 구조 그 자체 내에서 나의 구성적인 소외로 사용한다.

40_ 자본주의에서 그것의 구체적 기능과 관련된 반유대주의(anti-Semitism)의 논리에 대해서 더 자세히 알고 싶다면 Slavoj Žižek, *The Sublime Object of Ideology*(London : Verso, 1989), 제1장, *Enjoy Your Symptom*(New York : Routledge, 1992), 제3장, *Tarrying with the Negative*(Durham, N. C. : Duke University Press, 1993)을 보라.

제2부 사랑의 대상들

제5장

첫눈에

믈라덴 돌라르 저 | 김종주 역

사랑의 역설은 아마도 다음과 같은 말로 가장 잘 공식화될 수 있을 것 같다 : **우연적인 외부와 가장 내밀한 내부의 교차점**. 이런 말로 표현하는 것은 라깡이 **외존**(*extimacy*)이란 탁월한 단어를 새로 만들어서 나타냈던 본질적인 차원을 가리키고 있다. 그 차원은 정신분석적인 발견에 너무나 중요하고 아마 주체와 대상이란 정신분석 개념에 대한 열쇠를 포함하고 있을 것이다.[1)]

먼저 사회적 요구사항의 역설적 종류라는 매우 간단한 경우를 생각해 보자. 그것은 “사랑의 명령”이라 부를 수 있는 것으로서 네 부모를 사랑하라, 네 가족을 사랑하라, 네 가정을 사랑하라, 네 고향땅을 사랑하라, 네 고장을 사랑하라, 네 국가를 사랑하라, 그리고 네 이웃을 사랑하라와 같은 것이다. 역설이라는 것은 당연히 사랑이 실제로는 그 대상에 대하여 아무런 선택도 없는 곳에서 명령되고 있다는 것이다. 다시 말해 자신의 부모나 고향땅 등등을 선택할 수 없다는 것은 자명한 일로 보인다. 자신의 출생의 우연적인 상황은 명령된 사랑의 대상으로 변환된다. 피할 수 없고 선택의 가능성을 부여해 주지 못하는 것이 윤리적으로 설정되어 가고 있다. 주어진 것은 가정된 선택의 대상과 자신의 내부적 승인의 대상이라고 넌지시 생각하게 되는데, 그가 결코 행해본 일이 없는 선택이거나 차라리 "이미 항상" 행해져 버린 선택이다. 만일 선택이 있다면 그것은 강요된 선택이다. 그것은 미리 결정되어 있다. 이러한 명령들은 실제적으로 주어진 것의 내용을 보존하고 그 형태만을 변경시키지만 이처럼 순전히 형식적인 차이는 필수적이다 : 자연적인 연결고리들은 자연적으로 풀리지만 의미화 매듭으로서 한데 묶여 있다. 주체는 시니피앙의 연쇄들(현재의 중립적 용어인 "의미화 연쇄"는 아마도 그렇게까지 순진한 것은 아닐 것이다)에 결합됨으로써 자연적인 유대로부터 자유로워질 수 있을 뿐이다.

이런 공통의 과정은 동시에 일어나는 세 가지 것인 주체화의 삼중장치로 보일 수 있다. 첫째는 우연적인 외부에서 내적인 수긍 대상으로의 이행이고, 둘째는 순전히 형식적인 변화로서 거기서의 내용은 동일한 상태로 남아 있고 주체의 위치에만 변화가 올 뿐이다. 셋째는 강요된 선택으로서 거기서는 비록 "자유선택"이라고 결코 인정할 수는 없지만 주어진 것이 선택했던 것으로 제시된다. 강요된 선택은 단순히 선택의 부재가 아니다. 선택은 동일한 몸짓으로 제공되고 부정되지만 이런 헛된 몸짓은 주체성을 설명하는 것이 된다.

강요된 선택의 가장 유명한 공식화 가운데 하나는 라깡이 11번째 세미나 『정신분석의 네 가지 근본개념』(Lacan 1979, p. 212)에서 제시되었던 것이다. 라깡은 매우 무지스러운 사례를 취해오는데, "당신의 돈 혹은 생명"(*La bourse ou la vie*) 중에서의 선택으로 제시된다. 이런 선택에서 특이한 것은 만일 신중하게 받아들인다면 선택이라는 것은 전혀 없게 된다는 것이다. 그는 자신의 생명을 유지하기 위해 선택할 수 있을 뿐이고, 따라서 돈만을 잃을 수 있다. 돈을 굳게 지킨다는 것은 둘 모두를 잃는 일이 수반될 것이다. 그는 한 가지 대안만을 선택할 수 있을 뿐이고, 이 한 가지마저 박탈되는데(돈을 빼앗긴 인생), 그 반면에 다른 대안은 무익해진다(생명을 잃어버린 돈). 어쨌든 그는 그 둘(생명과 돈)의 교차점(돈을 가진 인생)을 상실해 버리는데, 그 교차점은 라깡이 무척 좋아했던 교차하는 두 원들의 단순한 고안으로 묘사될 수 있다(Lacan 1979, pp. 211–12).

이 모델의 형식적인 측면은 주체성의 양식으로 작용할 수도 있다 : 미리 결정된 선택으로 제시되고, 또한 선택함으로써 상실을 경험하게 된다. 대충 말해서 주체는 사회적인 것 속에 있는 그 교차점에서 선택의 주체가 되지만 그것은 강요된 선택이고 상실의 선택이다. 그 사례는 상징계로의 진입에 치러야 하는 대가—우리가 임시로 비켜둘 수 있는 어떤 것—를 표시하기 위해 디자인되기도 한다. 이런 경험은 매우 흔한 것으로서 어둡고 외로운 뒷골목과는 혼동되지 않는다. 여러 가지 수많은 형태로서[2] 사랑은 항상 그것에 부착되어 있는 강요된 선택의 기제를 갖고 있다. 간단히 말해서 사랑을 선택하도록 하고 그에 따라 선택의 자유를 포기하도록 강요되고 있는데, 그에 비해 선택의 자유를 택함으로써 둘 모두를 잃게 된다.[3] 거기에는 "네 부모를 사랑하라"가 "돈 혹은 너의 생명"에 근접해 가는 시각이 존재한다.

나는 가장 간단하고 가장 흔한 사례로 시작했는데, 그 사례는 누구나 사회적 존재가 되기 위해 경험해야 하는 어떤 것이다. 그러나 가장 현저하고 미화된 형태로서의 사랑인 "에로틱"한 사랑, 즉 남녀 간에 전통적으로 유명해진 사랑은 정확히 동일한 장치에 관련되어 있다. 자유선택의 자율성이 있어야 되는 것처럼 보일 텐데, 참으로 만일 선택의 자유가 없다면(아주 최근까지도 평범한 풍습이 그랬던 것처럼 예를 들어, 만일 부모에 의해 선택이 행해진다면) 사랑에 대하여 말할 수 없다. 그런데도 사랑에 대한 발산의 세기들을 더욱 가까이서 혹은 매우 피상적으로 들여다 본다면 사랑과 주체의 자율성이 서로를 배제시킨다는 것이 분명하다. 모든 멜로드라마는 그 양식이 다음과 같이 묘사될 수 있다는 것을 알고 있다 : 젊은 남자 주인공이 매우 우연히 그리고 아무런 노력도 없이 다소 의외로운 어떤 상황에서 젊은 여자를 만나게 된다. 무심코 그리고 온통 우연히 벌어졌던 일은 두 번째 단계에서 가장 깊은 곳에 기억에도 없는 그의 소망과 욕망의 실현으로 인식된다. 우연은 기적처럼 그의 가장 깊은 진실의 자리, 즉 대타자에 의해 주어진 운명의 신호가 되어 간다. 선택했던 것은 대타자이지 무력했던 젊은 남자 그 자신이 아니다(그리고 그 남자는 세 번째 단계에서 그의 비선택의 결과와 영웅적으로 마주해야 하는 사람이다. 즉 여러 가지 가능한 조합과 결과와 함께 부모나 사회와의 대립, 음모, 불운, 질환 등등). 순수한 우연이 실제로는 전혀 기회가 되지 못했음이 드러나게 된다. 다시 말해 예기치 못한 것의 침투가 필연성으로, 튀세(*tyche*)가 오토마톤(*automaton*)으로 바뀌었다. 주체화의 계기는 정확히 주체성이 대타자

(운, 섭리, 불변의 계획, 운명 혹은 그 무엇이든 그것을 부르는 것)에게 매달리는 계기가 되는데, 그 자체를 실재계의 순수한 우연성으로 드러내게 된다. 정말로 사랑의 이상한 힘이 반박하듯이 다른 어떤 고려도 배제시켜 버린다. 다시 말해 그것은 어떤 선택의 이득을 생각하는 심사숙고, 즉 이해득실의 균형을 허용치 않는데, 그것은 그저 대타자에 대한 무조건적인 복종을 요구할 뿐이다. 모든 멜로드라마는 또한 어떤 선택의 생존성에 대한 추론을 그만두는 순간에, 이해와 불리를 계산하는 순간에 재난으로 향하고 있다는 것을 잘 알고 있다. 만일 운명에 무조건적으로 복종하지 않는다면 운명은 그에게 가차없이 복수하게 될 것이다.[4)]

그 상황이 분명히 모순적인 까닭은 그것이 자율적인 선택의 자유를 가정하고 동시에 그것의 억제를 요구하기 때문이다. 이러한 모순은 축제 후(*post festum*)란 이상한 논리로 조정될 수 있을 뿐이다. 젊은 남자는 자신의 선택의 자유에도 불구하고 선택이 이미 이뤄졌음을 인식함으로써 오직 선택했을 뿐이다. 또한 그는 불가피함을 자신의 내부적 본질로 받아들임으로써 대타자의 결정을 보증하고 확증할 수 있을 뿐이다. 달리 말해서 여기서의 선택은 사후적인 범주로 생각되어야 한다. 그것은 항상 과거시제로 있지만 결코 현재였던 일이 없는 과거의 특수한 종류가 된다. 선택의 순간을 정확히 가리킬 수는 없고, 그것을 의식적이고 자율적인 결정의 존재로 고정시킬 수 없으며, 그것은 직접적으로 또한 즉각적으로 "아직도 아닌" 상태에서 "이미 항상" 상태로 옮겨간다. 그것은 바로 그 본성상 과거이다. 사랑에 빠지는 것은 필연성에의 복종을 의미한다. 거기에는 말하자면 실재계가 말하기 시작하는 순간이 항상 있게 되는데, 그것의 불투명성은 투명성으로 바뀌고, 무의미한 기호는 최고의 의미의 구체화가 되어가며, 그 주체는 사후에 그것의 인식으로 환원된다. 이것이 칭송할 만한 사랑의 기적의 순간이다.

그들의 눈이 마주쳤다

첫 번째 조우, 즉 "첫눈"의 신화와 같은 끈질긴 지속성을 보여줬던 어떤 신화도 존재하기 어렵다. 그것은 우리의 모든 서술 가운데 존재하는데, 기억할 수 없는 시대의 전설로부터 거대한 세계문학을 거쳐 현대판 영화로까지 이어진다. 그것은 수천 년을 가로질러 문화들 간의 모든 경계를 횡단하는데, 그것은 "엘리트" 문화라는 최고의 성취들 그리고 대중문화와 오락이란 최저의 형태들 모두에 스며들어 있다. 그것의 핵심은 뚜렷이 동일한 것, 즉 동일한 이야기의 준기계적인 반복을 유지해 왔다. 우연한 조우는 기적적인 결과를 가져오고, 그것은 기본적인 계기가 되는데, 그 계기는 우연을 자신들의 존재의 바로 그 본질로, 즉 자신들의 운명을 지배하는 어떤 것으로 가정하는 주체들을 바꿀 만한 힘을 갖고 있으며, 어떠한 힘도 그것과 똑같을 수는 없다.

사랑에 빠지는 정확한 순간의 카탈로그를 만들어내는 매혹적인 과제를 상상해 볼 수 있는데, 최고의 형태에서 최하의 형태에 이르기까지 영화를 더하여 세계문학을 그 일의 증거로 삼고 있다. 그 과제는 실제로 두드러지게 수행되고 있었는데, 적어도 방대한 프랑스 문학에 대하여 장 루세(1984)는 「소설에서 첫눈에 보는 광경」

(그의 책의 부제이며, 책 이름은 『그들의 눈이 마주쳤다』)의 광범위한 현상학을 떠맡아 왔다. "그들의 눈이 마주쳤다"와 같은 간단한 문장은 플로베르의 『감성교육』에서 취해온 것으로서 분명히 가장 위대한 연애소설 가운데 하나였지만 그것은 수천 가지 다른 사례들에서 취해올 수도 있었다. 그것은 시선, 즉 시선의 회귀를 그런 조우의 근본적인 신화의 결정적인 순간으로 요약하고 있다. 그것은 인식의 순간이다. 시간이 시작된 이래로 "이미 항상" 그곳에 있어왔던 것을 인식하게 되고, 이전의 완전한 존재는 바로 이러한 순간으로 이끌어 가는 의미를 사후적으로 필요로 한다. (내가 제시하는 모든 사례들은 닥치는 대로 선정되어 있다. 무수하게 더 많은 것을 선정할 수 있다.)

> 틀림없이 그것은 점성학을 발견했던 애인들이었다. 적어도 별들로 가득한 커다란 침실 같은 것은 그처럼 영원한 어떤 것의 정황과 근원과 보증이 될 만큼 충분히 크고 안정될 수 있었다. 이제 나는 나의 전 생애가 그 순간을 향하여 굳은 결의로 여행을 떠나고 있었음을 깨달았다. 그녀의 전 생애는 그것을 향해 여행하고 있었는데, 그녀는 놀기도 하고 학교의 책을 읽기도 하고 성장해 가며 거울 속에서 자신의 젖가슴을 바라보기도 했다. 이것은 예정된 충돌이었다. 그러나 그것은 그저 벌어졌던 것만은 아니고 몇 영겁 이전에 벌어졌던 일이며, 그것은 최초로 천지가 형성되는 재료였다. 신이 "빛이 있으라"고 말했을 때 이런 사랑은 만들어졌다. 그것에는 아무런 역사도 없었다. (Murdoch 1975, p. 206)

급작스런 인식은 첫 번째가 이미 반복이라는 것을 의미하고, 자신이 이미 항상 알고 있었던 바를 깨닫는다. 그것이 자신의 선사 시대를 만들어내는 한에 있어 그것은 기본적이고, "최초의" 순간은 이미 거기에 있었던 것의 "재생산"이다. 그런데도 재생산은 그것에 의해 사후적으로 만들어졌다. 왜냐하면 그것은 그것의 "재생산" 이전에 거기에 있지 않았기 때문이다. 처음으로 애인을 보면서 그/그녀를 항상 알고 있었던 어떤 사람으로 인식하게 된다.

지글린데 : 놀라움이 내 기억 속을 휘젔고 다녀요 :
비록 그대가 오늘만 왔을지라도,
나는 이전에 그대의 얼굴을 본 적이 있군요!
지그문트 : 나는 그대의 꿈을 알고
나 역시 그걸 느끼고 있어요 :
간절히 그리워하면서
그대는 내 꿈이었군요! (Wagner 1977, p. 92)[5)]

조우가 자체의 선사 시대를 만들어내는 것과 동일한 방식으로 그것은 자체의 미래를 세워간다. 주체의 인생은 완전히 변형되고 새로운 목적지를 획득한다. 그의 혹은 그녀의 전 존재의 급작스런 변화가 오게 되는데, 거기서는 모든 세부사항들이 새로운 빛에 의해 변형된다. 이후부터 인생은 그처럼 스쳐 지나가는 순간의 우연한 일로 나타나는 것에 대한 충실함의 지배를 받게 된다. 순간의 짧음(그리고 대개 그것은 짧고 급작스런 순간이어야 한다)과 그것의 결정적인 특성 사이에는 전형적인 대조가 있게 되는데, 그 특성은 과거와 현재 둘 모두를 변형시키면서 영원을 목표로 삼는다.

이런 순간의 양식은 당연히 매우 크게 변할 수 있다. 두 낯선 사람들의 행복한 조우는 선도적인 이미지에도 불구하고 신화의 극단적인 사례가 될 뿐이다. 오랫동안 알고 지냈던 어떤 사람과의 관계에서 돌연한 인식이 있을 수 있다. 사후적이지만 인식으로 변하게 되는 첫눈에 상호 간의 혐오(예를 들어 『오만과 편견』에서처럼)가 있을 수 있다. 보답 없는 사랑의 고문으로 이끌어 가는 일방적인 기적이 있을 수 있다. 그런데도 "그들의 눈이 마주쳤다"는 것은 패러다임이 되는데, 시선의 교환이 있게 되고, 다른 사람이 반응하지 않았어도 혹은 그것의 영향을 받지 않았거나 그것을 알지 못했을지라도 실재계가 시선을 되돌려 주었다. 우연한 운명의 의미의 결여, 즉 사건들의 우연한 끈이 바로 그 순간에 갑자기 시선에 의해, 라깡이 타대상이라 불렀던 바의 라깡식의 주요한 환기에 의해 채워지게 되었다. 한번만은 그저 바라보는 것 대신에 보게 되었다. 한번만은 눈이 멀게 되는 일을 그만두었고 시선은 되돌려졌다. 그게 아니라면 상식적으로 그러하듯이 이전에 진행되었던 것보다 더욱 철저한 맹목, 그런 맹목에 항상 사랑을 연결시키면서 사람들은 오직 맹목의 대가로서 보게 되는 것인가? 만일 시선이 그런 무의미한 운명에서 의미의 결여를 채워놓게 된다면 그것은 그것을 채움으로써 만들어내는데, 결여를 보게 되는 것은 오직 뒤돌아보기 때문이며, 오로지 채워놓도록 정해진 결여로서 그렇다. 이전에 인생은 의미를 파악하지 못했지만 이제 갑작스럽게 파악하게 된다.

이러한 사랑의 출현의 밑바탕에 놓여 있는 우연성은 시선 주위에 뚜렷이 정렬되어 있다. 그 증거는 압도적이어서 운명의 손은 주로 시선에 의해 작동되는 것처럼 보인다. 상당히 드문 어떤 경우에 그것은 빗나가서 목소리(또 다른 라깡의 대상)를 향할 수도 있다. 예를 들면 『전쟁과 평화』에서 안드레이 백작과 나타샤의 첫 만남에서처럼 어둠 속에서 우연히 들리는 몇 문장의 말이 있다. 또한 발자크의 『저주받은 아이』(*L'Enfant maudit*)에서처럼 밤중에 노래하는 목소리가 반응해 온다. 그러나 그것은 항상 시선의 교환을 위한 예비단계로서, 그것의 예시로서 기능하는 것 같다. 틀림없이 이런 시선의 교환은 온갖 종류의 이상한 형태를 취할 수 있는데, 초상화와 사랑에 빠지는 것(예를 들어 「마술 피리」), 베일에 가린 낯선 사람과 사랑에 빠지는 것 등등이다. 현대의 가장 섬세한 사례들 가운데 하나는 살만 루시디의 『한밤중의 아이들』(*Midnight's Children*)의 첫 장에서 찾아볼 수 있는데, 거기서 젊은 인디언 의사는 젊은 여자 환자를 종이에 뚫린 구멍을 통해서만 진찰할 수 있다. 예의를 지키기 위해 한 번에 그녀의 신체의 한 부분만을 진찰할 수 있는데, 이런 장치로도 그들이 미친듯이 사랑에 빠지기에 충분하다. 여인은 항상 새로운 질환과 증상들을 만들어내서 그 의사가 되돌아와 그녀를 진찰하도록 만들었고, 3년이 지나서야 마침내 "그들의 눈이 마주치게 되었다." 그 때 그녀는 드디어 가장 간단한 증상인 두통을 만들어냈다. 그러나 시선은 그들의 눈이 마주치기 훨씬 이전에 되돌아왔고, 구멍이 뚫린 종이는 라깡이 "환상의 창문"이라 불렀던 것을 정확히 고안해내고 있었다. 되돌아온 시선은 운명의 화신이란 위상을 획득한 온갖 종류의 우연한 대상들과 상황들에 의해 환유적으로 제시될 수 있다. 사소하고 하찮은 세부사항들이 불가사의하게 변형되어 시선을 되돌려 준다.

따라서 외부적인 우연성은 궁극적으로 시선으로 환원되고 시선에 의해 요약될 수 있는데, 그것은 알기 어려운 대상으로서 조우의 기본적인 장면에 오직 포착하기 어려운 그 어떤 것으로 나타난다. 즉 그것은 자신의 존재를 세우게 되는 실증성이란 굳건한 반석으로 출현하는데, 그것은 자신의 삶을 지배하게 되는 권위적이고 명령적인 존재이며 온갖 불평등에 대항하는 자신의 존재의 견실한 지지이다. 따라서 라깡은 사랑이 언제나 되돌아오는 것이라고 말할 수 있다.

거울

확실히 첫눈에 사랑에 빠지고 시선이 교환되고 되돌려지는 최고의 사례는 거울 속의 자신의 이미지에 대한 인식에 의해 구성되는데, 그 유명한 라깡의 "거울단계"의 핵심이 된다. 그러한 기본적인 신화 속에는 마찬가지로 급작스럽고 기적적인 인식이 존재하는데, 사후적으로 이미 거기에 있었던 어떤 것의 출현이거나 혹은 선사 시대의 창조, 맹목을 없애버리거나 오히려 그것과 일치하는 급작스런 통찰, 환희, 즉각적으로 되돌려진 행복한 사랑, 빛나는 장래에의 약속 같은 것들의 출현이다. 거기엔 자기 자신이 항상 되었을 것으로 인식하는 바로 되어가는 이상한 시간의 고리가 존재한다. 이러한 신화적 상황의 중요한 시점에는 당연히 시선이 존재하게 된다.

이러한 자기애의 출현에서 사랑에 대한 단순한 실마리를 얻어낼 수 있을 것 같은데, 그것은 첫 번째 인식과 자기를 구성하고 라깡한테는 그것에 수반하는 꼭 필요한 눈멂과 함께 정확히 거울 영상 속에서의 인식으로부터 자아 개념이 연역될 수 있다. 참으로 정신분석은 사랑의 자기애적인 본성을 반복해서 주장해 왔다. 문자 그대로의 사례를 용이하게 찾아볼 수 있다.

지글린데 : 시냇물은 반영된
내 얼굴을 보여줬어.
이제 내 앞에 있는 그걸 찾아내죠 ;
그대 속에서 그걸 다시 보게 되고,
그건 시냇물이 비춰준 바로 그거야! (Wagner 1977, p. 92)

그런데도 인식과 환희, 즉 최초의 열광과 제멋대로의 쾌락에 의해 숨겨지고 차단된 자기애의 차원이 존재한다. 되돌려진 시선은 또한 다른 메시지를 에워싼다. 즉 그것은 환희와 가장 파괴적인 불안 사이의 가느다란 선을 가리킨다. 시선이 존재하는 곳은 현실을 붕괴시키겠다고 위협하는 절박한 재난과 고양의 접점이다.

프로이트가 「기괴함」이란 유명한 논문에서 어떤 영상에 전념했던 빼쏜꼴(double), 즉 다른 자아의 동기는 아마도 이러한 이면을 마음 속에 그리게 되는 가장 간편한 방법이 될 것이다. 그 동기는 문자 그대로 사랑의 대상에 대한 자기애적인 선택을 취하게 되고 그에 따라 그것을 파괴하게 된다. 그는 자신의 빼쏜꼴, 자기 자신과 꼭 닮은 어떤 사람, 자신의 생령(*Doppelgänger*)을 만나게 되는데, 그 결과는 기쁨에 넘친 자기 인식의 정반대가 된다. 즉 그는 가차없이 재난을 향해간다. 거울 속의 타자가 독립적으로 되자마자 심각한 불안이 엄습하는데, 그 때 그것은 "단순한 영상"이기를 그쳐버린다(그 영상이 단순해진 적이 있을까?). 자기애적인 모델의 즉각적인 실현은 그의 분열을, 즉 시선과 인식의 분리를 가져온다. 빼쏜꼴은 가장 직접적인 의미로 자기애적인 인식의 애매성을 보여준다. 즉 거울상은 내 자신이 되면서 동시에 타자가 되고, 따라서 더욱 더 소외된다. 그것이 내 핵심의 가장 가까운 곳에서 나의 자기애적인 친밀감을 구성해 주기 때문에 더욱 더 위협적이다.

또한 그 현상은 임상적인 실체로도 나타나는데, 전문적으로 자기 환영(autoscopia)이라 부르고 자기 자신을 다른 사람으로 보거나 만난다. 정신장애의 무척 드문 형태이긴 하지만 그것은 19세기 중엽 이래로 엄청난 양의 전문적인 문헌을 만들어냈다(일반적인 조사 연구로는 블뤼멜 1980을 참조). 그러나 그것은 눈부신 명성을 문학에서의 풍부한 이용 덕분으로 돌리고 있는데, 특히 낭만주의 시대에 믿기 어려울 만큼 폭발적으로 나타나고 빼쏜꼴의 매우 광범위한 갤러리를 탄생시켰다.[6)]

이런 소설들에는 몇 가지 단순한 구조적 특징들이 있는데, 수많은 복잡한 분지로 서로 다른 결과를 가져올 수 있다. 즉 그 주체[7)]는 자기 자신의 바로 그 이미지인 자신의 빼쏜꼴과 직면하게 되고(이것은 그의 거울상이나 그의 그림자의 사라짐이나 팔아버림이 동반될 수 있다), 그것은 즉각적으로 무서운 불안을 만들어내고 주체가 익숙해져 있는 현실의 붕괴, 즉 그의 세계의 기반을 파괴시킨다. 대개 오직 그 주체만이 그 자신의 빼쏜꼴을 볼 수 있을 뿐인데, 조심스러워 다만 비공개적으로 나타날 뿐이거나 혹은 오로지 그 주체만이 그것의 의미를 알 수 있을 뿐이다. 그렇다면 빼쏜꼴은 겉으로 모순적인 두 가지 효과들을 만들어내는데, 그는 사물들이 주체에게 나쁘게 되어가도록 처리하고 가장 부적절한 순간에 나타나서 실패하게끔 그의 운명이 정해진다. 그러나 다른 한편, 그는 주체의 숨겨져 있거나 억압된 욕망들을 알아차리고 주체가 감히 행할 수 없을 것 같은 일들을 해내게 된다. 결국엔 그 관계는 대개 견딜 수 없게 되어 그 주체가 마지막 대결에서 자신의 빼쏜꼴을 죽이도록 강요당하게 되지만, 그는 자신의 실체와 존재가 자신의 빼쏜꼴에 농축되어 있음을 알지 못한 채로 그를 죽임으로써 그 자신을 죽이게 된다. 포우의 소설에서 윌리엄 윌슨의 빼쏜꼴은 "당신은 정복했고 나는 항복합니다"라고 말한다. 그 다음에 이어서 "그런데 이제부터는 그대도 역시 죽었고—이 세상에 대하여, 하나님에 대하여, 희망에 대하여 죽었군요! 내 안에 그대는 존재했고—또한 내 죽음 속에서 그대 자신의 것이 되는 이런 이미지에 의해 그대가 그대 자신을 얼마나 철저히 살해했는지 보세요"(포우 1979, p. 178).

대체적으로 이 모든 이야기들은 나쁘게 끝난다. 자신의 빼쏜꼴과 만나는 순간에는 출구가 없어 보인다. 자기 환영이란 임상 사례들에서도 마찬가지로 예상은 좋지 않고 그 결과는 비극적이기 쉽다. 랑크(1989)는 여러 가지 신화학과 미신들에서 빼쏜꼴의 테마에 대한 광범위한 "계통발생학적인" 설명을 해주고 있다. 그것들은 모두 다음과 같은 결론으로 수렴되는데, 그림자와 거울상이 신체의 분명한 상사기관(analog)이고, 그것의 비물질적인 빼쏜꼴이며, 따라서 영혼을 표상하는 가장 좋은 수단이 된다는 결론이다. 그것들은 비물질성 때문에 신체보다 더 오래 사는데, 영상들은 우리의 본질적인 자기를 구성한다.[8] 이미지가 그 주인보다 더욱 근본적이고 그것이 그의 실체, 즉 그의 본질적인 존재, 그의 "영혼"을 구성하며 그것이 그의 가장 귀중한 부분이고, 그것이 그를 인간으로 만들어 준다.[9] 그것이 그의 죽지 않는 부분, 즉 죽음에 대해 그를 보호하는 것이 된다.

어떤 의미로는 정신분석이 그런 의견에 동의하게 될 것이다. 결국 이것은 라깡의 거울단계 이론이 목표로 삼는 것이다. 다시 말해 오로지 자신의 거울영상 덕분에 그는 자아로 부여될 수 있게 되고 자기 자신을 "나"로서 정립할 수 있다. 나의 "자아 동일성"은 나의 빼쏜꼴로부터 나온다. 그러나 빼쏜꼴과의 문제는 그것이 프로이트의 "두 번째 토픽"의 세 가지 모든 심급들을 나타내는 것처럼 보인다는 사실로부터 발생한다. 그것은 자아의 본질적인 부분을 구성하고, 이드에서 나온 억압된 욕망들을 실행하며, 초자아의 전형적인 악의와 함께—한꺼번에—주체가 그의 욕망을 실행하지 못하도록 막아주기도 한다. 그렇다면 그 세 가지는 어떻게 갖다 붙일 수 있을까?

나르시소스의 전설에는 한 가지 계기가 있는데, 거기서 눈먼 예언자인 티레시아스는 미소년의 어머니에게 예언을 해주게 된다. 즉 "만일 나르시소스가 제 자신을 결코 알지 못한다면 원숙한 노년까지 살게 될 것이오"(Graves 1960, 1권, p. 286). 그 예언은 가장 오래된 철학적 금언인 "네 자신을 알라!"의 정반대를 부여하고 있다. 거기에는 부지(不知)의 일부인 본질적인 무지(無知)가 있는데, 그것은 장수와 행복한 삶, 간단히 말해 삶의 조건—그 사람이 입을 수밖에 없는 근본적인 상실의 일부—처럼 나타난다. 나르시소스는 자기 자신을 알게 될 것이고, 그는 예언자의 경고보다는 철학적인 준칙을 더 좋아하며, 그러한 지식이 그에게는 치명적일 것이다. 그 전설은 거울단계에 의해 제시된 최소한의 자기애적인 기제에 이미 함의되어 있는 상실의 본질적인 부분을 예시해 준다.

간단히 말해보면 거울 속에서 내 자신을 인식하게 될 때는 이미 너무 늦어버린다. 거기에는 분열이 존재한다. 나는 내 자신을 인식할 수 없고, 그와 동시에 내 자신과 하나가 될 수 없다. 그러한 인식과 함께 나는 "자기 존재"라 부를 수 있는 것을 이미 상실해 버렸는데, 그것은 내 존재와 향락(*jouissance*)[10] 속에서 내 자신과의 즉각적인 일치를 말한다. 거울상을 보고 기뻐하는 것, 즉 쾌락과 방종은 이미 그 대가를 치렀어야 했다. 거울의 빼쏜꼴은 즉각적으로 거세의 차원을 도입하는데, 이중화 그 자체는 이미 그의 최소 형태 내에서 거세를 함의하고 있다 : "소멸에 대항하는 보존으로서의 이런 이중화의 허구는 꿈의 언어에서 그의 빼쏜꼴을 갖는데, 그것은 성기 상징의 이중화나 다중화에 의해 거세를 재현하길 좋아한다"(『펠리컨 프로이트 총서』, 14권, pp. 356–57 ; 또한 4권, p. 474도 참고).

프로이트의 또 다른 예를 들어보면 메두사의 머리 위에 있는 다수의 뱀들은 거기서 결여를 숨기고 있는데, 하나인 유일한 것이 보이지 않는다. 따라서 가장 간단한 방법으로 이중화는 그의 자기 존재에서 즐길 수 있는 유일함의 상실—오로지 자아도 아니고 주체도 아니라는 대가를 치르고 나서—을 수반하게 된다. 이중화에 의해 그의 존재의 일부는 떨어져 나가는데, 그 일부는 자신의 존재의 가장 소중한 부분이고 향락의 즉각적인 자기 존재이다. 이것이 바로 훗날 라깡이 자신의 거울단계라는 초기 이론에 덧붙이게 되는 것이다. 즉 "타대상"(*object a*)이란 것은 정확히 그가 거울 속에서 볼 수 없는 상실의 그 부분으로서 거울영상을 갖지 않는, 즉 반사되지 않는(nonspecular) 주체의 일부이다. 가장 기본적인 방식으로 거울은 이미 상상계와 실재계 사이의 분열을 함의하고 있다. 사람은 오로지 상상적인 현실에 접근할 수 있을 뿐인데, 그 세계 내에서 그 자신을 인식하고 그 세계와 친숙해질 수 있으며, 상실의 조건 하에서 타대상의 "이탈"을 뜻한다. 이제부터 "객관적인" 현실로 보이는 그런 현실을 열어주는 것은 타대상의 이러한 상실이 되고 주체-대상관계의 가능성이 되지만, 그의 상실이 "객관적인" 현실에 대한 그 어떤 지식의 조건이 되므로 그 자체를 지식의 대상으로 만들 수는 없다.

우리는 이제 빼쏜꼴과 함께 생기는 문제가 무엇인지 알아볼 수 있다. 빼쏜꼴은 타대상을 포함하고 있는 그런 거울상이다. 그것은 그 자체의 존재를 획득하고, 상상계는 불안의 분쇄를 일으키면서 실재계와 일치하기 시작한다. 빼쏜꼴은 나와 동일한 것—내 이미지에 덧붙여진 눈에 안 보이는 그 부분인 **타대상을 플러스한** 것—이다. 라깡은 그처럼 분실된 대상의 가장 좋은 표현으로서 시선을 이용하고 있다. 즉 거울 속에서 사람은 자신의 눈들을 볼 수 있지만 잃어버린 부분인 시선을 볼 수는 없다. 그러나 자신의 눈들과 가까운 자신의 거울상 혹은 윙크를 볼 수 있다고 상상해 보라. 그렇게 해보면 시선으로서의 대상이 거울 속에 나타나게 할 것이다. 이것이 바로 빼쏜꼴의 테마에서 벌어지는 일이다. 빼쏜꼴이 만들어내는 불안은 대상 출현의 가장 확실한 신호가 된다. [이것은 자신의 거울상의 소실에 의하여 정반대 방식으로도 수행될 수 있는데, 전문적으로 "부정적인 자기 환영"이라 부르며, 모파상의 「오를라」(*Le Horla*)와 그 밖의 수많은 다른 소설들에서도 볼 수 있다.] 여기서 불안에 대한 라깡의 설명은 대부분의 다른 이론들과 뚜렷하게 다르다. 즉 그것은 결여나 상실 혹은 불확실함에 의해 생기는 것이 아니다. 그것은 뭔가(굳건한 지지, 자신의 관계 등등)를 상실한다는 그런 불안이 아니다. 그와는 정반대로 그것은 어떤 것을 너무 많이 획득한다는 것, 대상의 존재에 너무 가까이 있다는 것에 대한 불안이다. 우리가 불안과 함께 잃어버리는 것은 정확히 상실이다. 그 상실은 일관된 현실을 다룰 수 있도록 만들어 준 것이다. 라깡은 "불안은 결여에 대한 그런 지지의 결여이다"라고 말한다. 다시 말해서 결여는 결여되어 있고, 이것은 기괴함을 야기한다(Blumel 1980, p. 49 참조).

대상의 포함은 역시 향락의 상실된 부분의 출현을 수반하게 된다. 빼쏜꼴은 항상 향락의 인물이 된다. 한편으로 그는 주체를 희생시키면서 즐기는 어떤 사람이다. 그는 사람들이 감히 저지르지 못할 행위들을 저지르고, 자신의 억압된 욕망을 만족시키지만 그 결과로 비난이 그 주체에게 쏟아진다. 다른 한편으로 그는 단지 즐기는 어떤 사람이 아니라 본질적으로 향락을 명령하는 인물이 된다. 그래도 빼쏜꼴은 "사랑의 방해자"[11)]가 되는 것처럼 보이는데, 그는 전형적으로 자신의 꿈의 여인을 만지려 하거나 키스하려고 하는 바로 그 순간에 뛰쳐나오고, 또한 주체가 자신의 소망들의 실현에 가까이 다가갈 때 그가 바야흐로 완전한 즐거움, 즉 성관계의 완성을 획득하려고 할 때 뛰쳐나온다. 그러나 만일 빼쏜꼴이 훼방꾼, 방해자로 나타난다면 그 상황은 거꾸로 읽혀져야 한다. 즉 그의 중요성은 대상의 선택에 놓여 있다. 나의 선호는 나에게 쾌락을 부여해 줄 수 있을 뿐인 아름다운 여인을 선택하기보다는 오히려 대상을 붙들고 향락과 존재를 제공해 주는 사람인 빼쏜꼴을 선택하는 것이다. 다른 자아만이 진정한 향락을 제공해 줄 수 있는데, 나는 쾌락을 위하여 향락을 기꺼이 포기하려는 것은 아니다. 오히려 훌륭한 젊은 여인은 내 자신과의 특별한 관계에서 방해물이 되고, 그녀는 이 게임에서 진정한 훼방꾼, 즉 자기애의 훼방꾼이며, 따라서 사람들은 나의 진정한 파트너인 나의 빼쏜꼴과 결합하기 위하여 그녀를 제거시켜야 한다(또한 빼쏜꼴은 그것을 소중히 여긴다). 그는 어떤 여인으로도 대신할 수 없는 상실된 대상을 붙들고 있다. 그러나 당연히 자신의 향락과의 결합, 즉 자신의 "원초적인" 존재의 회복은 치명적이다. 주체는 그것을 자신의 죽음에 의해서 획득할 수 있을 뿐이다.

실로 대상의 출현은 그것을 가능한 "객관적인" 지식으로 만들지 못한다. 대체로 그것은 주체에게만 나타나며, 다른 것들은 그것을 보지 못하고, 따라서 주체의 특별한 활동들을 이해하지 못한다. 그것은 인정된 간주체적인 공간의 부분이 될 수 없다. 그것은 주체에게만 접근될 수 있는 특별 허락된 사적인 대상, 즉 그의 합일된 자기 존재가 된다.

대상을 붙들고 있는 빼쏜꼴은 즉각적으로 죽음 욕동을 도입하게 된다. 빼쏜꼴의 원래의 기능은 (그림자와 거울상으로서) "자아의 파괴에 대한 보증, 즉 "죽음의 힘에 대한 강력한 부정"이 되었고 … 아마 "불멸의 영혼"은 신체의 첫 번째 "빼쏜꼴"이 되었을 것이다" (『펠리컨 프로이트 총서』, 14권, p. 356). 그런데도 죽음에 대한 방어, 즉 자기애의 보호—자신의 치명성은 자기애적인 완전함을 가장 직접적으로 반박하고 제한하는 그러한 아난케(*ananke*)이다—로서 디자인되었던 것은 그것의 선구자(징조)로 변하게 된다. 다시 말해 빼쏜꼴이 나타날 때 자신의 시대는 끝난다. 정확히 "진정한" 죽음에 대한 보호로서 그것은 실재계의 차원을 개시해 준다고 말할 수도 있다. 생물학적 죽음에 대한 방어로서 그것은 죽음 욕동, 즉 기본적인 의미에서의 욕동을 도입시킨다. 빼쏜꼴은 최초의 반복, 즉 동일자의 첫 번째 반복이 되지만 또한 그 자체를 계속해서 반복하는 것으로서 동일한 장소에 나타나고(실재계에 대한 라깡의 정의 가운데 하나), 가장 난처한 시기에

솟아나오며, 예기치 않은 것의 돌입으로서 또한 시계장치 같은 정확성으로 나타나고, 하나 속에 완전히 예상할 수 없는 것과 예상 가능한 것이 나타난다.

빠쏜꼴에 대한 사랑은 극단적인 형태의 사랑인데, 거기서 사랑은 그 반대로 변하고 치명적인 것으로 되어간다. 한편으로, 자신의 자기애를 버릴 준비가 되어 있지 않고, 빠쏜꼴은 사랑에 대한 보호물이며, 그 사랑은 대상의 선택으로서의 사랑이고 자신의 자기애적인 완전함과 만족을 타자에게 넘겨주라는 요구로서의 사랑이다. 다른 한편으로, 빠쏜꼴에 대한 이러한 사랑은 오직 죽음에 의해 유지될 수 있고, 따라서 자기애가 죽음 욕동으로 변하는 지점의 한계를 긋게 된다. 인식에 의해 상실된 향락의 원초적인 대상은 이렇게 해서 회복되고, 실재계는 "진정으로" 시선을 되돌려 주었으며, 이런 사랑에는 맹목성이 없었다. 그러나 시선의 출현에는 유익한 것이라곤 아무것도 없고 그것은 죽음의 소환장이 되었다. 이런 극단적인 상황은 "진정한 사랑"으로 구현되는데, 그 사랑은 너무나 진실하여 견딜 수가 없고(죽음이 우리를 갈라놓을 때까지가 아니라 죽음이 우리를 결합시킬 때까지), 또한 빠쏜꼴을 벗어나기 위해 뭔가를 부여하게 될 주체의 항의조차도 그 반대쪽을 감출 수 없게 된다. 다시 말해 그는 빠쏜꼴을 결코 포기하지 못할 것이다. 빠쏜꼴과 맺은 치명적인 관계는 진정한 사랑이면서 동시에 사랑의 반대이기도 한다. 대상은 효과적으로 결여를 채우게 되지만 이것은 밝은 미래를 알려주지 못한다. 따라서 사랑은 자기애의 연장으로도 보일 수 있지만 그와 동시에 그에 대한 보호—그의 치명적인 쪽에 대한 보호—가 되기도 한다. 사랑의 대상은 모순적인 위치에 들어서게 되는데, 거기서 그것은 결여를 채움과 동시에 결여를 유지해야 하고, 향락을 목표로 삼음과 동시에 향락으로부터 보호해야 한다.

사랑의 자기애적인 측면은 자기애를 소멸시키는 형태로 유지될 수 있을 뿐이고, 그것은 그 반대의 형태인 대타자에 대한 완전한 복종을 취하게 된다. 그것은 문제의 주체성의 본성을 감추는데, 자기 원인(*causa sui*)으로서의 자율적 주체라는 착각의 뒤로 숨기는 것이 아니라 정반대로 대타자에게 자신의 존재를 제공함으로써, 외부적인 우발성에 대한 반응으로 자신의 특수성을 제공함으로써 감추게 된다. 실재계의 잔여는 주체 속에 있는 그러한 잔여, 즉 주체 내에 있는 대상의 제공을 요구하고, 그러한 몸짓으로 그 잔여를 다루고 대타자는 지속된다. 대타자의 불투명성은 사랑에 의해 투명해지고, 무법성은 합법성으로 되어간다.

빼쏜꼴과 함께 인식은 즉각적으로 불안을 만들어냈다. 그것이 순수한 명예의 순간이 되었고, 그런 다음 주체는 분명히 자신의 행복을 추구하기 위해 빼쏜꼴과 싸우고 침입자를 제거할 수 있는 모든 일을 하게 되었다. 그는 복종하길 거부했지만 다름 아닌 근본적인 공격 행위, 즉 빼쏜꼴을 죽이는 행위에 가차없이 따르라고 강요되었다. 그것은 자신의 내밀한 존재로서 대타자의 신호를 껴안으라는 강요된 선택이 아니었고, 그와는 정반대로 그 주체는 자신의 운명에 대항하는 자유로운 행위자로 그 자신을 받아들였는데, 자유로운 선택의 구실을 내보이다가 비참한 결말로 가게 되었다. 따라서 일일이 사랑과 대립하는 자세를 세울 수 있게 되고, 거기서는 우리가 봐왔던 것처럼 인식이 새로운 시작이라는 기적을 만들어내고, 자신의 애인과 결합하기 위해 온갖 것을 다하며, 사랑을 위해 다른 어떤 관심사도 희생시킬 준비가 되어 있고, 아무런 주저 없이 그 자신의 행복을 무시하게 된다. 그러나 두 가지 상황들의 함의는 역전된다. 첫 번째에서 자신의 분명한 소망들과 선언들에 반대되더라도 빼쏟꼴과 결합하기 위해서는 모든 것을 다하게 된다. 두 번째에서는 대상에 대하여 자신을 보호하기 위해 복종하게 되고, 대상과의 거리를 유지하기 위해 자신의 존재를 걸고 맹세하게 되며, 주체가 되기 위하여 자신의 자유를 포기하게 된다. 지지를 얻어내고 있는 대타자와 함께 자기 자신을 유지하기 위해 자기 자신을 포기하는데, 라깡이 흔히 예로 들고 있는 고상한 사랑에서처럼 오로지 대상이 가까이 다가오지 못하게 하기 위해 모든 노력과 희생을 기꺼이 채택하게 된다. 사랑을 유지하기 위하여 희생이란 결정적인 동작으로 사랑조차 포기할 수도 있다.

만일 사랑이 외심적인(extimate) 것—외부적인 내밀한 핵심—을 목표로 삼는다면 그것도 또한 사랑에 대한 보호가 되지만 애매하고 끊임없이 실패하는 보호이다. 외심의 이면이 기괴함이고, 붕괴를 초래하고 또한 치명적으로 되어가는 그런 대상의 출현이 된다. 사랑에서 사람들은 대상의 이면에 대한 보호로서 자신의 존재를 담보로 삼고, 인식과 최후의 의미를 가지고서 대상을 유지시킨다. 그 작전이 성공적일 수 있다는 것은 아니다. 그것은 라깡이 애증화(*hainamoration*)라 부르는 것의 애매성을 불가피하게 유지하고 있으며, 사랑의 드라마를 만들어내는 사랑과 미움 사이의 냉혹한 긴장이 된다 : "나는 당신을 사랑합니다만 그러나 불가해하게 나는 당신 속에 있는 당신 자신보다 더 큰 어떤 것—타대상(*objet petit a*)—을 사랑하기 때문에 나는 당신을 절단냅니다" (라깡 1979, p. 263). 만일 사랑하는 사람이 그 대상을 붙잡고 있으면 그것은 참으로 매우 위태로운 상황이 될 수 있다.

만일 사랑이 인식과 의미를 가지고서 그 대상을 최대한 덮어 가리려고 한다면, 우리가 앞으로 보게 되겠지만 분석은 정확히 그것들을 풀어내기 위하여 사랑을 이용하게 된다.

사랑 기계

이제 다른 줄거리를 추구해 보자. 만일 사랑이 외부적인 우발성에서 내밀함으로 가는 그런 기적적인 즉석의 통과 속에서 대타자로부터 온다면, 만약 알 수 없는 운명의 인물이 그것에 관련되어야 한다면, 만일 내부적인 결정이 이미 내려진 선택을 오로지 보증할 수 있을 뿐이라면 사랑도 역시 인위적으로 만들어질 수 있다. 사랑에 빠지는 일에 대하여 자동적인, 거의 기계적인 어떤 것이 있는데, 그것은 사용되고 남용될 수도 있다.

이러한 "사랑의 인위적인 산출"은 계몽 시대의 유물론적이고 결정론적인 사유들에 적합하여 그 시대에서 엄청나게 매혹적인 테마가 되었다. 마리보의 코미디에서 수많은 사례들을 생각해 볼 수 있는데, 그 코미디들은 흔히 가정된 내밀한 선택으로서의 사랑의 조작 주위를 맴돌고 있다. 그게 아니라면 모차르트의 오페라인 「코지 판 투테」라는 모범적인 사례를 얻을 수 있는데, 거기서 자신들의 약혼자를 깊이 사랑하는 두 명의 여인들이 하루 사이에 마음을 바꾸게 될지 또한 공교롭게도 변장 중인 그들의 예전 애인들인 새로운 애인들과 사랑에 빠지는지 내기를 걸고 있다. 결국엔 사랑이 의기양양하게 모든 것을 이기지 못하고 쉽사리 무너지게 된다. **사랑은 사랑을 조금도 조작해내지 못한다.** 즉 한 점의 질투, 한 알의 의심, 저항하기 어려운 사랑의 고백, 얼마 안 되는 아첨, 가짜 희생 같은 것이다. 사랑에는 기계를 닮은 어떤 것이 있다. 그것은 예측할 수 없는 감정들이 아니다. 실험적으로 유발될 수 있는 그것의 출현에는 기계적인 예측 가능성이 있다. 속담대로 불안정하고 변덕스러운 여성들은 이제 이런 기계적인 특성의 가장 좋은 구체화인 것으로 나타나는데, 전형적인 기계, 여성 기계들(*les femmes machines*), 즉 인형이다. 만일 두 여인들의 새로운 사랑이 매우 용이하게 위조된 간단한 장치들과 우연성과 운명에 의해 종합적으로 쉽게 야기된다면, 누구나 행복해 보였던 내기 이전에 이런 두 번째 사랑은 원래의 사랑에 긴 그림자를 드리우게 된다. 그것은 사후적으로 첫 번째 사랑을 제작되고 고안된 것과 똑같이 인위적이고 자의적인 것으로 만들어 버린다. 그것은 처음에 "자연스러운" 것으로 보였던 것을 우연히 부딪치게 된다. 한 애인은 다른 애인만큼 훌륭한데, 똑같이 인위적이고 우연한 사건에 의존하며, 또한 이것이 바로 이 특별한 오페라가 풀어야 할 다루기 힘든 문제이다.[12]

모차르트의 이야기는 자동인형들에 대한 계몽운동의 매혹에 매우 깊이 새겨져 있다. 높이 칭송된 자율성의 뒤에는 무생물의 기제가 숨겨져 있고, 가장 숭고한 느낌들은 결정론적 법칙에 의해 만들어질 수 있으며, 그것들은 종합적으로 유발될 수 있다. 매우 강렬하게 칭송되던 자유를 지닌 그 세기가 그와 동시에 자동인형들을 장려했다는 것은 매우 역설적으로 보이는데, 모자로 덮어놓은 데카르트의 자동인형들과 저도 모르는 사이에 영혼을 실어나르는 파스칼의 자동인형으로부터 시작하여 라메트리의 『인간기계론』(*L'Hommme-*

machine)과 몇 마디만 언급할 뿐인 보캉송에 이른다. 기계적인 인형은 자율적인 주체성의 은유가 되고 자율적인 주체성의 빼쏜꼴이 된다. 즉 자율적인 자기 결정과 자동인형은 같은 보조를 취한다. 죽은 자는 산 자를 움켜쥔다(*Le mort saisit le vif*). 이런 연결은 계몽적인 주체관의 역설을 압축시키는 것처럼 보인다. 또한 「코지 판 투테」에 관한 가장 흔히 반복되는 비판은 정확히 그 주인공들이 단지 인형들에 지나지 않다는 것이었다.

사랑과 자동인형 사이의 내적인 관계는 호프만의 소설인 「잠귀신」(The Sandman)(우리는 프로이트가 분석했던 사례를 알고 있음)에서 그 최후의 눈부신 화신을 얻게 되었는데, 거기서 이런 상황은 역전되는 것처럼 보인다. 가장 잘 알려진 에피소드에서 자동인형은 사랑의 대상으로 나타난다. 젊은 학생인 나타니엘은 두드러지게 말이 없고 입이 무거워 보이는 이 아름다운 소녀와 미친 듯이 사랑에 빠진다. 그녀가 노래를 부르고(이 에피소드의 기본이 되는 부분에서 오펜바하의 「호프만의 이야기」를 들을 수 있는 것처럼) 춤을 추는 것(델리브즈의 「코펠리아」에서 볼 수 있는 것처럼)이 사실이지만, 박자를 너무 정확하게 유지하고 있어서 매우 기계적인 방식으로 말이다. 그녀의 어휘는 매우 제한되어 있다. 그녀는 때때로 "오! 오!"라고 감탄할 뿐이며, 그가 유일한 화자일 뿐인 그들의 기나긴 대화의 끝에 가서 "잘 자요, 내 사랑!"이라고 말한다. 그러나 이것은 사랑의 어리석음을 가져오기에 충분하다. "그녀가 오직 몇 마디만 말한다는 것이 사실이지만, 그 몇 마디는 사랑으로 충만한 내부세계의 상형문자와 영원한 내세를 생각하게 해주는 영적인 삶의 고매한 지식과 닮아 있어요"라고 나타니엘은 말한다(Hoffmann 1958, p. 403). "오! 당신, 훌륭하고 깊숙한 영혼이여! 오직 당신만이 나를 진정으로 이해할 수 있군요!" (Hoffmann 1958, p. 404). 텅 빈 스크린과 텅 빈 눈동자, 그리고 "오!"라는 외침, 그것은 누군들 사랑에 미치도록 만들어 가는 데 충분하다. 그러나 이런 상황에는 이상한 반전이 있다. 그 문제는 단순히 올림피아가 자동인형으로 밝혀지고, 따라서 산 자와 죽은 자 사이의 기괴한 영역에 놓여 있다는 것은 아니다. 기계적인 방식으로 이상하게 반응하는 사람은 다름 아닌 나타니엘이다. 자동인형에 대한 그의 사랑 자체가 자동적이고, 그의 불 같은 감정들이 기계적으로 만들어진다.[13] 그가 자신의 메시지를 받을 뿐인 그렇게 텅 빈 스크린을 거의 세울 수 없게 된다. 여기서 누가 그 상황에서 진정한 자동인형인가라는 질문이 야기되는데, 자동인형의 출현은 자동적인 대답을 요구하고 자동적인 주체화를 가져온다.

호프만의 아이러니한 비틀림, 그 에피소드에 함의된 사회적 패러디는 여성에게 부여된 역할을 부각시킨다. 여성이란 그러한 유령을, 대타자의 인물을 만들어내는 것은 적절한 장소에 존재하는 것으로 기껏해야 적절한 시간에 "오!"라고 말하는 것으로 충분하다. 기계적인 인형은 사랑하는 관계의 기계적인 특성을 부각시킬 뿐이다. 사랑에 빠지는 주체와 그 대상 둘 모두는 자동인형으로 환원될 수 있다. 즉 우리는 완벽한 사랑기계를 갖게 된다.

또 다른 분명한 사례를 찾기 위해 우리는 헨리 제임스로 돌아갈 수 있다. 수많은 제임스식 플롯들은 사랑과 자유로운 선택 간의 관계와 사랑의 조작의 주위를 맴돌고 있다. 아름답고 부유하고 지적인 젊은 여인이 미국에서 유럽으로 건너오는데, 그녀는 시간을 들여서 남편을 고르는 선택의 자유를 맘껏 즐기기 위해서이다. 그러나 그녀가 덫에 걸리는 것은 정확히 가장 자유롭고 자율적인 상태에서이다. 그녀가 자신의 결혼을 결정하는 운명의 신호가 된다고 생각했던 것은 더러운 음모의 결과로 드러난다. 그녀의 자유로운 선택은 인위적으로 이루어졌고, 또한 그녀가 완전히 자율적으로 결정을 내렸기 때문에 오로지 그것을 고집함으로써 그녀가 한 여인으로 그려질 수 있다.

또 다른 제임스식 사례를 생각나는 대로 들어보면, 「주인 뷰퍼」(*Lord Beaupre*, 1892)라는 단편소설에서 젊은 여인을 설득하여 젊은 주인이 아내를 선택하는 데 있어 한가롭고 완전히 자유롭게 결정할 필요가 있는 그런 시간에 일종의 "편의대로 약혼자"로서 행동하게 한다. 그러나 외부적 편의라는 이처럼 순전히 일시적인 방책은 젊은 남자한테 결정적인 것으로 증명되는데, 그 남자는 우연한 벗과 사랑에 빠지는 일 이외에는(그녀의 교활한 어머니가 옳게 예상했던 것처럼) 다른 선택을 갖고 있지 않다. 그 사건 전반에 대하여 화가 난 여주인공의 오빠가 그녀의 어머니와 맞설 때 다음과 같은 흥미로운 대화가 그들 사이에 있게 된다.

> 그는 그녀와 사랑에 빠져 있거나 그렇지 않거나 둘 중 하나예요. 만일 그가 빠져 있다면 그녀에게 정중하게 제안할거구 그렇지 않다면 그냥 놔둘거구요.
>
> 고슬린 부인[어머니]은 느긋한 기쁨으로 아들을 바라보았다. "그가 그녀와 사랑에 빠진거야. 하지만 그는 그걸 알지 못하고 있어."
>
> "그가 그걸 알아야 해요. 만일 그가 그처럼 바보라면 우리

가 그를 신중히 생각해 봐야 할 이유를 모르겠어요."

"걱정 마라. 그는 알게 될 거야!" 라고 고슬린 부인은 큰소리로 말했다. (James 1975, pp. 158-59)

"그가 사랑에 빠져 있지만 그걸 알지 못하고 있어"라는 말은 마르크스의 "그들은 그것을 알지 못하지만 그것을 하고 있다" ["*Sie wissen es nicht, aber sie tun es*"]는 말의 제임스식 번역으로 읽힐 수 있다. 그 일에 관련된 무의식은 순전히 외부적인 연결형태를 취하고 있는데, 주인공의 마음 속 어두운 구석에 깊이 감춰져 있는 어떤 것이 아니라 모든 사람들한테 보이는 어떤 것(약혼의 공개적인 선언)이다. 그러나 젊은 사람한테 기회가 있지 않았기 때문에 그는 무기력하게 자신의 통제를 넘어선 자동증의 덫에 걸려들었으며, 그 여인은 마침내 대타자가 그녀의 어머니와 달라야 한다는 확신에 차서 그의 제안을 거부하게 된다.[14)]

분석가와 사랑에 빠지는 일

그러나 아마도 그 일에 열쇠를 제공하는 최고의 사례는 정신분석으로 발견된 사례일 것이다. 즉 정신분석 치료에서 보는 전이의 경우이다. 프로이트는 1915년에 「전이 사랑에 관한 관찰」(1958, 12권)이란 유명한 논문을 썼는데, 거기에서 그는 일종의 분석의 부산물이 되고 프로이트 자신을 깜짝 놀라게 했던 독특한 사랑을 분석하고 있다. 그것은 분석치료의 매끄러운 진행을 방해하는 가공물로 나타났고, 매우 오랫동안 그 함의는 알려지지 않았다. 분석에 대한 환자의 이런 사랑(처음엔 정신분석이 대부분 여성 히스테리 환자들과 관련되어 있었음)은 분석상황으로부터 튀어나오는데, 놀랄 만큼 거의 기계처럼 규칙적으로 나타나고 분석가의 인품이나 환자의 인품과는 상관없다. 그것은 인위적으로 만들어진 사랑이고 오로지 분석상황의 기능이며 전혀 잘못이 없는 결과이지만, 그렇다 하더라도 프로이트가 주장하듯이 비록 실험적으로 유도되지만 "진솔한" 사랑과 전혀 다르지 않은 진정한 사랑이다. 만일 그것이 병리적으로 보인다면 사랑 그 자체가 매우 병리적인 상태라는 것을 마음 속에 새겨두어야 할 것이다. 유일한 차이점이 있다면 그것은 그 본성에 있지 않고 기껏해야 전이에서 그 출현의 순수한 예측 가능성에 놓여 있다는 것이다. 그 구조는 그것의 "정상적인" 빼쏜꼴에서 더욱 분명한 방식으로 드러난다. 이런 기제가 순수한 형태로 가장 잘 연구될 수 있는 것은 이런 실험실 상황인데, 정신분석 그 자체는 결국 이런 기제의 분석으로 보일 수 있다.

분석상황은 극히 간단하다. 분석가를 보지 않고 카우치에 누운 환자는 자신의 마음에 스쳐지나가는 것은 무엇이든 자유롭게 말하도록 권유되는데, 분석에서의 유일한 규칙이 있다면 그것은 일반적으로 "기본적인 규칙"이라 알려진 정확히 이러한 규칙의 명백한 부재가 된다. 어째서 이런 기본적인 방편, 즉 외부적인 인접성(시각에조차 의하지 않은, 추측될 뿐인 현존)이 불가피하게 사랑의 관계를 만들어내는 것일까? 그런데도 누구나 모든 치료에서 이런 사랑을 찾아낸다고 확신할 수 있는데, 그 사랑은 아무도 요구하지 않았던 사랑이고 분석가를 매우 당혹케 할 수 있는 사랑이다. 거기에는 세 가지 가능한 결과들이 있다고 프로이트는 말한다. 치료의 방해(그러나 환자는 또 다른 것을 시작하고 거기서 동일한 곤경에 빠질 수도 있음)이거나 결혼[프로이트의 표현대로 환자한테 커다란 성공이 될지 몰라도 치료에 대해서는 재해가 될 수 있음. 피츠제럴드의 『부드러운 밤』(*Tender is the Night*)이 이 관점에 대하여 위대한 문학적 증거임], 혹은 정사(정확히 분석에 대한 프로이트의 생각은 아님)가 된다. 만일 이 모든 세 가지 해결책들이 나쁘다면 남아 있는 유일한 것은 그것을 다루는 일이다. 말하자면 그것을 치료의 지렛대로 사용하고, 치료 그 자체가 만들어냈던 병리인 무의식의 또 다른 형성물로서 그것을 분석하는 것이다. 그렇게 해서 역설적으로 분석은 결국 병리적인 상태—전이—의 분석으로 변하는데, 그것이 그 자체를 만들어냈고 치료 이전에는 존재하지 않았던 것이다. 따라서 정신분석은 사랑의 인위적인 산출을 위한 장치로 보일 수 있고, 그와 동시에 그것을 없애는 도구로도 볼 수 있다.

프로이트는 이런 전이 사랑이 대개 일종의 저항으로 나타나는 것을 주목할 만하다고 말한다. 그것은 대개 환자가 사랑으로 반응하게 되는 특별히 고통스런 어떤 영역이나 주제들에 대해 분석가가 언급하게 되는 그 순간에 일어난다. 그런데도 전이는 애초부터 저항의 정반대처럼 보였고, 우선 첫째로 분석을 시작하게 하는 것이었다. 기본적인 규칙은 저항을 제거할 수 있고 피억압물을 드러낼 수 있다는 약속을 포함하고 있었다. 규칙들의 부재를 가정하면 최소한의 전이 기제는 이미 대타자한테 건네는 말의 기본적인 기능 속에 깊이 간직되어 있었는데, 그 대타자는 경험적인 모든 대화자들을 넘어선 심급이다. 이런 차원은 간주체성을 넘어선 대타자의 특별한 위치에 정확히 놓여 있는 분석가의 기능을 적절한 장소에 놔두게 된다.

전이는 반드시 대타자에게 건네진 말에서 야기되고, 언어의 기본적인 차원에 새겨져 있다. 이것은 라깡이 그 뒤에 "알 것으로 가정된 주체"라고 불렀던 기능이다. 따라서 전이는 애초에 무의식의 개방으로 나타나고, 이것이 전이의 측면인데, 그에 의해 "기본적인 규칙"이 "자유연상"의 흐름을 개시하며 피억압물을 기억하고 반복하며 재구성하는 일련의 과정을 일으킨다. 이런 말들의 흐름이 건네지는 대타자는 분석가라는 인물로서 현존하고 무의식의 메시지와 증상과 꿈의 가정된 수신인으로서 존재하며, 대타자는 그것들의 해결책에 열쇠를 쥐고 있는 것으로 가정되어 무의식에 의해 제기된 수수께끼를 풀며 그것들을 해독하기 때문에 그것들이 의미하는 바를 "알 것으로 가정된 주체"가 된다. 환자를 "자유연상"으로 유도해 가는 것은 바로 이런 근본적인 가정이다.

그러나 이런 전이의 또 다른 측면이 있게 되는데, 그것은 게임을 망치는 전이 사랑의 출현을 말한다. 그것은 반복의 중지로 나타나는데, 그 때 자유로운 흐름이 갑자기 멈추고 저항으로서, 혹은 라깡의 표현처럼 무의식의 폐쇄로서 말이 실패하게 된다. 그 자체를 사랑으로 나타내는 이러한 중지는 다른 차원을 초래한다. 이처럼 뜻밖의 새로운 의미로의 전이는 장애물로 나타난다.

> 프로이트가 처음부터 우리에게 보여주는 것은 전이가 본질적으로 저항적이라는 것이다(*Übertragungswiderstand*). 전이는 무의식의 소통을 방해하는 수단이고 무의식을 다시 닫아버리는 수단이다. 무의식에 권력을 넘겨주기는커녕 전이는 그와 반대로 그의 폐쇄가 된다. (Lacan 1979, p. 130 ; 여러 군데 참조)

전이적인 사랑, 즉 무의식의 대극으로서의 사랑이 위치하는 곳은 이러한 저항 속에, 무의식의 이러한 폐쇄 속에 있다.

> 전이 효과에 나타나는 것은 폭로에 대조된다. 사랑은 … 속임수로서의 그 기능에 개입하게 된다. 사랑은 의심할 것 없이 전이효과이지만 그것은 그것의 저항 쪽이다. 우리는 해석할 수 있기 위하여 이러한 전이 효과를 기다리면서 서로 연결되어 있으며, 그와 동시에 그것이 우리 해석의 효과로부터 주체를 막아버린다는 것을 알고 있다. (Lacan 1979, p. 253)[15)]

따라서 "전이의 변증법"은 서로 다르고 대조되는 두 가지 운동에 관련되어 있다. 전이가 무의식을 열어주고 닫는다고 말할 수 있으며, 자유연상을 출발시켜서 달려나가게 만든다. 그것은 분석치료의 지렛대가 되면서도 그와 동시에 그것의 주요 방해물임을 증명해 준다. 그것은 두 가지 시각, 즉 인간조건에 관한 서로 다른 두 가지 견해를 열어준다. 끝없는 과정 속에서 그 연쇄를 따라 미끄러지는 주체를 동반하는 시니피앙들의 무한한 연쇄로서 각각의 시니피앙은 다른 시니피앙들을 위해 그것을 표현할 뿐인데, 다시 말해서 그것을 서툴게 표현하는 까닭은 성공적인 표상의 바로 그 실패가 최종적인 단어를 갖지 못한 채, 즉 그것을 닫거나 세울 수 있는 궁극적인 시니피앙을 갖지 못한 채로 무한한 환유와 무한한 반복의 이러한 과정을 추구하는 것이 되기 때문이다. 그러나 "말을 넘어서" 있는 측면도 존재하는데, 무언의 현존, 즉 침묵하는 존재의 차원으로서 분석가라는 침묵하고 당황하는 현존에 의해 최초로 내보이는 역할(호프만의 올림피아와 똑같이 자기 자신을 자동인형으로 변화시키면서 기껏해야 "오!" 혹은 "잘 자요, 내 사랑"이라고 말하는 사람)이다. 분석가는 결국 자유로운 흐름의 중간에 서서 시니피앙의 반복을 방해하는 사람이 된다. 이런 육중한 현존으로서 그는 자기 자신을 상징계를 정지시키는 대상의 자리, 즉 상징화될 수 없고 상징계가 선회하게 되는 어떤 것의 자리에 위치시키게 된다. 그는 프로이트의 표현대로 "낯선 사람"(*ein fremder Mensch*), 즉 이방인과 이물질로 남게 된다. 그것은 대타자의 가늠할 수 없는 욕망의 대상으로 자기 자신을 제공하는 환자 측에게 사랑의 반응을 요구하는 이러한 무언의 존재가 된다. 이름을 붙일 수 없는 대상은 자유로운 흐름과 반복이란 게임을 망쳐버리고, 그것은 이러한 중단 속에, 다시 말해 주체의 향락이 위치할 수 있게 되는, 이처럼 말로 표현할 수 없는 비활성의 존재 속에 있다. 그는 시니피앙이 정지되는 곳에서 자신의 존재를 제공하는데, 이러한 말의 결여 속에는 자신을 사랑으로 표명하는 주체라는 침묵하는 존재가 있게 된다.[16)]

따라서 사랑은 결여된 단어의 지점에서 출현하고, 그 결여를 채우기 위해, 대타자를 유지시키고 유혹하기 위해 자신의 존재를 제공한다. 전이 사랑의 기적은 세계문학으로부터 알려진 일련의 멋진 효과들을 펼쳐내 보이고, 그것은 주체의 존재 전체를 변형시키는 기본적인 계기가 되는 것처럼 보일 수 있다. 그러나 그 결과는 매우 다르다. 즉 **대타자는 시선을 되돌려 주지 않는다.** 만일 분석가가 반드시 사랑을 만들어낸다면 그의 위치의 역설, 즉 그것에 의해 함의된 윤리적 자세는 정확히 그것에 반응하지 않는 것이고, 대상의 출현이 의미와 인식의 출현에 의해 감춰지는 것을 허락지 않는 것이다. 사랑에서 우연한 것과 무의미한 것은 기적적으로 최상의 의미의 지점으로 변하게 되는데, 그것은 자신의 가장 내밀한 소망들의 실현이지 부과되고 소외된 그런 것이 아니다. 그러나 정신분석은 전이라는 기제와 함께 사랑을 하나의 증상처럼 보이게 만들고 의미와 인식으로 감춰지지 않은 대상의 출현, 즉 소외된 것 같은 대상의 출현을 목표로 삼는다. 그것은 결국 그런 사랑을 만들어냈던 기제를 들춰내는 과정이 되고, 그에 따라서 그것이 바로 그 우연성에 나타나도록 만들어 준다. 그의 결론은 정확히 대상의 우연성을 실현시키는 것인데, 그것은 그때까지 숨겨져 있는 "대타자 속의 결여"에게로 불려나오는 대상이고, 그 때문에 그것의 순수한 무근거에 나타나는 대타자의 붕괴가 된다. 그러므로 라깡은 그런 결론적인 순간을 분석가한테서 구현되는 "타대상의 탈락"으로 기술하거나 두 번째 세미나(라깡 1979, p. 273)에 제시된 공식에서 "나"의 지점(자아 이상)과 타대상 사이에 벌어져 있는 최대한의 거리로 기술하기도 하고, "주체적인 결핍"이나 "근본적인 환상의 횡단"으로 기술하다가 마지막 구절에는 "증상과의 동일시"로 기술한다. 분석가는 잔여의 위치를 차지하고 있다. 즉 사랑의 선동자이면서 동시에 인식과 의미로 감춰져 있는 실재계의 우연한 작은 조각은 그처럼 나타나게 된다.[17]

그렇다면 이것이 사랑의 종말인가? 정신분석의 전반적인 관점이 결국 우리에게 인간조건의 최후의 곤경을 치료해 주는 것일까? 우리는 대상의 우연성과 탈락이 주어진다면 그 대상을 제거하게 되는가? 다시 말해서 우리는 대타자의 결여를 보게 되었을 때 그 대타자를 제거하는가? 또한 "치유된 주체"는 무엇과 닮아 있을까? 냉소자, 현인, 은자, 난봉꾼, 염세가, 혹은 폭군인가? 전혀 그렇지 않다. 만일 정신분석의 결과로 오는 처방이나 충고가 없다면 아마 최종적인 사랑의 명령이 있을 것이기 때문이다. 즉 "너의 증상을 네 자신처럼 사랑하라!" 사랑이 다뤄야 하고 역설의 기저에 놓여 있는 그처럼 소외된 외심적 핵심은 오로지 불안정하고 회피적인 주체의 파악일 뿐이고, 그와 동시에 그것의 불가능성을 만들어내는 것이다.

주

1_ 이 장은 *October* 58(1991년 가을호)에 실린 「"나는 당신의 결혼일 밤에 당신과 함께 있을 것이다" : 라깡과 기괴함」이라는 논문과 *Qui parle* 6, 2권(1993년 봄·여름호)에 실린 「질문을 넘어서」라는 논문에서 몇 가지 자료들을 자유롭게 이용하고 있다.

2_ "언어사용법은 그의 변덕에서조차 어떤 종류의 현실에 대해 진실한 채로 남아 있다. 따라서 그것은 엄청나게 많은 종류의 감정적인 관계에게 '사랑'이란 이름을 붙여주는데, 우리도 역시 이론적으로는 사랑으로 분류하고 있다. 그러나 다시금 그것은 이런 사랑이 현실적인지 의아심을 느끼고 있으며, 따라서 사랑이란 현상의 범위 내에서 모든 정도의 가능성들을 넌지시 알려주고 있다. 우리 자신의 관찰을 통하여 동일한 발견을 해내는 데에 아무런 어려움도 없을 것이다"(프로이트의 『펠리컨 프로이트 총서』, 12권, p. 141).

3_ 불가능한 자유의 선택이 정신병에 의해 제시된다고 말할 수 있다. 자크-알랭 밀레가 가져다 준 사례에서[그의 미출간된 세미나인 「외심」(Extimité, 1985-1986)에서] 어느 정신병 환자가 이렇게 말할 수 있었다 : "어떤 특정한 나이에 몇 사람들이 나를 바라보았고, 나는 그들이 내 부모라는 말을 들었어요." 이 진술의 특이함은 그것이 만들어진 외부의 관점에 놓여 있다. 우리 모두는 우리의 부모가 누구라는 말을 그저 듣고 있는 위치에 서 있기 때문인데, 부모다움이란 언어적 전달과 증언, 서술, 믿음의 사실이 되는 것이다. 그러나 오직 정신병적인 주체만이 이런 사실, 즉 불신의 자유와 선택으로부터 "객관적인" 거리를 유지할 수 있으며, 그에 따라 어떤 "기본적인 시니피앙"(라깡이 "아버지의 이름"이라 부르는 것)이 그를 움켜쥐고 있지 못하다는 것, 즉 그것이 "폐제되어" 왔음을 보여주고 있

다. 따라서 그는 일반적인 상징계와 외부적인 관계를 유지하고 있다. 그러나 이러한 자유선택의 대가는 주체성의 상실이 된다.

4_ 사랑에 대한 결정이 주체 그 자신에 의해 자유롭고도 자율적으로 결코 내려질 수 없는 시점이, 예를 들면 서머셋 모음의 단편소설인 「편의대로의 결혼」(*A Marriage of Convenience*)에서 매우 재미난 방식으로 그려지고 있다. 바람직한 어떤 총각이 내놓은 결혼광고에 수천 통의 편지들이 답장을 보내온다. 이 불쌍한 남자는 선택의 완전한 불가능성과 마주쳐야 하고, 결국 결정을 내리기 위해 다른 전략을 사용해야 한다. 다시 말해 적어도 운명이 내린 선택이라고 얼마큼의 가장으로 꾸며보이고 그렇게 했으면서도 **편의대로의 결혼**으로 끝을 맺게 된다.

5_ 좀더 흔한 사례로서 『잠자는 미녀』의 디즈니판에서 주인공의 노래를 들 수 있다 : "나는 당신을 알죠. 한때 꿈속에서 당신과 함께 걸었어요, / 나는 당신을 알아요, 당신의 눈속에서 번뜩이는 빛은 아주 낯익은 섬광이고 … ."

6_ 오토 랑크[1989(1914)]와 최근의 칼 밀러(Karl Miller, 1985)의 철저한 연구는 문학(또한 다른 곳)에서 이런 동기의 매우 풍부한 존재를 증명해 주었다. 수많은 사례들은 차미소(Chamisso)의 피터 쉴레밀, 호프만, 고딕파의 소설, 안데르센, 레나우(Lenau), 괴테, 장 폴, 호그(Hogg), 하이네, 뮈세(Musset), 모파상, 와일드로부터 시작하여 아마도 가장 유명한 두 가지인 포우의 「윌리엄 윌슨」과 도스토예프스키의 골랴드킨(Golyadkin)에 이르기까지 광범위하다.

7_ 이 소설들의 주인공은 대개 남성이다. 나중에 나타날 것처럼 빼쏜꼴은 역시 일반적인 여성성과 섹슈얼리티와의 관계를 회피하기 위한 장치로서 주체의 선택으로부터 빠져나가게 해준다.

8_ 그 이미지에 닥치는 것이 그 주인에게 닥치게 될 것이라는 전통적인 "물활론적인"(animistic) 믿음도 있는데—깨진 거울에 관하여 아직도 살아있는 미신을 참조할 것, 또한 다음과 같은 하이네를 참조할 것. "우연히 거울 속에서 달빛에 비친 자신의 얼굴을 보는 것보다 더 기괴한 것은 없다"(랑크 1989, p. 43에서 인용됨)—왜냐하면 그가 죽은 자의 얼굴을 보고 있기 때문이다. 이것은 또한 유령과 흡혈귀 등등이 그림자를 던지지 않고 거울영상을 갖지 못하는 이유를 설명해 준다. 그것들 스스로가 이미 그림자와 영상이기 때문이다.

9_ 그것이 바로 일종의 "악마와의 계약"으로, 혹은 어떤 숨겨진 대리인으로 자신의 이미지를 거래하는 것은 항상 좋지 않게 끝나는 이유이다. 다시 말

해 악마는 주체가 간과하는 이미지의 중요성을 알고 있다. 악마와 계약하는 동기에 대해서는 『펠리칸 프로이트 총서』 14권에 나오는 「17세기 귀신론적인 신경증」, p. 392ff도 참조할 것.

10_ 나는 enjoyment, to enjoy(쾌락과 대조되는 것으로서)가 정신분석에서 사용되는 것처럼 *la jouissance, jouir*의 훌륭한 영어의 등가물이 된다고 생각하지 않는다. 영어에서는 "Enjoy yourself!"라는 명령형과 "I am enjoying myself"라는 일인칭 단수를 사용하는 일이 매우 흔하지만, 반면에 불어에서는 "*Jouis!*"라는 명령형(초자아의 라깡식 명령)이나 "*Je jouis*"라는 일인칭 단수(일반적으로 많이 말하는 경향을 보이지 않는 특별한 상황이 아니라면)를 사용하는 것이 실제적으로는 불가능하다. "전문적인" 의미로 사용될 때 나는 불어 단어를 유지하는 수많은 영어권 저자들의 실행을 따라가려고 한다.

11_ 프로이트는 다른 문맥에서 *Störer der Liebe*에 대해 말하고 있다(『펠리컨 프로이트 총서』 14권, p. 353).

12_ 더욱 자세한 분석을 보려면 *New Foundations* 22(1994년 여름호), pp. 43-54에서 나의 「여성-기계」(la femme-machine)라는 논문을 참조할 것. 여기에는 "라깡과 사랑"이란 특집에 실려 있음.

13_ " … 올림피아에 대한 그의 무분별한 강박적인(*zwanghafte*, compulsory) 사랑"이라고 프로이트는 말한다(『펠리컨 프로이트 총서』 14권, p. 354).

14_ 사랑에 빠지는 일에 관한 사례들은 수없이 많다. 그러나 루스 렌덜(Ruth Rendell)의 소설인 『손들의 나무』(*The Tree of Hands*, 1985)는 부모와 아이 사이에 인위적으로 만들어진 사랑의 훌륭한 사례를 제공해 주고 있다. 어머니는 마침내 죽은 아들을 대신하는 **대리아들**을 사랑을 다하여 받아들이는데, 그 대체가 그녀의 의도나 노력 없이 이뤄진다는 조건이 붙어 있다. 그 결정은 대타자에 의해 취해져야 했는데, 그래도 다시금 그것은 우연히 그녀의 어머니가 되었다(그러나 이번에 그렇게 된 까닭은 그것이 교활한 어머니가 아니라 열광적인 어머니이기 때문이었다).

15_ 다음을 참조할 것. "따라서 우리는 사랑이 요구—그에 대해 답하지 않은 채로 남아 있을지라도—라고, 존재에게 말을 건네는 요구라고 말할 수 있으며 … . 사랑은 그 단어가 실패하게 되는 말의 그런 지점이라 부른다"(Silvestre, 1987, p. 301). 전이에 대한 미쉘 실베스트르의 「치료방향으로의 전이」라는 논문은 원래 『오르니카르?』 30(1984)에 출간되었고 그다음에 사후에 출간된 저서(Silvestre, 1987)에 포함되어 있는데, 내가 알고 있는 정신분석에서의 전이에 대한 설명 가운데 가장 훌륭한 것이다.

16_ 두 가지 가능한 오해를 명확히 밝혀보자. 첫째, 말을 넘어선 이러한 존재에는 비합리적이거나 파악할 수 없는 것은 아무것도 없으며, 언어를 불충분한 것으로 배척하길 요구하거나 어떤 종류의 즉각적인 접촉과 즉시성의 직접적인 파악 등등을 필요로 하는 어떤 것도 없다. 언어를 넘어선 것은 언어 그 자체의 결과, 즉 상징계 낙하의 결과이다. 둘째, 시니피앙을 넘어선 것은 힘이 미치지 못한 것이 아니고, 영향을 준다거나 작용할 수 없는 어떤 것이 아니다. 정신분석은 정확히 그러한 존재, 그처럼 포착하기 어려운 대상을 만져보기 위해 디자인된 과정이고, 그것이 언어의 충돌의 산물이기 때문에 말을 통하여 붙잡을 수 있을 뿐이며(정신분석은 처음 발생되던 그 때부터 "대화치료"임), 더욱 직접적인 수단(제약업계가 키워보려고 애쓰는 희망)으로 가정된 그 어떤 다른 것에 의하지 않는다.

17_ 나는 그처럼 실험적으로 만들어낸 순수한 형태에서 **사랑을 이데올로기적인 기제로** 부를 수 있는 어떤 것에 대해 우리가 간단히 언급할 수 있다는 것을 첨부해 둘 수 있을 뿐이다. 아도르노는 이것을 놀라울 만큼 훌륭하게 봐오고 있다 : "그러한 것이 사랑받게 되는 유일한 이유는 그것이 존재하기 때문인데, 그것은 주어진 것에 대한 복종으로부터 피할 수 없는 것으로 따라가고 있으며, 그러한 복종은 오로지 사랑을 통하여 정신적으로 야기될 수 있다. 거기에 있는 것을 받아들인다는 것은 현실의 가장 강력한 접착제—그처럼 특수한 이데올로기 대신에 존재에 관하여 이론적으로 정당화된 표상일지라도—가 되어왔다. 우연히 제 자리에 있는 실존하는 어떤 것을 의심 없이 받아들이는 맹점은 부르주아 사회의 불변량 가운데 하나이다"(아도르노 1973, p. 222). 이처럼 주어진 것을 친밀한 것으로 받아들이는 데에는 이데올로기적 구성의 맹점이 있고, 시니피앙을 넘어선 맹점에는 주체가 말없이 복종하고 자신의 존재를 제공함으로써 대타자에게 반응한다. 그것은 이데올로기가 제시하는 합리적이거나 불완전한 논증을 회피하는 지점이고, 그것의 중심점들, 떠도는 시니피앙들, 주체의 위치들, 열린 동일성들 등등에 대한 분석이다. 만일 첫 번째 관점(근본적인 토대가 없는 무한한 연쇄)으로부터 모든 주체 동일성의 개방이 있게 된다면 그 다음엔 두 번째 관점으로부터 주체의 존재가 제한되고 고정되며 근본적인 토대의 일종으로서 그것의 향락에는 불활성이지만 의미화 연쇄를 세울 수가 없다. 그 둘 사이에는 접점이 없다. 그러나 이데올로기가 어떻게 향락에 달려드는지 그 질문에 대해 언급하는 데에는 훨씬 더 긴 논법이 요구될 것이다. 나는 다만 이 영역에서 슬라보예 지젝이 성취했던 작업을 언급할 뿐이다(지젝 1989, p. 192).

참/고/문/헌

Adorno, Theodor W. 1973. *Einleitung in die Musiksoziologie*. In *Gesammelte Schriften*, vol. 14. Frankfurt : Suhrkamp.

Blumel, Eric. 1980. "L'Hallucination du double." *Analytica* 22 : 35–53.

Freud, Sigmund. 1972–86. *The Pelican Freud Library*. Ed. A. Richards. 15 vols. Harmondsworth : Penguin.

______. 1958. "Papers on Technique : Observations on Transference Love (Further Recommendations on the Technique of Psychoanalysis)." In *The Standard Edition*, vol. 12. Ed. James Strachey. London : Hogarth Press and Institute of Psycho–Analysis.

Graves, Robert. 1960. *The Greek Myths*. 2 vols. Harmondsworth : Penguin.

Hoffmann, E. T. A. 1958. *Poetische Werke*, vol. 2. Berlin : Aufbau–Verlag.

James, Henry. 1975. *Affairs of the Heart*. London : Pan Books.

Lacan, Jacques. 1979. *The Four Fundamental Concepts of Psycho–Analysis*. Ed. J.–A. Miller. Harmondsworth : Penguin.

Miller, Karl. 1985. *Doubles*. Oxford : Oxford UP.

Murdoch, Iris. 1975. *The Black Prince*. Harmondsworth : Penguin.

Poe, Edgar Allen. 1979. *Selected Writings*. Ed. D. Galloway. Harmondsworth : Penguin.

Rank, Otto. 1989. *The Double : A Psychoanalytic Study*. London : Karnac–Maresfield Library.

Rousset, Jean. 1984. *Leurs yeux se rencontrèrent*. Paris : Jose Corti.

Silvestre, Michel. 1987. *Demain la psychanalyse*. Paris : Navarin.

Wagner, Richard. 1977. *The Ring of the Nibelung*. Trans. A. Porter. New York :

Norton.
Žižek, Slavoj. 1989. *The Sublime Object of Ideology*. London : Verso.
______. 1992. *Enjoy Your Symptom!* New York : Routledge.

제6장

서구 주체성의 성적 생산 혹은 사회민주주의자로서의 성 아우구스티누스에 관하여

프레드릭 제임슨 저 | 양석원 역

극단적 악의 문제는—특히 악을 이론적 개념으로 삼는 자들에게, 그리고 악의 개념 자체가 모든 악의 근원인 자들에게는 더더욱—세 가지 뚜렷이 다른 주제로 구별될 필요가 있다. 인간 존재의 심층에서 동반되는 죄의 경험, 한계와 유한성에 대한 현재의 윤리적(그리고 이데올로기적) 관심, 그리고 마지막으로 억압할 수 없는 폭력에 대한 (마찬가지로 현재의) 불안이 그것인데, 이 폭력은 (정말 구체화할 필요가 있다면) 타자에 대한 폭력으로 구체화할 수 있으며, 따라서 이 불안은 또한 폭력의 기회로서의 타자에 대한 불안이라고 말할 수 있다. 이 주제들은 이런 형태들로서는 모두 형이상학적이어서 이들의 무한한 추상화와 무시간성은 사회역사적인 내용으로 다시 제한될 필요가 있다. 만일 이런 철학적 추상화라는 사실 자체가 사회적으로 대면할 역사적 문제가 아니라면, 이 사회역사적 내용은 이 주제들을 철학적 영역에서 전적으로 몰아내려고 명백히 위협하게 될 것이다.

타자성의 개념들이 (레비나스에서처럼) 민족적 소수자들의 사회역사적 경험에서 발생한다는 것을 알기는 쉽다. 하지만 어떻게 사회가 자신의 목적을 위해서 처음에는 무의미한 생물학적 성별(gender)의 사실을 똑같이 이용하는가(이는 앞으로 숙고할 주제들 중 하나인데)를 이해하는 것은 좀더 어렵다. 그러나 폭력에 대한 현재의 불안은 틀림없이 인간 본성의 관점이나 허무주의의 관점에서가 아니라, 후기 자본주의가 모든 세습된 사회체제 및 후기 자본주의의 합법화를 포함한 모든 형태의 사회적 합법화를 침식시킨 효과와의 관계에서 분석되어야 한다. 폭력의 현실은 인류학이 어떤 가설적인 인간 본성의 천성적인 공격성을 가정하든 아니면 보다 나은 종류의 본성이 심리적으로 억압되거나 일탈했다고 가정하든 간에 이런저런 인류학으로 회귀한다고 특별히 통제될 수 있는 것이 아니다. 만일 우리가 인간 본성이 구성되는 것이라는 입장을 갖고자 한다면 『남자는 남자다』의 브레히트와 같이 사람들은 무엇으로든 바뀔 수 있다고 선언하고 거기에서 인간 본성을 취하는 것이 더 나을 것이다.

한편, 자연을 프로메테우스적으로 파괴하는 생태학적 담론을 포섭하면서 무엇보다도 시장의 수사학을 강화하고 혁명적 정치와 집단적 사회변화 기획을 포기하는 것을 권장하는 것이 요구되는 현재의 반유토피아적인 풍토에서 유한성은 매우 의심스런 범주이다. 그러나 자연 에너지를 올바르게 집단적으로 사용하는 방법을 개발하는 것 또한 분명 프로메테우스적인 것이 아닌가?

여기에서 죄는 주요 주제인데, 이는 죄가 모든 이해할 수 있게 경험되는 인간의 운명에서 피할 수 없는 것이면서도 이런 신학적 공식에서도 받아들일 수 없는 것이기 때문이다. 이는 곧 모든 공식에서 받아들일 수 없다는 것을 뜻한다. 왜냐하면 비신학적 죄의 개념은 결코 있을 법한 것이 아니기 때문이다. 하이데거가 비신학적 죄의 개념을 제시하려고 했지만 단지 우리가 죄를 느끼는 경험적 사실("양심의 부름")에 의존하고 말았으며, 이는 곧 인간의 조건 자체에 대한 논제로 변증법적으로 의지한 것이었다. 사르트르에게도 죄의 사실은 남아 있지만 이는 아마도 우리 자신의(나 자신의) 존재가 정당화할 수 없는 것이라는 의미로 보다 만족스럽게 세속화된다. 즉 승무원이 티켓을 요구할 때 다른 모든 사람은 티켓을 갖고 있는 것 같지만 나는 갖고 있지 않다는 느낌이다. 하지만 이 역시 승무원을 가정하며 정당화할 수 있다는 필요조건이 미리 주어져 있다.

죄를 성(sexuality/性)과 같이 관련되어 있으면서도 독립된 현상에서 유래한 것으로 보는 것도 만족스럽지 않다. 왜냐하면 이는 본질주의의 문제를 전치해서 인간의 어떤 "본질"의 함의를 죄 자체에서 성적 욕동으로 전이시키는 결과가 될 것이기 때문이다. 죄가 항상 [프로이트식으로 말하면 "전접어(前接語)식으로"] 성에 의존해서 자신을 강화시킬 수 있어왔다는 것은 확실해 보이고 그 역도 옳은 것 같다. 앞으로 나는 성을 어떤 고유의 근본적인 현상학적 의미를 지닌 자율적 현상으로서가 아니라 비록 그 의미가 항상 사후에, 그리고 일군의 다른 의미들에 봉사하도록 만들어진다 해도 항상 무엇인가를 의미해야 하는 현상, 또한 하나의 사실 자체의 모습을 지니기 위해서 항상 어떻게든 또 마찬가지로 불안정하고 미리 결정되지 않은 다른 현상과 결합해야 하는 현상으로 보려고 한다. 이런 의미에서 죄와 마찬가지로 성이 악인지 아니면 (보다 드물게) 선인지를 결정하려고 하는 것이 헛된 일일 뿐만 아니라, 그렇게 결정을 내리려 하는 것이 이런 현상의 구조 자체에 내재해 있기 때문에 그런 결정을 반복적으로 시도하는 것을 개탄하는 것 역시 헛된 일이다. 이 현상은 의미할 수 없다 할지라도 무언가를 의미해야 하고, 윤리적 평가를 내리는 것이 불가능할 때라도 판단과 윤리적 평가를 끊임없이 요구하며, 따라서 윤리 자체를 강화하고 윤리에게 그 자체가 결여한 내용을 제공하는 것이다.

성 아우구스티누스는 이런 구성과정을 탐구할 매우 특권화된 지점을 제공한다. 그는 전통적으로 두 종류의 역사적 기원과 연관된다. 첫 번째는 근대 자서전적 텍스트의 발명이고, 두 번째는 엄격한 형태의 결정주의와 인류 타락 이후의 인간 존재의 절대적인 죄를 긍정하는 것인데, 이는 죄스럽기도 하면서 강박적이기도 한, 그리고 다른 문화에서 성이 경험되고 이론화된 방식과는 극단적으로 다른 어떤 것으로서의 "근대적" 혹은 서구적 성이 발견되는 근원적인 순간으로서 공공연하게는 보다 드물게 인정되고 있다. 아우구스티누스의 자서전적 텍스트의 제목인 『고백』(이는 아직 근대의 제도적 의미를 갖고 있지 않는데)은 이 두 가지 발명의 연결고리를 암시한다. 한편으로 자서전 텍스트에 관한, 그리고 다른 한편으로 주체 혹은 주체성의 구성에 대한 현대의 이론적 관심은—마치 자서전적 텍스트가 그 자체로 주체성을 구성할 수 있었던 것처럼 텍스트성 자체의 형성력에 대한 탈현대적 지배 의견과 더불어—이 탐구에서 새로운 담론과 성을 바라보는 새로운 방식(이는 곧 필연적으로 그 자체로 새로운 종류의 성이 된다)을 권장하는 것 사이에 있는 제3의 항목으로서 서구적 주체성 혹은 서구적 주체를 도입하는 것을 장려하는 경향이 있다.

그러나 피터 브라운(Peter Brown)의 전기 『히포의 아우구스티누스』(1967)를 읽어보면 아우구스티누스는 이들과 다른 또 다른 방면에서도 독창적이었다는 것을 알 수 있다. 왜냐하면 우리는 1960-1970년대의 거대한 이데올로기 투쟁에서 얻은 혜안을 가지고 브라운의 아우구스티누스에서 전형적인 정치적 지식인, 특히 냉전 시대의 미국적 트로츠키주의자 계열에 속한 배반자나 변절자의 모습을 갑자기 인식할 수 있기 때문이다. 아우구스티누스는 우선 (그의 시대의 이교도들이 이데올로기적 우파를 형성하고 있었다고 볼 때) 오늘날 우리가 극단적인 혹은 탈의회적 좌파로 부를 수 있는 자들에게 공감했던 인물이었다. (그가 한때 속했던) 마니교도들은 실제로 로마 사회(혹은 오늘날 우리가 부르주아적이라 일컬을 사회)로부터 가차없이 분리할 것을 설파하고 또 실천했다. 육체와 성의 절대적 악에 대한 그들의 교리는 이 사회를 실제적으로 그리고 문자 그대로 부정하는 것이었다. 왜냐하면 이 사회에서 성행위를 그만두는 것은 분명 세계의 종말을 의미하는 것이었기 때문이다. 아우구스티누스는 가족을 중심으로 조직화된 실제로 존재하는 사회와 타협하기를 절대적으로 거부하는 이런 비타협과 절대주의의 유혹을 받았으며, 비록 성에 대한 그의 개인적인 경험이 이를테면 긍정적인 것이었다 해도 그는 마니교도가 성을 강조하는 것에 크게 공감했다고 가정할 수 있다. 그러나 성에 대해 이렇게 상충하는 실제적인 평가들이 일치되는 부분이 있었는데, 이는 성이 삶의 중심이 되고 삶의 가장 근본적인 관심사가 된다는 점이었다. 이런 전치와 재조직화를 거친 후에는 성을 비난하든지 반기든지 하는 것은 별 문제가 되지 않았다.

그렇다면 아우구스티누스가 기독교로 공식적으로 개종한 것은 궁극적으로 이론적 수정을 요구할 실제적인 변화를 가져온다. 왜냐하면 그가 교회에 입문한 것은 그가 신자들의 가족, 그리고 성을 함축한 결혼제도를 포함한 사회구조에 헌신한다는 것을 의미하는 것이고, 마니교 이데올로기는 이 성을 절대적으로 거부했기 때문이다. 아우구스티누스는 이제 극좌적인 소수자의 저항에서 국가 내부의 입장 그리고 사회를 (적어도 사회 내의 기독교도들을) 지지하는 입장으로 선회한다. 그러나 그의 경우에 변절은 단순히 이데올로기적 충절을 바꾼 것으로 보이는 것이 아니라, 흔히 그의 사상에서의 "진화" 혹은 "발전"으로 제시된다. 이는—탈공산주의자들의 경우에 흔히 그런 것처럼 마니교도들이 이제 이데올로기적인 주된 적이 되어서 교회 자체에 가장 근본적인 위험을 제기하는 것으로 이해된다 하더라도—이들 마니교도들에 대한 그의 답변이 그들의 프로그램의 일부를 흡수하고 선취하며 반성욕적 충동을 교회의 이익에 맞게 포섭하는 형태를 취하기 때문이다. 아우구스티누스주의, 즉 절대적인 결정주의 교리와 인류의 타락이 성적 타락이었다는 교리는 이런 난제를 해결하고 이 특별한 후기 로마 지식인의 매우 특수한 이데올로기적 작업을 구성하게 된다.

(피터 브라운의 전기에 의존하는) 이런 설명에서 보다 불명확한 것은 성적인 동기 자체의 상징적 의미와 중요성, 그리고 이 성적 동기의 이데올로기적 중요성의 사회적 토대이다. 앞으로 살펴보겠지만 브라운의 새 저서인 『육체와 사회』(1988)는 이 점을 명료하게 밝혀준다. 따라서 이어지는 부분은 이 책에 대한 긴 서평으로 볼 수

도 있다. 그러나 몇 가지 문제들이 남아 있다.

그 중 한 문제는 한 명의 지식인이 고안한 개념적 발명과 해결책이 (오늘날 때로 "서구"로 불리는 세계의 수많은 세대들이 물려받은 유산을 오염시키는 것은 물론) 한 집단의 모든 문화와 삶의 실천행위를 바꾸는 것으로 이해될 수 있는 방식과 관련되어 있다. "천재"라든가 지적·철학적인 명민함에 의존하는 것은 사회의 역사에 아무런 조명도 제공하지 못하는 관념론적 관례이다. 다른 한편으로, 개념적·방법론적 출발점으로 항상 일반론이 필요하긴 하지만 그런 영향에 대한 일반론은 추측에 불과할 것이다.

다른 문제는 지식인의 형성과 관련되어 있다. 서구에 한정한다 하더라도 로마뿐 아니라 그리스까지 포함하는 아우구스티누스의 지적인 풍경은 오늘날 지식인으로 일컬을 수 있는 자들의 다양한 군상으로 가득 차 있어서 그가 이런 의미에서 선구자로 여겨질 가능성이 없다는 점은 명백하다. 그러나 아우구스티누스의 이데올로기적 사명을 고려하고 그의 담론적 투쟁이 현대 좌파 내의 담론적 투쟁과 이상하리만큼 닮아 있다는 점을 고려하면, 그가 낡은 이데올로기와 투쟁을 벌이고 있던 이데올로기 혹은 세계관 내에서 근본적인 투쟁을 벌이고 있었던 이데올로기적 변절자나 이탈자로서, 예를 들어 스토아학파들이나 바빌론의 사제들 혹은 중국 엘리트 관리들의 삶의 행위에서는 뚜렷이 나타나지 않는 근대 지식인의 특징들을 선도했을 가능성을 탐구하고 싶어진다. 왜냐하면 그의 이데올로기적 사명의 구조 이외에 이 시대가 일반적으로 가톨릭 사제단이 독신제도를 통해서 사회적으로 평신도들로부터 자신을 차별화하기 시작했던 시대라는 점도 같이 고려되어야 하기 때문이다. 가톨릭 사제단은 (아직까지 엄밀히 말해서 수도회로 결성되지 못했던) 다양한 수도사적 전통들과의 경쟁을 알고 있었고, 동시에 콘스탄티누스 시절부터 국가권력과 연결되기 시작해서 그 교리적 논쟁은 또한 즉각적으로 관료적인 논쟁이기도 했기 때문이다. 그렇다면 이 모든 이유들로 인해서 아우구스티누스의 인생역정은 오늘날 우리들에게 시사적이며 계몽적일 가능성이 높으며, 브라운이 새로 쓴 역사를 보다 흥미롭게 해준다.

이는 또한 현대에 이루어진, 예를 들면 푸코가 시도했지만 실패했던 "성의 역사"를 쓰려는 노력들을 보는 관점을 제공해 준다. 이 문제와 더불어 우리는 여기에서 중요한 근본적 문제, 즉 성을 무엇으로 생각하기에 그렇게 많은 사람들이 성의 역사를 쓰려고 했는가라는 문제로 돌아온다. 다른 말로 하자면 성 자체를 중심으로 하나의 서사를 쓸 수 있다면, "성"이 일종의 행위자(actant) 혹은 행위인(agent)이든 아니면 하나의 결과이거나 상황 혹은 딜레마이든 간에 이 두 경우 모두에게 있어서 그것의 변화를 추적할 수 있으려면 그것은 어떤 것, 즉 일종의 대상으로 구성되어야 한다. 내 생각에 이는 푸코가 (1980년의 『성의 역사』에서) 새롭게 성화(性化/sexualized)된 주체성에 해당하는 (근대적인 혹은 서구적인?) 성의 개념의 출현을 보여주려고 기획했을 때 그가 염두에 두었던 것과는 약간 다른 것이다. 불행하게도 그가 시도한 것 중 남은 것은 그리스의 혹은 고전적인 성적 행위들이 와해되는 것을 훌륭하게 증명해 보이고는 새롭게 부상했던 성적 행위에게 기독교가 미친 영향을 아주 전통적이고 관념론적으로 설명한 것뿐이다. 헤겔부터 근대 과학사까지의 낡은 관념사에서는 문화구성체로 여겨진 종교에서 궁극적인 결정요소를 갖는 관념과 개념들은 항상 최종적으로 결정적인 심급이 된다. 푸코는 다른 역사를 쓸 때에는 재빠른 재간으로 이런 경향을 교묘히 모면했지만 성의 역사를 쓸 때에는 이런 경향이 안타깝게도 너무 명백히 드러난다.

푸코의 평생의 저술 중 마지막을 장식하는 이 저서들에서 영향력을 발휘했던 것으로 보이는 것은 "억압"을 분명히 (그리고 심술궂게) 낡은 관념론적 지배 의견에게나 합당할 지옥으로 추방하는 이데올로기적 동기이다. 하지만 또 다른 하나는 푸코가 예상 밖으로 적어도 하나의 구성적인 형태의 윤리학을 재창안한 새로운 예언적 주제인데, 아마도 그린블랫이 말한 "자기 형성" (self-fashioning)[1)]을 모델로 삼은 자기 배려(le souci de soi)라는 이 윤리에서 오늘날의 급진주의자들과 전통주의자들의 상반되는 주장들, 즉 한편으로 퀴어 이론, 다른 한편으로 (윤리학과 정치이론을 포함한) 오래된 철학적 학제들은 기적적인 화해를 만끽한 것으로 보인다.

그러나 푸코의 실패한 삼부작은 근대적 성에 대해 진술한다거나 심지어는 성의 궁극적인 역사를 위한 현상학적 자료를 제공한다고 공공연히 주장하지 않는다. 따라서 성의 개념은, (성이 그 가운데 하나의 행위인) 상대적으로 더 자연스런 관례들에서부터 삶에서 중요한 모든 것이 어떤 식으로든 그 회로를 통과해야 하는 의미로 충만한 높은 가치의 중심성에 이르기까지 다양한 방식으로 개념화될 수 있고 이론적인 입장을 부여할 수 있는, 명명할 수 없지만 또한 피할 수 없는 어떤 현실(프로이트적인 엄밀한 의미에서 본능이라고 부를 수 있든 아니든 간에)로부터 분리되는 것이 필요하다. 한편, 성에 부여된 문화적으로 구성된 가치는 (예를 들어 19세기 노동자들이나 20세기 소수인종들이 짐승이나 동물적인 것과 연관되어 성적인 타자로 여겨질 때처럼) 정치적 상징주의나 계급의식과 같이 다른 종류의 가치를 만들어내는 데에도 차용되고 투자될 수도 있다. 그러나 이 두 종류의 구성물, 즉 성 그 자체의 "의미"를 구성하는 것과 이데올로기와 실천의 다른 사회적 영역에서 성이 상징적인 기능을 하도록 구성되는 것은 분명 서로 밀접하게 연관되며 상호 의존한다. 이런 견해 역시 하나의 출발점을 가정하는데, 여기에서 성은 "존재론적으로"든 아니면 실제적으로든 미리 주어진 아무런 의미를 갖고 있지 않다. 성에 상응하는 무엇인가가 항상 인간의 현실 속에 존재하고 항상 해석이나 그런 의미를 만들어낼 것을 강하게 요구하긴 하지만 말이다. 달리 말하면 이 견해에 의하면 우리가 아무리 프로이트를 우리 시대에 성을 만들어낸 자로 선택하고 구속되지 않은 재현으로서의 본능이라는 그의 학설이 우리가 여기서 취한 출발점에 상응한다 하더라도 프로이트조차 정확히 "옳은" 것은 아니다.

그러나 프로이트는 다른 무엇인가를 의미하는, 명백히 성적인 꿈을 제외하고는 모든 꿈이 성적인 의미를 지녔다는 것을 발견한 무명의 인디언 부족에 대한 예지적인 꿈의 분석에 대해 말할 때 매우 중요한 단서를 제공했다. 이와 마찬가지로 성이 명백히 드러난 주제일 경우에 항상 성 이외의 무엇과 관계된 이차적인 이데올로기적 메시지가 있다는 것이 가능할까? 어쨌든 이와 유사한 생각으로는 피터 브라운이 고전적인 맥락을 상기시키며 고대인들에게 성은 주인이 자신의 육체적 성향에 대한 자제와 훈육을 행하면서 (가정이나 제국을) 통치할 수 있는 자신의 자격을 증명하는 공간이 되었던 방식에 대해 강하게 주장하면서, 로마인들은 성적으로 문란했다는 우리의 상투적 견해를 푸코처럼 탈신비화하려고 하는 그의 『육체와 사회』의 출발점을 특징짓고 있다고 생각한다.

이 성적 행위와 절제에 대한 이교도의 약호는 후대에 바오로 자신부터(Brown 1988, 51) 클레멘트(134-35), 그리고 그 이후까지의 절제적인 기독교인들의 약호가 된다. 그러나 어떤 이데올로기를 분석할 때 중요한 것은—성과 관련된 다양한 교리는 여러 이데올로기들 혹은 서로 다른 이데올로기들의 구성요소들이라는 점이 밝혀질 것인데—그 이데올로기의 상징적 중요성은, 그 자체의 가치로 실증적인 내용이 평가될 수 있는 신념처럼 본질적으로 스스로 주어진 것이 아니라 정확히 그 반응적인 성격에 놓여 있으며, 그것이 반대하거나 저항하는, 그리고 전치하거나 수정하려고 하는 것의 관점에서만 해독될 수 있다는 점이다. 이런 관점에서 보면 성적 교리는 비성적인 사회적 의미를 지니게 된다. 실제로 우리는 공식적으로 "구원"의 문제를 쟁점으로 갖게 되는 이런 의미들이 실은 사회형태 자체에 대한 딜레마를 모두 미리 보여준다는 것을 알게 될 것이다. 따라서 우리는 종교는 본질적으로 죽음에 대한 공포를 해결하고자 한다는 인간 본성에 관한 실존적이고 형이상학적인 개념을 사회학의 최종 요인으로 특권화하게 되는 베버의 생각과 반대로 비유적 형태이며 ("과학적"·세속적·정치적 약호가 부재하기 때문에), 이를 통해 유토피아적 문제들이 격전을 벌이게 된다고 베버와 상반되는 주장을 하게 될 것이다. 그러나 사회학의 토대는 틀림없이 사회적인 것 자체가 되어야 하며, 사회적인 것(이 경우에 집단적 제도로서의 종교)이 기초하는 것으로 알려진 어떤 비사회적·반사회적 인간 경험이 아니라 욕동과 충동의 사회성이어야 한다.

초기 기독교의 성을 분석할 때 관건이 되는 중요한 역사철학적 문제는 일반적으로 시대구분이 제기하는 역사편찬의 딜레마,

즉 두 시기 사이의 단절이나 극단적 불연속성을 설정할 것인지 혹은 반대로 연속성이나 심층적 동일성을 설정할 것인지의 문제에 놓여 있다. 기독교의 성은—이는 곧 죄와 죄의식의 짐, 죄의 강박적 성격, 죄의 편재성과 불결하다는 생각의 강제성을 동반한 우리 자신의 근대적 성을 의미한다—고대 로마의 행위들, 따라서 고전세계 일반의 행위들과 극단적으로 다른 것인가? 달리 말하자면, 우리가 본 것처럼 기독교의 성이 현대의 "서구적인", 그러나 이제는 전 세계적인 "미국화된" 성의 표상이기 때문에 성은 과거든 미래든 우리 자신이 생각할 수 있는 것과 극단적으로 다른 것인가?

푸코가 이 대답할 수 없는 서사적 딜레마와 씨름했던 것은 많은 것을 드러내 주었는데, 이것이 대답할 수 없는 이유는 한편으로는 연속성이나 단절을 가정하는 것이 기록이나 증거에 대한 모든 해석을 앞서는 (그래서 이런 해석을 최초로 가능하게 하는) 공백 속에서의 방법론적 결정이기 때문이기도 하지만, 또한 이 성을 극단적으로 다르고 이질적인 것으로 가정함으로써 이 성에게서 편재적인 근대적 권력과 의미를 박탈하는 것이 인간의 삶에서 이차적이고 주변적인 위치를 성에게 부여하여 우리가 "성"이라고 부르는 것과 매우 다른 것으로 만들게 되기 때문이기도 하다. 푸코는 이 점을 잘 이해했기 때문에 (다른 이들이 "동성애"의 창안에 대해 말하는 것과 같은 방식으로) 때로 자신의 기획을 "성" 자체의 출현 혹은 창안의 역사로 묘사했다. 그러나 그 이후로 성에 대해 말하는 이런 방식은 이제 구성된 것으로 부각된 "성"을 관념사의 영역으로 밀어넣는 치명적인 경향을 지니게 된다. 이 관념사에서 성은 관념이나 해석, 즉 어떤 문화가 성을 해석한 후 그 행위 속에서 살게 되는 그런 해석과 구분되면서도 동일하기도 한 모호한 실제가 아니라 일종의 개념이 되어버린다.

사실 그 이상이다. 푸코는 자신이 거창하게 위반이라 칭한 것을 범하려는 기질적 경향으로 인해 의도적으로 자신의 개인적 성향을 배제한 책들에서 사실은 많은 자의적 주장을 하게 된다. 이 책들에서 그는 자신이 전보다 더 자신의 개인적 경험에 훨씬 가깝게 접근했다는 것을 깨달은 듯이 보이고, 그의 명성으로 인해 이제 그런 위험한 영역에 대해 그가 하는 모든 진술은 일종의 프로그램 혹은 개인적 선언, 즉 그가 여기에서 윤리학의 출현을 다루고 있다고 주장할 때처럼 반성적 사유를 거치지 못한 것이 되는데도 그는 (윤리적인 것이 그가 다루어야 했던 고전적 자료들로 확대된다 하더라도) 그가 이 점에 대해 틀렸다고 볼 필요는 없다. 그렇다 해도 내가 이미 언급한 것처럼 이 표면적 역사가 우리 자신의 반동적 풍토에서 새로운 윤리학으로 보이는 것을 막을 수는 없다.

그러나 (성도착과는 반대로) 자의적이고 집요하다는 것은 여기에서 현재의 지배 의견으로 여겨지는 것을 거부하는 것처럼 예측할 수 있고 뿌리 깊은 것을 의미한다. 따라서 푸코는 공간적 분리 (그리고 심지어는 다미엥에 관한 그의 유명한 설명에서처럼 사형집행)를 선호하고 19세기 초의 인간적인 부르주아의 박애주의적인 정신의학에 반대했다. 그는 생각조차 할 수 없는 것으로 보이는 감금의 세계에서 저항을 환기시키고자 시도할 때 결코 없애기 쉽지 않은 것으로 증명된, "억압"이라는 지배적 근대 개념과 해석학을 제거했다. 그의 최후의 저서에서 고전 시대에는 (어떤 상투적 생각을 따르느냐에 따라) 평온했거나 아니면 문란하고 네로같이 방탕했던 성에 대해 기독교가 전적으로 새롭고 억압적인 태도를 가져왔다는 관례적 생각을 즉각적으로 거부한다는 것은 명백하다.

따라서 푸코는 억압적인 것—성적 충동을 절제하고 금욕과 통제의 가치를 존중하려는 성향—이 고전적 고대에도 마찬가지로 존재했었다고 주장한다. 그렇게 함으로써 그는 스스로에게 보충적인 문젯거리를 만들게 되는데, 이는 그의 주제—기독교적 성의 역사적 독창성—가 전적으로 사라질 위험에 처하기 때문이고, 성이라 불리는 것의 "출현"을 기록하고자 하는 그의 기획 자체가 단절과 불연속성의 형태를 요구하기 때문인데, 여기에서 (그가 단절의 그리고 역사편찬적인 불연속성 이론의 대가격인 철학자가 되었긴 하지만, 혹은 아마도 그렇게 되었기 때문에) 그가 단절과 불연속성을 부정하는 것을 목격하는 것은 이상하고 아이러니하다.

브라운은 푸코보다 이 문제를 더 잘 해결하지만, 이는 아마도 그가 그의 스승과 동일한 역사적·철학적 거리를 두고 또 그의 스승과 동일한 거대한 추상화의 층위에서 작업을 하고 있지 않기 때문일 것이다. 실제로 그의 스승이 성에 대해 거리를 취하고 성을 낯설게 하려고 했던 기획은 이 유일하게 명명된 개념과 경험을 가지고 새로운 것을 시도하려는 형태를 취했고, 반면 브라운은 (푸코의 수사학을 사용하자면) 그것을 부수어서 푸코에게서는 여전히 그들을 포괄했던 일반성 밑에 더 이상 적절히 포함될 수 없었던 다양한 이데올로기적 실천들로 분해할 수 있었기 때문이다.

특히 이교도의 성과 기독교의 성이 구분되는 최초의 순간에 관해서라면 브라운의 해결책이 보다 설득력이 있다. 이교주의는 자아와 제국 그리고 가정과 여성에 대한 통제의 긍정을 의미했다. 여기까지는 좋다. 그래서 푸코와 브라운은 이 점을 설명할 때 일치하며, 그렇기 때문에 자신의 성적 충동에 대한 일정한 통제가 여기에서도 고전적 남성성의 무기의 일부가 되는 것이다. 그러나 브라운의 주제는 단순히 성이 아니라 금욕주의와 절제 그 자체이며, 마르쿠스 아우렐리우스나 알렉산드리아의 클레멘트처럼 당대에 고전적인 성향을 지녔던 기독교인들에게서 발견되는 그 어떤 것보다도 육체에 대해 훨씬 더 철저했던 억압이다. 따라서 금욕적 태도가 고전 시대의 이교도적 이상이 갖춘 상대적인 성적 절제를 아무리 좋은 것으로 여긴다 하더라도 과거의 실행의 단순한 강화와는 매우 다른 이 새로운 진보에 대한 또 다른 보충적인 해석이 필요하다.

소규모 집단 형성—세계 종교의 초기 단계에서 종파들이 생겨나는 것을 포함하는—을 연구하는 사회학자들은 새로운 소규모 집단과의 연대를 긍정하고 사실상 낡은 사회와 제도를 연결하는 "다리를 불태우는" 특징적 내용의 형태가 기능적으로 존재한다는 점을 지적해 왔다(Gerlach and Hine 1970 ; Michael A. William의 *The Immovable Race*, 1985, 190에서 재인용). 전적인 금욕과 절제가 그런 내용을 이룬다는 것, 그리고 이로 인해 "바빌론"의 낡고 타락한 사회의 먼지를 발에서 털어내고 동시에 수행자는 경계 밖의 인물처럼 극단적으로 다르고 비사교적인 자의 특징을 지니게 된다는 점은 명확하다. 서기 2–3세기에 로마 세계가 그런 분리의 패턴으로 가득 찼고, 로마의 도시들은 이런저런 방식으로 탈퇴하여 사회제도를 떠났던 사람들로 가득 찼으며, 그들 중 일부는 세계의 종말이 가까워 오고 있다고 믿었던 것처럼 보인다.

그러나 초기 기독교 시대의 일부 신자들의 행동행태를 이렇듯 그럴 듯하게 설명하는 것은 그 내용을, 특히 그런 탈퇴성명을 가장 잘 할 수 있는 영역으로서 성을 상징적으로 선택한 것을 충분히 설명하지 못한다. 이런 식으로 또 이런 종류의 문제의 관점에서 보면 성에 대한 로마의 고전적인 태도는 특히 관련성이 없어 보인다. 즉 로마 시대의 통제 혹은 자제가 특별히 의학적인 이데올로기, 그리고 성교가 쇠약하게 만들고 또한 성교가 주체의 힘을 소진시킬 수 있다는 믿음을 포함한다는 사실["불 같은 육체는 생명력이 새어나가는 약한 저장소이다. 육체의 불은 오래 지속되려면 주의깊게 저장되어야 했다. 잦은 성행위는 눈총을 받았다" (Brown 1988, 18)]이 이 시기에 극단적인 기독교적 절제의 토양을 특별히 마련한 것은 아니며, 이는 (클레멘트와 같은 고전적 사고를 지닌 사상가들을 제외하고는) 전적으로 다른 동기를 가진 것으로 보인다. 실제로 권력과 통제력 같은 개념에 전적으로 의존하면서 고전적 성을 분석하는 (그래서 그런 이데올로기에서의 본질적 모순이 이성애적 행위가 아니라, 원칙적으로 그런 통제력의 거울 이미지여야 하는 동성 파트너의 순종문제에서 발견되는 것이 결코 놀랍지 않은) 푸코는 틀림없이 고전적 성체계 전체의 작동에 위협을 가하게 되는, 후기 로마 사회 여성의 새롭고 더 평등한 위상에서 고전체제의 붕괴를 인지하게 된다. 그러나 (그것에 원인의 가치를 부여하지 않는다면) 이 새로운 여성의 위상을 어떻게 설명할 수 있단 말인가? 제기될 수 있는 가장 명백한 해답은 시몬느 드 보부아르의 해답으로서 그녀에 의하면 여성의 법률적 위상이 여성의 사회적 역할을 결정한다. 그러나 (그리스나 동양 사회와는 반대로) 로마 사회에서의 여성의 고양된 법률적 위상은 기독교를 앞선 것이며, 따라서 더 이른 시기에 작동하고 있었던 것이 분명하다.

좀더 만족스런 브라운의 설명은 소규모 집단과 부상하는 종파들의 역학으로 돌아간다. 외면적인 의미(성을 생식과 연결시키는 의미)에서는 성을 자제하는 것은 물론 상징적 의미 이상으로 "현시대"와 세계 자체의 종말을 가져오는 것이다. 그런 절제는 차이의 기호나 표식 이상의 의미를 지니며, 사회 자체를 문자 그대로 물리적으로 와해시키는 데 있어서 그 자체로 강력하고 능동적인 무기이다. 그리고 브라운의 책에는 공상과학적인 비전과 그가 (후대에 그리고 약간 다른 묵시론적인 시대 이후의 상황에서) 요한 크리소스톰에 관해서 말할 때처럼 시골이 황폐해지고 도시는 침묵에 휩싸이게 되는 어떤 암흑시대의 예언이 감돈다.

> 요한은 고대 도시를 능가하도록 기독교 집안을 고양시켰다. 그는 안티오크를 보편화된 시민적 애국심으로 단결되고 집단적 축제에 대한 리듬을 공유한 전통적 시민공동체로 보기를 거부했다. 그는 자신이 극장과 마차경주장, 심지어는 분주한 공공광장도 영원히 침묵하기를 바란다는 사실을 숨기지 않았다. 그가 간절히 희망했던 안티오크는 대교회의 넓은 마당 안에 일반적인 집회소를 지닌, 믿음에 찬 가정들의 모임이었다. 그는 기독교도의 대문이 후기 고전시대의 메트로폴리스의 잡음을 차단하도록 닫히기를 원했다. 그에게 안티오크의 공적 생활은 기독교도들의 집의 소박한 담장 밖에 높이 쌓인 "악마의 쓰레기 버리는 곳"이었다. (Brown 1988, 313)

세상의 종말이 임박했다고 느껴지는 시대에, 심지어는 "기독교 집안"이나 결혼과 가정을 보존한다는 것이 아무런 의미가 없던 시대에 고대 사회체제의 조직을 약화시키는 이런 급진적인 이탈이 얼마나 더 강렬하겠는가! 여기에서 극단적인 금욕은 천년왕국의 희망을 표현하는 것임과 동시에 이 천년왕국이 실제로 생겨나도록 고안된 행위였다.

그러나 이는 여전히 그 자체로 상징적인 행위로 여겨진 정숙함의 의미(성의 내적 본질보다는 성의 결과와 더 관련이 있는, 상대적으로 외적인 의미)가 갖는 여러 층위들 중 하나에 불과하다. 또 다른 의미를 찾기 위해서는 집단들 사이에서 벌어지는 문화적 투쟁의 움직임으로서 이데올로기의 역학을 살펴보아야 한다. 이 의미는 로마의 금욕주의와 관련이 있지만 그런 고전적 절제와 일부 기독교에서 육체를 보다 엄격히 거부하는 것 사이의 연속성을 찾는 접근법과는 정반대되는 것이다. 왜냐하면 새로운 견해에 의하면 적어도 극단적인 기독교 종파에서는 이 두 성적 이데올로기 사이의 일반적 유사성이나 친족적인 동일성이야말로 보다 엄격한 차별화를 요구하는 것이기 때문이다. 기독교 집단들이 고전적 절제의 형태를 그 효과가 역전될 정도로까지 추구한 것은 고전적 금욕주의와 결별을 선언하기 위해서였고, 새로운 실행에 오늘날 "정체성"이라 불리는 것을 부여하기 위해서였다. 세대와 가정에 제국의 품위 같은 것을 부여한 것이 이제는 그 둘 다를 약화시키고 소멸시킬 위협을 가하게 되었다. 자기 절제가 극단적인 자기 파괴를 성취하고 "타고난", 그리고 불가피하게 재발되는 충동을 완전히 없애는 것을 목적으로 삼을 때에는 더 이상 동일한 종류의 연상과 함의를 지니지 않는다.

그러나 여기에서 적대계급과의 이데올로기적 투쟁이 취할 형태의 교과서적인 전범을 보게 되는데, 이는 타자의 특권화된 주제의 공간을 전유하고 이 공간이 지니는 의미와 그 반대 의미를 급진적으로 반전시키는 과정이며, 이를 통해 기존의 상징적 행위는 역전된다.

그러나 초기 기독교인들은 이교도들로부터만 자신들을 상징적 · 이데올로기적으로 차별화해야 했던 것은 아니다. 이들은 또한 자신들의 종교가 생겨난 유대인들과 유대교로부터도 차별화해야 했다. 실제로 유대교는 초기 개종자들에게 나름대로의 매력을 행사했던 것으로 보인다 : "바오로가 유대교 관습을 취하도록 압력을 행사한 것은 지방의 유대인들이 아니라 이교도 개종자들이었다. 그들은 예배에 나타나지 않게 될 운명에 처한 자들이 되는 것보다 차라리 유대인들처럼 되기를 바랐다"(Brown 1988, 59). 그러나 이는 망명한 유대인 공동체들이 그 때 막 출현하기 시작했던 사회적 지도자로서의 랍비 제도를 중심으로 아주 강력히 결속해야 했던 디아스포라의 시대이다 : "사원이 파괴되고 회당과 학술원이 강화되면서 유대교는 급속히 경전의 종교 그리고 거룩한 혼인가정의 종교가 되어갔다"(61). 이런 환경과 특수한 새로운 역사적 상황에서 대가족과 가부장적 질서를 수단으로 번성할 필요가 있는 유대교에게 금욕과 절제를 중요시 여기는 것은 있을 수 없는 것이었다. 그렇다면 그런 금욕은 초기 기독교인들에게는 이중으로 중층결정된 것이다. 왜냐하면 이 새로운 상황에서 그것은 유대교와의 극단적 차별화뿐만 아니라 새로운 유대교적 사회형태와의 차별화를 의미할 수 있었기 때문이다. 성적인 극단주의는 이교도들과 유대인들 둘 모두로부터 이런 이중적인 차별화의 혜택을 포함하는 것이었다.

그러나 이제 이 체제를 작동시켜 여기에 역사적 시간을 도입하면 흥미로워진다. 왜냐하면 금욕주의에는 유행은 아니더라도 리듬과 주기가 있으며, 이 주기들은 아직 개종하지 않은 제국의 정치적 풍토와 특히 소수자인 기독교인들에 대한 체계적이고 섬뜩한 박해운동과 밀접히 연관되기 때문이다. 이 시기에는 성적 금욕과 절제보다 세상의 종말을 가져오게 할 더 유력한 방식과 더 생생한 이데올로기적 · 집단적 참여의 징후가 있었는데, 이는 믿는 자들에게 주기적으로 가능했던 순교였다. "그래서 절제는 기독교적 예언의 두드러진 특징이긴 했지만 부차적인 특징으로 남아 있었고, 폭력적 죽음의 전망이 덜 직접적이었던 시기에 기독교 문학에서 전면에 부상하게 되는 관심사였다"(Brown 1988, 69). 따라서 절제는 순교와 순교의 엄격함을 기다리고 싶지 않고 스스로 주도할 수 있는 상황에서 불가능한 순교를 대신하는 것이었다. 또한 그것은 상징적 순교였고 스스로 선택한 희생이었다. 동시에 그것은 신자의 헌신이 도전받을 수 있는 개인적인 시험이나 시련을 제공해서 최종적으로는 극형과 같은 공적인 결과를 낳을 수도 있는 것이었다. 따라서 이 상징적 치환은 자기 검사의 공간을 새로이 만들어내고, 이는 기초적이거나 가상적인 상태로 남는다 하더라도 "주체성의 구성"에서 매우 중요하게 된다.

왜냐하면 여기에서 주체성의 영역은 약간 다른(그리고 여전히 매우 외적이고 객관적인) 종류의 현상, 즉 예언의 상태가 차지하고 있기 때문이다. 이 예언의 상태는 성적 절제가 단식 혹은 수면박탈과 마찬가지로 비전과 예언적 호흡에 수용적인 상태로 신체를 만들어 준다는 의미에서 성적 절제와 도구적인 관계를 지닌다. 그것은 예언이 징후가 되는 정신적 변모를 가능하게 하는 정화과정이다. 그러나 성적 금욕주의를 도구적으로 사용하는 것은 절제를 세계 파괴를 위한 신뢰할 수 있는 도구로 사용할 때 출현하기 시작한, 그리고 대기 기간이 지난 후 성적으로 극단적인 종파의 주요 이데올로기가 될 강박적 거부 및 극단적 억압과 배치된다.

여기에서 우리는 초기의 여러 층위의 의미, 혹은 다른 용어를 사용하면 정숙함을 해석하거나 혹은 정숙함으로 불리는 욕망을 발생하게 하는 성을 해석하는 이 특별한 이데올로기적 혹은 환상적 장치의 사용과 관련하여 공존하는 여러 다른 유형의 리비도 투자를 발견하게 된다. 이 투자의 한쪽 극은 사회적·유비적 극으로서 세계의 종말이 임박했다는 것을 예기하는 것이며, 다른 쪽 극은 도덕적·개인적 극으로서 예언을 향한 전망을 가지고 자아를 정화하는 것이다. 계층적 용어로 말하면 이 동기는 초기 기독교인들을 동시대의 이교도들이나 유대인들과 차별화하는 수단이 된다. 형식적으로든 서사적으로든 금욕을 강행하는 것은 시험의 형태를 띠며 평온한 관용의 시대(그런 문제를 둘러싼 공적인 소동이 왕성하게 나타나는 시대와 반대되는 "비혁명적 시대"라고 말하고 싶어진다)에는 순교를 대신할 수도 있다.

그러나 이와 같은 이데올로기소(ideologeme)에 대한 공시적 분석은 변화에 종속된 역사적 윤곽의 한 순간이기도 하다. 더구나 그런 변화는 때로는 체제의 내부에서 생겨나는 효과와 성취에서 비롯되며, 흔히 변증법적이라 불리는 변화는 이런 종류의 의도하지 않은 변화이다. 예를 들어 금욕의 두 중요한 결과는 상속과 관련이 있다. 왜냐하면 금욕과 정숙함의 극단적 상황에서 (그리고 적어도 세상의 종말까지) 문제의 성인들 각자가 유지할 품성을 물려받을 자는 없을 것이기 때문이다. 가정이라는 제도에 가해질 손상과 더불어 이 문제는 성적 혹은 가정외적 극단주의에 대해서 세속적이거나 중도적인 기독교인들이 제기할 근본적인(이 표현은 아마 약할지 모른다) 반대의 내용을 구성할 것이다.

다른 한편으로 이 문제는 여성이나 과부들의 상속문제일 경우에는 변증법적으로 역전된다. 교회가 전유하는 경향이 있었던 그런 유형의 재산은 이제 여성이 관계되는 한 독신을 더 긍정적으로 평가하게 한다. 고전 로마 시대에 여성의 전통적인 법률적 위상과 그 위상이 사회적 권력에 미치는 영향이 무엇이었든 간에 교회에게 허용된 재산을 소유하는 것은, 독신을 행함으로써 얻게 되는 남성과의 새로운 종류의 평등과 더불어(Brown 1988, 145 이하, 150, 332) 이런 실행들이 발생한 사회적 상황에서의 근본적인 변화를 이끌어낸다.

이제 우리는 점점 더 근대적인 의미에서의 성과 (마찬가지로 근대적인) 주체성의 구성 사이의 관계에 대해서 푸코가 "생산했던" 문제와 대면하기 전에 성의 새로운 의미를 살펴볼 필요가 있다. 이미 간략히 설명한 입장들로부터—세상의 즉각적 종말에 대한 희망(즉 임박한 혁명이나 유토피아)이 쇠퇴함에 따라—본격적인 당은 아니더라도 적어도 정치적 종파로 불릴 만한 것이 출현하기 시작하는데, 이것이 근대의 극단적인 좌파적 종파와 닮았다는 것을 나는 강조하고 싶다. 이 좌파적 종파처럼 성적인 종파는 단순히 이데올로기적 참여나 집단적 해결로서의 기독교(혹은 혁명)를 선택하는 것뿐 아니라 사적으로 열정적으로 개인적인 보상이나 성취를 이루려고, 그리고 미래의 만족을 현재 음미하려고 추구하는 것에 달려 있기도 하다. 여기에서 순수 강경파 투사는 모든 사람들이 천국에서 살게 될 삶을 자신의 현재에서, 그리고 자신의 실천행위를 통해서 도덕적으로 살게 된다. (서구 모택동주의자가 소련연방의 부르주아적이고 타락한 생활방식을 거부하고 탈의회적 좌파들이 부르주아 정부에 참여하거나 체제 내의 연합에 동참하거나 타락한 전혁명적인 조건에서 "통치"하기를 거부하는 것과 비교해 보아라.) 이 다양한 종파들에 대한 브라운의 분석은(이는 지리적으로 표현된 문화적 차이들로 인해 복잡해진다. 즉 시리아 기독교 전체의 극단주의는 이탈리아, 알렉산드리아 혹은 북아프리카의 기독교와 반대되며, 이들은 문화적으로 서로와 구별된다) 실제로 여기에서 매우 타당하다. 브라운의 분석은 마르키온파들이나 엔크라테이에파들과 같은 집단들이 더 오래된 그노시스 철학과 맺는 연관성에서의 지적 상속의 문제를, 그리고 마니교가 부상해 서구에서 정통 기독교와 경쟁을 하는 상황에서의 사회결정주의의 문제를 제기한다. 이 모든 집단들이 (마니교가 명백히 지향하고 있던) 다신론과 (아리우스파 학설에 의해 명백히 위협받은) 고전 시대의 활기를 잃은 이신론 사이에서 불안한 이데올로기적 노선을 조종했다는 점이 (내 생각에 이슬람 분석가들에 의해) 제시되었다. 그러나 적어도 이런 최초의 정치적 운동들에 대한 열정의 일부는 그들이 제공하는 에너지의 투자에 의존할 것이다. 순수하고 독단적인 정치적 강박관념을 지닌 젊은 행동가들에게 성적 극단주의는 만족뿐만 아니라, 아우구스티누스식으로 제도적 교회의 규범으로 개종하는 것으로는 얻을 수 없는 종파적 추종도 제공한다. 여기에서 성은 이런 종류의 극단적 참여의 시금석이 된다. 금욕을 성취하는 것은 즉각적인 개인적 ("정신적") 만족의 문제가 될 뿐만 아니라 마찬가지로 즉각적인 공적으로 확인할 수 있는 정치참여의 표시가 될 수 있다.

다른 한편으로 새로운 안정—다시 말해 (니사의 그레고리우스가 "오염된 시간"이라 부를, Brown 1988, 297) 일상생활의 지루한 옛 시간과 사회적 습성을 되찾는 것—은 금욕에 대한 약간 다른 가능성, 즉 추종자들이 새로운 상황에서 어떤 엄격한 절제와 수행의 약호를 따르든 간에 그들이 계속 가정 속에서 아이를 낳고 살 수 있는 반면,

성직자는 독신을 행할 수 있는 (다른 제도적 필수요건, 특히 사제들을 일반적으로 다른 신자들과 구별하는 필수요건을 수행하면서 독신을 행할 필요가 있는) 제도적 이중 기준이 (수세기를 거쳐) 궁극적으로 출현할 가능성을 열어준다.

하지만 이런 논의까지 하기 전에 우리는 사막교부 자신들에게서 또 다른 제3의 사회적인 제도적 가능성, 즉 그들이 성직자와 평신도 둘 모두로부터 구별되기 때문에 교단의 형태로 먼 미래로 투사될 수 있는 제3의 가능성의 출현을 주시해야 한다. 브라운이 말하듯이 "특별한 형태의 성적인 절제—엄격한 의미에서 처녀성의 보존—와 연결된 특별한 형태의 영웅주의가 … 점차 모든 기독교 신자들의 상상력을 사로잡은" 상황에서 이는 그 자체로 금욕의 가능성들에 대한 특수한 탐구이다. 오리게네스 그리고 그 이후에 플로티누스와 신플라톤주의에서 발생한 이와 필적하는 철학적 발달은 종파나 다른 한편으로 집단운동(혹은 심지어 제도)이라기보다 소규모 학술집단을 만들어낼 뿐만 아니라, 성에 대한 강조를 육체 전체의 불결함으로 굴절시키는 경향이 있었다. 이 굴절은 음식과 먹기, 특히 동물의 살덩어리를 먹는 문제에 똑같이 핵심적인 역할을 부여했다. [이 하위주제 자체도 주목할 필요가 있는데, 왜냐하면 후에 이들이 더 공적인 사회적 의미를 획득했을 때 먹기는 가난과 결여 그리고 기아의 관점에서 재약호화되고, 아우구스티누스가 『결혼과 육욕에 관하여』에서 최초의 불순종을 성적인 것으로 읽은 결정판 해석과는 반대로 사과가 "기아로 가득 찬 세상" (브라운 1988, 220)에서의 탐욕—혹은 더 흥미롭게 재산과 "땅에 대한 음탕한 욕망" (336)—을 나타낸다는 아담의 타락에 대한 새로운 해석이 유포되기 때문이다].

이제 사막은 "현시대"를 넘어서는 새로운 공간을 나타

낸다. 이는 도시도 시골도 아니고 현세나 내세도 아닌 새로운 종류의 상상적 장면으로서 결국 상상계를 재구성하게 된다.

> 사막의 신화는 후기 고대의 가장 지속적인 창조물 중 하나였다. 그것은 무엇보다도 해방적인 정밀성의 신화였다. 그것은 깨끗한 생태학적 개척지를 강조함으로써 기독교인이 벗어나야 할 "세상"이라는 거대한 존재의 한계를 정했다. 그것은 세상으로부터의 해방의 과정을 한 생태학적 영역에서 다른 영역으로의, 이집트 정착지에서 사막으로의 이동과 동일시했으며, 그것은 이미 오래된 연상들로 가득 찬, 혹독하리만큼 분명한 경계였다(Brown 1988, 216).

이 새로운 공간은 세속성과 금욕 간의 대립이 발전할 수 있는 긍정적 조건을 열어놓는다. 그것은 세속성의 거부가 묵시론적인 절대적 종말의 이미지에서나 저항을 받을 단일구조 내에서의 단순한 부정에의 의지로 남는 상황에 종지부를 찍는다. 비세속적이지만 실제로 존재하는 사막의 새로운 공간은 이제 "총체적 변화를 약속했던 과격한 의례를 통해서, 혹은 내적 성찰에 몰두하는 구원받은 소규모 집단의 형성을 통해서, 아니면 3세기 시리아에서처럼 종교적 유랑자의 혼란스럽고 불안정한 상태를 취하는 것을 통해서가 아니면"(216) 이제까지 어떤 해결책도 제시할 수 없었던 딜레마에 종지부를 찍는다.

따라서—이제는 세상 바깥이나 미래가 아니라 세상 안에서의—새로운 공간은 궁극적으로 금욕주의가 (앞으로 보게 될 것처럼 다양한 방식으로) 제도화되는 것을 허용한다. 이런 제도화는 성적 절대주의자들의 “극좌”집단에게는 명백히 타협과 항복 혹은 배신으로 평가될 것이다. 그것은 또한 성적 금욕에 대한 태도가 약간 수정되는 것을 허용할 것이다. 여기에서 아우구스티누스주의를 예견하게 하는 것은 비단 “성적 욕망이 이제 인간 본성과 사실상 동일한 시공간에 있는 것으로 취급되어 … 성적 환상에 대해 예리해진 인식”만은 아니다. 평생 동안 이렇게 긴장된 상태로 경계해야 할 필연성, 그것들을 찾는 행위 자체로 인해 명백히 더 자극받을 성적인 생각들을 추적하고, 그럼으로써 새롭고 근대적인 의미에서 “주체성의 구성”에 크게 기여하며 동시에 이 주체성의 구성의 제도화가 동반되는, 그런 확실한 경우가 평생 요구되는 필연성에 의해 발생하는 자기 검사와 내적 반성의 수행 역시 아우구스티누스주의를 예견하게 하는 것이다.

그러나 사막의 형태로 타락한 사회적 세계의 공간에 대해 경쟁적인 실제의 공간이 출현하는 것은 성에 대한 새로운 평가와 해석을 낳고, 이는 이후의 수세기 동안 전적으로 새로운 방향으로 발전하게 된다. 특히 집단 고백행위[“내적 세계는 속을 뒤집어 보여야 한다. 다른 사람들 앞에 망설임 없이 내놓을 수 없는 것은 어떤 것도 내적 세계에 머물러서는 안 된다”(231)]는 이제 성적 경험에 사적이고 비밀스러운 장소, 즉 개인적인 것 그 자체라는 특성을 부여한다 : “성적인 꿈과 몽정이 계속되면 수도사는 자신의 마음 속에 정체불명의 욕망—자신만의 경험을 소유하려는 소망—이 도사리고 있다는 경고를 받게 된다”(231). (윌리엄 제임스가) 최고의 사유재산 형태로서의 주체성과 자아의 구성을 새롭게 검토한 이후 현대에 살고 있는 우리로서는 이렇듯 사적 혹은 개인적 영역이 최초로 출현한 것의 역사적 기원과 그것이 재산의 이미지와 직접적으로 일치한다는 것을 잘 이해할 입장에 놓여 있다. 그렇다면 그런 비유적 연관성으로 인해 현대에 금욕의 의미가 아무것도 가지지 못한 빈자들과의 새로운 사회적 연대를 지향하는 의미로 바뀌는 것이 거의 가능할 수 있다. 금욕은 이제 영웅주의나 순수 혁명집단의 선택이 아니라 사회적 빈곤의 형태가 될 수 있다. 실제로 속세의 공간—그리고 그 결과 생겨난 제도화된 이중 기준과 타협들—에 맞설 실제적인 사회적 공간을 일구어내는 것은 금욕의 실천에 새로운 의미를 투여하는 것을 가능하게 할 뿐만 아니라 그렇게 할 것을 요구하며, 이 수행은 이제 타락한 성적 행위와 반대로 단순히 절대적이거나 극단적인 전면 거부보다 더 명확한 것을 의미해야 한다.

그래서 예를 들자면 우리는 니사의 그레고리우스가 타락한 성의 기능을 거의 실존주의적으로 바라보는 것을 발견하는데, 이는 현대의 소비주의 비판을 상기시킨다. 그에게 (금욕이 비난하고 극복하는) 세상에 대한 열정은 죽음과 죽음에 대한 불안을 은폐시키는 것으로 분석된다 : "인간 존재는 부의 축적과 권력의 보유, 그리고 무엇보다도 상류사회 구성원들에게 가문의 계승이 의미했던 모든 사회적 제도들과 더불어 결혼을 해서 아들과 딸이라는 형태의 직접적이고 확실한 것을 추구함으로써 죽음에 의해 가해진[2] 삶의 중단을 치유하고자 했다"(Brown 1988, 301). 따라서 그레고리우스의 해석은 이미 죄를 계급의 관점에서 재해석하는 것이지만 부분적으로만 그렇다. 여기서 또한 종교 일반에 대한 막스 베버의 매우 영향력 있고 선구적인 사회학에 대한 유보를 반복해야겠다. 그의 유형학이 풍부한 다양성을 갖추었음에도 불구하고 그는 여러 곳에서 종교가 고통 속의 죽음에 대해 제도적 위안을 제공하는 사회적 기능을 일반적으로 지닌다는 (아마도 사회학적으로 불가능한) 정의를 내린다. (금욕적 수행에 대한 그의 연구가 여기에서 고찰하고 있는 연구들과 달리 근대적 성의 출현 배경을 탐구해서 근대적 성의 의미와 역사적 독창성의 문제를 제기하지 못한다는 것은 주목할 필요가 있다.) 그러나 이렇게 종교에 대한 궁극적 필요를 사회적인 것이 역사적으로 다양하게 표출된 현상들 바깥에 위치시키는 것은 그레고리우스의 유사한 (그러나 아마도 더 정교한) 관점이 그렇듯이 모호하게 실존주의적인 해석으로 귀결된다. 고통은 계급 분석이 가능한 사회현상이고, 죽음은 역사적인 것을 전적으로 초월하는 절대적이거나 실존적인 문제이다. 따라서 죽음을 강조하면 사회학과 역사를 넘어서 엄밀한 의미에서 (그러나 해석되어야 할 현상인) 종교 자체의 영역이 될 것이다. 그러나 사회적 현상으로서의 고통을 강조하면 역사문화적 변수들의 관점에서의 결정이 가능해진다.

그래서 전통 자체도 두 가지 상이한 형태를 취하게 된다. 한편으로는 아우구스티누스에서 이르게 될 정점을 예비하는 과정에서 인간적인 혹은 "오염된" 시간에 대한 그레고리우스의 정교한 분석은 풍부한 실존적 문서를 제공한다 : "인간의 현재 시간경험은 '오염된' 시간의 경험이었다. 그것은 해소되지 않은 불안으로 인해 자아 내부에서 생성된 인위적인[3] 시간이었다. 그것은 영혼이 알 수 없고 위협적인 미래로 영원히 불안하게 '연장' 되는 형태로 드러났다. 그레고리우스에게 가장 냉혹하게 똑딱거리는 소리를 크게 내며 오염된 시간의 흐름을 측정하는 시계는 결혼의 시계였다. 그는 인간의 시간이 무덤의 광경을 은폐하려는 수많은 연속적 시도들로 구성된다고 보았다"(297). 이는 사실상 이 용어가 생기기 전이지만 하이데거의 관심(Sorge/실존적 "관심")이며 주체성의 움직임들을 해독하기 위한 새로운 해석학적 가르침을 주는데, 역설적이게도 그런 형태의 상세한 해석적 관심은 오히려 측정하고 분석하려는 주체성을 생산하는 결과를 낳는다.

다른 한편에는 인류의 타락을 재산, 특히 음식의 관점에서 민중적으로 읽는 새로운 종류의 해석이 있다 : "다른 곳에서와 마찬가지로 이집트에서도 아담과 이브의 원죄는 성행위가 아니라 게걸스런 탐욕행위였다는 것이 일반적인 믿음이었다. … 이런 타락설에서는 탐욕과 기근으로 가득 찬 세상에서 탐욕의 명백한 사회적 함의들—허욕과 지배—이 성을 압도했다"(Brown 1988, 220). 그리고 후에 6세기의 『리베르 그라둠』[4]의 저자는 "아담은 천국에서 땅에 대한 불타는 탐욕으로 주위를 돌아보았기 때문에 타락했다. 그는 그 풍요로운 땅을 소유하고 싶었고, 재산을 통해서 창조주로서의 신을 대신하고 싶었다. 그는 노동으로 경제적 부를 창조하기 시작했고, 성교를 통해 자손의 육체적 부를 쌓고 싶었다"(336)고 믿었다. 성을 재산과 경제적 생산이라는 범주의 관점에서 해석하여 매우 근대적이었던 이 강력한 대안 해석은 분명 헤게모니적 승기를 잡은 아우구스티누스의 사상에 의해 격퇴되어 마침내 정복되었는데, 아우구스티누스에게서 성은 설명되어야 할 것이 아니라 설명의 양식이 되고, 그의 정전에서는 주체성 자체가 사회적인 것과 경제적인 것을 대체한다.

이는 반드시 교회의 사회적 승리와 교회가 새롭게 제도화되는 데 따르는 요구로 설명되어야 할 이데올로기적 승리이다. (그래서 앰브로즈는 후대의 이데올로기적 발달과정에서 처녀성 주제가 핵심적이라는 것을 정당화하기 위한 일환으로 성모숭배를 창안하게 된다.) 그러나 일반적으로—가톨릭교회이든 공산당이든—모든 제도화된 정치적 조직은 성인도 아니고 극단적이고 절대적인 기준으로 살 수도 없는 모든 보통 사람들을 위한 자리를 마련하고, 또한 극단주의와 절대주의로 인해 더 큰 사회적인 계급적 타협의 이러저러한 근본적인 요소를 소외시킬 위험이 있는 집단들을 이데올로기적으로 추방할 필요성에 당면하게 된다. 한편으로 성적인 극단주의자들이나 다른 한편으로 새로 출현한 빈자들의 대변인들 모두 중앙집권적 구조라면 반드시 방어하고 필요할 경우 파문해야 하는 그런 종류의 경향들을 잘 예시해 준다.

그러나 그런 전략적 필요성은 단순히 권력이나 정치활동의 문제가 아니다. 이는 창의적이고 독창적인 이데올로기적 해결을 요구하는데, 이 시대에 이와 같은 해결을 가장 잘 예시하는 인물은 아우구스티누스이다. 아우구스티누스가 기독교를 다른 종교로부터 구별한 독특한 성적 청교도의 사실상의 창안자이며 "유일한 생산자"라고 널리 알려져 있다. 이런 의심스런 업적은 (이 풍부한 상상적 이론가가 이루어낸 마찬가지로 독창적인 개념적 업적인) 아우구스티누스의 예정론의 암울한 운명론과 더불어 보통 사람들이 아우구스티누스는 필시 급진주의자에 속했다는 상투적인 생각을 갖게 했다.

그러나 이보다 진실과 더 먼 것도 없다. 만일 아우구스티누스가 근대 지식인의 전형으로 보인다면 이는 그가 최초로 (교회의 승리로 인해) 국가권력과 연관된 지식인의 실천행위를 창안해야 할 소명을 받았던 방식 때문이다. (그는 도나투스파의 이단을 공격하면서 국가가 문자 그대로 소탕한 그의 이데올로기적 적에게 제도적 폭력과 물리적 억압의 힘이 가해질 것을 기원했던 최초의 인물이었다.) 그러나 아우구스티누스를 (철학자나 신학자 혹은 "작가"가 아니라) 정치적 지식인으로 파악하는 것은 그를 일종의 중도파나 타협가로 보는 것이고, 따라서 관념이나 세계관의 역사가 제공하는 것보다 더 만족스런 방식으로 그의 교리의 기능성을 이해하는 것이다. 왜냐하면 이런 관점에서 실천적 타협이 발생할 수 있게 하는 것은 그 교리의 매우 급진적 혹은 극단적인 모습이기 때문이다.

물론 그는 육체의 악과 죄에 대한 온갖 수사학을 사용하도록 가르쳐 준 마니교의 형성에서 그런 급진적 모습을 얻을 수 있었다. 정신의 승리가 (그노시스적인 시나리오에서) 어떻게든 상상할 수 있는 것이라는 바람직하지 못한 유토피아적 함의를 지닌 선과 악, 정신과 육체 간의 영원한 투쟁이라는 이 세계관의 비전이 삼위일체적 일신론에 가했던 위협은 마니교의 관점에서는 거부될 필요가 있었다. 왜냐하면 그런 유토피아적 함의는 항상 정치적 행동주의와 정치적 극단을 유발하기 때문이다. 그러나 아우구스티누스는 새로 생겨나는 제도적 교회의 현상태(現狀態)를 대변하게 되고—마니교도들이 펠라스기 사람들과 다르고 아리안들이 도나투스파들과 다르듯이 자신들 내부에서 서로 다른 온갖 종류의 적들에 대항하는—그의 이데올로기적 논점의 근본적인 요지는 제도권 밖의 정치적 행동주의에 대한 억압으로 줄곧 남아 있었다.

마니교 전통으로 인해 아우구스티누스는 타락한 육체의 영역을 이데올로기적 투쟁의 분야로 선택할 수 있었다. 그의 독창성은 성 자체를 부각시킴으로써, 즉 현대 용어로 말하면 성을 생산하거나 새로운 종류의 현상으로 구성함으로써 그노시스교와 마니교에서 육체를 비난하는 것과 (후에 펠라스기 사람들과 율리아누스처럼) 육체를 신의 창조물로 긍정하는 것 사이의 전면적 대립을 가로질러 새로운 방식으로 해소할 수 있다는 점을 알았다는 데 있다 : 아우구스티누스가 "성적 욕동 이면에 있는 심리적 동력을 강조함으로써 발생하는 직접적이고 중요한 결과는 초기 기독교인들이 인간의 성적 요소에 의해 유발되는 불안을 통제하기 위해 사용한 잘 정돈된 구획을 파괴하는 것이었다"(Brown 1988, 418-19). 여기에서 "심리적"이란 용어는 유지될 필요가 있다. 왜냐하면 이 말은 성을 여기에서 중요한 "해결책의 일부"인 "심리학" 혹은 주체성과 이어주는 연결고리이기 때문이다. 그래서 본질적으로 스스로 모순적인 입장을 지닌 이데올로기적인 적을 대면할 필요성으로 인해 새로운 종류의 공간을 여는 새로운 해결책이 생겨나는데, 이는 초기에 있었던 세계 종말의 공간과 반대되는 것으로서 (이 세계를 사실상 원상태로 남겨두긴 하지만) 일종의 세계의 부재이기도 한 새로운 내적 세계와 주체성의 공간이다.

왜냐하면 아우구스티누스는 한편으로는 참된 믿음을 지닌 혹은 선택된 자들의 완벽한 공동체의 개념을 대변하는 도나투스파들을 반대해야 했기 때문이다. 브라운이 주장하는 것처럼(『히포의 아우구스티누스』, 218-19) 이 개념은 초기만큼 소규모 종파적 집단의 극단적 이데올로기는 아니었지만 여전히 불가피하게 불완전한 세계에서 교회가 지니는 중재적 역할의 소명을 위협했다. 그러나 아우구스티누스가 헌신한 것은 바로 그런 소명이었다. 따라서 그는 인간의 집단성 차원에서 불가피한 불완전성을 주장하는 것이었다.

그러나 이 개념에 대한 관례적인 이데올로기적 반대운동도 이데올로기적 위험으로 가득 차 있었기 때문에 이 역시 물리쳐야 했다. 이 반대운동은 명백히 개인에게 완벽 가능성을 부여하는 것이었고, 이는 펠라스기인들이 제시했던 해결책이었다. 그러나 이는 다른 종류의 극단주의와 유토피아주의를 낳았고, 순전히 개인적인 극단적 해결에 대한 갈망을 불러일으킴으로써 보다 적게 경계심을 유발하는 또 다른 방식으로 제도적 교회를 파괴하려 위협했다. 아우구스티누스가 인류의 타락을 탐지할 수 있고 오로지 의지의 부패만이 드러나는 특권화된 공간으로서 성을 독특하게 구성함에 따라 성은 이제 이 문제를 해결할 수 있었다. 왜냐하면 성은—문자 그대로 자신의 의지와 무관하게 발기하고 무력해지므로—우리의 의지가 부패했고 필연적·본질적으로 불완전하다는 점을 증명하기 위해 항상 호소할 수 있는 것이었기 때문이다.

역설적이게도 이로 인해 아우구스티누스는—펠라스기인의 낙관주의에 부합하면서도 그와 반대로—타락 이전의 성을 포함하여 인류의 타락 이전의 육체는 신이 창조한 것이므로 본질적으로 선한 것이었다고 주장할 수 있었으며, 따라서 정신적 신비주의에 대한 그노시스적이고 마니교적인 유혹은 즉시 배제될 수 있었다. 그러나 타락한 의지 역시 완벽한 공동체에 대한 도나투스파의 개념들이 왜 헛된 것이며, 따라서 왜 개인적이고 집단적인 차원 모두에서 교회와 같은 제도가 인간의 나약함을 보완해 줄 필요가 있는가를 설명해 준다.

이 놀라운 해결의 대가로 치러야 할 값은 두 가지이다. 한편으로 성은 그 자체로 존재하며, 다른 어떤 것에 대한 단순한 표식이 아니다(432-33). 성이 "생산"되거나 "구성"되며 자율화된다는 것이 의미하는 것도 바로 이 점이다. 왜냐하면 초기에 성은 항상 이런저런 방식으로 (그들 자체 내에서도 크게 다른 방식으로) 우주에 대한 알레고리였기 때문이다. 성은 그 자체로 임의적으로 존재하는 것이 아니라, 항상 더 자율적이고 형이상학적인 다른 주제들을 상징적으로 표현하는 역할을 하도록 강요받았다. 그러나 아우구스티누스에게서 인류의 타락과 의지라는 주제는 이런 식으로 기능하지 않는다. 오히려 이 주제들 자체가 성이라는 새로운 실체를 상징적으로 표현하는 것이 된다 : "아우구스티누스의 생각에 성은 하나의 엄격히 제한된 목적을 수행했다. 성은 영혼 속에 발생한 하나의 결정적 사건에 대해 가공할 만큼 정확하게 이야기했다. 그것은 인류 최초의 죄가 가져온 불변의 결과를 육체 속에 반영했다. 아우구스티누스는 이제 그 하나의 좁고 깊은 통로 밑으로 인간의 나약함의 기원을 내려다 보았다"(422). 역설적이게도 새로운 성 자체에 강박적으로 집중하는 표면상의 극단주의로 인해 아우구스티누스는 특히 기혼자들의 성적 행위에서 후기 로마나 이교도의 절제 혹은 타협에 대한 세속적인 관용으로 되돌아갈 수 있었다. 따라서 이데올로기적 영역에서 흔히 그런 것처럼 극단주의적인 수사는 현상태에 대한 실질적인 동의를 은폐하는 것이다.

그러나 성과 더불어 사적 영역이나 주체성 자체의 언어가 나타냈던 또 다른 새로운 것이 출현한다. 치러야 할 또 다른 대가, 혹은 이 치러야 할 특별한 대가의 다른 이름은 실제 현실에서는 해결될 수 없는 모순들이 어떻게든 환기될 수 있는 내적인 공간, 영원한 위협으로서의 성의 존재가 만들어낼 수 있는 새로운 내면의 공간을 여는 것이었다. 왜냐하면 여기에서 사막교부들이 체계화하기 시작한 그런 종류의 자기 검사는 이 검사가 의심스럽게 인식된 죄를 찾는 문제일 경우에 갖게 되는 모호함을 털어내고, 이제는 그것이 찾기로 되어 있는 대상 자체를 항상 어김 없이 만들어내는 조사의 조직화를 위한 확실한 영역을 제공하기 때문이다. 성적 유혹을 찾는 것은 이 유혹을 창조하거나 생산하는 것과 같고, 그리고 이전에는 나타나지 않았던 곳에서조차 이 유혹을 일깨우는 것과 같았다. 성은 이제 영원한 자기 검사의 수행을 가능하게 하며, 이 검사는 또한 아우구스티누스가 발명한 것으로 유명한, 자아라고 부르는 새로운 것의 영원한 존재를 함축한다. 성은 타락한 의지가 편재해 있음을 보증했고, 바깥의 사회적 세계에서 교회와 평신도, 신도들과 수도단의 이중 기준이 정착되는 동안 입증 가능하지만 내적이기도 한 자아에 관심을 기울이면 마찬가지로 영원히 이 타락한 의지에 접근할 수 있었다. 이와 같이 더욱 심층적이고 근본적이며 모든 의미에서 더욱 독창적이고 기원적인 "주관적 전회"에서 우리는 근대 정치문화에 편재해 있는 믿음, 즉 주체적인 것에 몰두하는 것은 필히 사회적인 것과 실천으로부터 창조적 에너지를 후퇴시켜 타락하고 부패한 "현시대"의 현상태를 승인하는 결과를 낳는다는 믿음이 확인되는 것을 발견하게 된다.

근대 지식인은 바로 이 시점에서 이데올로기적 해결책으로서 자아 자체를 구성해야 하는 사명을 지니고 생성되었다. 반면에 우리는 또한 이와 동일한 관점에서 여러 가지 형태의 절제의 이상 혹은 극단적 금욕으로 실행에 옮겨지는 성적 정치학과 성적 극단주의의 유감스런 역사를 되돌아 볼 수 있다. 준자율적인 계기로서의 성의 이야기는 만일 성이 (인본주의나 "인간"같이) 다시 사라진다면 어떻게 될 것인가라는 푸코식의 질문(그리고 우리가 오늘날 이런 문제들을 역사적으로 접근할 때 염두에 두는 것도 정말로 이것인가의 질문)을 제기한다. 그러나 그것은 또한 지식인 자체의 문제도 제기하며, 한편으로 (그 최초의 중요한 인물이 아우구스티누스 자신인) 배신자나 변절자의 타협이라는 형태를 띠거나, 다른 한편으로 극단주의자의 절대적인 혹은 순수한 정치학의 형태를 띠는 견디기 어려운 양자택일의 딜레마를 가중시킨다.

주

1_ 역주 : 신역사주의 영문학자 스티븐 그린블랫(Stephen Greenblatt)이 『르네상스 자기 형성』(*Renaissance Self-Fashioning*)에서 사용한 용어로 인간 주체가 그 시대에 용인되는 기준에 맞추어 자신의 정체성을 형성하는 과정을 뜻한다.

2_ 역주 : 제임슨은 브라운의 책에서 "inflicted on then by death"를 "inflected on then by death"로 잘못 인용하여 역자가 브라운의 원문대로 번역했다.

3_ 역주 : 제임슨은 브라운의 책에서 "factitious"를 "factious"로 잘못 인용하고 있어 역자가 브라운의 원문대로 번역했다.

4_ 역주 : Liber Graduum은 4–5세기경에 저술된 완벽한 삶을 추구하는 금욕주의자들에 대한 익명의 설교 모음집으로서, 제임슨이 인용하는 브라운의 책에는 *Book of Degrees*로 영역되어 있다. *Book of Steps*로도 영역된다.

참/고/문/헌

Augustine. 1992. *Confessions*. 3 vols. Ed. James J. O'Donnell. Oxford : Clarendon Press.

Brown, Peter. 1967. *Augustine of Hippo*. Berkeley : University of California Press.

______. 1988. *The Body and Society : Men, Women, and Sexual Renunciation in Early Christianity*. New York : Columbia University Press.

Foucault, Michel. 1980. *The History of Sexuality*. 3 vols. Trans. Robert Hurley. New York : Vintage.

Gerlach, Luther P., and Virginia H. Hine. 1970. *People, Power, Change : Movement of Social Transformation*. Indianapolis : Bobbs-Merrill.

Williams, Michael A. 1985. *The Immovable Race : A Gnostic Designation and the Theme of Stability in Late Antiquity*. Leiden : E. J. Brill.

제7장

당신을 포기하지 않고는 당신을 사랑할 수 없어요

레나타 살레츨 저 | 한형구 역

자신에 대한 사랑은 오직 한 가지 장벽—타인들에 대한 사랑, 대상들에 대한 사랑—을 알 뿐이다.

– 지그문트 프로이트의 『집단심리학과 자아의 분석』

사랑과 관련된 가장 커다란 착각 가운데 하나는 금지와 사회적 규약이 사랑의 실현을 방해한다는 것이다.[1)] 이 명제가 착각인 것은 그 모든 "자조"(自助) 클럽의 매뉴얼들을 통해서 밝혀질 수 있다. 사람들이 사랑 가운데에서 대개 필사적으로 얻으려고 하는 충고는 우선 인위적인 장벽과 금지를 설정함으로써 그들의 사랑의 대상이 사랑을 되돌려 주게 자극하기 위해 일시적으로 접근할 수 없는 대상으로 자신을 조정하는 것이다. 프로이트가 말한 대로 "어떤 장벽은 리비도의 파고가 최고점에 도달하기 위해 필수불가결하다. 또한 모든 역사적인 시기를 통해 만족에 관하여 자연적인 장벽이 충분치 못했을 경우 인류는 사랑을 즐기기 위해 인습적인 장벽들을 세워왔다."[2] 그렇다면 이러한 장벽들이 갖는 본질은 무엇인가? 주체의 가장 내밀한 정열, 즉 사랑과 관련하여 제도와 의례(儀禮), 그리고 사회적 규약들이 행하는 역할은 무엇인가? 또한 어째서 주체는 사랑으로 화답할 의도가 전혀 없는 사람을 향해 그렇게도 고집스럽게 사랑을 바치게 되는가?

나는 다음 두 가지 소설들의 사례를 통해 이 물음들에 답해보려 한다. 카즈오 이시구로의 장편소설 『남아 있는 나날』, 그리고 에디스 워튼의 장편인 『순수의 시대』와 단편소설 「뮤즈의 비극」이 그 대상이 된다. 우선, 「뮤즈의 비극」은 그녀에게 정체성을 제공하고 그녀를 사랑의 대상으로 확인해 줄 상징적 공간을 구성하기 위해 한 남자의 사랑을 이용하는 어떤 여자를 다루고 있다. 다른 두 편의 장편소설은 이 점에서 정반대의 경우를 다루는데, 사회의 상징적인 권력구조에 의해 방해된다고 생각하는 사랑의 문제가 그것이다. 이 소설들에 일단 초점을 맞추고 보면 루이 알튀세가 이데올로기적 국가기구(ISA)라고 명명했던 것, 즉 "직접적인 관찰자에게 명확하고 전문적인 제도의 형태로 스스로를 드러내 주는 어떤 일정한 수의 현실들"의 미학적인 정체로 나타나면서 주로 가정과 또 다른 학교, 교회, 정당, 문화적인 벤처 등등처럼 사적 영역의 무엇으로서 모습을 드러낸다.[3] 그러니까 두 편의 소설에서 주인공들의 사적 삶을 지배하는 것은 성문화된 사회적 규준과 사회적 관계의 위계라는 면에서 가장 중요한 ISA 가운데 두 가지라 할 수 있는 가정과 "사회"이다. 다시 말해 그들의 사랑은 그들의 삶을 조직하는 억압적인 ISA들의 영향에 의해 제약당한다.

『순수의 시대』는 19세기 극도로 위계적인 뉴욕의 상류 사회를 배경으로 펼쳐지는 소설인데, 여기에서는 모든 사회적 행위와 움직임이 성문화되어 있고, 한편 이 사회 속의 불문율을 잘못 해석하여 추방자가 되지 않고자 하는 끊임없는 노력이 숨어 있다. 이런 사회에서 성문화의 범위는 사람들의 공적 생활과 사적 생활을 조직하는 방식으로 나타난다고 볼 수 있는데, 예컨대 만찬에 사용하는 도자기의 종류나 옷 입는 방식, 거주지의 위치, 자기보다 사회적 위상이 더 높은 사람들에게 표하는 존경 등등의 형식을 통해 나타난다. 『남아 있는 나날』 역시 제2차 세계대전 전후에 매우 위계적이었던 영국의 귀족사회를 배경으로 이야기가 펼쳐진다. 주역의 역할은 집안 하인들의 우두머리인 집사에 의해 수행된다. 이 사회 또한 삶의 모든 부분들이 철저하게 조직화된 불문율의 사회이다. 또한 집사는 완벽성과 이런 질서의 유지 자체가 그에게 달려 있는 성격으로 나타난다. 『남아 있는 나날』에서 스티븐스가 지적하는 대로 집사는 가장 위엄 있고 완벽한 예법으로 시중을 듦으로써 그의 주인이 관련되는 주요 역사적인 사건들에 크게 기여한다. 이런 뜻에서 스티븐스는 "이데올로기적 하인"의 원형으로서 나타난다. 즉 그는 조직 내에서 자신의 역할에 대해 결코 이의를 제기하지 않으며, 주인이 명백한 잘못을 저지를 때라도 그는 결코 반대의 자세를 보이지 않는다. 다시 말해 그는 생각하지 않고 단지 복종한다!

두 소설은 모두 이데올로기적 장치조직 이면에 뭔가 억

압되거나 감추어진 무엇—의례에 관련된 개인들의 열정, 곧 그들의 비밀스런 “참된” 사랑의 존재—이 숨어 있음을 시사한다. 두 소설을 원작으로 삼은 영화작품들은 특히 제도 아래 감추어진 이런 영역, 위조 뒤에 숨겨진 “실재의” 감정, 공적인 감정의 존재를 강조하고 나선다. 『순수의 시대』의 주된 트라우마는 결국 젊은 귀족인 뉴랜드 아처와 엘렌 올렌스카 백작부인 사이의 불가능한 사랑으로 주어지는 셈인데, 그녀(백작 부인)의 행실은 그 대부분이 뉴욕 사회의 치밀한 감시의 시선 아래 백일하에 노출되어 있는 별난 여자이다. “예의바른” 상류사회의 한 순진한 여자와 약혼한 뉴랜드는 엘렌에 대한 욕망을 충족시키고자 하는 희망을 넌지시 포기하고 상류사회의 규율이 요구하는 대로 헌신적인 남편으로서의 모습에 충실한다. 이에 반하여 『남아 있는 나날』의 스토리는 집사인 스티븐스와 가정부인 켄튼 양 사이에서 벌어지는 암암리의 열정을 중심으로 전개되는데, 두 사람은 모두 그들을 둘러싼 사회적 규약에 너무 순종적인 나머지 그들의 감정을 드러냄으로써 누릴지도 모를 개인의 행복감이라곤 전혀 안중에 두지 않는다. 간단히 말해서 두 소설은 주인공들이 그 테두리 안에서 살아가면서도 정작 그들이 추구하고자 하는 사랑을 방해하는 모습으로 나타나는 제도들의 압박을 드러내고 있다. 그렇다고 한다면 우리는 사랑을 방해하는 것이 정말로 제도인가 하는 문제에 봉착하지 않을 수 없다. 오히려 역설적으로 사랑을 생산해내는 것이 제도인 것이 아닐까?

『남아 있는 나날』

『남아 있는 나날』은 평생 달링턴 경의 집안에서 시중을 들어온 스티븐스라는 한 집사의 이야기이다. 말년에 이르러 스티븐스는 20년 전 그의 집안에서 가정부로 함께 일했던 켄튼 양을 찾아 여행을 떠난다. 그녀가 다시 돌아와 그 옛집에서 자기와 같이 일할 수 있도록 설득하기 위해서이다. 여행 중에 스티븐스는 켄튼 양과의 관계와 제2차 세계대전 직전의 그 혼란스럽던 시기에 같은 집에서 함께 보냈던 시절을 회상하는 일기를 쓴다. 스티븐스의 이런 기억들은 주로 주인에게 전적으로 헌신하는 완벽한 하인으로서의 품위와 도덕적 정직함이라는 원칙들에 대한 찬가의 형식으로 나타난다. 이 소설의 섬세함은 감정이 결코 표현되지 않는다는 사실에 놓여 있다. 스티븐스와 켄튼 양은 분명 직업상의 필요 이상으로 서로에게 마음을 쓰지만 상대방에게 결코 이 점을 인정하지는 않는다. 그 모든 세월이 지난 뒤에 그들이 드디어 만나고, 이제 더 이상 그들의 관계를 가로막을 어떤 현실적인 장벽도 부재하는 결말에 이르러서도 그들 사이에는 아무런 감정도, 일도 일어나지 않는다. 의례들은 고스란히 남지만 감정은 결코 충분히 드러나지 않는다. 왜 그럴까?

스티븐스의 행동, 즉 감정의 완벽한 억압에 대한 한 가지 해석은 그가 어떤 면에서는 비인간적이라는 것이다. 아버지의 죽음을 맞는 그의 태도에서 이런 면모가 잘 예시될 수 있다. 아버지가 죽어가는 그 순간에조차 스티븐스에게 더 중요했던 일은 자신의 감정을 드러내는 것이 아니라 정녕 흠 잡을 데 없이 자신의 직무를 수행하는 것이다. 이 같은 인간주의적 해석은 그러나 이 소설의 핵심을 놓치기 십상이다. 이 소설의 논리를 이해하기 위해서는 오히려 그 반대방향으로 나아가지 않으면 안 된다. 사회체제의 엄격함과 집사의 너무도 완전무결한 집무 자세로 인하여 드러나지 않는 억압된 열정을 찾아내려 하기보다는 차라리 의례와 제도를 중요하게 고려하면서 그 안에서 사랑이 어디쯤 위치하는지 알아내는 것이 더 유익할지 모른다.

우선 소설의 제목을 어떻게 이해하면 좋을까? 몇 가지 설명이 작품 내에 암시되어 있다. 먼저 "그날의 남은 것들"이란 뜻으로 가장 단순한 의미에서 집사 스티븐스가 여행하는 동안 매일 저녁 그의 일기장에 기록하는 기억의 자료들일 수 있다. 두 번째 대답은 두 주인공들이 이제 모두 황혼기를 맞아 단지 그들 인생에 "남아 있는" 세월을 뜻한다고 해독될 수도 있다. 하지만 『남아 있는 나날』과 프로이트의 "낮의 찌꺼기" 사이에서 유사점을 끌어낸다면 더욱 흥미로운 해석이 이뤄질지 모른다. 프로이트의 꿈 이론에서 "낮의 찌꺼기"라는 것은 전날의 사건이나 잔여물에 해당하는 것으로서 이것들이 깊이 새겨진 무의식의 구조 때문에 꿈속에서 새로운 의미를 획득하게 된다는 것이다. 프로이트의 이 개념에 기대어 스티븐스의 기억을 다시 읽는다면 그날의 남은 것들이란 주로 켄튼 양과의 관계에 대한 기억으로 점철된다고 말할 수 있다. 그렇게 스티븐스가 가장 소중하게 여기는 기억 속에서 그는 켄튼 양과 함께 매일 저녁 숙소에서 만나 코코아를 마시며 그날 있었던 일들에 대해 의논하곤 했었다. 이러한 만남이 "그날의 남은 것들"로서 그의 강박적인 생활방식을 완벽하게 구성하는 데 있어 그가 구체화할 수 없는 잔여물로 기능하게 된다. 따라서 스티븐스가 맺는 켄튼 양과의 관계는 그의 무의식이 엮어내는 잔여물, 곧 그의 욕망과의 직면을 강요하는 잔존물이다.

라깡에 따르면 이처럼 강박적인 사람은 대타자의 자리에 스스로를 앉히고, 그곳에서 자신의 욕망과 맞부딪칠 위험을 예방하는 방식으로 행동하는 특징을 보인다. 이것이 그가 수많은 의례들과 스스로 부과한 규칙들을 만들어내고 결국엔 강박적인 방식으로 자신의 삶을 조직하는 이유가 된다. 강박적인 사람은 구체적 타자인 이성(異性)뿐만 아니라, 상징적 타자인 대타자의 욕망에 관련되는 위험을 벗어나고 불확실성을 피하기 위해 끊임없이 결정을 지연시키고 있다.

스티븐스는 켄튼 양을 만나고 싶어 여행을 떠난다고는 결코 인정하지 않는다. 그는 그 집안에 하인이 부족한 상태이며, 켄튼 양을 집안으로 돌아오도록 설득함으로써 바로 그의 직원문제를 해결할 수 있을 거라는 가능성 속에서 자신의 여행에 대한 핑계를 찾는다.

여러분은 그런 명백한 직원들의 부족 사태가 지속적으로 나의 관심사에서 벗어나 있었다는 사실에 깜짝 놀랄 수도 있지만, 그것이 흔히 상당한 기간 동안 그 문제에 대해 생각해 왔던 방식이라는 사실에 대해서 쉬이 동의해 주리라고 믿는다. 사람은 어떤 외부적 계기에 의해 매우 우연스럽게 일이 발동되지 않는 한, 어떤 진실에 직면한다는 것이 쉽지 않은 일이다. 이 경우가 바로 그런 것이다. 켄튼 양의 편지를 받고 거기에 포함된 길지만 결코 드러나지 않는 행간들의 표현 속에서 나는 달링턴 홀에 대한 그녀의 의심할 수 없는 향수와 또한—나는 이제 전적으로 확신하는 바이지만—이곳에 돌아오고 싶은 그녀의 욕망의 분명한 징표들을 읽고서 이제 나는 나의 직원문제를 새삼스럽게 돌아보게 된 것이다. 그리하여 꼭 필요한 성원의 한 사람이 해낼 수 있는 역할이 참으로 여기에 있었다는 점에 내 생각이 미치게 되었을 뿐이다. 그것은 사실상 내가 최근에 겪은 모든 어려움들의 핵심이 바로 이 부족이었다는 것이다. 따라서 이제 그 문제에 대해 생각하면 할수록 더욱 더 분명하게 켄튼 양이 이 집안에 대한 커다란 애정과 그녀의 모범적인 직업정신—오늘날 거의 발견하기 힘든—과 함께 나로 하여금 달링턴 홀을 위해 충분히 만족스러운 고용계획을 완결시킬 수 있도록 요구된 바로 그 요인이 되었던 것이다.[4)]

아마도 이 문장은 강박적인 담론의 가장 심각한 사례에 속할 것이다. 스티븐스의 “진짜” 욕망을 이해하기 위해서는 각각의 문장을 뒤집어 보지 않으면 안 된다. 강박증을 가진 사람의 말 속에는 항상 그의 욕망을 감추려는 필사적인 노력이 깃들어 있게 마련이다. 더 정확히 말하면 자신의 욕망을 회피하기 위해 그들은 강박적으로 사고하고 말한다. 스티븐스가 직원문제를 해결해야 할 필요성을 말할 때, 또는 달링턴 홀로 되돌아가고 싶은 소망을 켄튼 양의 편지에서 찾아낼 때 그는 자신의 욕망을 인식하지 못하도록 막아줄 모종의 핑계거리를 창조한다. 스티븐스가 자신의 욕망을 대타자에게 맡기는데, 그는 그것을 켄튼 양의 욕망으로 드러낸다. 따라서 강박적인 사람은 행동을 사고로 대체하고서 그가 생각하는 것에 의해 실재계의 사건들이 결정된다고 믿는다. 하지만 이러한 생각의 전능함은 근본적인 무기력증과 연결되어 있다 : "그의 행동은 무기력하다. 다른 사람에 의해 인정받게 될 행동에 그 스스로 관련될 수 없기 때문이다."[5] 프로이트는 강박적인 사람에게 있어서 사고과정 자체가 성화되는 것을 관찰했는데, "왜냐하면 사고의 내용에 정상적으로 부착된 쾌락이 사고행위 그 자체에게로 옮겨가게 되고 사고 선상의 결론에 다다름에서 파생된 만족이 성적인 만족으로 경험되기 때문이다."[6] 그렇기 때문에 스티븐스는 켄튼 양에 대한 사색으로부터가 아니라 켄튼 양을 방문하기 위해 여행하면서 얻는 직원문제의 해결 계획으로부터 성적인 만족을 얻는 것이다.

스티븐스가 주인에게 켄튼 양을 찾아가려는 계획을 보고할 때 주인은 조롱조로 대꾸한다. 그 나이에도 집사가 아직 여성에게 흥미를 느끼고 있으리라고는 예상치 못했다고. 이 언급이야말로 스티븐스의 욕망의 핵심을 건드리는 말이며, 따라서 그는 곧바로 그 암시에 모순되는 어떤 의례를 구성해내야 한다. 그의 결론은 달링턴이 스티븐스한테 그의 직업적인 봉사의 한 부분으로 농담을 나눌 능력을 기대한다는 것이다. 그는 물론 이러한 임무에 실패하게 되지만 그렇게 해서 그는 재담의 기술을 습득하려고 노력하게 된다 : "나는 한 가지 단순한 훈련을 궁리했는데, 적어도 하루에 한번은 실행하려고 노력하는 중이다. 뜻밖의 순간에 처할 때마다 나는 그 순간에 나의 직접적인 환경에 기초한 세 가지 재담들을 발굴해내고자 애쓰고 있다."[7] 물론 이것은 그의 욕망과 조우할 수 있는 위험을 드러내기 때문에 어려운 일이 된다. 스티븐스는 재담이 불러올 위험성을 잘 알고 있는데, 그 효과를 통제할 수 없다는 사실은 강박적인 사람한테 진정한 공포를 의미하게 된다 : "재담이 지닌 바로 그러한 특성 때문에 그것이 목소리로 나타나기 전에 초래할 다양한 반향의 가능성을 측정할 만한 충분한 시간이 주어지지 못하고, 또한 필요한 기술과 경험을 먼저 갖추지 못한다면 그 자신이 온갖 종류의 부적절한 것들을 함부로 내뱉어 버리는 심각한 위험을 초래할 수도 있다."[8)]

이와 같은 욕망의 회피는 집사라는 직업과 잘 연결되어 있다. 집사로서 봉사하는 높은 원칙들은 스티븐스한테 자아 이상의 형태로 나타난다. 그 가운데 가장 중요한 원칙은 "품위"가 되는데, "그가 근거하는 직업적 존재를 포기하지 않을 수 있는 집사의 능력"[9)]과 관련된 것이다. 보다 작은 집사는 개인적인 이유로 자신의 직업적 존재를 쉽게 포기하겠지만 위대한 집사는 그런 상황에도 불구하고 결코 이것을 포기하지 않는다 : "어떤 특성을 지닌 집사라면 전적으로 그리고 충분히 자신의 역할 속에서 **살아가는** 것처럼 보여야 한다. 그의 역할이 마치 무언극의 의상에 불과한 것으로 보이듯이 단순히 어떤 순간에는 벗어뒀다가 그 다음에는 다시 걸치는 것으로 여겨질 수 없다는 것이다."[10)] 집사는 그러니까 의무를 첫 번째 자리에 두어야 한다. 자크-알랭 밀레는 "귀족"이란 존재를 자아 이상을 위해 자신의 욕망을 희생시킬 줄 아는 주인으로 정의한 바 있다. 자아 이상은 주체가 동일시하는 상징계 속의 위치가 된다. 그 자리는 주체가 보이길 바라는 방식으로 그 자신을 관찰하게 되는 바로 그 자리이다. 스티븐스에게 이 지점은 집사의 서비스에 대한 원칙이나 규범의 자리이고, 더욱 정확히 말해서 품위의 자리이다. 주체가 이상적인 것을 위해 자신의 욕망을 희생시킬 때, 그러니까 그 자신을 상징적인 정체성에 완전히 복속시키고 어떤 상징적인 가면을 쓰게 될 때 바로 이런 가면 속에서 그는 자신의 욕망을 인식할 수 있다. 따라서 스티븐스가 자신의 직업에 완전히 전념하게 될 때, 자신의 사생활을 포기하고 여자들과의 성적인 접촉을 단념하게 될 때, 따라서 이상적인 것과 스스로를 결합시키게 될 때 바로 이런 이상적인 것 속에서, 바로 이런 체면이란 사회적 가면 속에서 그의 욕망은 스스로를 드러내게 된다. 그렇게 대타자의 형상을 채택하는 의미를 갖는 "이상적인 것"은 주체의 욕망의 타자이기도 하다. 따라서 이상적인 것을 형성하는 체면과 직업정신, 그리고 비(非)섹슈얼리티라는 가면의 특성은 스티븐스의 욕망과 상관관계를 갖는다. 예를 들어 그가 여자들을 적극적으로 무시하는 의도된 행위는 여자에 대한 욕망으로 읽힐 수 있다 : "주체가 은폐하는 것과 은폐하게 되는 수단 역시 그것을 폭로시키는 바로 그 형태가 된다."[11)]

가면 뒤에는 아무것도 없다. 우리가 찾아야 할 본질은 그 가면 속에, 즉 주체의 본질을 덮어 가리고 있는 것처럼 보이는 바로 그 베일 속에 들어 있다. 스티븐스의 경우에도 "저 세상"이 없고 고유한 영국다움이라는 그의 가면 뒤에 감춰진 억제된 열정의 세계가 없다.[12)] 스티븐스에게서 그가 스스로 참여했던 엄격한 의례 때문에 드러날 수 없는 어떤 숨겨진 사랑을 찾는 것은 쓸데없는 일인데, 그의 모든 사랑은 바로 그 의례들 속에 들어 있기 때문이다. 그가 켄튼 양을 사랑한다고 말할 수 있다면 그들의 직업의 규약에 복종하는 시각에서 그녀를 사랑하는 것이다. 켄튼 양도 역시 매우 유능한 하녀지만 그녀가 실제로 스티븐스를 매혹시키는 것은 의례에 대해 주기적으로 나타나는 그녀의 히스테리적인 저항이 되는데, 그 때마다 그녀는 갑작스레 그 규약들에 대해 의문을 품곤 하지만 그러나 곧 다시 그것들에 복종하게 된다.

이런 이유로 스티븐스를 연애의 비실현에 대한 유일한 죄인으로 묘사하는 것은 잘못이다. 만약 스티븐스가 좀더 다른 성격으로 더욱 인간적이기만 했다면 켄튼 양이 스티븐스에 대한 자신의 사랑을 실현시킬 수도 있었으리라고 생각하는 것은 순진한 결론이 된다. 켄튼 양은 자신의 역설적인 욕망에 의해 구속된 히스테리의 한 사례가 된다. 한편으로 그녀는 스티븐스가 변하기를 바라면서 그녀에 대한 그의 사랑을 밝혀주길 원하지만, 다른 한편으로 그녀는 오로지 현재 그의 본질—그의 욕망을 회피하는 데 유용한 모든 수단을 동원하는 관리직원—때문에 그를 사랑할 뿐이다. 만약 스티븐스가 변한다면 켄튼 양은 자신의 남편을 경멸하는 동일한 방식으로 재빨리 그를 버리고 그를 경멸할 수도 있을 것이다.

켄튼 양은 젊은 하녀가 동료 하인과 결혼하려 한다는 소식을 그녀에게 전해줄 때 첫 번째 히스테리 반응을 나타내게 된다. 이런 소식에 대한 켄튼 양의 반응은 매우 감정적인데, 그녀 자신이 사랑을 구하려는 소망 속에서 젊은 하녀와 동일시하기 때문이다. 그리고 그녀 자신과 스티븐스 사이에 무슨 일이 벌어지길 켄튼 양이 바라고 있으리라는 것을 젊은 하인들조차 알아차리고 있다. 하지만 그 다음의 히스테리적인 몸짓은 켄튼 양이 벤 군과 결혼하겠다는 의도를 발표했던 일이다. 켄튼 양이 이 소설의 말미에 가서 인정하듯이 이런 행동에 의해 그녀는 스티븐스한테서 어떤 반응을 불러일으키려고 의도했던 것이다. 히스테리적인 사람은 항상 다음과 같은 질문을 다루고 있다 : "만일 그가 나를 잃으면 그에게 무슨 일이 벌어질까?" 히스테리의 욕망의 역설은 그녀가 스스로 통제할 수 있는 주인, 즉 대타자를 갖길 원한다는 것이다.

따라서 역설적이지만 실제로 제도의 지지자로서 기능하는 사람이 바로 켄튼 양이라고 말할 수 있다. 그녀는 그 제도의 욕망이다. 이런 사실은 자신의 남편과 맺는 그녀의 관계로부터 분명해진다. 그녀의 남편이 그 제도를 버릴 때 그녀는 그를 경멸하는 것이다. 그녀 역시 제도 밖에서의 존재를 견뎌낼 수 없다. 비록 그녀 자신의 외부—남편, 그들의 딸—에 이유들을 부여할지라도 마지막에 가서 그녀는 가정이라는 제도로 되돌아가게 된다. 그럼에도 이것이 그녀의 진정한 욕망이다.

『순수의 시대』

『순수의 시대』는 일견 성취되지 않은 낭만적인 사랑의 소설처럼 보인다. 다시 말해 깊이 사랑에 빠진 두 사람(뉴랜드 아처와 엘렌 올렌스카) 사이에서 무모한 열망을 묘사한 소설로 보이는데, 그들은 자신들이 살고 있는 경직된 사회 때문에 그들의 행복을 추구할 수 없다. 뉴랜드는 순응주의자로서 뉴욕 상류사회의 훌륭한 일원이며 동일한 사회의 가장 바람직한 여성들 가운데 한 사람인 메이와 결혼하기로 약속되어 있다. 하지만 괴짜인 엘렌과 우연히 만나 사랑에 빠짐으로써 뉴랜드는 자신이 그토록 충실하게 관계를 맺은 사회적인 규약의 "바깥"에 어떤 것이 있을 수 있다는 사실을 발견하게 된다. 그 바깥은 아마도 순수한 열정의 세계로서 사랑이 무조건적으로 지배하는 그러한 세계일 것이다.

사회적인 규약의 외부적인 강제와 두 연인들이 결혼한

다는 사실은 낭만적인 사랑이 발전할 수 있는 조건들을 생성한다. 뉴랜드는 자신의 기억 속에 있는 엘렌의 이미지가 "실재의" 엘렌보다 더 강할 수 있다는 것을 스스로 인정한다. 따라서 엘렌은 정확히 부재하고 접근할 수 없는 것으로서, 즉 뉴랜드가 끊임없이 열망하는 대상으로서 특별한 가치를 지니고 있다. 그것이 바로 그가 그 어떤 성적인 형태로도 그녀와의 관계를 실현하고자 의도하지 않는 이유가 된다. 그들의 정서적인 조우가 이뤄지는 동안 그는 다음과 같이 말한다.

—— 두려워 말아요. 당신은 스스로를 그렇게 구석으로 몰아넣을 필요가 없어요. 도둑 키스는 내가 원하는 것이 아녜요. 이봐요, 나는 당신의 옷소매도 건드리려 하지 않아요. 우리 사이의 이런 감정을 통상적인 은밀한 연애 같은 것으로 야위어 가도록 내버려두고 싶지 않은 당신의 뜻을 나 또한 이해하지 못하리라고 생각하지는 말아요. 어제라면 혹 나는 이렇게 말할 수 없었을지도 몰라요. 왜냐하면 우리가 떨어져 있어 당신을 몹시 보고 싶어할 때 모든 생각이 불꽃처럼 타오르고 있어요. 하지만 당신이 이렇게 내게 다가와 내가 기억하던 것 이상으로 그처럼 존재하고, 그리하여 내가 당신한테 원하는 것이 한두 시간 이상이나 때때로 우리 사이의 목마른 기다림을 소진시킨다 하여도 나는 이처럼 그대 옆에 이렇게 굳건히 앉아 내 마음 속에 다른 환상의 장면을 꿈꾸면서 그것이 실현되길 조용히 믿을 거예요.[13)]

낭만적 사랑이 출현되기 위해서는 따라서 실제적인 인

간의 존재를 필요로 하는 것이 아니고 필수적인 것은 이미지의 존재이다. 라깡은 처음으로 사랑을 주체의 자기애적인 관계로 정의한 사람이다. 사랑에 빠졌을 때 작동하는 것은 이상적 자아의 본질을 형성하는 자기애적인 이미지의 인식이다. 그러니까 사랑에 빠졌을 때 우리는 사랑의 대상인 그 사람을 이상적 자아의 자리에 위치시킨다. 우리 자신의 자아를 얻으려고 애써왔던 그 완벽성 때문에 우리는 이 대상을 사랑하게 된다. 그러나 그것은 주체가 자기 자신 속에 살고 싶어하는 그 이미지를 타자 속에서 사랑하게 되는 것만은 아니다. 주체는 그와 동시에 자아 이상의 위치에 자신의 사랑의 대상을 올려놓는데, 그로부터 주체는 가장 그럴 듯한 방식으로 자기 자신을 보고 싶어할 것이다. 우리가 사랑하게 될 때 자아 이상의 자리에 놓인 사랑의 대상이 우리로 하여금 자신을 새로운 눈길로—자애롭고 사랑스러우며 아름답고 고상한 등등—인지할 수 있도록 해준다. 우리가 사랑하는 사람한테 투자하게 된 이상적인 것 때문에 우리는 바로 그 사람 앞에서 부끄러움을 느끼거나 혹은 이 사람을 유혹하려고 한다.

그러나 사랑의 기제를 이해하려면 이상적인 것(Ideal)을 넘어서야 한다. 사랑에 관한 라깡의 유명한 정의는 주체가 자신이 갖지 않은 것을 타자에게 주는 것이다. 이러한 대상은 외상적인 타대상, 즉 욕망의 대상 원인이다. 사랑의 대상에 대한 자기애적인 관계의 뒤에서 우리는 실재계와 조우하게 되는데, 실재계는 타자뿐만 아니라 우리 자신의 내부에 있는 외상적인 대상이다 : "분석은 사랑이 그 본질상 자기애적이라는 것을 증명해 주며, 또한 아마도—오류에 빠져—대상적인 것의 본질이 욕망 속에서 그것의 잔재가 된다는 것, 즉 그것의 원인이 된다는 것을 밝혀줄 것이다. 그것의 불충족의 지지, 심지어 그것의 불가능성의 지지가 된다는 것을 드러내 준다."[14)]

낭만적인 사랑에서 주체는 자신의 사랑의 대상과 어떻게 연결될 것인가? 뉴랜드는 엘렌과 함께 그들이 자유롭게 사랑을 즐길 수 있는 곳으로 도피하길 바라는데, 그곳에서 그들은 "다만 서로를 사랑하는 두 사람이 되고, 이 지구상의 어떤 일도 문제가 되지 않을 것이다." 의미심장하게도 제도권 바깥에서 이러한 충족의 장소가 있을 가능성을 믿는 사람은 순응주의자인 뉴랜드이며, 그의 착각을 쫓아버리는 사람은 절반의 추방자로서 비순응주의자인 엘렌인데, 그 때 그녀는 다음과 같은 말로 그에게 대답하고 있다.

"오, 귀여운 사람! 그런 나라가 과연 어디에 있을까요? 당신은 그런 곳에 가본 적이 있어요? … 그런 곳을 찾고자 애썼던 수많은 사람들을 나는 알아요. 또 날 믿어줘요. 그들은 모두 실수로 간이역에서 내렸거나 볼로뉴나 피사 혹은 몬테카를로와 같은 어떤 곳이죠. 또 그곳은 그들이 애초에 떠났던 낡은 세상과 전혀 다르지 않았어요. 단지 더 작고 더 지저분하고 더욱 난잡하며 … . 아, 내 말을 믿어줘요. 그곳은 비참한 작은 나라랍니다!" … .

"그러면 우리들을 위한 당신의 계획은 정확히 무엇이오?" 라고 그는 물었다.

"우리들을 위한? 하지만 그런 의미에서 우리란 본래 없어요! 우리는 서로 떨어져 있을 때에만 서로 가까워져요. 그 때야 비로소 우리는 우리들 자신이 되는 거예요. 그렇지 않다면 우리는 그저 엘렌 올렌스카의 사촌의 남편인 뉴랜드 아처와 뉴랜드 아처의 아내의 사촌인 엘렌 올렌스카일 뿐이고, 그들을 믿는 사람들의 등 뒤에서 행복을 추구하는 사람들이죠."

"아, 나는 이미 그것을 넘어가 있소"라고 그가 신음하듯 말했다.

"아녜요, 당신은 그렇지 않아요! 한번도 그 너머에 가본 적이 없어요. 나는 가본 적이 있어서 그곳처럼 보이는 것을 알고 있어요."[15)]

이 메시지—또한 그것에 의한 뉴랜드의 욕망의 진실—가 그에게 확인된 것은 오직 소설의 마지막 부분에서이다. 라깡은 "욕망이 어떤 것처럼 구성되며 … 요구는 구성될 수 있는 것이라면 그 무엇이든 그를 넘어선 것을 의미한다"[16)]고 지적한다. 요구의 수준에서 뉴랜드의 열정은 엘렌과 하나가 되고 싶은 소망으로 이해될 수 있지만 그러나 그의 욕망은 오히려 이런 단일화를 포기시키려는 것이다. 뉴랜드는 결국 자신의 욕망을 작동시키는 접근 불가능한 대상으로 엘렌을 유지시키기 위해 사회적 규약에 스스로 복종하게 된다. 이러한 논리는 우리로 하여금 이 소설의 결말을 이해할 수 있게 해주는데, 이제 홀아비가 된 뉴랜드는 파리를 여행하는 동안에도 엘렌을 찾아보지 않기로 결심하여 마침내 자신의 위대한 사랑의 실현을 포기하게 된다. 뉴랜드가 엘렌의 집 앞에 앉아 그 아파트 안에서 벌어지고 있는 일을 상상하려고 들 때 그는 다음과 같이 생각하고 있다.

"내가 저 집 안으로 올라가기보다 여기에 있는 것이 나에겐 더욱 현실적이지"라는 목소리가 갑자기 그의 내부에서 들려왔다. 현실의 마지막 그림자가 그 끝자락을 놓치면 안 된다는 두려움 때문에 매 순간들이 끊임없이 이어져 가는 것처럼 그는 그 자리에 뿌리박힌 듯이 한없이 지켜보고 있었다.

그렇게 오랫동안 그는 짙어져 가는 땅거미 속에서 벤치 위에 앉아 있었다. 그의 두 눈은 발코니로부터 다른 데로 돌릴 줄 몰랐다. 마침내 창을 통해 한 줄기 빛이 흘러나오고 곧 한 남자 하인이 발코니로 나와 차일을 올리고 덧문을 닫았다.

게다가 그것이 마치 그가 기다리고 있었던 신호이기나 하듯 뉴랜드 아처는 서서히 일어나 자신의 호텔을 향해 외로이 걸어갔다.[17)]

이 마지막 행위는 그러니까 "자신의 욕망을 포기하지 않기"라는 라깡의 의미에서 일종의 윤리적 행위가 된다. 뉴랜드와 엘렌 사이의 연애에 대한 그 때까지의 모든 포기행위는 "변명의 윤리학"에 의존한다. 따라서 "당신을 포기하지 않고는 사랑할 수 없어요"[18)] 라는 엘렌의 진술은 윤리적인 행위로서가 아니라 낭만적인 사랑의 선언으로 읽을 수 있는데, 사랑은 그 자체와 관련된 고통으로 인해 낭만적으로 되어간다. 그와 비슷하게 젊은 시절에 엘렌에 대한 뉴랜드의 포기행위는 여전히 "미래"에 대한 기대와 연결되어 있는데, 그 때가 되면 그는 자신의 부인에게 거짓말하기를 중단하게 될 것이고, (그의 사랑의) 현실은 진실한 모습을 얻게 될 것이다. 오로지 최후의 포기만이 윤리적 행위의 의미를 획득하게 되는데, 왜냐하면 더 이상의 어떤 공리적인 요구도 없기 때문이다. 실용주의적 관점에서 본다면 이러한 포기행위는 지극히 어리석은 짓이다. 뉴랜드는 엘렌과 마찬가지로 마침내 독신 신세가 되었는데, 그는 여전히 그녀를 사랑하고 있고, 아마도 그녀 역시 그에게 무관심할 수 없을 터이며, 심지어 그의 아들조차 그의 아버지가 마침내 위대한 사랑을 찾길 바라고 있을 것이다. 따라서 이제 그들의 관계에는 아무런 사회적 장벽이 있을 수 없고, 오히려 그의 사회는 새로운 홀아비로서 뉴랜드가 새로운 삶의 동반자를 구할 수 있기를 기대하고 있다는 것이다.

그런데도 왜 뉴랜드는 끝내 엘렌을 보지 않기로 결심하고 마는 것일까? 그 해답의 흔적은 "현실의 마지막 그림자가 마침내 그 끝자락을 놓치지 않을까 하는 두려움"에서 찾아볼 수 있을 것이다. 우리의 현실 개념은 그것으로부터 뭔가가 배제되어야 한다는 사실과 연관되어 있다. 그것은 시선의 지점으로서의 대상이다. 모든 현실의 스크린은 구성적인 "얼룩"을 포함하고 있는데, 이런 현실의 영역이 그 일관성을 얻을 수 있기 위해 그 영역으로부터 제외되어야 하는 것의 흔적이다. 이 얼룩은 라깡이 타대상(*objet petit a*)이라고 명명한 공허의 모습으로 나타난다. 그것은 주체인 내가 볼 수 없는 지점이다. 그것이 그 스크린 자체가 "시선을 되돌려 주거나" 나를 바라보는 지점, 다시 말해 시선 그 자체가 현실의 시야 속에 새겨지는 지점이 된다면 그것은 나를 피해간다. 뉴랜드에게 이 대상은 그의 현실이 일관성을 유지하기 위해서 파리의 방 속에 유폐되어 있지 않으면 안 된다. 그것은 남자 하인이 창문을 닫을 때에야 뉴랜드가 그 장소를 떠날 수 있는 이유가 된다. 창문을 닫는 이런 몸짓이 뉴랜드에게는 하나의 기호가 되는데, 그 대상이 안전하게 제외되어 그의 현실이 온전하게 남아 있을 수 있다는 기호이다.

자신의 일생을 통해 뉴랜드는 메이와의 결혼생활을 이렇게 인식하고 있었다. 즉 그의 사랑스런 부인의 "천진난만함"과 "순수함"뿐만 아니라 사회 때문에 따라야 할 어떤 필연성이라고, 따라서 그는 그 사회의 규약에 복종했고 기대되었던 바대로 행동했다. 하지만 소설의 종결부위에서 그는 또 다른 의무와 조우한다. "다른 나라"가 없다는 인식, 곧 일생을 통해 그를 그렇게도 억제시켰던 규약과 의례의 "저편"이 없다는 인식과의 조우가 그것이다.

"저편"이라는 것이 존재하지 않는다는 것을 깨닫고 있었던 또 한 사람은 다름 아닌 메이이다. 메이가 죽은 후에 뉴랜드는 그녀가 엘렌에 대한 자신의 위대한 사랑을 알고 있었다는 것을 깨닫게 된다. 하지만 이런 사실에 대해 메이는 그녀다운 "천진난만한" 방법으로 대응하고 있었다. 그녀는 자신의 앎을 결코 드러내지 않았고 뉴랜드를 비난하지도 않았다. 다만 사회적 규칙과 규약의 힘을 빌려 그 상황을 교묘히 다루고 있었던 것이다. 이처럼 제도의 "저편"이 존재할 수 없다는 인식은 메이가 역설적으로 엘렌과 함께 공유하는 바로 그것이다.

사랑에 빠진 대타자

사람들이 제도의 논리에 스스로 복종하고 자신들의 안녕에 반할 수 있는 모든 종류의 사회적 의례에 따르는 일은 어떻게 벌어지는가? 알튀세는 개개인들이 다른 개인들과의 관계에서 전이의 방식으로 기능한다고 지적한다.[19] 그러므로 전이는 사회적 관계의 "원료"인 것이다. 하지만 전이가 곧 사랑의 특수한 형태가 아니라면 무엇이란 말인가? 그렇다면 사회적 유대로서 사랑의 기능은 무엇일까?

알튀세는 정신분석에 관한 저작에서 스탕달의 『적과 흑』을 언급한다. 이 소설은 특정한 순서로 제시된 일련의 발화로 구성된 미학적 담론이다. 이 담론은 쥘리앙 소렐과 그의 "열정"의 존재 그 자체이다. 다시 말해 감정적 격렬함에 담긴 쥘리앙의 열정이 담론을 앞지르지 못한다. 그것은 행간에서 발화되는 어떤 것이 아니다. 즉 그의 열정은 담론 그 자체라는 것이다 : "이 **담론**을 정의하는 **제약들**이 이 "열정"의 존재 바로 그것이다."[20] 무의식의 담론도 마찬가지이다. 즉 "무의식이 언어처럼 구성되어 있다"는 말은 무의식이 이 담론에서 작동하는 제약들이라는 것을 의미하며, 이러한 제약들이 무의식의 존재 바로 그것이다—담론에서 스스로를 "표현하는" 논변적인 제약들 뒤에 감춰진 무의식이라는 것은 없다는 뜻이다.

따라서 (무의식의, "열정"의) 효과는 그 효과를 산출해내는 메커니즘의 외부적인 것이 아니다. "효과는 다름 아닌 담론 그 자체이다."[21] 왜냐하면 각각의 담론이 언어의 법칙으로서 기능하는 특수한 제약들의 체계에 의해 정의된다고 말할 수 있고, 이 담론의 효과가 제약들의 산물이기 때문이다. 무의식의 경우에 이 담론에서 기능하는 제약들이 그것의 효과로서 리비도를 산출해낸다. 그리고 이데올로기적 담론의 경우에 그 제약들은 (잘못된) 인식의 효과를 낳게 된다.

같은 맥락에서 실제로 사랑을 만들어내는 것은 (담론의, 사회적인 상징적 구조의) 제약이라고 말할 수 있다. 이러한 제도는 라깡이 "대타자"라고 이름지은 것을 포함한다. 전이에 관한 세미나에서 라깡은 "대타자"(*big Other*)가 사랑에서 해내는 역할을 다음과 같이 적시했다 : 사랑하는 사람의 욕망의 운명이 이런 신성한 장소에 새겨지

는 한, "대타자의 신성한 장소"는 주체들 간의 관계에 헌신적인 지위를 부여한다.[22)]

라깡 정신분석에서 대타자는 주체가 항상 새겨져 온 상징적 구조이다. 이 상징적 구조는 실증적인 사회적 사실이 아니다. 그것은 유사초월적인 성격을 가지고 있어서 우리의 현실지각을 구축하는 바로 그 틀을 형성한다. 그것의 지위는 규범적이고, 상징적 규칙과 규약의 세계이다. 따라서 그것은 또한 정신적 수준에 속하지 않는다. 그것은 근본적으로 외부적이고, 우리의 정신적인 자기 체험을 통제하는 상징적 규약들의 비심리적인 세계이다. "대타자"를 내면화하여 심리적 사실로 환원하거나 또는 대타자를 외면화하여 사회적 현실에서 제도들로 환원하는 것은 잘못이다. 그렇게 함으로써 우리는 언어가 본질적으로 주체가 복종하게 되는 제도라는 사실을 놓치게 된다.

사랑이 "대타자"와 어떻게 관련되는가? 말의 외부에는 사랑이 존재하지 않는다. 즉 말하지 않는 존재들은 사랑하지 않는다. 라로슈푸코(La Rochefoucauld)가 관찰했듯이 사랑에 대해 말하지 않는 사람들은 사랑하지 않는 것이다. 사랑은 그 어떠한 욕구에도 연결되지 않은 요구로서 말로부터 나타난다. 사랑은 주체가 시니피앙의 주체라는 이유만으로 스스로를 구성하는 요구가 된다.[23)] 주체는 근본적인 결여에 의해 분열되고 빗금쳐지고 표시된다. 그리고 욕망의 대상 원인과 조우하게 되는 것은 이런 결핍 속에서 이뤄진다. 이 대상은 역설적인 지위를 지닌다. 그것은 주체가 결여하고 있는 것이며 동시에 이런 결여를 채워주는 것이다. 사랑의 마법은 주체가 한편으로는 자신의 결여를 다루는 방법이 되고, 다른 한편으로는 사랑하는 사람의 결여를 다루는 방법으로 작용한다. 하지만 사랑은 우리의 일반적인 예상과는 달리 응답을 요구하지 않는다. "남자들이 사랑에 관해 글을 쓰기 시작한 이래 아름다운 여성이 더 오래 침묵할수록, 더 오래 응답하지 않을수록 남자들은 훨씬 더 잘 살아남았다는 사실은 명백하다. 그것은 다음과 같은 생각을 불러일으킨다. 즉 사랑에 대한 담론 그 자체가 일종의 향락을 낳고 말이 향락, 즉 말 그 자체의 향락이 되는 극단적인 한계를 만들어 준다."[24)]

사랑이 응답을 기대하지 않는다는 사실은 그것의 상상적이고 자기애적인 특성에 대한 증거로서 이해될 수 있다. 사랑하는 대상으로부터 올 수 있는 그 어떤 가능성도 이러한 자기애적인 관계를 훼손하게 될 것이고, 주체의 자아를 사랑하는 대상에 비춰보는 일을 방해하게 될 것이다. 예컨대 『남아 있는 나날』의 경우에 켄튼 양은 스티븐스의 대답을 기대하지 않으며 있을지도 모를 응답으로부터 사실상 도망친다. 그녀의 결혼이란 행위는 스티븐스에 대한 사랑의 딜레마를 해결하고자 했던 일종의 행동화이다. 그녀의 의도는 자신에 대한 스티븐스의 사랑 고백을 듣지 않으려는 것이었다. 히스테리 환자에게 있어 주인이 성스러운 장소를 잃고 인간이 된다면 세상이 무너지는 것이다.

그렇지만 "사랑이란 응답되지 않는 한에는 접근할 수 없는 어떤 존재 … 그 존재에게 말하게 되는 (비록 종내 응답이 없을지라도) 요구가 된다"는 것을 우리가 고려하게 되는 순간에 자기애적인 관계로서의 사랑에 대한 인식이 그 근거를 잃어버리게 된다. "사랑은 그 단어가 실패하게 되는 말 속에서 그러한 지점을 다루고 있다. 이러한 경험에 직면하여 주체는 두 가지 해결 방법을 가까이에 두게 된다.

그가 더 이상 어떤 말도 할 수 없는 지점에서 그는 마개로서 그것을 둘러싸거나 채워넣으려고 할 수 있다."[25] 그러므로 요구로서의 사랑이 타자에게서 목표로 삼는 것은 그 혹은 그녀 자신 안에 있는 대상 혹은 실재계가 되든가, 또는 주체가 그 주위에 그 혹은 그녀의 욕망을 조직하게 되는 상징화될 수 없는 핵심이 된다. 사랑받는 사람에게 그 혹은 그녀의 존엄성을 부여해 주는 것, 사랑하는 주체로 하여금 사랑받는 사람에 대한 지나친 가치부여로 이끌어 주는 것은 그 혹은 그녀 안에 있는 대상의 현존이다.

> … 지나친 가치부여로서 그것[대상]은 주체의 존엄성을 지켜야 하는 과제, 다시 말해 시니피앙의 끊임없는 미끄러짐에 따르는 주체라기보다는 다른 무엇인가를 우리한테서 만들어내야 하는 과제를 갖게 된다. 그것은 말의 주체로부터 다른 무엇인가를 우리한테 만들어내는 것이고, 정확히 이렇게 다른 것은 독특하고 아주 귀중하며 대체할 수 없는 것이라서 그것은 내가 주체의 존엄성이라고 명명한 그것을 마침내 표시할 수 있는 진정한 지점이다.[26]

앞에서 살펴본 바와 같이 이 대상에 대한 주체의 관계에는 두 가지가 있다. 한편으로 우리는 그 대상을 마개로서 이용할 수 있는데, 그 매혹적이고 눈부신 현전에 의해 대타자에서의 결여를 보이지 않도록 해준다. 낭만적인 사랑에서 대상을 고양시키는 것이 그 같은 경우이다. 다른 한편으로 우리는 승화에 의해, 결코 핵심에 이르지 못하는 대상의 주위를 선회함으로써 그 대상을 다룰 수 있다. 승화는 접근할 수 없는 사랑의 대상에 대한 끝없는 추구를 통해 계속 살아 있게 되는 로맨틱한 사랑의 형태가 아니다. 승화에서는 주체가 대상의 소름끼치는 차원, 물(das Ding)로서의 대상, 즉 상징적 구조 내에 있는 외상적인 이물질과 대면하게 된다. 승화는 대상의 주위를 선회한다. 그것은 대상의 불가능하고 소름끼치는 특성 때문에 결코 대상에 도달할 수 없다는 사실에 의해 조종된다. 로맨틱한 사랑은 대타자, 즉 파트너의 전체를 즐기기 위해 힘쓰는 반면에 진실로 숭고한 사랑은 포기하게 되는데, 그것은 우리가 "대타자의 육체의 일부만을 즐길 수 있을 따름"이라는 사실을 잘 알고 있기 때문이다. "그러한 이유는 우리가 이것 내에서 약간의 접촉, 즉 팔이나 그 밖에 무엇이든 그곳만을 만지는 것으로 한정되어 있기 때문이다. 아뿔싸!"[27]

그러한 승화는 제인 캠피온의 영화 「피아노」에서 잘 예증된다. 내가 여기에서 생각하는 것은 두 연인이 성적 행위에 이르는 더딘 진행, 즉 상대방의 몸에 전체로서가 아니라 부분적으로만 차근차근 접근할 수 있는 끝없이 이어지는 전희(예를 들어 홀리 헌터의 스타킹에 난 구멍을 통해 닿을 수 있는 피부의 작은 부분)뿐만이 아니라, 하비 카이텔과 홀리 헌터가 연기하는 두 인물들 사이에 존재하는 계약적인 관계이다. 두 사람은 카이텔이 그녀를 만지도록 허용하고, 이로써 한편 그녀는 자신의 피아노를 되찾을 수 있다는 계약을 맺는다. 이 계약은 매우 구체적이어서 특정한 접촉이 피아노 건반 몇 개의 가치가 있는지 정할 정도이다. 기적은 성적인 계약에 대한 이런 복종으로부터 가장 열정적이고 숭고한 사랑이 나타난다는 것이다.

페드로 알모도바르 감독의 영화 『욕망의 낮과 밤』(*Átame*)에도 비슷한 진전이 작용한다. 여기에서 유괴범은 여배우를 묶지만 결코 성적으로 학대하지는 않는다. 매일 반복되는 그들의 의례가 예기치 않게 사랑을 낳는다. 여배우는 유괴범과 사랑에 빠지고, 그와 결혼할 계획까지 세운다. 사랑받는 사람의 육체에 대한 섬세한 부분의 발견은 묶기라는 행위를 계속된다. 유괴범이 세심하게 적당한 줄을 고를 때나 여배우의 호흡의 과정을 통해 방해하지 않는 마스킹 테이프를 살 때 이런 행위를 통해 그는 그녀의 몸을 한 부분씩 발견해 간다. 유괴범은 예상될 수 있는 행동을 하지 않는다. 그는 여배우의 몸을 강제로 취하지도 않고, 그녀의 "전체"를 취하려고도 하지 않는다. 몸을 묶는 의례를 통해 그는 항상 거리를 유지하면 그에 대한 그녀의 욕망에 불을 붙인다.

따라서 이것은 사랑과 제도의 최고의 패러독스이다. 진실로 숭고한 사랑은 제도에 의해 매개된 외부적이고 계약적이며 상징적인 교환을 배경으로 해서 나타날 수 있을 뿐이다. 사랑은 다른 존재들과 관계를 맺을 수 없는 불가능성에 대한 가면일 뿐만 아니라, 주체 자신의 근본적인 결여를 가리는 위장이기도 하다. 프로이트의 모토인 "자신에 대한 사랑은 오직 하나의 장벽—타인들에 대한 사랑, 대상들에 대한 사랑—을 알 뿐이다"라는 말은 "타인들에 대한 사랑은 오직 하나의 장벽—자신에 대한 사랑, 자신 안에 있는 대상에 대한 사랑—을 알 뿐이다"라고 바꾸어 말할 수 있다.

"나는 결코 창피를 무릅써가며 다른 어떤 것을 원하지는 않을 거예요."

주체가 그 자신의 근본적인 결여를 다루는 방식은 사랑의 관계에서 끊임없이 실패의 원인도 될 수 있다. 그 혹은 그녀를 영원히 사랑하고 그 혹은 그녀의 근본적인 결여를 없애줄 것 같은 대타자를 필사적으로 찾아나서는 히스테리 환자에게서 그런 실패와 만나게 된다.

이런 태도의 사례로서 나는 에디스 워튼(Edith Wharton)의 단편소설인 「뮤즈의 비극」을 들 수 있겠다. 이 단편소설에서 우리는 실현되지 않는 두 가지 사랑의 관계를 만나게 되는데, 그 첫 번째는 유명한 시인인 빈센트 렌들과 유부녀인 애너톤 부인의 관계이고, 두 번째는 애너톤 부인과 젊은 작가인 루이스 대니어스의 관계이다. 소설의 줄거리를 요약하면 이렇다. 대니어스는 고(故) 빈센트 렌들 시인의 열렬한 팬으로서 그의 작품에 대해 탁월한 연구논문을 써왔다. 렌들의 작품 중 가장 유명한 것은 「실비아를 위한 소네트」이다. 이 작품에 대해 널리 퍼져 있는 소문으로는 실비아가 실제로 애너톤 부인인데, 그녀와 렌들이 내연의 관계에 있었다는 것이다. 대니어스는 유명한 시인에게 그토록 영감의 원천이 되어주었던 여인을 만나고 싶은 강렬한 욕망에 사로잡힌다. 한번은 이탈리아에서 휴가를 보내던 중 우연한 기회에 그는 이제 미망인이 되어 쓸쓸히 살아가고 있는 애너톤 부인을 만나게 된다. 렌들의 시에 관한 긴 대화를 나누면서 대니어스와 애너톤 부인은 급속히 가까워진다. 휴가 끝무렵에 둘은 한 달 내에 다시 만나기로 하여 표면적으로는 대니어스가 애너톤 부인의 도움을 받아가며 렌들에 관한 책을 쓰기 시작할 수 있다는 것이다. 하지만 이 기획은 서로를 다시 만나기 위한 변명에 지나지 않는다. 소설의 마지막 부분은 애너톤 부인이 대니어스에게 썼던 긴 편지로 이루어지는데, 이를 통해 우리는 그들이 실제로 베니스에서 만났을 때 죽은 시인에 대해서는 일체의 언급도 없이 즐거운 시간을 보냈다는 것을 알게 된다. 마지막 날에 대니어스는 애너톤 부인에게 청혼을 하게 되었고, 이 편지에서 왜 그녀가 그의 청혼을 받아들일 수 없는지 설명하고 있다. 널리 퍼진 믿음과는 달리 그녀와 렌들 사이에는 우정 이외에는 아무것도 없었다고 애너톤 부인이 고백하고 있다. 그녀가 그를 무척 사랑했음에도 불구하고 그녀는 결코 렌들의 연인이 되어본 일이 없었다. 그녀는 결코 렌들의 사랑의 대상인 실비아가 아니었기 때문에 대니어스의 청혼을 받아들일 수 없다는 것이다. 비록 그녀가 그에게 끌린 것은 사실이지만 대니어스는 렌들이 차지했던 획득할 수 없는 사랑의 대상의 자리를 차지할 수 없다.

그 소설의 모든 주인공들에게 공통점이 되는 것은 시에 대한 그들의 사랑이다. 그들은 모두 시인이거나 혹은 시의 애독자이다. 그러나 시라는 것은 그 자체의 이해할 수 없는 특성을 통하여 사랑의 대상을 표상하고 있다. 한 편의 시에서 리듬과 형태는 시를 예술작품으로 만드는 그 "다른 어떤 것"을 붙잡게 되는데, 라깡 용어의 의미로는 하나의 대상도 되는 예술적인 대상이다. 그것은 대가를 치르지 않는 대상이고, 아름다우면서 동시에 소름끼치는 대상이며, 우리의 욕망을 작동시키는 대상이다. 사랑의 대상도 역시 이처럼 하나의 틀을 가진 예술적 대상과 그 속성이 같다. 예를 들어 애너톤 부인은 대니어스를 "선들이 색상의 가치를 지닌 그처럼 오래된 프린트"[28]와 같은 존재로 묘사했다. 마찬가지로 대니어스에게 「실비아를 위한 소네트」는 그가 애너톤 부인을 만나기 오래 전부터 그의 욕망의 대상에 위치해둔 하나의 틀이 되었다. 증후적으로는 첫 번째 경우에 애너톤 부인이 대니어스의 사랑의 대상이 되는데, 그 까닭은 그의 마음속에 그녀가 유명한 시인의 위대한 대상이라고 가정했기 때문이다.

바로 여기서 욕망은 언제나 대타자의 욕망이라는 라깡의 준칙이 작동되고 있다.[29)]

이 준칙의 첫 번째 의미는 주체가 구체적인 다른 인간이라는 의미에서든 혹은 상징계의 의미에서든 대타자와 동일한 것을 욕망한다는 뜻이다. 대니어스에게 렌들은 당대에 가장 존경받는 시인으로서 자신의 자아 이상을 투자했던 대타자였다. 따라서 대니어스가 렌들의 사랑의 대상으로 간주된 그 여인에게 매혹당했던 것이다. 특히 대니어스가 "진정으로" 애너톤 부인과의 사랑에 빠지게 되자마자 죽은 시인은 곧 방해자가 되어버리는데, 이제 대니어스 자신이 애너톤 부인의 사랑의 대상이 되고 싶기 때문이다. 여기서 "욕망은 대타자의 욕망"이라는 라깡의 격언의 두 번째 의미가 주어진다. 그것은 그 혹은 그녀가 타자한테 무엇인지, 즉 주체가 대타자한테 어떤 종류의 대상인지 그에 대한 주체의 질문과 관련되는 것이다. 대니어스가 애너톤 부인을 그녀 자체로서 사랑하는지, 다만 렌들의 가정된 연인으로 사랑하는지 그 여부를 결코 묻지 않는다는 것은 의미 있는 일이다. 대니어스가 사랑에 빠질 때 그에게 본질적인 것은 그가 애너톤 부인의 눈에 무엇으로 표상되는가이다. 그렇기 때문에 그녀가 그(대니어스)의 작품에 대해 묻고 그에게 글쓰기를 시작하라고 권유할 때 그의 마음이 그토록 기뻤던 것이다.

"당신은 글을 써야 해요" 라고 그녀는 사람이 꾸밀 수 있는 가장 우아한 칭찬의 목소리로 말했다.

물론 그 역시도 글을 쓸 생각이었다. 그라고 해서 뭔가 대단한 것을 남기지 못할 이유라도 있는가? 적어도 최선을 다한다면.

> 그리하여 결단과 함께 일단 일에 착수하기만 하면 그의 것도 역시 최선의 것이 될 터이다. 그래도 역시 그의 귀에는 그러한 명령이 가능한 것처럼 보였다. 그녀가 그에게 예언해 주었던 방법은 찾아 헤매는 그의 야망을 들어올려서 풀어놓았던 것이고, 이를테면 그녀의 창조적인 **빛이 있으라**는 말과 함께 그를 깨우기 위해 그의 영혼을 건드리게 되었던 것이다.[30)]

이러한 인용문은 사랑을 자기애적인 관계로 보는 프로이트의 묘사 가운데 완벽한 사례를 제공해 준다. 곧 주체는 사랑의 대상을 자아 이상의 자리에 설정하고서 가장 사랑스러운 방법으로 가장 훌륭한 인간으로서 이 대상 앞에 나타나고자 노력하게 된다는 것이다. 이런 설정은 사랑받는 사람이 사랑을 되돌려 줌으로써 역시 그 자신을 사랑하는 사람으로 주체화하는 사랑하는 사람의 욕망을 반영해 준다. 대니어스가 글을 써보라는 애너톤 부인의 격려에 매혹당하는 이유는 이런 격려 덕분에 그녀가 그한테서 "더 많은 어떤 것"—예술적 천재성, 칭송의 대상, 가능한 사랑—을 보게 된다고 증명해 주기 때문이다. 애너톤 부인이 그에게 글을 쓰라고 격려하는 것은 그가 부인한테서 보는 "더 많은 어떤 것"이 그녀가 역시 그한테서 인정하는 어떤 것이 되리라는 희망을 대니어스로 하여금 품게 해준다. 따라서 사랑은 상호적인 것이라는 희망을 가져다 준다. 하지만 그의 열광은 애너톤 부인이 대니어스에게 렌들에 관한 책을 써보라고 제안하는 순간에 깨어질 수밖에 없다. 왜냐하면 이러한 제안으로 대니어스는 애너톤 부인의 사랑의 대상이라는 자리를 잃어버리고, 단지 죽은 시인에 대한 애너톤 부인의 사랑에 연결고리가 될 뿐이기 때문이다. 우리가 편지로 추측해 본다면 베니스에서 그들이 만날 때 이런 상황은 변해서 그 당시 렌들의 영혼이 그들에게 자주 나타나지 않게 되었는데, 그로 인해서 대니어스는 애너톤 부인에게 청혼할 용기를 얻게 된다는 것이다.

대니어스의 경우에 사랑의 꽤나 단순한 도식을 찾아볼 수 있다. 즉 남자는 자신의 이상에 매혹되고, 이런 이상이 분명히 사랑을 되돌려 줄 때(죽은 시인의 영혼이 무대를 떠난다고 가정될 때) 사랑의 관계가 결혼으로 실현되는 것은 사건의 자연스러운 과정처럼 보인다. 그러나 애너톤 부인의 경우에는 사태가 좀더 복잡하다.

우선 그녀와 렌들과의 관계는 동등한 지성들끼리의 우정이었다고 얘기될 수 있다. 그 관계에 대한 그녀의 설명에 따르면 렌들이 그녀를 한 사람의 지성적 파트너로 대접했다는 것이 분명한데, 시에 대해 박식했던 친구 또는 흥미로운 대화를 나눌 수 있었던 한 사람으로 대했음이 분명하다. 애너톤 부인이 말하듯이 "그는 항상 저에게 매우 솔직하고 직선적이었어요. 여느 사람들끼리 그렇듯이 저를 그렇게 대해줬죠. 그래도 때로는 나에겐 그것이 달랐다는 것을 그가 확실히 알고 있는 것처럼 느껴졌어요. 그가 알고 있었다 해도 아무런 표시도 보여주지 않았어요. 어쩌면 그는 전혀 알아채지 못했을지도 몰라요. 왜냐하면 그가 일부러 저에게 그토록 잔인하게 대할 이유는 없다고 확신하기 때문이죠. 그래요, 그는 저를 전혀 사랑하지 않았어요. 그가 저에게 줄 수 있는 것보다 더 많은 것을 제가 원했다면 그건 그의 잘못이 아녜요."[31] 대니어스에게 보낸 애너톤 부인의 편지에서 우리는 그 유명한 「실비아를 위한 소네트」가 "우주적인 철학"으로 쓰인 것이지 결코 연애시로 쓰인 것이 아님을 알 수 있다. 즉 그것은 한 여인(a woman)이 아니라 여성(the Woman)에게 말하는 것이었다. 렌들이 죽고 난 후 애너톤 부인이 그의 편지들을 책으로 편집했을 때, 마치 뭔가가 남겨져 있는 것처럼 특정한 지점들에 표시가 나도록 렌들이 그녀에게 보냈던 편지들을 약간 바꾸기도 해서 독자들한테 좀더 사적인 부분들을 출판과정에서 삭제했다는 인상을 심어주게 되었다. 그리하여 「실비아를 위한 소네트」는 존재하지 않은 "여성"에게 보낸 것이었지만 애너톤 부인은 실제로 자신이 실비아라는 인상을 유지하도록 하기 위해 할 수 있는 모든 일을 다 했다. 따라서 애너톤 부인은 "여성"과 자신을 동일시했다. 여기서의 문제는 이러한 동일시의 논리가 무엇인가라는 것이다.

주지하는 바대로 라깡의 이론에서 "여성"이란 존재하지 않는다. 라깡은 "여성"에 대한 일반적인 관념으로 모든 여자들을 포함할 수 있는 개념은 없다는 것을 지적해내고 있다. "대타자"에도 빗금이 그어져 있듯이 "여성"은 여자들에게서처럼 남자들에게도 빗금이 그어져 있다. "여성"은 근본적으로 획득될 수 없으며 "여자들이 혼자 힘으로는 결코 될 수 없는 것, 이상과 뮤즈 등등으로 신화화된 한 여자"이다.[32] 그러니까 "여성"에 대한 믿음은 주체를 표시하는 빗금을 지우고 대타자에서의 결여를 부정하려는 시도에 불과한 것이다. 그것이 바로 라깡이 "여성"을 본질적으로 남자의 환상이라고 보는 이유이다. 이런 신화적인 여자나 뮤즈 혹은 이상은 그 자체로 무성적(asexual)이다. 또한 이런 이상과의 동일시는 성차이와 관련된 분열, 즉 결여로부터 달아나려는 시도를 나타낸다.

이렇게 "여성"과 동일시하려는 필사적인 시도는 성전환증자의 성전환 요구에서 벌어진다. 카트린 밀로(Catherine Millot)가 성전환증의 분석에서 지적하는 것처럼[33] 성전환증 남자 환자들은 대개 자신들의 성을 바꾸려는 수술을 요구할 때 스스로를 "여성"(Woman/*la Femme*)과 동일시하게 된다. 이런 요구와 함께 성전환증 남자 환자들은 거세로부터 탈출하려는 시도로서 "여성"의 이미지를 "부명"의 자리에 놓게 된다. 성전환증 남자 환자는 여자보다 더욱 여성스러워지려고 애쓰는데, 이것이 그가 "모든 여자들"(all women)을 구현하려고 시도하는 이유이다. 이와 같은 시도에서 성전환증 남자 환자는 거세에 따르지 않는 "여성"의 존재를 가정하는 남성 신화의 희생자가 된다. 그리하여 거세되지 않은 자로서 "여성"은 프로이트의 "원초적인 아버지"와 똑같은 역할을 수행하는데, 그런 아버지는 모든 여자들의 소유자로서 모든 향락을 소유하기도 하며, 따라서 자신의 아들들이 향락에 접근하는 것을 가로막는 존재로 나타난다. 라깡은 "'여성'이 '부명들' 가운데 하나"[34]라는 것을 지적해낸다. 그러나 밀로가 말하는 것처럼 성전환증 환자의 경우에서 "여성"은 부명의 자리를 차지한다. 여기서 자크-알랭 밀레가 강조하듯이 부명과 부명들을 구분할 수 있도록 조심해야 된다. 첫 번째 개념은 법의 공허한 형태, 즉 상징적 기능으로서의 아버지의 윤곽을 그려주는 반면에, "부명"의 복수형은 프로이트의 원초적인 아버지를 의미하고 그 아버지는 권위의 완전한 구현이지 공허한 상징적 인물이 아니다.[35] 그러니까 "여성"은 공허한 상징적 아버지의 역할을 수행하는 것이 아니라 "부명들" 가운데 하나로서 원초적인 아버지의 자리를 차지하는 것이다. 카트린 밀로에 따르면 성전환증 환자들은 "부명"이 빠진 상태라 하더라도 정신병의 사례를 나타내지 않는다. 왜냐하면 "엄격한 의미에서 성전환 증상(전환에 대한 확신과 요구)은 부명의 부재를 완화시키려는 시도와 상응하고 … . 성전환증 환자가 '여성'의 구현을 목표로 삼는 한에는 성전환 증상은 부명의 대리로 기능하는 것처럼 보이기 때문이다."[36] 그러므로 이 증상은 주체의 향락을 제한하는 역설적 기능을 수행한다. 우리는 여기서 섬망을 형성함으로써 자신의 문제에 대한 일종의 해결책을 찾기도 하는 정신병 환자의 사례에서 작동하는 논리와 동일한 논리를 만나게 된다. 그러한 섬망이나 증상은 어떤 정신병 환자들로 하여금 향락에 제한을 설정하도록 해준다. 라깡은 제임스 조이스(James Joyce)의 경우에 그의 글쓰기가 빠뜨린 부명의 기능을 대체하는 증상이 되어 조이스가 실제적인 정신병에 걸리는 것을 막아준다고 주장했다.[37] 마찬가지로 성전환증 환자들의 경우에도 그들의 증상(여성을 구현하려는 요구)은 부명을 대체하여 정신병을 예방해주기도 한다.

만약 한 여자가 "여성"을 동일시한다면 무슨 일이 벌어질까? 그녀는 정신병과 히스테리라는 두 가지 가능성을 보일 것이다. "여성"과의 히스테리적인 동일시에서 부성기능, 즉 부명은 충분히 적절해진다. 하지만 히스테리 환자는 언어로의 진입과 관련되어 있는 분열에 의해 외상을 받게 되고, 이러한 분열을 회피하기 위해 그녀 자신을 남근적인 "여성"으로 내보이려고 애쓰게 된다.

『남아 있는 나날』의 경우에서 지적되었던 바처럼 히스테리 환자는 "나는 대타자한테 무엇인가?"라는 질문으로 혼란스러워진다. 히스테리 환자는 이 질문을 통해 자신의 욕망의 충족을 획득하려고 시도하는 것이 아니라 대타자의 욕망에 대해 질문하려고 시도하게 된다. 왜냐하면 히스테리 환자에게 있어서 문제는 대타자로서 자신의 욕망과 조우하는 것이기 때문이다. 그러므로 히스테리 환자의 외상은 자신이 대타자한테 어떤 종류의 대상인지 알지 못한 채 끊임없이 묻는 딜레마로부터 생겨난다. 따라서 사랑에 관한 히스테리 환자의 질문은 "내가 그를 사랑하는가?"가 아니라 "그가 나를 사랑하는가?"라는 자기애적인 질문이 된다. 히스테리에서 우리가 만나게 되는 주체의 자기애는 주체의 존재의 바로 그 핵심을 건드리는 근본적인 자기애가 된다. 히스테리 환자의 자기애는 확실성에 대한 필사적인 시도에 연결되어 있다. 그녀가 찾아나서는 것은 그녀에게 동일성(identity)을 부여해 줄 대타자이다. 자신이 누구이고 자신은 어떤 가치를 지니며 어떤 대상인지 대타자에게 던지는 히스테리 환자의 질문과 대타자에게 그 질문에 대답해달라는 히스테리 환자의 요청은 모두 주체를 말하는 존재로 표시하는 구성적인 분열을 극복하려는 시도들이다. 히스테리 환자는 그녀의 통일성, 즉 전체성을 가져다 줄 시니피앙을 찾아낸다 : "그러는 동안 그녀는 이런 시니피앙이 언젠가 나타나리라는 희망을 품고서 … "여성"의 숭배에 전념하게 된다."[38]

히스테리는 주체가 성적인 관계의 불가능성을 다루는 방법도 된다. 히스테리 환자의 증상들은 대개 이러한 불가능성을 부정하려는 필사적인 시도들이 된다. 히스테리 환자의 담론의 도식에서 라깡은 대타자가 히스테리 환자에 대한 지식을 갖고 있다는(대타자가 그녀의 타대상에 대한 진실을 알고 있다는) 믿음을 통해 그녀가 어떻게 성적인 관계의 불가능성을 극복하려고 노력하는지 그 방법을 지적하고 있다. 따라서 그녀는 그러한 하나의 대타자가 존재하고 결점이 없다는 믿음을 보유하고 있다. 히스테리 환자는 또한 모든 남자가 그러한 하나의 대타자의 구현이어야 한다고 요구하는데, 그 요구 때문에 그녀의 파트너의 권위에 대해 항상 의문을 던지게 된다. "결여가 없는 대타자를 찾아 헤매는 히스테리 환자는 그를 완성시키기 위해, 즉 그를 무결점의 대타자로 앉히기 위해 그에게 그녀 자신을 남근화된 대상으로 제공하게 된다."[39] 이와 같은 필사적인 시도를 통해 히스테리 환자는 자신에게 자신의 존재로서의 확실성을 부여해 줄 대타자의 욕망의 유일한 대상이 되고 싶어한다.

우리는 남근을 구현하려는 이런 히스테리 환자의 시도를 어떻게 이해해야만 할까? 라깡에 의하면 남근은 주체들 사이의 공생을 붕괴시키는 세 번째 요소의 위치를 차지한다. 어머니와 아이의 관계에서 아버지의 남근은 아이가 어머니의 모든 것이 되는 길을 방해하는 것이다. 다시 말해 남근 때문에 어머니는 아이만을 원하지 않게 된다(아이가 그녀한테 전부가 아니다). 여기서 중요한 것은 "남근이 아이한테 그 혹은 그녀의 욕망의 충족을 금지시키는데, 그 욕망은 어머니의 유일한 욕망이 되는 것이다."[40] 남근은 대타자의 욕망의 시니피앙이고, 따라서 대타자에서의 결여와 등가를 이루는 시니피앙이다. 라깡한테서 남근은 주체의 언어로의 진입을 나타내는데, 그것이 아이에게 상징적인 거세를 도입해 주기 때문이다 : "거세는 무엇보다 이것을 의미하는데, 다시 말해 어머니에 대한 아이의 욕망이 그녀를 가리키는 것이 아니라 그녀를 넘어선 어떤 대상, 즉 남근을 가리키며, 그 지위는 첫째로 상상적인 것(그녀의 욕망을 충족시킨다고 추정되는 대상)이고 그 다음으로는 상징적 것(욕망은 충족될 수 없다는 인식)이다."[41]

남근이 되려는 시도를 통해 거세의 외상을 다루려는 여자들에 대해 라깡은 이렇게 말한다 : "이와 같은 공식이 역설적으로 보일지 몰라도 남근이 되기 위해, 다시 말해 대타자의 욕망의 시니피앙이 되기 위해 여자는 여성성의 본질적인 부분, 즉 가면 속에 있는 그녀의 모든 속성을 거부하게 되리라고 나는 말하고 있다. 그런 까닭으로 그녀는 사랑받을 뿐만 아니라 욕망되기를 원하는 사람이 아닌 것이다."[42] 라깡은 "가면"이라는 용어를 조앙 리비에르(Joan Riviere)에게서 차용했는데, 리비에르한테는 여성다움이 가면이면서 동시에 어떤 남성성의 위장이 되고 남자의 욕망을 유발하기 위해 여성이 쓰는 어떤 마스크이며 남자한테 공포를 나타내는 마스크가 되는데, 남자들은 그 뒤에 숨어 있는 어떤 위험을 알아채기 때문이다. 라깡한테서 이 가면은 남근과 관련되는데, 그것은 첫째로 가짜이고, 모사이며, 그 자체로는 아무것도 아니고, 그러한 결여의 시니피앙—"불가능한 동일성의 최상의 시니피앙"[43]—일 뿐이다.

애너톤 부인의 경우에 그녀의 애정생활에 문제가 되는 것은 도달할 수 없는 사랑의 대상(렌들)을 욕망하는 것이라기보다 오히려 렌들에 의해 욕망될 것 같은 그런 대상이 되려는 그녀의 동일시이다. 그녀는 남근적인 "여성"—실비아—으로 위장하고 있는데, 렌들의 욕망의 시니피앙이 바로 실비아이기 때문이다. 실비아는 실존하는 모든 여성을 넘어서는 그의 욕망의 대상이며, 그렇기 때문에 그녀는 남근의 역할을 떠맡을 수 있다. 렌들의 사랑의 대상이 되려는 이런 필사적인 시도 속에서 애너톤 부인은 자신이 실비아라는 대중적인 인상을 유지시키기 위해 모든 일을 해왔다. 그러나 그녀가 "여성"과 동일시되려는 실비아, 즉 렌들의 뮤즈가 되려는 필사적인 시도에도 불구하고 그녀는 이런 기획이 실패하게 될 운명이라는 것을 항상 알고 있었다. 그러나 대니어스에게 쓴 편지에서 말하듯이 사람들이 퍼트리는 소문으로 자기 자신조차도 실비아라고 거의 믿게 될 어떤 순간에도 그녀는 그것이 진실이 아님을 알고 있었다 : "오, 제가 겪지 않은 어리석은 단계는 거의 없어요. 당신은 남자가 그녀를 사랑한다고 말하지 않을 때 그에 대해 여자가 만들어낼 변명들을 상상도 못 할 거고 … . 하지만 그처럼 깊이 처져 있는 동안에도 그가 전혀 관심 두지 않았다는 걸 저는 알고 있었어요."[44] 또한 이런 인식 때문에 애너톤 부인은 정신병 환자가 아니라 히스테리 환자였다. 그녀는 자신이 실비아라는 것을 전혀 의심하지 않았다면 정신병 환자가 될 수도 있었을 것이다. 그런 경우에 그녀가 렌들의 사랑이라는 소문을 조장할 필요가 없었을 것이다. 그러나 애너톤 부인이 자신을 실비아와 정말로 동일시하지 않았기 때문에 그녀는 상징적인 구조들(소문, 그녀가 편집해서 출판한 편지글들, 기타)을 필요로 했는데, 그런 구조들을 통해 다른 사람들한테 확신시켜 줄 전체적인 환상 시나리오를 만들어낼 수 있었고, 그들의 믿음을 통해 그녀는 자신이 실비아라고 스스로 확신할 수 있었다.

에릭 로랑(Eric Laurent)은 사랑이라는 이름으로 "모든 것을 주려 하고 모든 것이 되려 하는" 여자들을 흔히 만나게 된다고 말하며, 그렇기 때문에 실존하지 않는 "여성"의 환상을 구현하려고 노력한다는 것이다. 여자들이 그런 태도의 불가능성을 인식할 때 그들은 대개 다른 극단에 빠지기 쉽고, 그들 스스로를 아무것도 아니라고 인식하기 시작한다. "여성의 피학증에 의해 주어진 잘못된 해결책은 전부가 아니면 무(無)가 되는 남자의 환상 속에 그녀 자신을 위한 자리를 주체가 예약해 두려고 한다는 것이다. 이런 해결책이 잘못된 이유는 남자를 위한 여자 위치의 현실이 전부가 아니면 무가 되는 것이 아니라 그의 대타자가 되는 것이기 때문이다."[45] 따라서 전부가 되는 것, 즉 "모든 남자들이 결여하는 여성"이 되는 것은 정신병적인 위치가 된다. 이런 경우에 "여성"은 "대타자의 대타자"가 되는데, 이는 상징계 속에 아무런 표상도 갖지 못하기 때문에 정신병적인 위치가 되는 것이다.[46]

애너톤 부인의 파토스는 대니어스와의 관계에서 그녀가 이러한 "무"가 아니고 사랑할 가치가 없는 사람이 아니라는 증거를 찾으려고 애쓰는 것이다. 그녀가 편지에서 인정하듯이 그녀의 본래의 목표는 자신의 가치를 확신하기 위해 대니어스의 사랑을 자극하는 것이다. 그러나 그녀는 의도했던 것보다 대니어스에게 더 큰 감정을 갖기 시작했으므로 뒤따를 사건의 방향을 잘못 계산한 셈이다. 대니어스가 자신의 감정에 정직했는지 그 여부를 그녀가 걱정할 때, 대니어스에 대한 그녀의 감정은 편지의 말미에서 명확해지고 있는 교묘한 우정 그 이상이었다. 그는 단지 그녀와 놀아보려고 의도했을까? 실비아로의 그녀를 사랑했을까 아니면 그녀 자체를 사랑했을까? 이런 것들은 다시금 히스테리 환자의 질문이 되는데, 그런 질문을 통해 애너톤 부인은 자신이 대니어스한테 어떤 종류의 대상이었는지에 대해 대답을 얻어내려고 시도하는 것이다.

히스테리적인 주체는 자신의 존재에 대한 질문을 제기하는데, 대타자한테 자신이 무엇인가라고 질문하지만 그 주체는 답을 얻지 못한다. 대타자는 대답을 하지 않는다. 그렇기 때문에 주체는 말의 외부에서 증거를 찾으려고 노력하는데, 행위와 행동, 행간 등등에서 찾으려고 한다. 콜레트 솔레(Colette Soler)가 지적하는 바처럼 주체한테서 그나 그녀가 해석자가 된다는 것이 중요한 일이다. 대타자가 답을 할 수 없기 때문에 주체는 해석한다. 주체는 대타자의 욕망에 대해서 대답을 만들어낸다.[47] 애너톤 부인은 자신을 밤낮으로 괴롭히는 질문이 하나 있고, 그것이 그녀의 강박관념이 되었다는 것을 대니어스에게 설득하고 있다 : "왜 렌들은 나를 전혀 사랑하지 않았을까요? 어째서 나는 그에게 괜찮은 사람이었으면서도 그 이상은 아니었을까요? 어떤 남자가 나를 마음의 동료로서 소중히 여겨질지언정 한 여자로서 나를 좋아할 수 없을 정도로 내가 그렇게 못생기고 근본적으로 사랑스럽지 않았던가요?"[48] 대니어스를 통한 그녀의 실험은 여자로서 그녀가 어떤 사람인지에 관해, 사랑의 대상이 될 수 있는 그녀의 능력에 대해서 그녀에게 답을 주리라고 생각되었다. 그러나 편지에서 그녀가 말하듯이 그녀가 그 모든 것을 계획했던 건 아니다 : "처음부터 당신이 좋았어요—나는 당신에게 빠졌죠(당신도 틀림없이 그걸 알고 있었어요)—당신이 나를 좋아하길 원했어요. 이건 단순한 심리적인 실험은 아니에요."[49] 애너톤 부인이 처음에 의도한 것보다 대니어스를 더 좋아했다는 것은 대니어스가 그녀의 과거에 대해 얼마나 질투하고 있는지 알게 되었을 때 그녀가 기뻐하는 모습에서 알아차릴 수 있다. 대니어스에 대한 그녀의 관심을 확인할 만한 더 많은 증거는 애너톤 부인이 베니스에서 함께 머무르는 동안 일찍이 그를 거부하지 않았던 이유를 설명하는 부분에서 나타난다 : "나는 그 한 달을 망칠 수 없었어요. 한 달이란 나의 세월을. 내 생애에서 단 한번 문학에서 벗어날 수 있었다는 것은 참으로 좋았어요."[50] 실비아와 동일시하려는 그녀의 필사적인 시도는 과거에 문학 밖에서는 애너톤 부인에 대한 사랑이 없었지만 대니어스를 만남으로써 그녀가 "진실한" 사랑이 무엇인지를 어렴풋이 감지할 수 있었다는 사실을 설명해 주었다. 그녀가 대니어스와 함께 죽은 시인의 꽃김에서 탈출했을 때 그들은 진정한 사랑이 시작될 공간을 열어두었던 것이다.

그렇지만 어째서 애너톤 부인은 이런 일이 벌어지지 않도록 했을까? 그 해답은 그녀가 여전히 죽은 시인을 사랑했고, 그에 대한 욕망을 포기하고 싶지 않다는 것이 아니다. 애너톤 부인의 편지에서 말하고 있는 것처럼 대니어스에 대한 거부는 렌들과의 관계에 대해서, 또 치명적이진 않더라도 그 이야기에 대한 완전한 믿음에 대해 그녀가 만들어냈던 그녀의 이야기의 허구성을 그와의 관계가 어떻게 밝혀주는지 그 방법과 얼마만큼은 관련되어 있다는 결론을 내릴 수 있다. 애너톤 부인이 자신의 삶의 대부분을 그렇게 살아왔던 착각의 충분한 범위를 인식했을 때 그녀의 전반적인 동일성은 무너져 버렸다. 편지의 말미에서 그녀가 추측했듯이 젊은 남자로서 대니어스는 분명 그녀로 인한 고통을 빨리 잊어버릴 테지만 그녀의 실험은 그녀에게 훨씬 더 깊은 영향을 주게 될 것이다 : "그 일로 저는 끔직한 상처를 받을 거예요 … . 그것은 제가 놓쳤던 모든 것을 처음으로 제게 보여주었기 때문이죠."[51] 그러나 애너톤 부인이 대니어스를 거부하는 것은 또 다른 히스테리적인 제스처로 이해될 수도 있다. 사랑에 대한 그녀의 거부는 그녀의 욕망의 불가능성과 관련되기 마련이다. 그녀가 처음엔 렌들과, 그 다음엔 대니어스와 두 번의 실패한 연애관계에서 우선적으로 관련되었던 것은 대타자한테 그녀가 어떠한 대상이냐는 것이었다. 대니어스와의 관계에서도 그녀의 주요한 관심사는 그의 사랑의 대상이 되려는 그녀의 요구로부터 발전되어 나왔다. 대니어스가 실제로 그녀와 사랑에 빠지게 된 것은 그녀의 욕망의 충족을 의미한다. 그러나 이것은 히스테리 환자가 받아들일 수 없는 것이다. 즉 그녀의 욕망은 충족되지 않은 상태로 남아 있어야 한다. 그러나 이러한 거부에서 그녀는 대니어스에게 하나의 도움으로서 자신의 행위를 내보인다. 그녀가 편지에서 말하고 있듯이 "누군가가 실망한 여자와 결혼하려는 당신을 구해줘야 하고 … ."[52)]

대니어스를 포기함에 있어서 애너톤 부인은 자신이 실비아가 아니라는 진실을 밝힘으로써 소크라테스적인 방식으로 행동하는가? 사실상 그녀는 사랑하는 사람에게 "당신이 뭔가를 보고 있는 그곳에서 나는 아무것도 아니다"는 것을 설득시키는가? 라깡이 플라톤의 『향연』에 대한 분석에서 강조하듯이 소크라테스는 알키비아데스의 구애를 거부하고 그 스스로를 사랑받는 자로 인정하지 않는다. 왜냐하면 "[소크라테스] 로서는 자신에겐 사랑할 만한 가치가 아무것도 없다. 그의 본질은 비어 있음, 공허함 … 이었기"[53)] 때문이다. 소크라테스가 스스로를 사랑받는 자로 인정하고 사랑을 되돌려주는 것을 거부한 것은 사랑의 대상의 외상적이고 공허한 본성을 드러 내주는 것이다. 라깡이 말하듯이 "우리가 그리워하는 대타자는 사랑과는 다른 그 무엇이며, 문자 그대로 사랑을 쇠퇴시키는 어떤 것이다. 대상의 본성을 지닌 어떤 것이라 말하고 싶다."[54)] 소크라테스가 알키비아데스의 욕망의 대상으로서의 가치를 거부할 때, 그는 사랑의 대상이 사랑하는 자가 기대하는 것을 소유하지 못하게 되는 방식을 발견하게 된다.[55)] 애너톤 부인이 소크라테스의 전통으로 행동하지 않는 까닭은 그녀가 자신 안에서 사랑할 만한 가치가 있어야 하는 "다른 어떤 것"을 여전히 믿고 있기 때문이다. 그렇기 때문에 그녀는 이렇게 쓸 수 있다 : "남자가 여자를 이해한다고 생각하기 시작하는 바로 그 때가 자신이 이해하지 못한다는 것을 확인할 수도 있는 순간이에요. 빈센트 렌들이 저를 사랑하지 않았기 때문에 당신에게는 아무런 희망도 없어요. 저는 제가 원하는 것을 가진 적이 없어요. 그리고 나는 결코, 결코, 결코 창피를 무릅써가며 다른 어떤 것을 원하지는 않을 거예요."[56)]

그렇다면 한편으로는 자신의 편지를 통해 애너톤 부인이 대니어스와 함께 진정으로 행복했다는 것이 명백하지만, 다른 한편으로는 렌들과 함께 실현되지 못한 사랑에 대한 그녀의 그리움이 계속 남아 있는 상황에서 애너톤 부인이 대니어스를 포기한다는 것을 어떻게 이해하면 좋을까? 애너톤 부인은 그것 내에서 작동하고 있는 것 이외의 다른 어떤 것을 사랑으로부터 기대하고 있을 때 그녀는 사랑의 역설 속에 빠져버린다. 사랑받는 여자들에게 공통된 질문은 그 남자가 나 자체로서 나를 사랑하는 것일까? 아니면 다른 어떤 것 때문에 나를 사랑하는 것일까? 클로드 샤브롤(Claude Chabrol)의 영화에서 주인공인 백만장자는 이 질문의 논리를 다음과 같이 말함으로써 뒤집는다 : "만일 오직 내 자신이 아니라 내 백만 프랑 때문에 나를 사랑하게 될 여자를 찾을 수만 있다면!" 그 말이 얼마나 이상하게 들릴지 모르겠지만 이렇게 뒤집힌 논리는 사랑의 진정한 본성을 나타내 준다. 타자가 당신을 당신 자신 때문에 사랑할 것이라는 기대는 정신병적인 위치의 한 종류이다. 이 경우에 사랑받는 자는 그 자신을 결여 없는 주체로 생각한다. 사랑에 관한 진실은 타자가 당신 안에 있는 당신 자신 이상의 어떤 것 때문에 당신을 사랑해야 한다는 것이다.

베니스에서 만나기 전까지 대니어스는 애너톤 부인이 대타자(렌들)의 욕망의 대상으로 여겨졌기 때문에 그녀를 사랑했던 것이 분명하다. 그러나 그녀와 렌들의 관계에는 상관없이 애너톤 부인을 사랑하기 시작한 시기를 그는 전혀 알아채지 못했다. 대니어스의 리비도의 경제 내에서 애너톤 부인에 대한 그의 사랑은 항상 "그녀 자신 그 이상의 어떤 것"에 대한 사랑이었다. 이와 대조적으로 애너톤 부인은 불가능한 요구를 가지고 있었다. 즉 그녀는 대니어스가 그녀 자체로서의 본질로서, 또한 동시에 그 밖의 다른 것으로, 즉 환상적인 뮤즈인 실비아로서 그녀를 사랑해 주길 원했다. 이런 불가능한 요구는 성적인 관계의 불가능성을 반영해 준다. 애너톤 부인에게 있어서 대니어스와의 관계는 실비아의 이미지가 사라져 가는 순간과 대타자인 렌들이 대니어스와 일체가 되는 그녀로부터 사라지는 순간에 무너져 버린다. 만약 대니어스가 그녀를 실비아로서 사랑한다고 애너톤 부인이 가정했다면 대니어스와 애너톤 부인의 관계가 가능했을지도 모른다고 추측할 수도 있다. 그러나 애너톤 부인으로서는 진정으로 실비아가 되어 있어야 했을 것이다(렌들에 대한 그녀의 사랑이 실현되어야 했을 것이다).

애너톤 부인은 원래에는 결코 존재하지 않았던 것들이 빠져 있는 것처럼 나타내기 위하여 출판된 렌들의 편지에 별표를 삽입해서 꾸며냈을 때 사랑이 무엇인지 어느 정도 이해하게 되었다. 이런 결여, 즉 비어 있음은 사랑의 대상의 본질이 된다. 그러나 그녀의 비극은 그녀가 이런 공허가 충만함이 되길 원하고 한 가지 이름—실비아—을 갖기 원하는 것이다. 따라서 애너톤 부인은 전부가 되길 원하는데, 다시 말해 사랑의 완전한 대상이 되길 원한다. 그리고 그녀가 자신이 그렇지 않다는 것을 깨달을 때 사랑을 송두리째 거부하고 무(無)를 선택한다. 그녀는 주체로서 자신이 결여하고 있다는 사실을 다룰 수 없다. 애너톤 부인은 사랑의 환상적인 본성을 받아들일 수 없었기 때문에, 또한 그녀의 가장 위대한 사랑을 실현하지 못했기 때문에 사랑의 두 번째 기회도 포기하게 된다.

역설적으로 이것이 사랑의 한계이다. 즉 우리는 타자한테서 그 혹은 그녀가 소유하지 않은 것과 그 자신이나 그녀 자신이 아닌 것을 보게 된다. 이런 것이 바로 사랑의 조건이다. 히스테리적인 주체의 위치는 그 혹은 그녀가 항상 커튼 뒤에 무엇이 있는지 추측하는 것이고, 그렇기 때문에 그러한 주체는 대개 무를 갖는 것—사랑을 완전히 포기하는 것—으로 끝나게 된다.

『순수의 시대』와 『남아 있는 나날』에서의 주체들은 자신들의 사랑이 실현되는 것을 막기 위해 "대타자"(사회의 규약과 제도)를 필요로 한다. 그러나 애너톤 부인은 대타자의 욕망의 진정한 대상이 될 수 있는 "여성", 즉 뮤즈[57]가 되는 길을 끊임없이 추구함으로써 스스로의 금지를 만들어낸다. 또한 이런 대상이 비어 있음을 인지하지 않음으로써 그녀는 사랑을 포기한다. 시인은 자신의 사랑의 대상, 자신의 뮤즈를 그리워하고 이런 불가능한 대상의 주변에 예술작품을 만들어내는 반면에 뮤즈는 부인(disavowal)의 영역 속에서 살아야 한다.

주

1_ 이 논문의 처음 부분은 일찍이 *New formations*(London : Lawrence and Wishart) 23(1994) 속에 실린 필자의 "Love : Providence or Despair"로 주어졌다.

2_ Sigmund Freud, *Sexuality and the Psychology of Love*, trans, Joan Riviere(New York : Macmillan, 1963), p. 57.

3_ Louis Althusser, *Lenin and Philosophy and Other essays*, trans. Ben Brewster(London : Monthly Review Press, 1971), p. 136.

4_ Kazuo Ishiguro, *The Remains of the Day*(London : Faber and Faber, 1989), pp. 9–10.

5_ Stuart Schneiderman, *Rat Man*(New York : New York UP, 1986), p. 35.

6_ Sigmund Freud, *Standard Edition*, vol.10, p. 245.

7_ Ishiguro, *The Remains*, p. 131.

8_ Ibid.

9_ Ibid., p. 42.

10_ Ibid., p. 169.

11_ "Sur le Gide de Lacan", *La Cause Freudiene*(Paris : Navarin/Seuil) 25(1993) : p. 37.

12_ 의미심장하게도 스티븐스는 '집사' 직이 유일하게 영국에서만 진정으로 존재 가능하다는 사실을 지적한다. 다른 나라에는 단지 남자 하인만이 존재한다는 것이다 : (그도 그럴 것이) "(유럽의) 대륙인은 집사가 될 소질을 갖지 못하는데, 왜냐하면 그들에게는 종족적으로 영국인에게 가능한 감정의 절제 능력이 부여되지 않은 때문이라고 그는 설명한다." Ishiguro, *The Remains*, p. 43.

13_ Edith Wharton, *The Age of Innocence*(New York : Macmillan, 1986), p. 289.
14_ Jacques Lacan, *Le Séminaire*, book 20 : Encore(Paris : Éditions du Seuil, 1975), p. 12.
15_ Wharton, *The Age*, pp. 290–291.
16_ Jacques Lacan, *The Ethics of Psychoanalysis*, trans. Dennis Porter(1959–1960 ; London : Routledge, 1992), p. 294.
17_ Wharton, *The Age*, p. 362.
18_ Ibid., p. 172.
19_ Louis Althusser, *Ecrits sur la psychanalysise : Freud et Lacan*(Paris : Stock/Imec, 1993), p. 176.
20_ Ibid., p. 157.
21_ Ibid., p. 158.
22_ Cf. Jacques Lacan, *Le Séminaire*, book 8 : *Le Transfert*(Paris : Editions du Seuil, 1991).
23_ Cf. Jacques Lacan, *Écrits : A Selection*, trans. Alan Sheridan(New York : Norton, 1977), p. 270.
24_ Michel Silvestre, *Demain la psychanalyse*(Paris : Navarin Editeur, 1987), pp. 300–301.
25_ Ibid., p. 301.
26_ Lacan, *Le Transfert*, p. 203.
27_ Lacan, *Encore*, p. 26.
28_ Edith Wharton, "The Muse's Tragedy", *Souls Belated and Other Stories*(London : Everyman, 1991), p. 29.
29_ Cf. Jacques Lacan, "The Subversion of the Subject and the Dialectic of Desire in the Freudian Unconscious", *Écrits*, p. 312.
30_ Wharton, 앞의 책, p. 35.
31_ Ibid., 38.
32_ Cf. Elizabeth Cowie, *To Represent Woman? The Representation of Sexual Difference in the Visual Media*(London : Macmillan, 출간 예정).
33_ Catherin Millot, *Horsexe : Essay on Transsexuality*(Kenneth Hylton 역, New York : Autonomedia, 1990) 참조.
34_ Cf. Jacques Lacan, *Le Sinthome*(미출간 세미나, 1975/6).
35_ Cf. Jacques-Alain Miller, *Ce qui fait insigne*(미출간 세미나, 1986/7).
36_ Millot, 앞의 책, p. 42.

37_ Cf. Lacan, *Le Sinthome*.

38_ Julian Quackleben 외, "Hysterical Discourse", *Lacanian theory in Discourse : Subject, Structure and Society*(Mark Bracher 외 편, New York, New York UP, 1994), p. 131.

39_ Ibid., p. 136.

40_ Jacques Lacan, *Les Formations de l'inconscient*(미출간 세미나, 1957-58) ; Jacqueline Rose, "Introduction II", 『*Jacques Lacan and the Ecole Freudienne*』(Juliet Michel 외 편, London, Macmillan, 1982), p. 38에서 재인용.

41_ Jacqueline Rose, "Introduction II", 앞의 책, p. 38.

42_ Jacques Lacan, *Ecrits*, p. 290.

43_ Stephen Heath, "Joan Riviere and the Masquerade", *Formations of Fantasy*(Victor Burgin 외 편, London : Methuen, 1986), p. 58.

44_ Wharton, 앞의 책, p. 38.

45_ Eric Laurent, "Positions feminines de l'etre", *La Cause Freudienne* No. 24 (Paris : Navarin/Seuil 1993), p. 108.

46_ Ibid., p. 109.

47_ Collette Soler, "The Real Aims of the Analytic Act", *Lacanian Ink* no. 5 (New York : Wooster Press, 1992), pp. 53-60. 주체에게 욕망의 물음에 대한 답을 제공하는 것은 환상이다. 여기서 중요한 것은 환상이 주체의 발명품인 것이지 대타자의 그것이 아니라는 것이다. 라깡은 욕망이 대타자의 욕망이라고 말하지만 그것은 대타자의 욕망과의 관계 속에서 주체는 항상 자신이 결정한다는 뜻에서이다. 이는 주체의 욕망을 작동하도록 하는 것이 대타자의 욕망이라는 가정이다. 하지만 환상은 항상 주체의 환상이며, 결코 대타자가 환상을 형성하는 것은 아닌데, 왜냐하면 대타자란 근본적으로 존재하지 않는 것이기 때문이다.

48_ Wharton, 앞의 책, p. 40.

49_ Ibid., p. 41.

50_ Ibid., p. 42.

51_ Ibid.,

52_ Ibid.,

53_ Jacques Lacan, *Le Transfert*, p. 185. 혹자는 (앞서 우리가 살핀 예대로) 소크라테스가 혹시 사랑을 되돌려주기를 끊임없이 거절하는 궁정풍 사랑 속의 귀부인의 태도와 비슷한 방식으로 행동한 것은 아닌가 물을 수 있을 것이다. 실제로 소크라테스와 귀부인 모두 같은 자리, 즉 충족되지 않

은 사랑의 대상으로서의 자리를 차지하고 있다고 말할 수 있을 것이다. 하지만 그 (같은) 자리에서 두 사람이 행동하는 기능은 서로 다르다. 말하자면 귀부인은 그녀의 숭배자에게 새로운 의무를 끊임없이 부과하고, 미래의 언젠가 그녀가 자신의 숭배자에게 어떤 자비를 베풀 시간이 올지도 모른다는 것을 계속하여 암시함으로써 조종의 끈을 놓지 않는 주인의 존재이다. 이에 반해 소크라테스는 주인의 위치를 거절하는데, 그렇게 거절함으로써 소크라테스는 사랑의 대상의 공허함을 지시하는 것이고, 반면에 귀부인은 자기 안에 사랑할만한 가치 있는 무엇이 있다고 믿는 자인 것이다. 그것이 그녀 자신을 주인의 자리(S_1) 속에 밀어넣게 하는 근본 요인이며, 그 위치에서 그녀는 변덕스럽게 명령을 내리곤 하는 것이다. 하지만 소크라테스는 그와 같은 태도를 전적으로 거부하며, 그리하여 (자신의 숭배자에게) 헛된 희망을 안기게 되는 것을 원치 않는 것이다.

54_ Ibid., 203.

55_ 소크라테스의 위치는 분석가의 위치와 흡사하다고 할 수 있는데, 둘 모두 타대상의 자리를 차지하며 스스로 '아무것도 아님'의 자리, 즉 공허하고, 상처받고, 공포스러운 대상의 본질을 유지하고자 애쓰기 때문이다. 스스로를 대상의 자리에 밀어넣는다는 것은 주체가 그 어떤 시니피앙에 의해서도 표상될 수 없다는 사실—우리가 여기서 말하는 바 요컨대 순수한 공허로서의 주체—을 설명한다. 분석가는 피분석자가 동일시하거나 주체에게 의무를 부여하는 그러한 주인이 아니다. 대상의 자리를 차지함으로써 분석가는 주체가 자신의 욕망에 관한 진실을 찾아낼 수 있도록 도와줄 뿐이다.

56_ Wharton, 앞의 책, 36.

57_ 애너튼 부인은 렌들의 뮤즈—실제로는 아니었지만—가 되기를 원했는데, 그것은 대니어스의 환상의 대상으로서 그녀가 항상 그(대니어스)의 뮤즈였음을 시사한다. 뮤즈의 비극은 따라서 그녀가 결국 엉터리 시인의 뮤즈였다는 얘기가 된다.

제8장

"성적인 관계는 없다"

슬라보예 지젝 저 | 이만우 역

리하르트 바그너(Richard Wagner)의 「니벨룽겐의 반지」가 지닌 수수께끼 가운데 하나는 보통 "체념"의 동기라고 말해진 것과 관련된다. 이 동기는 「라인의 황금」의 첫 장면에서 처음으로 들려오는데, 보그린데가 알베리히의 질문에 대답하면서 "오로지 사랑의 힘을 포기한 자"(*nur wer der Minne Macht versagt*)가 황금을 소유할 수 있다고 폭로하는 바로 그 순간이다. 그 때 포기의 동기는 대략 스무 번이나 반복되는데, 「발퀴레」 제1막의 끝으로 가면서, 즉 지그문트와 지그프리트 사이에서 사랑에 대해 가장 의기양양하게 주장하는 순간에—나무줄기로부터 칼을 뽑아들기 바로 직전에—가장 두드러진다. 지그문트는 이 순간을 다음과 같이 노래한다 : "가장 신성한 사랑의 가장 깊은 욕구여"(*Heiligster Minne höchste Noth*).[1] 그렇다면 왜 동일한 동기가 맨 먼저 사랑의 포기를 나타내고 그 다음엔 가장 강렬한 주장을 나타낼까? 이와 관련하여 클로드 레비-스트로스가 가장 일관된 답변을 제공했다.[2] 그의 독해에 따르면 「니벨룽겐의 반지」의 중심적인 문제는 (사회적) 교환의 구성적 불균형이다. 교환을 보호하기로 예정된 "계약의 신"인 보탄은 자신의 규칙들에 스스로 과한 결합을 깨뜨리고 "무(無)를 위해 유(有)"를 얻으려는 시도를 반복해서 해낸다. 보탄과는 대조적으로 알베리히는 보다 정직하다 : 그는 유(사랑)를 다른 유(권력)로 교환함으로써 "너는 그것을 결코 가질 수 없어"의 근거가 되는 근본적인 상징적 법칙에 복종하는데, 다시 말해서 너는 오로지 이전의 포기에 기초하여 소유하는 것을 가질 수 있다는 것이다. 보탄의 자손인 지그문트의 문제는 아버지처럼 그가 다시금 권력(칼) 그리고 사랑, "그 모두를 원하여" 사회적 교환의 순환에 진입하길 거부한다는 것이다. (여자들의) 교환이 근친상간의 금지에 근거되어 있는 한, 지그문트와 지글린데가 근칭상간적인 한 쌍을 이루고 포기의 동기가 여기서 우리로 하여금 이 권력과 사랑의 근친상간적인 결합이 결국 파국에 이른다는 것을 상기하게 해준다.

이러한 레비-스트로스의 분석은 자기 관련적인 왜곡으로 보충되어야만 한다. 권력의 선택은 오로지 사랑의 상실에만 관련되는 것은 아니고(그 역도 마찬가지) 권력 그 자체의 단절이나 즉각적인 상실에도 연관된다. 알베리히가 권력을 선택한 결과는 그가 무력한 난쟁이로 끝난다는 것이다 : 그의 추락이 주는 교훈은 권력을 가지기 위해서 우리는 그 권력의 행사를 제한해야 하고, 우리에게 제한된 권력을 투자하게 만든 어떤 더 높은 권력에 대한 복종을 인정해야 한다는 것이다. 사랑에 대한 즉각적인 선택은 훨씬 더 자멸적이다. 사랑이 살아남기 위해서는 우리가 즉각적인 충동에 굴복하길 거부해야 하고, 근친상간의 금지를 통해 사회적 교환의 필요성에 그 충동을 종속시켜야 한다. 간단히 말해 사랑의 완벽한 실현을 가로막은 장애물은 내적인 것이므로 포기의 동기가 지닌 수수께끼에 대한 해결책은 두 노선을 "꿈작업"에 의해 왜곡된, 즉 둘로 분열됨으로써 읽혀질 수 없는 완전한 문장의 두 조각으로 취급하는 일이다. 그 해결책은 "사랑의 가장 깊숙한 욕구는 그 고유한 힘을 포기하는 것"이라는 완벽한 전제를 재구성하는 일이다. 진실한(절대적인, "근친상간적인") 사랑의 궁극적인 증거는 애인들이 자신들의 관계의 완전한 성취를 분열시키고 포기하는 것이다. 만일 애인들이 함께 머무르고자 한다면 그들은 죽거나 일상적인 부르주아 부부로 변하게 될 것이다(이디스 워튼을 인용한다면 "내가 당신을 포기하지 않는다면 당신을 사랑할 수 없을거야!"). 어떤 시각으로 보면 바그너의 작품 전체는 이러한 테마의 변주곡에 불과하다 : 「방황하는 화란인」에서 「니벨룽겐의 반지」에 이르기까지 완벽한 성취는 실패하기 마련이며, 죽음 속에서만 이루어질 수 있다. 그런 이유 때문에 니체가 「트리스탄과 이졸데」에 보완적인 존재로 「뉘른베르크의 명가수」를 바라본 것은 정당한 것이었다. 만일 우리가 사회현실의 일상세계에서 살아남고자 한다면 사랑에 관한 절대적인 주장을 포기해야 한다. 그럼으로써 그것은 정확히 한스 작스(Hans Sachs)가 하고 있는 것이 되고, 바그너에게서 행복한 결말의 유일한 모사를 가능케 할 것이다. 이 목록에 「파르지팔」을 추가함으로써 우리는 미적 · 윤리적 · 종교적이라는 키르케고르의 삼항논리를 따르는 구원의 세 가지 변형들을 얻게 된다. 「트리스탄과 이졸데」는 미적인 해결을 구현한다. 우리는 우리 자신의 욕망에 타협하는 것을 거부함으로써 종말에 이르게 되고, 기꺼이 죽음을 껴안는다. 「뉘른베르크의 명가수」는 그것과 대립하여 윤리적인 해결을 도모한다. 진실한 구원은 자기 파괴적인 결론에 이르는 불멸의 정열을 추종하는 데에 있지 않다. 오히려 우리는 창조적 승화를 통해 그 정열을 극복하고 현명한 포기의 기분에서 상징적인 의무의 "일상"생활로 회귀하는 것을 배워가야 한다. 마지막으로 「파르지팔」에서 그 정열은 사회로의 재통합을 통해 더 이상 극복될 수 없고 매우 고급화된 형태로 그 사회 속에 살아남는다. 따라서 우리는 철저하게 그것을 부정해야 한다.

키르케고르의 언급은 결코 우발적인 것이 아니다. "사랑의 가장 깊숙한 욕구는 그 자체의 힘을 포기하는 것"이라는 이유에 대해 지금까지 매우 정교한 설명을 제공해 주었던 사람이 정확히 키르케고르였다. 키르케고르의 세 가지 "단계들"(미적 · 윤리적 · 종교적) 모두에서 동일한 희생적인 몸짓이 상이한 "권력/잠재력"(그 용어에 대한 셸링의 의미에서)의 매 순간마다 작동한다. 종교적 희생은 당연한 것이므로(키르케고르의 가장 중요한 사례인 이삭을 쉽게 희생시킨 아브라함을 상기하는 것으로 충분하다) 우리는 "윤리적"이고 "미적"인 단계에 적절한 포기에 집중해야 한다.

윤리적 단계는 인생의 즉각적인 소모를 희생시킴으로써, 즉 어떤 고차원적인 보편적 규범의 이름으로 덧없는 찰나에 대한 우리의 굴복을 희생시킴으로써 정의된다. 성애의 영역에서 모차르트의 「코지 판 투테」(*Così fan tutte*)는 이러한 포기의 가장 세련된 사례들 가운데 하나이다. 「코지 판 투테」의 요점은 이렇다. 오페라의 서막에서 두 쌍을 연결해 주는 사랑은 알바니아 장교복을 입은, 교환된 파트너들과 두 번째 사랑에 빠지는 자매들만큼이나 기계적으로 야기되어 "인위적"이다. 두 경우 모두 철학자 알폰소의 조작에서 초래된 것으로, 우리는 그 주체들이 맹목적인 꼭두각시와 같은 방식으로 따라가는 기제를 다루고 있다. 거기에 헤겔의 "부정의 부정"이 자릴 잡는다. 맨 먼저 우리는 "인공적인" 사랑을 초기의 "진정한" 사랑과 대조된 알폰소가 조작한 산물임을 알아차린다. 다음으로 갑자기 우리는 실제로 둘 사이에 차이가 없고 원래의 사랑이 두 번째에 못지않게 "인공적"이라는 것을 알게 된다. 그러므로 하나의 사랑이 또 다른 사랑만큼 가치가 있기 때문에 부부들은 자신들의 최초의 결혼생활로 회귀할 수 있다. 이것은 변증법적인 과정에서 즉각적인 출발점이 이미 매개된 어떤 것, 즉 그 자체의 자기 부정(self-negation)이 되는 것으로 스스로 판명된다고 주장할 때 헤겔이 마음 속에 품은 것이다. 끝으로 우리는 이미 항상 우리가 되고자 원했던 것이고, 유일한 차이점은 이러한 "이미 항상"이 그 양상을 즉자(卽自)로부터 대자(對自)로 변화시킨다는 점이다.[3] 이러한 의미에서 윤리적인 것은 상징적인 것으로서 반복의 영역이다. 우리가 미적인 것 속에서 그 특이함의 순간을 포착하려고 노력한다면 사물은 윤리적인 것 속에서 그것이 반복을 통해 드러난 바로 그것이 될 뿐이다.[4]

미적인 단계에서 유혹자는 그 자신의 노력이 가치 있다고 여기는 천진난만한 소녀에게 작업을 걸지만 승리하기 이전의 결정적 순간에, 즉 모든 실천적인 목적을 위해 그녀의 굴복이 이미 얻어지고 그의 노동의 성과가 이루어질 때 그는 성행위의 실현을 포기할 뿐만 아니라, 게다가 (야비한 인간의 가면을 쓰고 그녀의 혐오감을 불러일으킴으로써) 그녀가 자신을 버리도록 유도한다.[5] 어째서 이렇게 포기하게 될까? 성행위에서 유혹과정의 실현은 유혹자가 모든 무상함과 비천함으로 얻으려고 애썼던 목적을 가시화하는 것이므로, 이러한 근본적인 "탈승화"의 공포를 회피하는 유일한 길은 그런 유혹행위를 그만둠으로써 일어날 수 있는 것에 대한 꿈을 깨는 각성상태를 유지하는 것이다. 제때에 사랑을 상실함으로써 유혹자는 영원히 그녀를 얻게 된다.[6] 여기서 우리는 요점을 놓치지 않도록 주의를 기울여야 한다. 그 행위를 포기함으로써 회피하려고 노력하는 "탈승화"는 우리가 추구하려고 애쓰는 이상으로부터 그 실현이 어떻게 항상 어긋나는지 그 방법에 대한 경험 속에 놓여 있지 않다. 다시 말해 영원히 이상과 그 실현을 분리시키는 간극에 대한 경험 속에 있는 것이 아니다. 오히려 그 힘을 상실하고 지겨운 쓰레기로 전락하는 것은 이상 그 자체이다. 말하자면 이상은 "내부로부터" 침식되고, 우리가 그것에 너무 가까이 다가갈 때 그것은 그 반대쪽으로 변해버린다.[7]

"세 단계" 모두에서 희생의 동일한 몸짓이 상이한 "권력/잠재력"으로 작동한다. 이곳에서 저곳으로 이동하는 것은 불가능성의 장소이다. 말하자면 미적 · 윤리적 · 종교적인 삼자관계가 성적인 관계의 불가능성에 대한 세 가지 각색을 위한 매트릭스를 제공한다고 주장하고 싶을 것이다. 여기서 우리가 기대하는 바는 어떤 단계로부터 다른 단계로의 "전진"(또는 도약)과 더불어 금지의 압력/불가능성이 점점 더 커지는 것이다. 미적 단계에서 우리는 자유롭게 "세상을 주유하고" 아무런 제제 없이 향락에 굴복한다. 윤리적 단계에서 향락은 허용되지만 그것이 법의 제한(결혼) 하에 머무른다는 조건에서, 즉 치명적인 유혹을 중지하는 무균의 "고급화된" 형태로만 받아들여지는 것이다. 끝으로 종교적 단계에서 향락은 존재하지 않으며, 그 대신에 우리가 아무것도 얻을 게 없는 가장 근본적이고 "비합리적인" 포기(아브라함이 자진해서 이삭을 희생시킨 것)만 있을 뿐이다. 그러나 점진적 포기의 이런 명백한 그림은 많은 영리한 주석가들이 주목한 아브라함의 이삭의 희생(물론 종교적 단계에 속하는)과 키르케고르의 레지나의 포기(유혹의 미적 변증법에 속하는) 사이의 기괴한 닮은꼴에 의해 즉시 모호해진다. 좀더 세밀히 살펴보면 우리의 기대와는 달리 억제 (또는 오히려 금지)가 어떤 단계로부터 다음 단계로의 도약으로 **느슨해진다는** 것을 확신할 수 있다. 미적 단계에서 대상은 이 수준의 고유한 불안정성으로 인해 우리의 수중을 벗어나 완전히 상실된다. (우리가 쾌락의 덧없는 순간을 붙잡으려고 하는 바로 그 몸짓에서 쾌락은 손가락들 사이로 미끄러져 간다.) 윤리적 단계에서 향락은 이미 법의 중재를 통해 안정적이고 규칙적인 형태로 가능해진다. 또한 끝으로 종교적인 단계에서는 … 만일 성애적인 것의 미적인 양식이 유혹이고 윤리적인 양식이 결혼이라면 종교적인 양식은 무엇인가? 도대체 정확히 그 용어에 대한 키르케고르의 의미로 성애적인 것의 종교적 양식에 대하여 말한다는 것이 의미 있는 것일까? 라깡의 요점은 이것이 바로 **고상한 사랑**이라는 것이다. 고상한 사랑에 빠진 여인은 보편적인 상징적 의무의 윤리적 수준을 보류시키고 윤리적인 것의 종교적인 보류와 유사한 방식으로 완전히 자의적인 시련을 우리에게 퍼붓는다. 여인의 시련은 신이 아브라함에게 자식인 이삭을 죽이라고 명령한 것과 동등한 것이다. 첫 번째 외관과는 반대로 여기서의 희생은 그 최고점에 다다르고, 우리가 마침내 오로지 여기에서 단순한 쾌락을 넘어선 향락의 과잉을 구체화한 물(Thing)로서의 대타자와 직면하게 된다. 만일 모든 순간을 포착하려는 미적인 노력이 커다란 실패와 완전한 상실로 끝난다면 역설적으로 종교적인 포기는, 즉 여인을 범접할 수 없고 획득할 수 없는 대상으로 승격시키는 것은 법의 한계를 위반하는 향락의 황홀경에 이르게 한다.

철저한 금욕주의적 포기가 역설적으로 가장 강렬한 성애적인 충족과 부합하게 되는 이런 극단적인 지점이 바로 바그너의 「트리스탄과 이졸데」의 주제가 아닌가? 우리는 니체가 「파르지팔」이 바그너의 가장 퇴폐적인 작품이자 「트리스탄과 이졸데」의 반명제라고 주장할 때 그가 올바른 이유를 알 수 있다. 「파르지팔」에서 규범적인 일상생활은 하나의 준거점으로 완전히 사라지고, 남아 있는 것은 히스테리적으로 지나치게 자극된 반음계와 무성적인 순수성, 즉 정열의 최종적인 부정과의 사이에 있는 대립이다.[8] 따라서 「파르지팔」은 「트리스탄과 이졸데」에 나오는 일종의 유령적인 분해를 제공한다. 「파르지팔」에서 극단으로까지 성화되고 동시에 정화된 두 연인들의 불멸의 동경은 성적인 반음계 자극과 인생의 순환을 넘어선 영적인 순수성이란 두 가지 구성요소로 분해된다. 암포르타스와 파르지팔, 즉 죽을 수 없어서 고통받는 왕과 욕망을 넘어선 천진무구한 "순수한 바보"는 두 가지 요소들로서 이 둘을 함께 묶었을 때 우리에게 트리스탄을 제공해 주는 요소들이다.

이제 우리는 바그너를 어떻게 해석해야 하는지 그 방법을 알 수 있다. 「트리스탄과 이졸데」의 의미는 우리가 그것과 다른 두 가지 음악극 사이의 관계를 정립할 때(간단히 말해 우리가 위대한 바그너주의자인 레비-스트로스에 의해 다듬어진 신화의 구조주의적 해석을 그것에 적용할 때) 명백해진다.[9] 실제로 중요한 것은 세 가지 해결책이 바그너의 "진정한" 입장을 반영해 준다는 사이비 문제[그는 정말로 오르가즘적인 「사랑의 죽음」(*Liebestod*)의 구원적인 힘을 믿었는가? 그는 상징적인 의무의 일상세계로 회귀할 필요성에 스스로 따랐는가?]가 아니라 구원의 이런 세 가지 변형을 만들어내는 형식적인 매트릭스라는 것이다. 실제로 바그너의 입장을 정의하는 것은 이러한 기초적 문제점으로서 사회상징적 의무의 "윤리적인" 세계("계약")와 사회적인 연결을 와해시키려고 위협하는 압도적인 성적 정열("미적인 것")과 의지의 영적인 자기부정("종교적인 것")과의 사이에 있는 불안한 관계이다. 세 가지 오페라는 각각 이 삼각형을 다음과 같은 두 요소들 간의 대립으로 압축하려는 시도이다. 다시 말해 「트리스탄과 이졸데」에서 정화된 성적인 정열과 사회상징적인 세계와의 사이, 「뉘른베르크의 명가수」에서 성적인 정열과 사회화된 예술의 영적인 승화와의 사이, 「파르지팔」에서 성화된 생활과 순수하게 금욕적인 정신부의와의 사이에서 대립으로 압축시키려 한다. 이런 세 가지 해결책은 각각 「트리스탄과 이졸데」의 반음계, 「뉘른베르크의 명가수」의 합창 장면, 그리고 「파르지팔」의 반음계와 정적인 온음계라는 그 안에서 지배적인 특수한 음악적 양식에 의존하고 있다.

따라서 「파르지팔」에서 그 자신의 힘을 포기하는 "사랑의 가장 깊숙한 욕구"는 그 최종적인 형성물을 찾아내게 된다. 성적인 정열 그 자체는 오로지 평화와 구원을 가져다 줄 뿐인 철저한 자기 부정을 향한 비밀스러운 동경을 포함한다. 사랑의 역동에 내재한 이런 자기 장애물은 특히 이런 근대적 현상인 히스테리의 교착상태에서 새어나온다. 그리고 이미 무대에서 바그너가 보여주는 문제들, 즉 "그 문제들이 모두 히스테리 환자의 문제"라고 주장했던 사람은 다시금 니체였는데, 그 문제들이란 "경련의 특징을 갖는 그의 정동, 지나치게 흥분된 그의 감수성, 더욱 강한 향신료를 요구하는 그의 미각, 그가 원칙들로 치장한 그의 불안정성"이다.[10] 따라서 바그너의 히스테리를 해석하는 첫 번째 움직임은 "바그너를 현실로, 근대적인 것으로—더욱 잔인해지면—부르주아로 번역하는" 것이다[11] : "모든 바그너의 여자 주인공들은 하나도 예외 없이 그녀들의 영웅적인 껍질이 벗겨지자마자 보바리 부인과 거의 구분할 수 없게 된다!"[12] 이런 경험은 바그너의 지각력 있는 모든 관객들에게 알려져 있다. 「파르지팔」의 제2막에 나오는 꽃처녀들의 춤은 19세기 상류층의 매음굴에서 보인 카바레 흥행물이 아니던가? 「신들의 황혼」의 제2막은 기만적인 주부와 모멸적이고 무능력한 남편에 대한 부르주아의 익살극이 아닌가? 플로베르가 살람보라는 가난한 중하위 계급의 여주인공으로 분장시키고 그녀를 카르타고의 신비스러운 공간으로 옮겨 놓을 수 있었다면 우리는 프리카에게서 질투심 많은 상류사회의 마님을, 브륀힐데에게서 부유한 상인의 반항적인 사춘기 딸을, 하겐에게서 원초 파시즘적 포퓰리스트를 확인할 수 있어야만 한다 … . 여기서 우리가 다루는 것은 단지 바그너의 신화적인 세계를 부르주아 일상생활의 왜곡된 표현으로 환원하려는 것만은 아니다. 만일 그것이 정상적으로 기능한다면 다음과 같은 이탈리아 사내들처럼 이런 일상생활 자체가 그것의 신화적인 지지를 필요로 한다. 그들은 (널리 알려진 인종차별주의적인 신화와 성차별주의적인 신화에 따라) 성행위 동안에 여자가 다른 남자나 혹은 다른 남자들과 하고 있었던 것에 대한 음란한 말을 그들의 귀에다 속삭여 주길 원하는 사람들이다. 그들은 오로지 이런 신화적인 지지의 도움으로 사실상 소문이 날 정도로 훌륭한 애인들로서 성행위를 수행할 수 있다. 이에 준용하여 독일 부르주아의 경우도 동일하다고 볼 수 있다. 다만 그들이 실제로 보탄들이고 지그프리트들이라고 속삭이는 소리를 듣기만 해도 그들은 권력투쟁을 이끌갈 수 있고, 자신들의 부인을 속일 수 있다 … . 프랑스인들이 공화국을 세운 옛날의 로마인으로 자신들을 인식한 것만으로도 혁명을 수행할 수 있었다고 지적했던 사람은 마르크스가 아니었던가?

그러나 플로베르는 결정적인 행보를 한 발걸음 더 내디뎠다. 다시 말해 『보바리 부인』이 법정으로 끌려간 이유는 무엇이었을까? 보통 주장되는 것처럼 그것은 간통의 저항할 수 없는 유혹으로 묘사되어 부르주아의 성적 도덕성의 기초를 위태롭게 만들기 때문이 아니다. 오히려 『보바리 부인』은 간통한 연인들이 결국 범법의 향락에 대해 처벌받게 되는 통속소설의 표준적인 공식을 반전시킨다. 이러한 종류의 소설에서는 당연히 최종적인 처벌(치명적인 질병, 사회로부터의 추방)은 간통사건의 치명적인 유혹을 증폭시킬 뿐이고, 그와 동시에 독자로 하여금 아무런 벌칙 없이 이러한 유혹에 탐닉하도록 해준다. 『보바리 부인』에 대하여 심하게 혼란스럽고 우울하게 되는 것은 우리에게서 이러한 마지막 피난처조차 제거해 버린다는 것이다. 그것은 간통을 매우 비참하게 거짓 도피로 묘사하는데, 다시 말해 우둔하고 어두운 부르주아 세계의 내재적인 계기로 묘사하고 있다. 이것이 바로 『보바리 부인』이 고발당해야만 했던 이유이다. 그것은 부르주아 개인에게 도피가 무의미한 일상생활의 제약으로부터 가능할 것이라는 마지막 희망을 빼앗아간 것이다. 정열적인 혼외정사는 부부 간의 사랑에 대한 위협이 되지 않을 뿐만 아니라, 오히려 부부 관계에 대한 직접적인 환상적 지지를 제공함으로써 그것이 전복시키려는 의도에 참여하게 되는 일종의 내재적인 위반으로 기능한다. 우리가 결혼의 제약 바깥에서, 간통의 위반 속에서 "그것", 즉 히스테리적인 태도에 의해 의문시되는 충분한 만족을 실제로 얻을 수 있는 것은 바로 이런 믿음 때문이다. 따라서 히스테리는 사회적인 예의범절의 가면 뒤에 숨어 있는 "실재적인 것"이 그 자체로 공허하고 단지 신기루일 뿐이라는 염려에 휩싸이게 된다.

모더니즘의 분명한 지표로 기능하는 형상—스트린드베리(August Strindberg)에서 카프카(Franz Kafka)까지, 뭉크(Edvard Munch)에서 쇤베르크의 「기대」(*Ervartung*)에 이르기까지—이 있다면 그것은 바로 남녀 두 성 간의 근본적인 부조화를 표상하는 히스테리적인 여성 인물의 출현이다. 바그너는 위험을 무릅쓰고 히스테리로 발걸음을 옮기지 않는다. 바그너의 문제는 그의 히스테리가 아니라 오히려 그가 충분히 히스테리적인 것이 아니라는 것이다. 그의 드라마가 어떻게 "사랑이 잘못될 수 있는지"에 대한 가능한 모든 변주곡들을 제공함에도 불구하고 이 모든 것은 충분한 성적인 관계가 구원의 힘이라는 환상적 배경에 반하여 발생한다. 바로 무대행위의 파국적인 결과는 부정적 의미로 성적인 사랑의 구원하는 힘에 대한 믿음을 주장하는 듯하다. 따라서 나의 목적은 성적인 관계에 대한 바그너의 환상을 정치적일 뿐만 아니라 음악적인 그의 예술적 혁명의 양 측면을 해석하는 틀로 활용하는 것이다.

정치적인 것과 관련하여 흔히 논쟁은 「신들의 황혼」의 마지막에서의 변화에 초점이 맞추어진다. 포이에르바하에서 쇼펜하우어에 이르기까지, 신들의 압제적인 규칙들로부터 벗어나서 마침내 자유롭게 사랑을 즐기는 새로운 인류애에 대한 혁명적 단언으로부터 삶에 대한 의지의 반동적인 체념과 부인에 이르기까지. 이데올로기적인 신비화의 전형적인 사례 속에서 바그너는 혁명의 패배와 혁명적인 이상에 대한 자신의 배신을 세계의 종말 그 자체로 부풀리고 … . 그러나 더욱 자세히 살펴보면 사물의 진정한 상태는 오히려 라비노비치에 대한 옛날 소련의 농담과 닮아 있다는 것이 금방 분명해진다. 그가 정말로 복권에 당첨되어 자동차를 받았는가? 원칙적으로 대답은 "예스"지만 받은 것이 자동차가 아니라 자전거라는 점에서만 그랬다. 게다가 그는 그걸 받지도 못했다. 그가 도난당했기 때문이다 … . 따라서 「신들의 황혼」의 변화된 종결에 대한 표준적인 설명은 오로지 우리가 접하고 있는 종결이 원래의 그것(사람들, 즉 보통의 인간들이 살아남아 침묵의 목격자가 되어 신들의 우주적인 파국을 응시하는 것)에 더욱 가깝다는 점에서만 원칙적으로 사실이다. 더구나 초기의 혁명적인 바그너는 후기보다 더욱 확실히 원초 파시스트이므로, 오히려 그의 "혁명"은 군주에 이끌려 유대인들한테 구현되어 있는 돈의 규칙을 일소시켜 버렸던 사람들의 유기적 통합의 회복처럼 보인다 … .

진정한 문제는 모든 곳에 있다. 「니벨룽겐의 반지」에서 바그너는 독일 관념론의 근본적인 윤리정치적인 문제에 대해 언급한다. 사랑과 법을 통합시키는 것이 어떻게 가능한가? 사랑의 진정한 상호 주체적인 결합이란 주장, 그리고 계약과 법이라는 객관적인 사회질서의 요구와의 사이에 화해를 희망하는 것과 관련된 정치적 전망을 가진 독일 관념론자들과는 반대로 바그너는 더 이상 이러한 해결책을 받아들이지 않으려 한다. 그의 이해는 보탄과 알베리히 사이, 즉 계약적이고 상징적인 권위와 유령 같고 보이지 않는 주인 사이의 대립 속에서 드러난다. 보탄은 상징적 권위의 형상이고, "계약의 신"이며, 그의 의지는 하나님의 말씀, 즉 상징적 계약(거인 파졸트는 그에게 "너는 무엇이냐, 너는 계약만으로 존재하느냐?")[13]에 의해 묶여 있을 것이다. 반면에 알베리히는 어떤 법에 의해서도 묶여 있지 않는 (보이지 않기 때문에) 전능한 존재이다.

니벨룽겐의 모든 이들은
알베리히에게 굴복할지어다!
그는 모든 곳에 존재하여
너희들을 지켜보고 있노라! …
그를 위해 일해야 하노니
비록 너희들이 그를 볼 수 없을지라도!
그가 거기에 존재한다고 생각하지 않을 때라도
너희들은 그를 기대하는 것이 좋을지어다!
그에게 영원히 복종하라![14]

물론 바그너의 결정적인 통찰은 이러한 대립이 보탄 그 자신에게 내재한다는 것이다. 법규를 제정하는 바로 그 몸짓은 그것을 파멸시킬 수 있는 씨앗을 이미 포함한다. 왜 그런가? 여기서 바그너는 마르크스와 라깡과 데리다가 서로 상이하게 제공한 이론적 표명에 대한 인식에 따라 이끌리고 있다. 등가교환은 하나의 기만적인 신기루이다. 그 등가교환이 숨기는 것은 그것이 근거한 바로 그 과잉이다. 무언가를 대가로 주고받는 계약의 영역은 그것을 보류시키는 바로 그 능력으로 제공되는 역설적 몸짓에 의해 지탱된다. 그것은 일종의 발생적 결여, 즉 공간을 열어젖히는 철수이자 잉여로 작용하는 결여이다. 이러한 몸짓은 산종(dissemination)에 대한 우리의 개방성의 원초적 **긍정**(*Yes!*)이라는 데리다의 선물로, 또는 라깡의 "상징적 거세"라는 원초적 상실로 개념화될 수 있다. (바그너의 신화적인 공간에서 합법적인 교환영역의 근거가 되는 이러한 폭력적인 몸짓은 이 세계의 물푸레나무를 찢어버리는 것으로 묘사되는데, 그 때 그는 자신의 창으로 그것을 잘라 그 위에 법을 포함한 룬 문자들을 새겨넣는다. 이러한 행위에는 일련의 동일한 몸짓이 뒤따른다. 알베리히의 금 강탈, 지그문트의 검 뽑기 … .) 따라서 바그너는 바로 그 교환의 균형이 원초적인 균형의 혼란에, 사회적 교환의 공간을 열어젖히는 외상적 상실인 "탈구"에 근거하고 있음을 잘 알고 있다. 그러나 결정적인 지점에서 교환에 대한 비판은 양가적이다. 그것은 원초적인 긍정을, 즉 균형잡힌 교환의 영역인 "폐쇄된 경제"의 영역에 제한될 수 없는 대타자성을 향한 개방의 돌이킬 수 없는 과잉을 주장하려고 하거나 혹은 그것은 이런 과잉의 몸짓 이전에 원초적인 균형을 복원하려는 것을 목표로 삼는다. 자신의 반유대주의의 기초가 되는 교환(사회)에 대한 바그너의 거부는 타락 이전의 균형을 되찾으려는 시도가 된다. 여자들의 족외혼적인 교환에 대립하여 근친상간적인 결합을 주장하는 그의 성적인 정치에서보다 더 명백한 것은 어디에서도 찾아볼 수 없다. "훌륭한" 근친상간적 부부인 지글린데와 지그문트는 교환에 기초한 "나쁜" 부부인 지글린데와 훈딩에 대립하고, 브륀힐데와 지그프리트는 교환에 기초한 두 쌍(브륀힐데와 권터, 구트루네와 지그프리트)과 대립된다 … .

바그너의 반유대주의를 다루는 데 있어서 우리는 항상 독일의 진정한 정신과 유대인의 원칙의 대립이 본래의 것이 아님을 명심해야 한다. 유기적 결합의 해체, 즉 근대 산업과 개인성의 제3항, 근대성, 교환의 지배가 존재하는데, 교환과 계약은 「니벨룽겐의 반지」의 중심 주제이다. 근대성에 대한 바그너의 태도는 단지 부정적인 것만은 아니고 오히려 훨씬 더 모호하다. 그는 근대성의 붕괴효과를 회피하면서 그 열매를 즐기고 싶어한다. 간단히 말해 바그너는 자신의 케이크를 가지고 그것을 먹길 원한다. 그런 이유로 그는 유대인을 필요로 한다. 따라서 첫 번째로 근대성—이런 추상적이고 비인격적인 과정—이 인간의 얼굴로 주어지는데, 만져서 알 수 있는 구체적인 형상들과 동일시되는 것이다. 그런 다음 두 번째 움직임에서 근대성 속에서 붕괴되는 모든 것을 구현하고 있는 유대인을 거부함으로써 우리는 그 과일을 간직할 수 있다. 간단히 말해 반유대주의는 그 자체로 반모더니즘을 표상하는 것이 아니라 보수적인 혁명가들의 특징이 되는 사회적 협동조합주의와 근대성을 결합시키려는 시도를 표상한다. 따라서 법규, 즉 "계약"의 사회는 비합법적인 폭력행위에 근거하고 있기 때문에 법은 사랑을 배신해야 할 뿐만 아니라 그 자체의 최고의 원칙들을 위반해야만 한다 : "그들[신들]의 고귀한 세계 질서의 목표는 도덕의식이다. 그러나 그들은 자신들이 뒤쫓는 바로 그 불공정에 의해 더러워진다. [알베리히가 살고 있는] 니벨하임의 깊숙한 곳으로부터 그들의 죄의식이 위협적으로 되돌아 나온다."[15)]

이러한 곤경에 대해 잘 알고 있는 보탄은 어떤 상징적인 결합에 의해 묶여 있지 않으므로 타락한 계약의 세계를 자유롭게 공격할 수 있는 영웅의 형상을 조작해낸다. 바그너의 이러한 측면은 상징적 권위의 부성적인 명령을 떠맡아 수행하라는 "부임"의 기능부전을 둘러싼 19세기 후반의 엄청난 이데올로기 정치의 위기 속에 위치하게 된다. 이러한 위기는 프로이트가 회고록을 분석한 다니엘 폴 슈레버(Daniel Paul Schreber)의 운명에서 가장 악화된 형태로 드러난다. 슈레버는 판사의 지위를 떠맡아 공공의 상징적 권위의 기능을 수행해야 했던 바로 그 순간에 정신병적인 섬망으로 빠져들었다. 그는 상징적 권위가 기능하는 통합부분으로서 이런 외설적인 오점과 결코 타협할 수 없었다.[16] 따라서 위기는 부성적인 권위의 외설적이고 쾌락적인 이면이 가시화될 때 발발한다. 그렇다면 알베리히는 슈레버로 하여금 자신의 부임에 실패하게 만들었던 외설적이고 놀기 좋아하는 아버지의 전형적인 사례가 아닌가? 최상의 바그너한테 "바그너의 모든 장면들의 어머니"라는 전반적인 「니벨룽겐의 반지」 가운데 가장 불안스러운 장면은 아마 「신들의 황혼」의 제2막 시작 부분에 나오는 알베리히와 하겐 사이의 대화가 될 것이다. 바그너는 거기에 엄청난 작업량을 투여했고, 그것을 자신의 가장 위대한 성취로 생각했다. 이 장면을 통해 드러난 바그너의 무대 지시에 따르면 하겐은 마치 잠든 것처럼 행동해야 한다. 반면에 알베리히는 일상적인 현실의 일부분으로서 실제로 거기에 존재하지 않고 오히려 하겐의 악몽(*Alptraum*) 또는 문자 그대로 "요정 꿈"(무대인물들 중 하나의 섬망적인 망상으로 행동하는 일부의 상연절차를 충분히 정당화하는 또 다른 경우)으로 나타나는 "죽지 않는 사람"이다. 우리 모두는 고전적인 프로이트의 꿈을 알고 있는데, 꿈속에서 죽은 아들이 아버지에게 나타나 "아버지, 제가 불타고 있는 것을 볼 수 없나요?"라고 소름끼치게 책망하는 말을 건넨다. 「신들의 황혼」에 나오는 이 장면에서 우리가 보는 것은 아버지가 아들에게 나타나 "아들아, 내가 불타고 있는 것을 볼 수 없느냐?"라고 말하는 것이다. 그가 복수하려는 압도적인 정열의 기저에는 외설적인 즐거움으로 불타고 있다. 그러한 인물, 즉 어떤 아버지의 부끄럽고 놀기 좋아하고 희비극적인 난쟁이와 직면했을 때 그 주체가 아버지의 지나치게 흥분된 초조와 분명히 대조되는 몸서리칠 만큼 냉정한 태도를 취할 수 있을 뿐인 것은 여기 하겐이라는 인물 속에서 우리는 소위 전체주의적인 주체의 생성을 찾아보아야 하는 것이다. 다시 말해 "억압적인" 상징적 권위와는 아무런 관련도 없고 오히려 "전체주의적" 주체는 좌절하여 미친 듯이 날뛰는 부성적인 권위에 대한 반동으로 나타나는데, 굴욕적인 아버지, 즉 놀기 좋아하는 향락의 외설적 인물로 전환된 아버지는 "전체주의적인" 주체의 증상이다.

그 때 우리는 합법적 권력이 공식적으로 금지하는 것, 즉 비합법적 폭력에 관여하는 그 권력의 막다른 상태를 어떻게 풀어가야 하는가? 소유물의 막다른 상태는 본질적으로, 즉 그 개념 자체로 절도를 의미하며, 본질적으로 사기에 불과한 계약의 산물이 아닌가? 바그너의 정치적 기획을 궁극적으로 지지하는 것은 성적인 관계에 대한 참조이다. 따라서 "권력과 자유 사이의 중재자 또는 구원자가 없다면 권력은 폭력과 자유라는 방종으로 남게 되는데, 그것이 바로 사랑이다."[17] 또한 "사랑은 전적으로 현실적인 의미의 남녀 두 성 사이에서만 가능할 뿐이다. 오로지 남자와 여자로서 우리 인간들은 진정으로 사랑할 수 있다. 다른 모든 사랑은 단지 이것에서 기인되거나, 그로부터 유래되거나 그와 연관되거나 또는 인위적으로 그 형태로 나타낸 것이다."[18]

바그너가 진정한 정치질서의 패러다임으로 성적인 관계를 어떻게 이용할 수 있는가를 파악하기 위해서는 바그너에 따라 남자와 여자가 서로에게 보완하는 방식을 명심해 두기만 하면 된다. 여자는 모든 것을 포용하는 통합체이자 남자를 담보하는 토대이지만, 여자는 정확히 자신의 긍정적이고 경험적인 실존에서 남자의 "형성적 권력"에 종속되어야만 한다. 이러한 이유로 본질적인 **여성**으로의 고양과 복종은 살과 피를 가진 실제적인 여자들에 대한 착취와 지배 같은 보조를 취하게 된다. 여기서 능동성과 수동성, 즉 적극적인 것과 영향을 받는 것이 서로 조화롭게 겹쳐지는 상태로서 최고의 자유라는 셸링의 개념을 상기해 보는 것으로 충분하다. 이 대목에서 셸링은 독일 관념론의 핵심적인 역할을 하는 이성(*Vernunft*)과 오성(*Verstand*)의 구별을 매우 특별하게 왜곡한다 : "이성은 가장 고귀한 것인 영혼에의 복종에서 오성일 뿐이다."[19] 오성은 자신을 완전히 자율적인 주체라고 주장하게 만들어 주는 능동적인 장악력과 결정력만큼 능동적인 지성이다. 그러나 자신의 주체성을 (용어의 수학적 의미에서) 보다 고차원적 권력의 술어로 전환시킬 때 자신의 절정에 도달하게 되는데, 그 때는 말하자면 자신이 대타자에게 굴복하고 가장 강렬한 능동성을 "이인화"(離人化)하며, 마치 더 높은 어떤 다른 권력이 그/그녀를 매체로 이용하여 그/그녀를 통해 작용하는 것처럼 그것을 수행할 때이다. 이것은 마치 창조성의 최고의 열광 속에서 비인격적인 정신이 스스로 드러나게 하는 매체로 그 자신을 경험하는 예술가와 같다. 핵심적인 것은 이런 자유의 최고의 형태가 지니는 명백한 성적인 함의이다. 여성화(초험적 절대자에 대한 수동적 태도의 채택)는 남성적인 주장의 고유한 지지로 작용한다. 따라서 여성성에 대한 바그너의 고양을 계약과 잔인한 권력행사라는 남성적 세계에 대한 항의로, 즉 공격적인 근대의 주체성을 넘어서 새로운 삶에 대한 유토피아적 전망으로 해석하는 것은 분명히 잘못된 것이다. 남성적인 주체가 수동적인 태도를 채택하도록 만든 불멸의 여성성에 대한 참조는 세속적인 공격적 태도에 대한 궁극적인 형이상학적 지지이다. 또한 우연이겠지만 (여성적인) 신들에 대한 현대의 뉴에이지 주장에 대해서도 역시 마찬가지이다.

따라서 이 개념을 정치적으로 이용하는 것은 파악하기 쉽다. 명증적인 정치질서에서 바그너가 혁명의 시기에 혁명을 이끄는 한 사람으로 언급한 군주(*der Fürst*)는 민중에 대해 자신의 여성적인 근거에 대해 남자처럼 행동한다. 바로 민중의 초험적 개념에 대한 그의 종속은(그가 민중에 대해 여성적인 태도를 취하고 그것을 단지 떠받친다는 사실은 그의 가장 강렬한 관심을 나타낸다) "형성적인 권력"으로 행동하면서 경험적으로 실존하는 실제적인 사람들에 대해 충분한 권위를 발휘하는 그를 합법화해 준다. 이러한 군주와 민중 사이의 유기적이고 성화된 관계는 자아중심적인 기계적 관계와 이익지향적인 계약으로 이뤄진 근대 사회가 깨부수려고 위협한 것이며 … . 또한 조화로운 성적인 관계라는 동일한 개념이 "음악극"이라는 개념의 궁극적인 환상적 지지물로 기능한다. 바그너는 음악을 드라마에서 결말에 이르는 수단으로, 그리고 드라마를 "가시화된 음악적 행동"으로 기술했다. 우리는 음악의 기능으로서의 드라마 및 드라마의 기능으로서의 음악이라는 이런 역설을 어떻게 해소해야 하는가? 바그너는 또다시 성적인 관계의 매트릭스에 의존한다. 음악은 남성의 말에 의해 풍성해진 여성이므로 음악이 말에 종속되는 것은 배경이 인물에, 그리고 여자가 남자에게 종속되는 것과 동일하다. 그런 이유 때문에 음악은 이중으로 기입된다. 음악은 쇼펜하우어의 "물"(物)이고, 우리의 진정한 내적 생활의 직접적인 진동이며, 드라마를 그 자체를 포용하는 토대이다. 왜냐하면 드라마는 단지 그것의 외부적 현상의 발현이기 때문이다. 그러나 바그너는 절대적인 음악 개념으로부터 가능한 한 멀리 벗어나 있다. 즉 드라마는 음악의 "형성적 동기"이므로 음악은 그의 긍정적이고 결정적인 존재에 있어서 드라마의 무대행위를 현재화시키는 수단으로 기능해야 한다. 드라마는 무대행위의 음악적 포장으로써만 그 자체를 현실화하고 자기 실현할 수 있다.[20)]

바그너가 드라마와 음악의 관계를 이와 같이 성화함으로써 회피하려고 하는 것은 어떤 위험인가? 그 스스로 『오페라와 드라마』라는 책에서 그 핵심을 제공해 준다 : "각각의 예술은 그 힘을 무한히 확장하려는 경향이 있고 … . 이러한 경향은 궁극적으로는 한계에 도달하며 … . 이해 불가능함, 기괴함, 그리고 불합리함 속에 상실되어 버리는 것을 무릅쓰지 않고서 이 한계를 통과하는 방법을 알지 못할 것이다." 그러한 이유로 "각각의 예술은 그 힘의 한계에 도달하자마자 인접 예술에 손을 내민다."[21)] 이렇게 "위반하는 것의 거부"는 궁극적으로 전체 예술작품 기획에서 중요한 것이다.

> (각각의 예술은) "한계로의 통과"라는 일종의 법칙에 의해 지시된다. 그러나 예술이 이 한계를 넘어서려 하고 이것이 정확히 현대 예술의 기획이라면(바그너는 매우 분명하게 사태를 알고 있다) 그것은 불합리함과 어리석음으로 협박당하는 것이다.

결과적으로 "전체 예술작품"에서 개별적인 예술작품의 변증법적인 직면은 과잉을 포용하고 의미를 보호하는 수단이 된다.[22]

이러한 바그너의 "보수적 혁명"은 전체 예술작품에서 두 가지 요소들이 그 본연의 논리를 추종하여 진정한 모더니즘의 문지방을 넘어가는 것을 방해하기 위해 음악과 드라마를 결합시킨다. 그리고 그 혁명은 가장 대담한 무조(無調)의 음악이 전적으로 수용되는 할리우드에서까지 작용되고 있는데, 그것이 광기나 폭력의 장면을 동반하는 한, 다시 말해 그것이 명백하게 정의된 어떤 심리상태나 현실주의적 행위를 드러내는 한에서 작용된다. 할리우드에 대한 이런 언급은 결코 우연적인 것이 아닌데, 바그너의 음악이 그것과 본질적으로 연결되어 있기 때문이다. 여기서 내가 고려하고 있는 것은 단지 일련의 사이비 바그너적인 영향을 가져올 뿐인 엄청난 예산을 투자하여 제작한 1970년대와 1980년대의 공상과학 소설과 판타지 영화들이 아니라, 1930년대 중반부터 1950년대 중반까지 헤게모니를 발휘한 소위 할리우드의 고전주의이다. 이런 "할리우드 고전주의"는 다음과 같은 주요한 특징을 지닌다.

● 음악을 제작하는 장치의 비가시성, 즉 음악을 바그너의 "숨겨진 오케스트라"와 연관된 상상적인 "비가시적 구멍"으로 전치시키는 것. 화면 속의 행위를 동반한 음악은 일종의 비시간적이고 국부화되지 않은 현재로부터 나온다.

● 음악으로 번역된 감정들(바그너에게서처럼 스크린에 나온 사람들의 직접적인 감정반응 뿐만 아니라 이 사람들이 알지 못하는 감정 저류로서 미래의 연인들이 중요치 않은 우연한 만남으로 경험한 것에서 음악은 치명적

인 사랑의 탄생을 알려줄 수 있고…).

● "서사적인 개시" : 유도 동기와 함께 무한선율은 이야기를 강조하고 이야기의 지속성과 통일성을 제공해 준다.[23)]

나의 가정은 할리우드 고전주의가 바그너 이전 오페라의 교착상태와 유사한 교착상태를 해결하려는 시도였다는 것이다. 프리츠 랑의 『마부제 박사의 유언장』에 대한 줄지은 찬사가 대표적인 예이다. 그 작품에서 화려하고 극적인 음악이 점차로 진동하는 기계의 율동적인 소음으로 변해간다. 「라인의 황금」에서 보탄과 로게의 니벨하임으로의 하강을 동반한 음악을 기억나게 만드는 악장에는 악기의 율동적인 비트와 해머 치는 소리가 혼합되어 있다. 따라서 1920년대 후반과 1930년대 초반은 "음악을 삶—집단적인 신체적 삶—의 운동에 기입하면서 동시에 현실로부터 그 자체의 잠재적인 교향곡을 끄집어내려는"[24)] 일련의 시도를 제공하는데, 주로 그것은 소위 도시 교향곡의 형태, 즉 형이상학적 삶 그 자체의 기본적인 리듬을 직접적으로 표현하도록 고양되어 있는 기계의 지속적인 소음과 군중의 잡음과 함께 진동하는 산업사회의 도시적 삶에 대한 예찬의 형태로서 말이다. [이러한 "삶의 리듬 그 자체"는 나중에 데이비드 린치의 몇몇 영화(「블루 벨벳」, 「사구」, 「엘리펀트 맨」)에서 삶의 실체가 지닌 외설적이고 기괴한 맥박의 모습으로 회귀한다.]

그러나 이러한 "삶의 교향곡"으로 편입되는 것에 저항하는 한 요소가 있다. 그것은 바로 노래 한 곡이나 시낭독이 아니라 "자연스러운" 대화로서의 능력을 지닌 말이다. 이러한 요소를 조절하기 위해 소음과 음악의 율동적인 연속체는 점차 배경으로 철수하므로 영화는 더욱 더 감정적이거나 신화적인 맥락을 제공하는 무한

선율이 동반된 말에 초점이 맞추어진다. 동적이고 단정적이며 명백하게 분절된 리듬으로부터 토착화된 말과 행동에 대해 파악할 수 없는 복잡한 배경으로 기능하는 무한선율의 서정적인 반음계로 악센트의 이동이 일어나게 된다. 따라서 스크린 위에서 행위의 토착화에 대한 대가는 악보의 신화적 차원으로부터 반자연주의적인 서정주의로의 전치이다. 악보는 명백하게 "자연주의적" 스크린 행위에 종속되어 그 행위를 표현하고 수반한다. 그러나 그처럼 정확히 그것은 그 자체로 스크린 행위를 "부자연스럽게" 하고, 행위의 양식화 수단으로 기능하면서 행위에 신화적 차원을 부여한다. 따라서 음악은 (이상적으로 관객이 항상 음악에 빠져들어 스크린 행위에 대한 적절한 감정적 태도를 위해 그것에 의존하기 때문에) 더욱 부각되면서 그와 동시에 (관객의 주의가 악보에 초점 맞추어져 있지 않고 음악은 그저 스크린 위에서 벌어지는 일에 보이지 않고 감정적이고 신화적인 틀을 제공하기 때문에) 덜 부각된다. 이 모든 것이 엄밀히 말해 바그너의 오케스트라 멜로디가 "기억과 덧없는 풍자로 사건들에 대한 광대한 배경을 엮어내는" 방식과 동종의 것이 아닌가?

> 신화 동기들—반지, 발할라, 에르다, 신들의 몰락, 계약과 저주의 동기들—의 오케스트라 총보는 현재 발생한 사건들을 그것들의 태고의 전제들과 기원들에 연결시키고 … . 신화가 무대 위에서 물리적인 형태를 취하지 않기 때문에 영웅 드라마 이외에는 그 중요성이 점점 사라져 갈 신성한 신화의 어떤 위험이라도 존재한다면 음악은 그 신화를—또한 순환의 전반적인 맥락을—정당한 드라마적 위치에 돌려놓는다.[25]

주지하듯이 플로베르의 주된 문체론상의 장치는 명제들이 그 사람들의 감정과 태도를 즉시 "객관화"하는 **자유간접 화법**(*style indirect libre*)이었다. 그렇다면 바그너의 유도 동기의 사용은 일종의 음악적인 **자유간접 화법**에 해당하는 것이 아닌가? 물론 문제는 음악과 시를 동조시키려는 바그너의 시도가 실패할 수밖에 없다는 것이다. 우리가 그것들의 유기적인 조화 대신에 얻은 것은 역설적인 이중의 잉여이다. "너무 많은 연극"은(바그너가 실제로 음악을 무대행위의 표현이나 심리적 주석으로 환원시킨 사실을 안타까워하는 절대 음악에 대한 열성적 지지자들에게) "너무 많은 음악"으로(편재하는 배경으로서 모든 것에 넘쳐흘러 우리 관객들이 그것에 빠져들 수밖에 없는) 계속 전도되는 듯하다. 더구나 두 영역은 내부로부터 분열된다. 음악은 무시간적이고 신화적인 기념비주의와 현대의 "히스테리성" 사이를 왔다갔다 한다. 드라마는 전통적이고 기념비적인 영웅주의와 부르주아적 천박성으로의 타락 사이를 오락가락한다. 영웅적 무대행위는 뒤처지고 음악적 구조의 반음계적 근대성에 의해 기만당하거나 혹은 그 무대행위는 음악의 무시간적·신화적 기념비주의에 대조되어 때때로 자연주의에 접하기도 하는 현대 부르주아지로서의 인상을 우리에게 심어주기도 한다. 그러나 음악극의 개념이 풀리지 않는 문제의 해결책이라기보다는 "풀리지 않는 문제에 대한 은유"라는 달하우스(Dahlhaus)의 의견에 동의하고 싶은 유혹에도 불구하고 음악극 개념의 실현에 있어 앞에서 언급한 불일치와 간극이 바그너 작품의 예술적 영향을 결코 침해하는 것이 아니라, 오히려 정확히 그 작품의 진정성의 가장 믿을 만한 지표가 된다는 말을 덧붙여야 한다. 바그너는 반음계의 음악구조가 영웅적 무대행위의 "히스테리적인" 토대와 배경을 드러내 보일 때, 또는 무대행위의 현대 부르주아적 특성이 음악의 신화적인 기념비주의의 구체적인 사회역사적 기초를 드러낼 때보다 더욱 진정한 모습을 보인 일이 없다. 히스테리적인 반음계와 신화적인 무시간성이 일상적 현실주의가 와해되는 두 측면을 제시해 주는 한에는 단일한 것이다. 아도르노가 말했듯이 바그너의 예술적 진실은 그의 기획의 실현에 의해 야기된 바로 그 모순 속에 존재한다.

음악과 말(드라마의 플롯)의 이러한 비동시성은 성적인 관계의 불가능성이 음악극이라는 바로 그 개념에 기입되는 방식을 가리켜 준다. 니체는 음악극의 체계에서 이러한 간극을 확인한 첫 번째 사람인데, 그는 바그너에게서 음악은 그 자율적 구조를 상실하고 멜로드라마적인 무대행위를 연출하고 부각시키는 수단으로 변해버린다고 강조했다 : "바그너는 본능에 따르는 음악가가 결코 아니다. 그는 본능을 그가 요구했던 것, 즉 연극적인 수사와 표현의 수단, 제스처를 강조하는 수단, 암시의 수단 및 심리적인 생생함의 표현수단으로 전환하기 위해 음악에서의 모든 합법성과 … 모든 스타일을 포기함으로써 이것을 보여주었다."[26] 바그너 음악의 비선율적 반음계, 즉 확고하게 정립된 내적 구조의 결여는 우리를 중독시키고, 최면술을 걸어 유혹하며, 신경을 자극하여 우리를 압도한다. 바그너 음악이 지닌 감수성과 공허한 허풍 및 인공성과 잔인성의 독특한 혼합은 대중들을 여성적인 히스테리의 수동적 태도로 환원한다. 이처럼 지나치게 자극된 히스테리 세계의 내재적 이면은 "구원"을 향한 열망이자 이런 히스테리적인 관점 내에서 오로지 성인답고 삶을 부정하며 무성적이고 무균의 빈혈을 보이는 인물—그리스도, 파르지팔—의 모습으로 상상될 수 있을 뿐인 화해를 향한 열망이다. 그러므로 충격 효과와 영원한 평화를 향한 열망은 엄격히 말해 상호 의존적인 것이다. 근대적 퇴폐에서 확실한 행동하는 삶(*vita activa*)은 피상적인 자극의 공허한 껍데기와 의지의 부정, 즉 생명주기로부터의 철수 쪽으로 와해되어 버린다. 「트리스탄과 이졸데」의 음악은 히스테리적인 반음계와 죽음을 향한 열망 사이의 내재적 연결을 가장 순수하게 표현한다. 반음계는 사회현실에게 어떠한 화해도, 즉 어떠한 긴장의 해소도 허용되지 않는다. 다만 죽음, 즉 삶의 과정의 근절만이 평화와 구원을 가져올 뿐이다. 「파르지팔」에서 이러한 긴장은 한편으로 자신의 마술적인 성을 지닌 클링조르에게로, 즉 「베누스베르크」의 신판이자 동양적 향수로 가득 찬 퇴폐적인 인공 낙원으로 외면화되고, 다른 한편으로 파르지팔 그 자신은 지나친 감수성 및 현실적인 삶의 정열과 투쟁에 대해 견디지 못하는 무능력을 히스테리적인 닮은꼴과 함께 공유하는 냉담한 성자로 외면화된다. 시간의 흐름으로부터 배제된 공간의 부동성, 다시 말해 근대성과 그 불만에 대한 바그너의 부정을 표상하는 자기 폐쇄적인 성배 공동체는 모더니즘적인 신화임에 분명할 뿐만 아니라, 그 자체가 근대적이지 못해 과잉 자극된 반음계이기도 하다. 아도르노가 이미 지적했듯이 「파르지팔」과 관련하여 근대적인 것은 쿤드리와 암포르타스의 고통을 표현하는 반음계뿐만 아니라 그것을 부정하려고 하는 성배 공동체의 정적인 온음계이다.

따라서 (드라마적일 뿐만 아니라 음악적인) 「파르지팔」의 바로 그러한 형태가 자웅동체적인 화해의 이데올로기적 기획을 저버린다. 그 형태의 두 영역, 클링조르의 성과 성배 사원—또는 음악적으로는 반음계와 온음계—은 서로 나란히 화해할 수 없는 대립으로 남겨진다. 「파르지팔」의 세계는 그 두 영역 사이의 어떤 교환도 거부하는 한 매우 극단적으로 "근친상간적"이다. 두 측면 사이를 순환하는 요소인 쿤드리는 끝내는 죽어버려야 한다. 클링조르의 성은 근친상간적인 향락의 비사회적 과잉을 표상하고, 성배 사원과 그것의 메마른 대위법은 대타자성과의 어떠한 혼합도 근친상간적으로 거부함으로써 확실히 비사회적이다. 그러므로 두 영역은 잉여와 결여로 대립된다. 즉 사치스럽고 부패한 부유함과 금욕적인 순수함으로 대립된다. 바그너가 카타르교인들의 신비스러운 자리인 몽쎄귀르 성이 성배 사원의 가능한 장소라고 생각한 것은 놀란 만한 것이 아니다. 카타르교인들에 따르면 성욕 그 자체는 모든 성교가 근친상간적이기 때문에 포기되어야만 한다. 따라서 「파르지팔」에서 "정상적인" 세속적 사회생활이 사라지는 것은 피할 수 없는 일이다. 사회는 (언어적 · 성적 · 경제적) 교환에 기초하고 있기 때문이다. 「파르지팔」에서 잉여와 결여는 나란히 놓여 있어 바로 그것의 보류에 제공되는 역설적인 몸짓에 기초하여 통합되지 않는다. 이러한 (사회적) 교환 영역의 사라짐은 정신병의 차원을 입증한다 : 「파르지팔」은 히스테리의 막다른 상태에 대한 정신병적 해결을 상연한다. 그러한 이유로 거세를 신호로 알려주기는커녕 성적인 충동에 대한 파르지팔의 포기는 가장 강력한 부정을 표상한다. 즉 파르지팔은 남자가 다른 여자에게 나타내는 행위와 관련된 상실을 거부한다.

여기서 테리 길리엄(Terry Gilliam)의 「브라질」에서 고통스러울 정도로 익살스러운 장면을 떠올리게 해준다. 상류계층의 레스토랑에서 웨이터는 손님들에게 일상적 메뉴 가운데 가장 훌륭한 주문을 권고했으나("오늘 투르네도가 정말로 특별요리죠!" 등등) 손님들은 접시 위의 스탠드에 있는 눈부신 컬러 사진 때문에 선택하게 되고, 접시 그 자체 위에는 구역질나는 배설물로 반죽된 덩어리가 올려져 있을 뿐이다. 우리는 「파르지팔」에서 "현실"이 실체도 없는 그림자 같은 이미지(클링조르 성의 변화무쌍한 풍경)와 실재계의 배설물 찌꺼기로 똑같이 와해되는 것을 접하게 된다. 상징적 거세(−ϕ)에 대한 라깡의 공식에서 (ϕ로 쓰여진) 향락이 마이너스 기호(−)와 함께 제공된다면, 즉 "거세되어" 길들여져 남근화된다면 그것은 부성 은유의 틀 속에 사로잡히게 된다. 자크-알랭 밀레는 이 공식의 두 요소들(−와 ϕ)을 위한 가능성을 발전시켰다. 다시 말해 상징적 부정의 몸짓과 향락의 실체는 서로 분리되어 각자의 길을 가게 되므로 우리는 한편으로 순수한 마이너스, 즉 향락의 마지막 흔적을 빼앗긴 상징계를 얻게 되고, 다른 한편으로 ϕ, 즉 상징계 영역의 외부에 자유롭게 배치된 향락을 얻게 된다. 물론 우리가 지불해야 할 대가는 이런 향락이 그 자체의 누그러지고 만족시키는 "건강한" 특성을 상실한다는 점이다. 항상 향락에 달라붙어있는 부패하고 낙담한 그 무언가가 있다. 1905년 혁명의 몰락 이후 몇 년 동안 레닌이 러시아의 "정신상태"라고 기술한 것을 회상해 보면 충분할 것이다. 신비적이고 순수한 영혼성의 분출, 즉 육체적이고 세속적인 것에 대한 격렬한 부정의 분출은 섹슈얼리티의 "낙담스럽고" "부자연스러운" 형태(포르노와 성도착 …)에 대한 강박관념을 동반한다. 여기서 우리는 어떻게 레닌이 바그너의 퇴폐주의에 대한 니체의 비판에 의외로 가까울 수 있는지 알 수 있을 것이다.

니체가 바그너에게서 간파한 것은 주인과 히스테리 환자(maître et l'hystérique)의 세기말적인(fin de siècle) 한 쌍이다 : 바그너는 음악의 샤르코, 즉 "최면술의 대가"로서 자신의 여성화된 대중을 지배한다. 삶에 대한 순박하고 매개되지 않은 의지를 탐닉하는 진정한 대가를 대신하여 우리는 천박한 온갖 술책으로 대중을 필사적으로 유혹하려고 애쓰는 사기꾼을 얻게 된다. 그러므로 그것은 바그너 그 자신의 입장이 그의 작품에서 놀기 좋아하고 외설적인 불구의 아버지, 변화무쌍한 환영의 저자, 「파르지팔」의 클링조르 또는 「라인의 황금」의 알베리히의 입장으로 새겨지는 그런 자리가 아닌가? 거기에 바그너가 통달할 수 없는 긴장이 존재한다. 그는 자신의 작품이 거부하려고 애쓰는 모습으로 그 작품에 새겨지고 있다. 그러나 바그너에 대한 니체의 개입은 겉보기에 나타나는 것보다 더욱 모호하다. 이미 토마스 만(Thomas Mann)은 바그너에 대한 니체의 가장 풍자적인 훼손 속에서 "전도된 증후를 지닌 찬사"를 확인했다. 바그너에 대한 니체의 탈게르만화, 바그너의 과장된 "어용 작곡가"라는 측면에 대한 거부, 바그너를 프랑스 퇴폐주의자들 중 한 명으로 해석한 것, 바그너의 진정한 강점이 "정밀주의"(miniaturism), 즉 히스테리적인 세세함과 자극들을 색출하는 그의 능력에 있다는 그의 총명한 지각, 이 모든 것은 독일 문화에 대한 프랑스식 전유의 주된 특징임을 예시한다. 이것은 하이데거에 대한 데리다의 독해(존재의 운명에 대한 "거대한" 주제 및 현대의 기술 시대 등등에 대한 암시적 거부, 그리고 독해의 "미시실천"에 대한 "정밀주의적인" 집중)에서 명백하게 인식될 수 있는 것이다.

니체가 정신적 붕괴를 경험하기 며칠 전, 1888년 크리스마스에 탈고된 그의 마지막 저작은 『니체 대 바그너』(*Nietzsche contra Wagner*)인데, 그 책은 그의 예전 저작들로부터 발췌한 모음집으로서 바그너에 대한 니체의 급작스런 격렬한 거부가 갑작스러운 적의에 의한 것이 아니라 그의 전 저작의 논리적 결과임을 증명하게끔 되어 있었다. 그리고 그것은 마치 니체가 여기서 주저하는 것 같았고, 바그너라고 불리는 신경증으로부터 스스로의 한계를 명확히 정할 수 없는 것처럼 보였다. 여기서 우리가 만나게 되는 것은 코기토와 광기라는 오래된 주제이다. 전반적으로 근대 철학은 광인으로부터 초험적 철학자를 분리하는 명백한 구분선을 획정하려는 필사적 노력으로 읽혀질 수 있다(데카르트의 경우에는 내가 현실을 환각하고 있지 않음을 어떻게 아는가? 칸트의 경우에는 형이상학적 사색과 스웨덴보리의 환각적 횡설수설을 어떻게 구분하는가? 등등). 동일한 노선에 따라 니체의 문제는 내가 또 다른 바그너주의자가 아님을, 즉 히스테리적인 환각의 또 다른 희생자가 아님을 어떻게 아는가이다. 마치 바그너가 니체의 증상이었던 것처럼 보인다. 니체가 자신의 사상을 그 자신 속에서 발견한 비열함에 투사함으로써 그 사상의 최소한의 일관성을 유지하기 위하여 필사적으로 필요로 했던 요소, 즉 바그너와의 모든 연결을 절단하려는 시도는 부득이 궁극적인 몰락으로 결말짓는다.

그 때 니체의 경계설정은 어째서 실패하였는가? 바그너에 대한 니체의 경멸이 분명히 성화된 특성에 초점을 맞추는 것은 너무나도 쉬울 것이다. 니체는 빳빳하고 독단적이며 확고한 남성적 태도의 결핍을 바그너한테서 지각한다. 명백하게 구조화된 리드미컬하고 선율적인 구성 대신에 바그너의 음악은 무형태의 대양감(大洋感)에 수동적으로 빠져드는 "여성화된" 태도를 탐닉하고 … . 니체가 경멸한 이러한 여성성은 "영원한 여성다움"이며, 여성들의 실제적인 종속을 가능케 하는 환상적 지지물이다. 따라서 바그너가 수행한 음악의 "여성화"에 대한 니체의 경멸은 역설적으로 남성 구원자로서 여자에 대한 바그너식의 격상이라기보다는 여성주의에 훨씬 더 가깝다. 따라서 니체가 바그너로부터 경계를 짓는 데 실패한 것은 그 자신을 여성적인 것으로부터 구분하려는 남성 주체의 시도가 실패한 것이 아니다. 바그너의 히스테리에 대한 니체의 거부가 지닌 문제는 어딘가 다른 곳에 존재한다. 여기서 니체와 프로이트가 공통의 기반(두 사람은 모두 히스테리를 빈혈증적 도덕주의에 의해 건강한 삶의 실체가 억제된 결과로 인지한 듯함)을 공유하게 만드는 기만적인 외관과는 반대로 『니체 대 프로이트』라는 글은 여기서 매우 적절한 것이다. 프로이트에게 히스테리는 삶의 동력에 대한 퇴폐주의적인 부정에 기초를 두는 것이 아니라 히스테리 주체는 오히려 일종의 주인 증상이다. 그가 명백하다고 표현하는 것은 그 자체로 주체성의 차원에 관련되는 원초적인 곤경이고 주인의 자세에 의해 숨겨진 원초적인 곤경이다. 이러한 곤경, 즉 니체의 이해범위를 벗어나고 행동하는 삶의 내부로부터 위태롭게 되는 히스테리적인 연극의 진정한 핵심에 대한 프로이트의 명칭이 **죽음 욕동**이다.

프로이트에게 죽음 욕동은 단지 퇴폐주의적인 반동형성—권력에 대한 원래부터 확고한 의지의 부차적인 자기 부정, 의지의 허약함, 영웅주의로 가장된 삶으로부터의 도피—이 아니라 오히려 인간 존재의 가장 심층적인 철저한 가능성이다. 우리가 “죽음 욕동과 바그너”를 이야기할 때 첫 번째로 연상되는 것은 당연히 쇼펜하우어인데, 죽음에의 열망의 구원적인 속성에 대한 바그너의 주요한 준거점이다. 그러나 우리의 테제는 죽음을 향한 열망이 바그너의 세계에서 기능하는 방식은 프로이트의 “죽음 욕동” 개념에 훨씬 더 가깝다는 것이다. 죽음 욕동은 "열반원리"(Nirvana Principle), 즉 형성과 파멸이란 삶의 순환을 회피하고 궁극적인 평형상태를 이루려고 하는 노력이자 긴장으로부터의 이완과 혼돈되어서는 안 된다. 죽음 욕동이 근절하려고 하는 것은 형성과 파멸의 생물학적 순환이 아니라 오히려 상징적 질서, 즉 사회적 교환을 조절하고 부채, 명예 및 의무를 유지하는 상징적 계약의 질서이다.[27] 따라서 죽음 욕동은 마치 「트리스탄과 이졸데」에서 형성된 것처럼 "낮"과 "밤" 사이의 대립을 배경으로 삼아 인지된다. 여기서 대립은 상징적인 의무, 명예, 계약, 부채라는 "낮의" 사회생활과 그것의 "밤의" 이면인 이러한 상징적 의무의 관계망을 분해시키려고 위협하는 영구적인 불멸의 정열 사이에 존재한다. 우리는 바그너가 상징계의 영역과 그 영역으로부터 배제된 것을 분리시키는 경계선에 대해 얼마나 예민했는지 그 점을 명심해야 한다. 치명적인 열정은 상징적 의무의 일상적인 공적 세계에 반하여 스스로를 정의한다. 「트리스탄과 이졸데」에서 미약(媚藥)의 효과가 바로 거기에 있다. 그것이 "사랑의 술"로 작용하는 것은 "죽음의 술"이 지닌 능력 속에 있는데, 두 연인들은 사랑의 술을 죽음의 술로 착각하고, 이제 일상적인 사회적 의무로부터 벗어나 그들의 정열을 자유롭게 느끼는 죽음에 임박해 있다고 생각한다. 이러한 불멸의 정열은 사회상징적인 세계를 넘어 생물학적 삶을 표상하지 않는다. 그 안에서 육체적 정열과 순수한 영혼성은 역설적으로 일치한다. 다시 말해 우리는 절대자의 수준으로 끌어올려진 불멸의 정열로 부풀려진 자연적인 본능의 변성을 다루고 있어서 그 어떤 실제적이고 현실적인 대상도 그것을 충분히 만족시킬 수 없다.

보다 정확히 말해서 죽음 욕동이 근절하려고 의도하는

삶의 차원이 존재하지만 이 차원은 단순한 생물학적 삶이 아니다. 그것은 오히려 라깡이 "두 죽음 사이"라고 명명한 기괴한 영역에 위치해 있어야 한다. 이 개념을 설명하기 위해 「니벨룽겐의 반지」의 또 다른 엄청난 수수께끼를 상기해 보자. 황금—반지—이 마침내 라인 강으로 되돌려지는데, 그런데도 신들은 어째서 파멸하는가? 우리는 생물학적으로 필연적인 죽음과 "두 번째 죽음"이라는 두 가지 죽음을 분명히 다루고 있는데, 주체가 자신의 계산을 모두 끝내고 자신의 기억에 늘 붙어다니는 그 어떤 상징적 부채도 없이 평화롭게 죽었다는 사실이 바로 그것이다. 바그너 스스로 이런 중요한 요점과 관련된 텍스트를 변화시켰다 : 「라인의 황금」의 마지막 장면에 나오는 에르다의 경고에 대한 첫 번째 해석에서 황금이 라인 강으로 되돌려지지 않는다면 신들은 파멸하리라는 것이다. 반면에 마지막 해석에서는 신들이 어쨌든 파멸할 것인데, 그 요점은 단지 그들의 죽음 이전에 황금이 라인 강으로 되돌아와서 적절하게 죽어 "회복할 수 없는 파멸"을 피할 수 있으리라는 것이다. … 두 가지 죽음 사이의 이런 기괴한 공간에서 우리가 조우하는 것은 「파르지팔」에서 암포르타스의 상처처럼 죽어 사라질 수 없는 생명 실체의 고동이다. 그것은 궁극적인 생명 실체에 대해 끝없이 탐구했던 레니 리펜슈탈(Leni Riefenstahl)을 상기해 보는 것으로 충분하다. 그녀는 우선 나치에게 관심을 집중했고, 다음으로 남성 구성원들이 진정한 남성적 생명력을 드러낸다고 하는 아프리카의 부족에 관심을 기울였으며, 마지막으로 심해의 동물들에게 관심을 보였다. 그녀에겐 마치 여기, 원시적인 생명형태들이 이처럼 매혹적으로 기어가는 모습에만 존재하는 것처럼 그녀는 궁극적으로 자신의 진실한 대상과 조우하게 되었다. 이러한 물속의 생명은 레니 그 자신처럼 파괴될 수 없는 것으로 보인다. 그녀가 나이 90대에 이르러서도 심해의 생명체에 대한 다큐멘터리를 제작하기 위해 어떻게 잠수를 하였는지 그에 대한 보고서를 추적하다 보면 우리가 두려워지는 것은 그녀가 결코 죽지 않으리라는 것이다. 즉 우리의 무의식적 환상은 결정적으로 그녀가 불멸의 존재라는 것이고 … . 여기서 중요한 것은 이러한 "두 번째 죽음"을 배경으로 삼아 죽음 욕동 개념을 이해하는 것이 직접적인 생물학적 삶의 순환을 부정하려는 의지가 아니라 죽음을 넘어 불멸의 삶의 고동을 없애려는 의지(화란인, 쿤드리 및 암포르타스의 의지)라는 것이다. 파르지팔이 그 자신에게서 "병리적" 성충동을 성공적으로 근절시킨 이후에 이것은 정확히 직접적인 자연적 삶의 순환(성 금요일의 마술)이 지닌 순박한 매력에 눈을 뜨게 만들어준다. 따라서 보탄에게로 되돌아가 보자. 그는 적당히 평화롭게 죽기 위해 죄를 벗어던지고 싶어서 죽음 속에서조차 평화를 찾을 수 없어 보통의 인간들에게 붙어다니는 죽지 않는 괴물의 운명을 회피하고 싶어한다. 이것은 브륀힐데가 바로 「신들의 황혼」의 종막에서 반지를 라인 강의 처녀들에게 되돌려 준 후 마음 속에 품었던 것이다. 그녀는 말한다 : "신이여, 쉬세요, 이제 쉬세요!" (*Ruhe, ruhe, du Gott!*)

이러한 "두 번째 죽음"이란 개념 덕분에 우리는 보탄이 자신의 몰락을 원하는 비극의 절정에 이르게 된다는 바그너의 주장을 자리매김할 수 있게 된다 : "이것은 우리가 인류의 역사로부터 배워야 하는 모든 것인데, 불가피한 것을 원하고 그것을 스스로 수행하는 것이다."[28] 바그너의 정확한 공식은 문자 그대로 그 모든 역설적 의미에서 받아들이는 것이다. 무언가 그 자체로 이미 불가피하다면 우리는 그 때 왜 그것을 적극적으로 의도하고 그것의 발생을 위해 노력하는지 사람들에게 물어볼 수도 있다. 상징계의 중심에 있는 이러한 역설은 불가능한 것(예를 들어 근친상간)을 금지시키는 역설의 이면인데, 비트겐슈타인의 유명한 진술, 즉 "우리가 말할 수 없는 것, 그것에 대해 우리는 침묵해야 한다"에서 확인할 수 있다. 어쨌든 그것에 대해 무엇이라고 말하는 것이 불가능하다면 왜 불필요한 금지를 보태는가? 그럼에도 불구하고 우리가 그것에 대해 무언가를 말하게 되리라는 두려움은 정확히 꼭 필요한 것이 우리의 적극적인 지원 없이는 일어나지 않으리라는 두려움과 동일한 것이다. 여기서 우리가 무익한 논리 게임을 다루고 있지 않다는 궁극적인 증거는 운명의 실존적인 곤궁이다. 초기 자본주의에서 활동의 특별한 폭발을 유지했던 이데올로기적 준거는 운명에 대한 프로테스탄트적인 관념이었다. 다시 말해 모든 것이 사전에 결정된다면 도대체 걱정할 이유가 무엇인가라는 일반적 생각과는 달리 그 이데올로기적 준거는 운명이 이미 결정되어 주체들을 광란의 활동으로 몰아갔던 바로 그러한 인식이었다. 이는 스탈린주의에도 동일하게 적용된다. 그 사회의 생산적 노력의 가장 강렬한 동원은 사람들이 단지 냉혹한 역사적 필연을 실현시키고 있다는 인식에 의해 지탱되고 … .

다른 수준에서 브레히트는 전형적으로 『예스맨』에서 어린 소년이 어떤 경우든 자신의 운명(계속에 버려지는 것)이 되리라는 것에 자유롭게 동의하길 요구받은 그의 "학습놀이"에서 이러한 곤궁을 신랄하게 표현했다. 선생님께서 그에게 설명하는 것처럼 그가 자신의 운명에 동의하는지 그 여부를 묻는 것은 관습적이다. 그러나 희생자가 예스라고 대답하는 것 또한 관습적이고 … . 이러한 모든 사례들은 예외적이라는 것과는 거리가 멀다. 사회에 속한 모든 이들은 주체가 자신의 선택의 결과로서 어쨌든 자신에게 강요된 것(우리는 모두 우리나라, 우리 부모를 사랑**해야 한다**)을 자유롭게 포용하라고 지시받게 된다는 역설적 지점에 관련된다. 다시 말해 어떤 지점에서 우리 모두는 자신에게 강요된 것을 자유롭게 선택하도록 지시받는다.[29] 그러나 우리의 요점은 이 모든 역설이 단지 상징화의 공간 내에서 발생할 수 있다는 것이다. 자유롭게 불가피한 것을 포용하려는 요구 속에 존재하는 틈새는 생생한 현실의 직접성 속에서 한 사건을 상징적 그물망으로의 기입으로부터 영원히 분리시키는 틈새일 뿐인데, 사물의 강요된 상태를 자유롭게 포용한다는 것은 이러한 사물의 상태를 자신의 상징적인 세계로 통합시키는 것을 의미한다. 정확히 이런 의미에서 자신의 죽음을 자유롭게 맞이하는 몸짓은 상징적인 수준에서 자신의 죽음에게 굴복할 마음가짐과 상징적인 불멸성이란 신기루를 포기할 수 있는 마음가짐을 신호로 알려준다.

이와 같은 "필연적인 것을 맞이함"(자유롭게 선택함)의 역설, 즉 실제로는 없으면서도 자유로운 선택이 존재한다고 가장함(외관을 유지함)의 이런 역설은 법이 자아 이상(공적인 성문법)과 초자아(외설적인 비밀스런 불문율)로 분열되는 것과 밀접히 연관된다. 자아 이상의 수준에서 주체는 자유선택의 모사(semblance)를 원하기 때문에 초자아의 금지명령은 "행간으로" 전달되어야만 한다. 초자아는 주체인 수신인이 자유롭게 선택해야 하는 것의 역설적인 금지명령을 상술한다. 이러한 금지명령은 그 자체로 마치 권력이 작용되고 있는 것처럼 대중의 눈에는 보이지 않은 채로 남아 있어야 한다. 간단히 말해 주체가 실제로 원하는 것은 자유와 자유로운 선택을 가장한 명령이다. 그는 복종하기를 원하지만 그와 동시에 자유의 모사를 유지함으로써 자신의 체면을 살리고 싶어한다. 명령이 자유의 모사를 우회하면서 직접적으로 전달된다면 그에 따라 발생하는 대중적인 모멸은 주체에게 상처를 입히고 그가 반발하게끔 만든다. 따라서 주인의 담론에서 확인할 수 있는 명령이 없다면 이러한 명령의 결여는 질식으로 경험되고 명백한 금지명령을 부여할 수 있는 새로운 주인을 찾는 요구를 불러일으킨다.

이제 우리는 어쨌든 불가피한 것을 자유롭게 선택한다는 관념이 어떻게 공허한 상징적 몸짓의 관념과 정확히 상호 의존하는지 알 수 있다. 그 몸짓—제안—은 거부됨을 의미하게 된다. 하나의 제안은 다른 제안의 이면이다. 다시 말해 공허한 몸짓이 제안하는 것은 불가피하게 발생하지 않을 것인 불가능성을 선택할 수 있는 가능성이다(브레히트의 경우에 아픈 소년을 제거하는 대신에 계곡으로 내던짐으로써 그와 함께 하는 탐험이다). 그러한 공허한 몸짓의 또 다른 전형적인 사례는 존 어빙(John Irving)의 『오웬 미니를 위한 기도』(*A Prayer for Owen Meany*)에서도 확인된다. 어린 소년 오웬이 존(그의 가장 친한 친구로서 내레이터)의 어머니를 실수로 죽인 후 당황하여 사과의 방법으로 매우 신중히 존에게 자신이 가장 소중하게 생각하는 소장품인 야구 스타들의 컬러 사진첩을 선물한다. 그러나 존의 예민한 의붓아버지 댄은 그에게 해야 할 가장 적절한 일은 선물을 되돌려 주는 것이라고 말한다. 여기서 우리가 갖게 되는 것은 그 가장 순수한 형태로의 상징적인 교환, 즉 거부되도록 만든 몸짓이다. 그 요점은 상징적 교환의 "마술"이 결국 우리가 애초에 있었던 곳에 존재하는 것일지라도 전반적인 작용의 결과는 영이 아니라 양편 모두에게 분명한 이익, 즉 연대의 계약이 된다는 것이다. 이것은 우리의 일상적인 사회적 관행과 동일한 것이 아닌가? 직장에서 나의 가장 친한 친구와 승진을 위한 치열한 경쟁을 벌인 후 내가 이겼을 때 해야 할 적절한 일은 그가 승진할 수 있도록 철회하겠다고 제안하는 것이며, 또한 그가 해야 할 적절한 일은 나의 제안을 거부하는 것이다. 아마 이러한 방식으로 우리의 우정은 구제될 수 있을 것이다.[30] 간단히 말해 공허한 낭만적인 과장어구를 나타내기는커녕 불가피한 것을 자유롭게 포용하기라는 바그너의 개념은 상징적인 질서를 구성하는 형상을 향하고 있다.

그러나 자신의 죄를 벗어던지기 위해 자신을 기꺼이 파괴하려는 보탄의 몸짓과 자신들의 사랑을 절정으로 충족시키기 위해 무의 심연으로 사라짐을 포용하는 트리스탄과 이졸데, 바그너의 죽음 욕동에 대한 이런 두 가지 전형적인 사례들은 브륀힐데라는 제3의 인물로 보완되는데, 그녀는 "마침내 진실하고 의식적인 구원자가 되는 고통스럽고 자기 희생적인 여인"이다.[31] 그녀는 자신의 소멸을 의도하지만 죄를 보상하려는 필사적인 수단으로서가 아니다. 그녀는 사랑하는 남자를 구원하기로 그 운명이 정해진 사랑행위로서, 혹은 바그너가 리스트에게 편지를 쓰는 것으로서 그것을 의도하고 있다 : "온화한 여인의 사랑은 나를 행복하게 해주었습니다. 그녀는 과감히 자신을 고통과 격정의 바다에 던져버림으로써 나에게 '당신을 사랑해!' 라고 말할 수 있었을 겁니다. 그녀의 온화함을 알지 못하는 사람은 그 누구도 그녀가 얼마나 많은 고통을 겪어야 했는지 판단할 수 없습니다. 우리는 아낄 것이 아무것도 없습니다. 하지만 결과적으로 나는 구원을 받고 그녀는 그것을 알고 있기 때문에 다행히 행복해 합니다."[32] 우리는 여기서 또 다시 신화적인 고귀함에서 일상적인 부르주아적 현실로 내려와야 한다. 여인은 대중의 눈에 드러나지 않은 자신의 고통을 통해, 사랑하는 남자를 위한 포기와 그 남자에 대한 자신의 포기를 통해(이 둘은 항상 변증법적으로 상호 연결되어 있는데, 사랑의 서구식 이데올로기의 환상적인 논리에서 자신의 남자를 위해 여자가 그 남자를 포기해야 하기 때문이다) 그 남자의 구원, 즉 대중적인 사회적 승리를 가능케 한다는 사실을 알고 있다. 자신의 애인을 포기함으로써 그가 사회질서 속으로 재통합할 수 있도록 만드는 라트라비아타와 같고 남편의 비밀스러운 간통의 열정을 알고 있음에도 자신들의 결혼생활을 지키기 위해 모르는 척했던 에디스 워튼의 『순수의 시대』에 등장하는 젊은 아내와 같은 경우이다. 여기서의 사례는 수없이 많고, 유리디케가 그녀 자신을 희생함으로써, 즉 의도적으로 오르페우스의 시선을 그녀에게로 돌리도록 부추겨 그녀를 하데스로 되돌려 보내게 하여 그의 창조성을 풀어놓고 자신의 시적인 사명을 추구하도록 함으로써 그를 해방시키는 유리디케처럼, 엘자도 의도적으로 숙명적인 질문을 던져서 로엔그린의 진정한 욕망이 당연히 자신의 고통을 창조성으로 승화시키는 쓸쓸한 예술가로 남아 있게 하는 그러한 로엔그린을 알려주려 한다고 주장하고 싶을 것이다. 여기서 우리는 죽음 욕동과 창조적인 승화 사이의 연결을 볼 수 있는데, 그 승화는 바그너의 꿈이 가지는 이런 항구적 대상인 여성적인 자기 희생의 몸짓에 좌표를 제공해 준다. 여자는 자신의 파트너를 포기함으로써 실제로 그를 구원하는데, 다시 말해 그로 하여금 창조적인 승화의 길을 택하도록 강요함으로써 현실의 실패한 성적인 만남이란 원재료를 절대적인 사랑의 신화로 가공하도록 이끌어 간다.[33] 따라서 우리가 해야 할 일은 바그너의 「트리스탄과 이졸데」를 괴테가 『베르테르의 슬픔』을 설명했던 방식대로 읽어야 한다는 것이다. 그 책을 씀으로써 젊은 괴테는 상징적으로 자신의 열정을 행동화했으며 논리적인 귀결(자살)을 이끌어냈다. 이러한 방식으로 그는 참을 수 없는 긴장으로부터 구제되고 일상적 실존으로 되돌아갈 수 있었다. 여기서 예술작품은 환상적인 대리보충으로 기능한다 : 완벽하게 성취된 성적인 관계의 연기는 우리가 실제적인 사회생활에서 수행한 타협을 지지해 주는데, 바그너는 「트리스탄과 이졸데」에서 마틸드 베젠동크를 위해서, 또한 그녀에 대한 자신의 불멸의 사랑을 위해 기념비를 세움으로써 현실적으로 자신의 열정을 이겨내고 정상적인 부르주아의 생활로 돌아갈 수 있었다.[34)]

그 결론은 죽음 욕동이 단지 남자 주인이 자신의 정치적 배신이나 여자들에 대한 쇼비니즘적인 태도를 신비화하는 모습의 가면이라는 것은 아니다. 그와 동시에 그것은 죄책감이나 여성적인 희생의 호화로운 이데올로기적 가면의 기초가 되는 실재계의 외상적인 핵심을 가리킨다. 오늘날 사회이론에서 희생의 동기가 자동적으로 속죄양 만들기의 동기로 해석되는 그 정도가 심히 의심스럽다. 부인되고 억압된 우리 자신의 내용을 투사한 대타자가 희생됨으로 해서 그 대타자의 파멸을 통해 우리는 스스로를 정화하게 된다. 그러나 희생의 진정한 수수께끼는 대리적 타자를 속죄양으로 만들고 희생시키는 마술적 효율성 속에 있는 것이 아니라, 오히려 주체가 그 대의를 위해 실제로 **그/그녀 자신**을 희생시키는 마음가짐 속에 있다. 누군가가 그의 아내를 포함하여 모든 것을 위태롭게 만든다는 이 혼란스러운 사실은 공리주의적 계산의 범주에서 추론되곤 하는 후기 자본주의적 감수성의 눈으로 보면 소위 근본주의적 열광을 매우 충격적인 것으로 만드는 일이다. 우리는 그것(아직 합리적인 선택과 개인적인 자유라는 서구의 개념 등등으로 발전하지 못했던 마음의 이상한 작용인 집단적 광기)에 대한 어떤 종류의 정신병리적인 설명이나 사회병리적인 설명을 제공함으로써 필사적으로 "해명하려고" 애쓴다. 그것은 마치 근본적인 부정성을 충분히 포용하지 못하고 모든 것을 위험에 빠뜨리는 노예처럼 행동하는 서구와 함께 아주 오래된 헤겔의 주인과 노예의 변증법이 여기서 반복되고 있는 듯하다. 이런 의미에서 모든 이데올로기는 실재계의 어떤 핵심(궁극적인 희생, 즉 죽음의 두려움을 만들어내기 쉬운 용이함)에 의존하는데, 그것은 이데올로기적 조작의 결과, 즉 주체의 사회적 상황에 기인하는 "허위의식"의 결과로 해석될 수 없다. 바꾸어 말하면 성적인 관계도 유사한 것이다. 즉 그것의 충족은 정치사회적 환경이 그것을 금지하기 때문에 불가능한 것이 아니라 오히려 그 불가능성이 본래적이고 첫 번째가 되며, 이런 본연적 곤경의 실재계를 이차적인 장애물("사회적 억압")로 "외면화"한다는 것은 이런 방해물이 없으면 대상이 접근 가능해졌을 것이라는 환상을 유지시켜 주는 것이다. 프로이트가 "죽음 욕동"이라고 부른 것은 그 충족을 영원히 가로막는 욕동에 대한 본래적 장애가 되고, 아마 이데올로기의 원초적 몸짓은 구체적인 역사적 상황에 기초한 한계를 인간 실존의 선험성으로 격상시키는 것일 뿐만 아니라 구조적인 곤경을 불운한 구체적 상황의 결과로 해명해내는 것일 것이다.

따라서 이데올로기 비판은 두 가지 방향으로 나아간다. 첫 번째 방향은 "역사화하라!"는 제임슨의 잘 알려진 명령을 당연히 따라야 하고 분명히 변할 수 없는 보편적인 한계 속에서 이데올로기적 "구체화"와 어떤 우연한 역사적 성좌의 절대화를 확인해내야 하는 것이다. 그 자체를 죽음에 대한 "형이상학적인" 열망으로 드러내는 것은 그 전성기가 막바지에 다다른 지배계급의 예감 속에 그 뿌리를 둘 수 있다. 따라서 사랑의 영원한 조건으로 그 자체를 드러내는 것(그것의 충족을 포기하는 본연적 필연성)은 사랑이 "공적인" 영역에 대립하여 "사적인" 영역 속에 할당되어 있다는 부르주아의 가부장적인 상징적 경제의 우연한 역사적 조건에 훌륭히 그 기반을 둘 수 있다. 그 다음 두 번째 방향은 일종의 반성적 전환을 통해 우리로 하여금 구체적인 역사적 상황 자체에 대한 이런 설명적 준거를 실재계의 외상적인 핵심(죽음 욕동, 성적인 관계의 비실존)을 우회하여 구조적 필연성을 해명하고 볼 수 없게 하려는 일종의 "거짓" 이데올로기적 시도로 인지하게끔 강요한다. 바그너에 관하여 말하자면 죽음에서 구원을 향한 바그너의 열망에 대한 비판적 분석은 두 가지 함정을 피해가야 한다 : 우선 희생의 몸짓에 대한 이데올로기적 마개를 액면 그대로 받아들이기를 거부하고 보탄과 브륀힐데가 보여준 자기 파괴에 대한 형이상적 의지에서 우연한 역사적 상황에 대한 과장되고 신비화된 표현을 분간해내는 것으로는 충분치 못하다. 그와 동시에 더욱 근본적인 수준에서 우리는 실재계 핵심의 윤곽, 즉 특수한 이데올로기적 마개로 파괴에 대한 의지를 유지시키는 "죽음 욕동"의 윤곽을 구별해내야만 한다.

바그너를 각색하기 위한 이 모든 것의 교훈은 분명하다. 바그너를 각색하는 세 가지 기본 양식은 대체적으로 리얼리즘과 모더니즘, 포스트모더니즘의 삼자관계에 조응한다. 전통적인 "리얼리즘적 역사주의"(철모를 쓰고 검을 가진 옛날의 튜턴의 영웅들), 1950년대

"새로운 바이로이트"의 금욕적인 모더니즘("꾸밈 없는 본질로의 환원", 즉 비역사적인 실존적 딜레마로의 환원, 미결정의 시공간, 견실한 세트를 대신하는 빛과 그림자, 북유럽의 신들보다는 더욱 그리스의 조각품같아 보이는 평범한 옷을 입은 가수들), 일부러 조화되지 않는 여러 가지 것들에 손을 대는 포스트모더니즘(역사에 대한 실재계의 난폭한 침입, 나치의 제복, 턱시도를 입은 신들, 그처럼 각색된 히스테리적인 환각, 과학기술의 사이버펑크 왕국으로서의 클링조르의 성 …). 이러한 세 가지 양식의 연속 논리를 인지하는 것이 중요하다. 무대의 공동화와 리얼리즘－역사주의적 잡동사니의 과감한 삭제에 의해 모더니즘은 역사적인 실재계의 침투를 위한 장을 열어젖힌다. 따라서 이런 포스트모던한 상연들의 목적은 그 모든 차원에서 정치적일 뿐만 아니라, 성적이고 예술적인 그의 모든 주된 차원들에서 바그너 기획의 환상적 통일 속에 생긴 틈새를 드러내 보임으로써 "(바그너의) 환상을 횡단하는 것"이다 : 성적인 관계의 환상적인 구조를 위태롭게 만드는 비대칭성, 드라마와 음악의 비동시성, 정치적 기획의 공허함을 들어볼 수 있다. 이것은 바그너의 내러티브에 대한 겉보기에 "자의적인" 침식이 문제가 되는데, 포스트모던한 각색의 트레이드마크로 작용한다. 「로엔그린」의 끝장면에서 엘자는 죽지 않고 심지어 오르트루트와 화해한다. 마찬가지로 「파르지팔」의 마지막 장면에서 쿤드리는 죽지 않을 뿐만 아니라 여자들이 성배의 사원으로 들어가는 것이 허락되고 … .

연극의 구성과 그 변화에 개입하는 이러한 각색은 냉소적이지 않고 풍자적이다. 포넬레가 바꾼 「트리스탄과 이졸데」의 종결의 요점은 단지 **사랑의 죽음**에 대한 바그너의 주장을 조롱하고 보다 세속적인 해결책을 제시하는 것이 아니다(실제로 이졸데는 잠깐의 방종

후에 남편에게로 돌아간 좋은 아내이지만 결국 트리스탄과 함께 경솔한 풋내기로 환원된다). 진정한 마술은 음악 속에 구현된 정열이 각색의 가장 잔인한 조롱조차도 기적적으로 살아남게 한다는 사실에 들어 있다. 다시 말해 음악에 의해 표현한 열정과 무대 위에서 진행되는 조롱 사이의 틈새에서 진실은 음악의 편이다.

무대행위의 한 부분이 등장인물들 가운데 하나의 섬망적인 망상으로 표현되게 하는 수단인 재주체화의 절차가 여기서는 전형적인 것이 된다(죽어가는 트리스탄에 대한 환각으로서 「트리스탄과 이졸데」의 끝에 가서 이졸데의 도착과 그녀의 황홀한 죽음, 젠타의 환각으로서 화란인의 등장). 바그너에 대한 전형적인 융학파의 (오)독해와 정반대가 되는 이러한 재주체화는 "외부적인" 행위를 영웅의 리비도적인 성숙의 내부적 과정에 대한 비유로 환원되고,[35] 이미 바그너 그 자체에게 나타나는 것을 논리적 귀결로 이끌어낼 뿐이다. 바그너의 음악극에서 무대 위의 인물들은 흔히 영웅이나 오히려 여장부에 대한 일종의 현실화된 환각으로 나타난다. 화란인은 젠타의 매혹적인 응시의 결과로서 그의 초상화로부터 걸어나오는 것처럼 보인다. 엘자는 단지 그녀의 강렬한 시선으로 로엔그린을 불러내온다. 행위의 "실재적" 장소조차 흔히 영웅이 마법(베누스베르크, 클링조르의 성)을 깨뜨리는 순간에 먼지로 무너져 내리는 주마등 같은 광경으로 표현된다.[36] 현실로부터 환상을 분리시키는 틈새를 현실 그 자체로 투사함으로써 무대 현실의 연속성을 깨뜨리는 이러한 절차는 바그너의 구원적인 대단원의 환상적 성격을 분명히 드러낸다. 아니다. 이졸데는 유기체적인 황홀경 속에서 죽지 않고 그녀의 사랑의 죽음은 단지 죽어가는 트리스탄의 망상일 뿐인데, 그녀가 남편에게로 되돌아가는 동안에 그녀의 홀림은 치료된다. 달리 말해서 우리는 여기서 바그너의 원본 그 자체에 생긴 틈새를 밝혀내려는 해석적 몸짓을 다루고 있는데, 이 몸짓은 이미 바그너의 예술적 실천이 그의 이데올로기적 기획에 거짓말을 해주고 있다는 가정에 의거한다. 그의 유명한 「탄호이저」의 상연에서 괴츠 프리드리히(Goetz Friedrich)는 동일한 가수에 의해 처음으로 노래 부른 엘리자베스와 베누스라는 자기 희생적인 구원자와 육감적인 요부의 역할을 모두 맡았다. 그럼에도 불구하고 이러한 해석적 개입이 충분히 정당화되는가? 「탄호이저」 이후 30년 동안 바그너는 1860년에 마틸데 베젠동크(Mathilde Wesendonck)에게 보낸 편지에서 표현했듯이 "성배의 전설적이고 야만적인 사자는 제2막에 나오는 유혹녀와 동일한 인물이어야 한다"는 것을 갑자기 이해했을 때 비로소 「파르지팔」의 예술적 곤경을 성공적으로 해결하게 되었다. 그러한 강력한 개입은 정의상 위태롭고 그것이 지속되리라는 보증도 없고, 항상 전미래(*futur antérieur*)의 양식으로 항상 수행되며, 아마도 그 작품에 대한 우리의 지각을 변화시킴으로써 그 작품을 합법화시킬 조건들을 스스로 만들어낼 것 같은 몸짓으로 수행된다. 그러나 그 개입이 위태로울수록 그러한 우상파괴적인 절차들에 대한 대안은 없다.

오늘날에도 이러한 바그너적인 참조는 중요한데, 그것은 프로이트가 「사랑의 영역에서 타락에 대한 보편적 경향」이란 논문제목에서 소중히 보호하려고 했던 과정이 그 절정에 이르게 되는 것처럼 보일 때이다. 최근의 두 가지 영화 키에슬로프스키의 「사랑에 관한 짧은 필름」과 소테의 「금지된 사랑」(*Un coeur en hiver*)은 성적인 교제에 대해 거절하거나 거부하는 남성적 몸짓을 드러냄으로써 이러한 "타락의 경향"에 반대하려고 노력한다. 그러나 우리가 알게 되듯이 두 가지 몸짓의 범위는 거의 정반대이다.

키에슬로프스키의 「십계」에서 「살인에 관한 짧은 필름」과 「사랑에 관한 짧은 필름」이란 중간 두 회분(제5회와 제6회) 사이에는 예상치 못한 형식적인 상동관계가 있다. 두 가지 경우 모두에서 우리는 실패한 은유적 전도-치환을 다룬다. (손상을 보상하고 상실된 균형을 재정립함으로써) 제1막의 성공적인 "지양"(*Aufhebung*)을 성취하는 대신에 제2막은 실제로 1막의 **반복**으로 끝냄으로써 상황을 더욱 악화시킨다. 「살인에 관한 짧은 필름」에서 한 젊은 실업자가 택시운전수를 잔인하고 무의미하게 살인하게 된다. 그 때 영화의 후반부는 살인자에 대한 소송과 사형집행을 고통스러울 정도로 자세히 보여준다. 이렇게 법의 장치가 작동하고 있음을 드러내는 것은 매우 불온한 것인데, **법의 은유의 실패**, 다시 말해 범죄에 대한 처벌의 은유적 치환을 실패하는 것이기 때문이다. 처벌은 범죄에 의해 초래된 손상을 원상태로 되돌리는 징벌로 경험되기보다는 오히려 그 범죄의 기괴한 반복일 뿐이다. 처벌행위는 어느 정도 범죄를 희화화하는 부가적인 외설성, 즉 법의 모습으로 가장하여 원래 범죄의 외설적인 반복으로 경험된다. 「사랑에 관한 짧은 필름」은 실패한 은유적 치환, 즉 라깡에 따르면 사랑을 정의하는 (사랑하는 자를 위한 사랑받는 자의) 치환에 관한 영화이다. 넓고 음산한 콘크리트의 아파트 블록 속에 있는 자신의 침실로부터 한 젊은 우체국 직원인 토멕은 매일 밤마다 마리아 막달레나(글자 그대로)를 훔쳐본다. 그녀는 토멕의 뒷마당에서 건너다 보이는 같은 아파트 블록에 살고 있는 성숙하고 성적인 매력을 보이는 난잡한 여인이다. 그의 활동은 수많은 애인들을 다루는 그녀의 성적인 솜씨를 수동적으로 관찰하는 것으로 제한되지 않는다. 그는 점차 그녀의 인생에 끼어들어 그녀가 우체국에 있는 자신의 창구로 오도록 우편환에 대한 거짓 통보를 보내놓든가, 그녀가 한창 성관계를 가질 시간에 그녀의 아파트에 배관공들이 들르게 하는 등의 행동을 한다. 마침내 그가 용기를 내서 그녀와 만나고는 자신이 최근에 그녀를 귀찮게 했던 원인이라고 밝힐 때 그녀의 호기심을 불러일으키게 된다. 그녀는 그의 자살기도로 끝나는 굴욕적인 성적 게임으로 그를 유인한다. 그가 병원에서 돌아온 후 그들 각자의 역할은 역전되어 버린다. 죄책감에 사로잡힌 그녀는 "손을 내밀고" 자신의 아파트에서 그의 창문을 계속 지켜보는데, 그가 다시 자신에게 오도록 해서 그에게 사과할 수 있도록 미친 듯이 그의 관심을 끌어보려고 애쓴다. 반면에 그는 이제 그녀를 무시하고 있다. 간단히 말해 사랑의 은유는 실패한다. 사랑받는 자가 사랑하는 자로 전환될 때 그녀는 더 이상 사랑받지 못한다.

더욱 세밀한 분석은 이 영화에 관련된 근본적인 모호성을 볼 수 있게 해주는데, 즉 「사랑에 관한 짧은 필름」의 두 가지 판본들, 즉 원래의 60분짜리 TV판과 영화관에서 개봉될 90분짜리 상영판 사이에서 중요한 차이점을 충분히 볼 수 있게 해주는 애매성이다. 상영시간이 더 긴 영화본은 일종의 가톨릭적인 화해와 연민으로 끝을 맺는다(마리아는 조용히 토멕의 손을 잡고 그의 침대 곁에 앉아 있는데, 이는 성욕의 자기 파괴적인 변증법을 넘어 둘 사이에 일종의 영적인 접촉이 일어났음을 암시한다). 반면에 TV판에서는 그들의 만남이 실패하고 비동시적으로 남아 있다. 이런 정확한 의미로 「사랑에 관한 짧은 필름」은 예술에서 "계급투쟁"의 무대가 되고, 사랑의 근본적인 곤경을 다루는 데 있어서 화해할 수 없는 "유물론자"와 정신주의적 "관념론자"라는 두 노선의 전쟁터가 된다. 그들이 서로를 알아감에 따라 마리아는 토멕에게 그가 자신한테서 실제로 원하는 것이 무엇인지 물어본다. 단순한 입맞춤인지, 조금의 상냥함인지 혹은 완전한 성행위인지. 이 때 그의 단호한 대답은 "무"이다. 물론 이 "무"는 진정한 사랑의 명백한 지표이다. 토멕은 마리아가 그의 사랑에 보답할 수 있는 수단인 그 어떤 긍정적인 내용이나 행위(예를 들어 함께 침대로 가는 것)에도 만족하지 못할 것이다. 그가 그녀에게 되돌려 받길 원하는 것은 바로 그녀 안에 있는 "무"이고, "그녀 안에 있는 그녀 자신보다 더 큰 것"이다. 그것은 그녀가 소유하고 있는 어떤 것이 아니라 정확히 그녀가 소유하지 않은 것, 즉 사랑 그 자체의 회귀이다. 그의 무조건적인 사랑의 요구에 대한 반응으로 마리아는 그에게 성적인 서비스를 제공함으로써 그를 자극하게 되어 경험이 없는 그로서는 성교 자체가 일어나기도 전에 오르가즘에 도달해 버린다. 그런 다음 그녀는 의기양양하게 그에게 말한다 : "이젠 알았죠. 이것이 바로 사랑에 관한 모든 거예요! 화장실에 가서 샤워나 하세요!" 이처럼 그녀 자신, 즉 그에게 그녀의 몸을 제공하는 몸짓은 실제로 완벽한 거부 또는 모욕의 행위에 해당한다. 그것으로 그녀가 성취했던 것은 근본적인 탈승화인데, 다시 말해 그녀는 물(物)의 공허를 성교의 생리적 기능으로부터 분리시키는 틈새를 명백하게 보여준다. 이러한 모욕, 진정한 사랑의 대상의 "무"와 탈승화된 몸의 성적인 기제 사이의 틈새에 대한 이런 경험은 그가 견딜 수 있는 바를 넘어선다. 따라서 그는 너무나 부끄러워서 그녀의 아파트로부터 뛰쳐나와 자신의 정맥을 절단한다. 그리하여 그의 관점에서 그녀의 관점으로 옮겨가는 시각의 이동이 뒤따라옴으로써 어떤 의미에서 그의 자살은 성공적이고, 다시 말해 그는 내러티브의 관점으로서 자신을 완전히 지워버리게 된다. 그리고 우리가 이미 암시했듯이 이 지점에서 두 가지 판본은 서로 달라진다. 상영시간이 더 긴 판본은 가톨릭적인 전환을 취하여 육감적인 열정을 넘어선 온정적인 연대의 가능성, 즉 성적인 관계의 내재적인 불가능성의 공허를 채워줄 수 있는 영적인 결합의 가능성을 암시한다. 반면에 상영시간이 짧은 판본에서는 곤경이 해결되지 않은 채로 남아 있다.[37)]

좀더 자세히 살펴보면 우리는 「사랑에 관한 짧은 필름」에서 중요한 은유적 치환이 실제로 표준적인 치환에 반대된다고 말할 수밖에 없는데, 표준적인 치환에 의해 사랑받는 자는 사랑하는 자로 변하는, 다시 말해 타자(사랑하는 자)가 사랑을 되돌려 줌으로써 그 자신에게서 보는 것을 알지 못하는 난국을 해결하게 된다. 영화의 진정한 수수께끼는 토멕이 사랑하는 자에서 마리아의 사랑대상으로 돌변하는 것이다. 따라서 그는 어떻게 사랑하는 자의 위치를 사랑받는 자의 위치로 대체하는 일을 성공하게 되는가? 어떻게 그는 마리아의 욕망을 사로잡는가? 물론 그 대답은 그의 사랑이 지닌 순수함과 절대적인 강렬함에 있다. 그는 순수한 빗금친 주체($)로, 즉 욕망이 타올라서 어떤 구체적인 요구로 번역될 수 없는 주체로 행동한다. 바로 이런 강렬함 때문에 그의 욕망은 그 어떤 요구도 거절("나는 당신에게 바라는 것이 없어요")하는 모습으로 가장하여 스스로를 드러낼 수 있을 뿐인데, 그런 강렬함은 그를 저항할 수 없는 것으로 만들어 준다. 이 두 번째 은유적 치환은 단지 첫 번째 치환과 대칭적이지 않을 뿐이다. 그것들의 차이는 "소유"(to have)와 "존재"(to be)의 대립에 달려 있다. 첫 번째 경우 우리는 **소유**의 차원(사랑받는 자는 그가 자신 안에 **소유하는** 것을 알지 못하는데, 그것이 그 자신을 타자의 사랑을 받을 만한 사람으로 만들어 주고, 따라서 이러한 곤경을 피하기 위해 그는 사랑을 되돌려 준다) 속에 있고, 반면에 두 번째 경우의 사랑하기는 그의 사랑의 순수한 강렬함 때문에 사랑받는 대상이 **된다**.[38]

여기서 우리가 거부해야 하는 것은 마리아에 대한 토멕의 사랑이 진지하고 순수하여 저속한 관능성을 넘어 격상된 영적인 것이라는 생각인데, 반면에 이 순수성에 의해 혼란스러워진 마리아는 그를 모욕하려 의도하고 나중에는 죄책감 때문에 자신의 태도를 변화시킨다. 그와는 반대로 근본적으로 거짓이면서 이상화에 대한 자기애적인 태도가 되는 것은 토멕의 사랑인데, 그런 태도의 필수적인 이면이 겨우 이해된 치명적인 차원이다. 다시 말해 「사랑에 관한 짧은 필름」은 슬래셔(slasher) 영화를 배경으로 삼아 읽어야 하는데, 한 남자가 자신에게 상처를 준 여인을 관찰하고 괴롭히다가 마침내 칼로 그녀를 공격한다. 그것은 일종의 내향적인 슬래셔로서 그 남자는 여인을 공격하는 대신에 자신에게 일격을 가하게 된다.[39] 마리아에 대한 그의 사랑이 순수하지 못한 이유는 그 사랑의 "불순한" 성격에 있는 것이 아니다. 자기 가해적인 폭력의 살인적인 폭발은 바로 그 사랑의 "순수함"에 내재된 이면이다. 그의 사랑의 이런 불확실성은 탈승화의 경험을 견뎌낼 수 없는, 즉 불가능하나 이상화된 물(物)로서의 여성과 그에게 그녀 자신을 바치는 살아 있는 여성과의 사이에서 분열의 경험을 견뎌내지 못하는 그의 불가능성에 의해 보강되는데, 다시 말해 이러한 경험이 살인적인 "행위로의 이행"(*passage a l'acte*)을 작동시키는 방식에 의해 보강된다는 것이다 : 진정한 사랑에 대한 측정단위는 정확히 그런 분열을 견뎌내는 능력이다. 그와는 반대로 그에 대한 마리아의 사랑은 완전히 믿을 만하다. 토멕이 자신은 그녀에게서 아무것도 원하지 않는다고 말하는 순간으로부터 진정한 사랑—라깡이 지적하듯이 그것은 항상 되돌려 받는 사랑이다—은 여기에 존재하고, 토멕에 대한 그녀의 모멸은 단지 이러한 사실을 부인하려는 필사적인 시도일 뿐이다.

우리의 두 번째 사례인 클로드 소테의 「금지된 사랑」은 동일한 시기에 나온 사랑의 곤경에 대한 영화로서 두 명의 상류계급의 바이올린 제작자들과 카미유라는 젊고 아름다운, 카리스마 넘치는 바이올린 연주자와의 사이에서 벌어지는 사랑의 삼각관계에 관한 이야기이다. 카미유가 그들 중 한 명과 함께 살기 시작할 때 그로 인해 그녀는 그들의 직업관계의 잘 정립된 일상과정을 혼란스럽게 만든다. 점차적으로 그녀는 동거남의 모호하고 능동-수동적인 협력 덕분에 또 다른 파트너인 스테판과 사랑에 빠진다. 그러나 매우 정열적으로 그녀가 자신의 사랑을 선언하고 스테판에게 자신을 바칠 때, 그는 침착하게 그 모든 것이 오해라고 그녀에게 설명한다. 아마도 그는 그녀를 약간 희롱하고 있었고, 확실히 그녀를 사랑하지 않았다. 스테판의 성격은 매우 수수께끼 같다. 그 요점은 카미유가 그의 진정한 사랑이 아니라는 것이 아니라 오히려 그가 단지 사랑에 대해 아무런 욕구도 느끼지 않았다는 것이다. 그의 심리세계에서는 사랑을 위한 여지가 전혀 없는 것이다. 이러한 사랑의 무능력은 그의 인성을 비춰주는 내적 평화와 완벽함에 대해 설명해 준다. 어떤 감정적 혼란에 따라 교란되지 않는, 심각하게 무감동적이어서 그는 자신의 직업에 전념할 수 있다. 달리 말해서 정상적인 사회적 기능의 가면으로 광기를 숨기는 사람과는 달리 스테판은 비록 외견상으로 "비정상적"으로 보일지라도 본연의 규범과 척도 및 완벽함을 갖춘 사람이다. 여기서 우리는 "부전"(不全/non-all)이라는 라깡의 주제에 대한 변형을 다루고 있는 것이다. 얼마간 "정상적인" 사람들보다는 그를 더욱 "완벽하고" 조화롭게 만드는 것, 즉 얼마간 무를 결여한 사람으로 그를 만드는 것은 외견상 그의 결함 또는 정신적 손상으로 드러나는 바로 그 측면이다. 달리 말해 소테의 영화를 분석하면서 피해야 할 함정은 사랑에 대한 스테판의 무능력을 설명해 줄 일종의 "심리적인" 배경이나 기반 같은 것을 탐구하는 일이다. 여기서는 성적인 좌절과 아동기의 정신적 외상 등등에 대한 "정신분석적" 참조가 필요하지 않다. 영화의 과정에서 스테판이 그러한 설명의 가능성을 환기시켜 줄 때, 그는 항상 외국인들에 대한 폭력을 사회심리적으로 신속하게 제공하는 신(新)나치의 스킨헤드와 동일한 아이러니에 빠져들게 된다. 스테판은 **공허한** 주체이다. 그의 행위의 표면 밑에는 다량의 "병리적인" 내용이나 비밀스러운 욕망과 불안도 존재하지 않는다. 스테판과 바그너의 파르지팔을 비교해 보려는 유혹을 느낀다 : 스테판이 카미유와 단 둘이 차 안에서 "난 사랑하지 않는 것 같아"(*Je ne vois aime pas*)라는 마지막 말을 꺼낼 때, 그는 여자의 유혹에 무너지지 않음으로써 그녀를 구원하는(그녀가 자신의 예술적 경력을 추구할 수 있도록 하는) 현대판 파르지팔이 아닌가?[40]

따라서 우리는 자신의 창조적 잠재력을 충분히 전개해 나가도록 해주는 남자의 윤리적인 "소명"과 여자와의 (성적인) 관계 사이에 형성된 화해할 수 없는 완고한 적대감이라는 음산한 바그너의 바다에 이미 깊게 빠져 있다. 여자가 남자한테 실제로 원하는 것은 그의 존재의 숨겨진 핵심이다. 그녀는 그의 창조적 천재성을 설명해 주지만 그녀의 이해력을 넘어선 신비로운 요소에 대해 선망과 증오를 느끼므로 그로부터 그것을 낚아채고 파괴하길 원한다. 「파르지팔」 이전에도 바그너는 금지된 질문이란 주제에 초점을 맞춘 자신의 초창기 오페라 「로엔그린」에서 이런 부조화에 대해 분명한 표명을 제공하고 있는데, 그 주제는 자기 파괴적인 여성의 호기심이란 역설에 초점을 맞춘 것이다. 한 무명의 영웅이 엘자 폰 브라반트를 구하고 그녀와 결혼하지만 그녀에게 자신이 누구이고 이름이 무엇인지 묻지 않을 것을 명령한다. 그녀가 질문을 던지자마자 그는 그녀를 떠날 수밖에 없는 처지가 된다. 유혹에 저항할 수 없어 엘자는 그에게 치명적인 질문을 던진다. 그래서 로엔그린은 그녀에게 자신이 성배의 기사이고 몬살바트 성에서 온 파르지팔의 아들이라고 말하고 나서 백조를 타고 떠나는데, 그 사이에 불운한 엘자는 쓰러져 죽는다. 「로엔그린」과 「파르지팔」 둘 모두에서 영웅이 전(前)성기기의 "부분대상"으로서의 성배와 여인의 사랑 사이에서 분열됨에도 불구하고 두 오페라는 그 주요 특징에 관련하여 서로 상이하다. 「로엔그린」에서 영웅은 그가 행복한 성적인 관계를 지속적으로 그리워하는(오페라의 끝에서 그는 엘자에게 작별을 고할 때 적어도 1년 동안 그녀와의 행복한 결혼생활이란 상실된 기회에 대해 낭만적인 애도로 가득 차 있다) 반면에 「파르지팔」에서 영웅은 애매하지 않고 아무런 가책도 없이 자신의 성적인 파트너로서의 여자(쿤드리)를 거부한다.[41)]

더욱 자세히 살펴보면 이 때 엘자와 로엔그린의 관계를 타락시키는 불화는 무엇 때문인가? 로엔그린은 왕자라고 하는 오래된 주제의 또 다른 변형으로 나타나는 듯한데, 그 왕자는 미래의 신부가 자신을 사랑하게 되는 이유는 그의 상징적 명칭 때문이 아니라 그 자신 때문이라는 것을 확인하기 위해 우선 하인이나 심부름꾼으로 치장하여 그녀의 사랑을 불러일으키기를 원하는 사람이다. 그러나 「로엔그린」의 수수께끼는 다른 곳에 존재한다. 그는 어째서 오직 이름이 **알려지지 않는** 채로 있어야, 즉 오로지 상호 주체적인 공개된 공간의 "대타자" 속에 기입되지 않아야만 자신의 힘을 발휘할 수 있는가? 그렇게 해서 그는 자신의 상징적인 정체성이 공개적으로 드러나는 순간을 철회해야 하는가? 따라서 우리가 다루고 있는 것은 주인-시니피앙과 타대상 간의 대립인데, 타대상은 오로지 숨겨진 것으로서 그의 효율성을 발휘할 수 있는 "거세될 수 없는" 대상이다. 엘자와 로엔그린 사이의 오해는 엘자가 로엔그린을 상징적 권위의 전통적인 인물로 지각하는 반면에 그는 공적인 상징적 매체로 그 폭로를 유지할 수 없는 유령으로서 기능한다는 사실 속에 놓여 있다.

다시 「금지된 사랑」으로 되돌아가 보면 스테판은 역시 상징적 폭로를 견딜 수 없는 대상이 아닌가? 그의 주관적인 위치는 파르지팔의 위치처럼 철저한 무관심, 즉 **대타자의 욕망**을 향한 무관심에 의해 표시되는 것이 아닌가? 스테판은 단지 대타자의 욕망에 의해, "케 부오이?"(*Che vuoi?*), 즉 대타자가 나한테 원하는 것이 무엇인가라는 수수께끼에 의해 "괴롭힘을 당하지" 않는 주체이다. 그리고 (라깡이 강조하듯이) 욕망은 그 나름대로 대타자의 욕망이기 때문에 엄격히 말해 스테판이 욕망하는 주체가 아니고 단지 욕망의 차원에 거주하는 것이 아니라는 결론을 이끌어낼 수밖에 없다. 거기에 그의 성격의 기괴한 "냉정함", "단조로움", 그리고 어떤 수수께끼 같은 깊이의 부재가 있다. 그 때문에 스테판은 사랑을 할 수 없을 뿐만 아니라 항상 최소한의 감정이입에 관련되는 일반적인 우정조차도 맺을 수 없다. 따라서 그는 어떤 주저함도 없이 일종의 아버지의 대리자인 나이 많은 친구–선생님에게 치명적인 주사를 전달할 수 있으며, 그렇게 함으로써 그는 자신의 치명적인 질환이 지닌 무의미한 고통을 끝내게 된다. 대타자의 욕망을 향한 이러한 무관심은 라깡이 "주체의 궁핍"이라고 부른 것과 엄격히 등가적인 것이 아닌가?

이제 우리는 「사랑에 관한 짧은 필름」과 「금지된 사랑」 사이의 차이가 무엇인지 알 수 있다. 두 영화에서 우리는 성교에 관하여 방해물을 놔두는 한 남자의 "나는 아무것도 원하지 않아"라는 것과 조우하게 된다. 다시 말해 토멕과 스테판은 여인의 청혼을 뿌리치지만 이런 거절이 각각의 경우에 완전히 다른 의미를 지닌다. 「사랑에 관한 짧은 필름」에서 우리는 타자에게서 타대상을 겨냥하는 욕망의 "나는 아무것도 원하지 않아"를 다루고 있는데, "나는 아무것도 원하지 않아"의 진정한 의미는 "너의 존재의 핵심에서, 즉 너의 주체성의 이해하기 어려운 소용돌이를 구성하는 공허 속에서 너를 무조건으로 원한다는 것이고, 나는 어떤 긍정적인 (성적인) 서비스를 가장하여 그것을 다른 어떤 대체물로 교환할 준비가 되어 있지 않다는 것이다." 키르케고르와 관련하여 이것은 키에슬로프스키가 종교적인 것 내에 남아 있다는 것을 의미한다. 그 영화의 상영시간이 더 긴 판본에서 가톨릭적인 영혼의 교섭보다 더욱 근본적인 수준에서 토멕의 태도는 종교적이고 그의 "나는 아무것도 원하지 않아"라는 것은 여성을 물(物)의 품위로까지 격상시킴으로써 "사랑의 영역에서의 타락"을 정면으로 반대하는 필사적인 시도이다. 그와는 반대로 소테의 스테판은 우리로 하여금 비길 데 없이 더욱 기괴한 것과 직면하게 만든다. 여기서 우리가 갖고 있는 것은 그가 단지 무(無)를 결여하기 때문에 "아무것도 원하지 않는" 한 남자이다. 그는 대타자의 욕망의 수수께끼에 의해 "괴롭힘을 당하지" 않는다. 그는 근본적으로 욕망의 대상－원인인 타대상에 대해 무관심하다. 그의 주체성은 잉여향락의 외상적인 과잉을 둘러싸고 조직화되지 않는다. 왜 그렇지 않은가? 가능한 하나의 답변만이 있다. 그 자신이 이러한 대상의 장소를 차지하고 있기 때문이다. 간단히 말해 토멕과 스테판과의 대조는 빗금친 주체($)와 타대상(a) 사이의 대조이고 욕망의 순수한 주체와 "성자" 사이의 대조인데, 그 성자는 "주체의 궁핍"을 경험했고 욕망을 넘어 욕동의 순수한 존재로 전환되었던 어떤 사람이다.

주

1_ 언급된 세세한 부분은 두 가지 사례에서 이 동기가 동종의 행위를 알려준다는 것이다. 한 요소가 휴면상태에 빠져 있는 "자연적" 장소로부터 떨어져 나온다. 즉 라인 강의 밑바닥에서 금이 나오고 나무줄기에서 검이 뽑혀지는 것이 동종의 행위라는 것이다.

2_ 클로드 레비-스트로스, 「4부극에 관한 노트」, *The View from Afar*(Claire Jacobson 역, 시카고대학교 출판부 1985) 235-39쪽.

3_ 이 책의 제5장 믈라덴 돌라르의 「첫눈에」 참조. 이 책은 동종의 헤겔적 반전의 전형적인 사례를 제레미 벤담의 저서에서 찾아볼 수 있다는 헤겔의 "범논리주의"(panlogicism)에 대한 표준적인 교과서 이미지에 집착하는 사람들에게는 놀라움을 가져다 줄 수밖에 없다. 벤담은 자신의 공리주의적 경제론에 따라 효과가 동일하다면—중요한 것은 효과뿐이다—항상 "물자체"를 (다소 값싸게) 그것의 외양으로 대체하는 경향이 있다. 그러므로 처벌의 경우에 실제로 중요한 것은 억제책, 즉 처벌광경이 잠재적인 미래의 범죄자들에게 유발하는 금지효과이다. 그 때 실제 처벌을 그것의 외관, 순수한 연기 정도로 대체하는 것이 훨씬 더 경제적이지 않을까? 그럼에도 불구하고 벤담은 실제 처벌을 선택했다. 그러나 그 실제 처벌을 옹호하는 그의 주장은 우리가 그에게 기대했던 것보다 훨씬 더 세련되고 적절한 헤겔적 유혹을 보유하고 있다. 따라서 궁극적으로 중요한 것은 외관, 즉 사물이 나타나는 방법이자 외관의 효과뿐이다. 바로 그 이유로 "실제" 처벌은 거짓 연기보다 선호된다. 어떤 의미에서 현실은 최선의 매우 효과적인 외관 그 자체이다.

4_ 최근의 할리우드가 반복이라는 적절한 윤리적 개념에 도달했다는 사실은 1930년대 후반에서 1940년대 초반에 이르기까지 소위 "재혼의 희극" 시

리즈에서 확인된다. 희극의 요점은 진정하고 성숙한 상호 주체적 관계를 형성시키는 같은 파트너들 간의 두 번의 결혼뿐이다[스탠리 카벨(Stanley Cavell), 『행복 추구』, 하버드대학교 출판부, 1981 참조]. 우연히 마이크 니콜스(Mike Nichols)의 (메릴 스트립과 잭 니콜슨과 함께 한) 「가슴앓이」(*Heartburn*)의 관심은 재혼의 희극을 부정하는 것이다. 문자 그대로 그것은 "재이혼의 희극"인데, 부부의 첫 번째 이혼은 자기애적인 사랑 게임의 제한 속에 머무르고 두 번째 이혼과 함께 파트너들을 통합시켰던 상징적 관계는 실제로 해체된다.

5_ 도덕성 때문에 그를 구제하기 위해 사랑받는 자의 눈에서 자신의 이미지를 더럽히는 동종의 자기 희생적인 몸짓은 마이클 커티즈(Michael Curtiz)의 「더러운 얼굴을 한 천사들」(*Angels with Dirthy Faces*)에서 발견된다. 거기서 제임스 캐그니(James Cagney)는 수많은 빈민가의 소년들이 감탄해마지 않는 카리스마가 넘친 브루클린의 조직폭력배 역할을 수행한다. 물론 그는 체포되어 전기의사에 앉게 되는 사형선고를 받았을 때 죽는 것을 두려워하지도 않았고, 사형집행을 죽음에 대한 자신의 영웅적인 도전으로 드러내고자 한다. 그러나 사형집행을 하기 전날 밤에 한 성직자가 캐그니의 거친 행동 이면에 자신의 명예를 회복하고자 하는 속성이 있다는 것을 알아채고 감방으로 그를 방문하여 그에게 내일 아침 두려움 속에서 죽어가고 있음을 가장하라고 요청한다. 이러한 방식으로 그는 사회에 대한 마지막 봉사를 하게 될 것이다. 다시 말해 아이들의 눈에 우상으로 남는 대신에 그는 죄과를 치르는 것이 얼마나 어려우며 사회로 재통합되는 방법을 예시함으로써 아이들에게 봉사할 것이다. 전기의사로 가는 도중에 캐그니는 사형집행을 목격하는 기자들을 힐끗 바라본다. 그는 자신이 주목받고 있다는 것을 확신한 순간에 공황상태에 빠져 있음을 흉내내기 시작하면서 죽고 싶지 않다고 울부짖으며 … . 다음날 소년들이 캐그니의 바보 같은 죽음에 관한 신문기사를 읽었을 때 그들의 세상은 무너져내리고 그늘은 엉망이 되어 우울해진다. 소년들은 자신들의 동일시 지점인 영웅, 이상적 자아를 잃었고, 그로 인해 도덕성으로 구원받는다. 헨리 스테이튼(Henry Staten)은 이 장면이 확실한 삶의 에너지의 포기에 근거한 일반 도덕성이 지닌 "퇴폐적"이고 "염세주의적인" 성격에 대한 니체의 관념을 각색한 것이라고 지적한다(개인적 의사소통). 여기서 우리는 도덕과 윤리 사이의 라깡적 차이점을 발견한다. 캐그니의 궁극적인 행위는 도덕적이지만 명확하게 비윤리적이다. 말하자면 피상적인 유추임에도 불구하고 캐그니의 행동은 「스텔라 달라스」(*Stella Dallas*)의 결말에서 바버라 스

탠위크가 행한 심오하게 윤리적인 몸짓과는 전적으로 비교될 수 없는 것이다. 그녀는 자신의 딸이 자신을 내팽개치고 그 어떤 양심의 가책도 없이 상류사회의 결혼생활에 들어갈 수 있게끔 하기 위해 천박한 난봉꾼의 이미지를 가장한다.

6_ 이러한 역설은 가능성과 현실성 사이 변증법적 소순환의 배경에 반하여 설명될 수 있다. 유혹자에 의한 여성 정복이 실제로 가능한 순간에 그는 이미 성공으로 간주된 가능성을 철회해야 한다. 여기에 바로 정신적 경제의 일반적 형상이 드러난다. 종종 심층적인 만족은 이러한 가능성의 실현이 우리 성공의 순수성을 어느 정도 망가뜨리는 것처럼 우리가 원했던(매우 정열적으로 욕망된 성적 파트너와의 잠자리, 오래된 적에 대해 복수하기 등등) 그 무엇인가를 **할 수 있을 것이라는** 단순한 앎에 의해 주어지고 … . 또한 현실성으로 간주되는 가능성은 이러한 논리의 극단적인 사례가 아니다. 다시 말해 가능성으로서의 현실성은 실제의 효과를 자아낸다. 핵무장의 "미친" 논리인 냉전의 역설이 하나의 사례이다. 핵무기의 소유와 발전은 그 무기들이 사용될 수 없음에 대한 최상의 보증으로 인지되었다. 각각의 세력은 상대방이 자신을 전멸시킬 수 있는 수단을 가지고 있음을 알고 있으며, 양 진영 모두는 어떤 핵무기의 사용도 반드시 상호적인 자기파멸로 이끌 것이라는 바를 알고 있다. 파멸의 위협이 커지면 커질수록 이러한 위협이 현실화되지는 않을 것이라는 확신도 커지고 … . 우리의 합리성에 내재한 일종의 냉전 "도착증"을 입증하는 것으로부터 벗어나 단지 이러한 "광기"는 상징적 질서 그 자체를 구성하는 형상을 명백하게 드러낼 뿐이다.

7_ 니체와 들뢰즈의 관점에서 이러한 내재적인 불가능성, 즉 우리가 유혹과정을 완성하지 못하도록 가로막는 이런 방해물은 당연히 우리 삶의 동력이 지닌 "염세주의적" 도착증을 입증한다. 삶의 동력은 그 순수하게 명확한 속성을 상실하고 부정성에 의해, 즉 그 동력이 그 자체로 인지되어 할 수 있는 것과 다른 힘들과의 복잡한 관계망 속에서 실제로 성취하게 되는 것 사이의 분열로 인해 감염된다. 삶의 동력은 완전히 현실화될 수 없는 순수한 능력으로 변하고 … . 그와는 반대로 라깡에게서 가능성과 현실성 사이의 분열, 즉 그 현실화가 용두사미로 경험되는 이유가 되는 그와 같은 가능성이 이미 유효한 것으로 간주된다는 사실—간단히 말해 "상징적 거세"의 구조—은 상징적 질서를 구성하는 기본적인 특징으로 드러난다.

8_ 우리는 「트리스탄과 이졸데」, 「뉘른베르크의 명가수」 및 「파르지팔」의 삼자관계가 다른 수준에서(보다 높은 수준의 "잠재성"에서) 「방황하는 화

란인」, 「탄호이저」 및 「로엔그린」의 삼자관계를 반복하고 있다고 주장하려고 한다.

9_ 우리는 동일한 절차가 위대한 반바그너주의자인 베어톨트 브레히트를 새롭고 적절하게 조명할 수 있다고 주장하려고 한다. 주체의 철저한 자기희생을 옹호하는 브레히트의 『예스맨』(*Jasager*)의 핵심은 마치 동일한 기초에 의한 세 개의 상이한 변형인 것처럼 나중에 발간된 두 해석본[『노맨』(*Neinsager*), 『예스맨 II』(*Jasager*)]과 함께 읽어야 한다.

10_ 프리드리히 니체의 『비극의 탄생과 바그너 사례』에 나오는 「바그너 사례」(월터 카우프만 역, 뉴욕 : 빈티지, 1967), 166쪽.

11_ 위의 책, 175쪽.

12_ 위의 책, 176쪽.

13_ 리하르트 바그너의 『니벨룽겐의 반지』(Andrew Porter 역, 뉴욕 : 노튼, 1977), 24쪽.

14_ 위의 책, 40쪽.

15_ 칼 달하우스(Carl Dahlhaus)의 『리하르트 바그너의 음악극』(메리 휘톨 역, 캠브리지 : 캠브리지대학교 출판부, 1979). 97쪽.

16_ 여기서 우리는 에릭 샌트너(Eric Santner)의 『내 자신의 사적인 독일』(*My Own Private Germany*) (프린스턴 : 프린스턴대학교 출판부, 1996)에 의거하고 있다.

17_ 데릭 쿠크(Deryck Cooke)의 『나는 세상의 종말을 보았다』(옥스퍼드 : 옥스퍼드대학교 출판부, 1979), 17쪽.

18_ 위의 책, 18쪽.

19_ F. W. J. 셸링의 『전집』, 제7권, 472쪽.

20_ 달하우스, 『리하르트 바그너의 음악극』, 5–6쪽.

21_ 필립 라쿠 라바르트(Philippe Lacoue–Labarthe)의 『음악세계』(*Musica Ficta*) (Felicia McCarren 역, 스탠포드 : 스탠포드대학교 출판부, 1994), 제2장.

22_ 위의 책, 12쪽.

23_ 여기서 우리는 미셸 쉬옹(Michel Chion)의 『영화음악』(*La Musique au cinema*) (파리 : 파야르, 1995) 및 클라우디아 고르프만(Claudia Gorbman)의 『들리지 않는 선율 : 서사적 영화음악』(*Unheard Melodies : Narrative Film Music*) (블루밍턴 : 인디아나대학교 출판부, 1987)에 의거하고 있다.

24_ 쉬옹, 『영화음악』, 105쪽.

25_ 달하우스, 『리히아르트 바그너의 음악 드라마』, 135쪽.

26_ 니체, 「바그너 사례」, 172–73쪽.

27_ 자끄 라깡, 데니스 포터 역, 『정신분석의 윤리』(뉴욕 : 루틀리지, 1992), 210-14쪽 참조.

28_ 윌리암 O. 코드(Willam O. Cord), 『리하르트 바그너의 「니벨룽의 반지」 입문』(어세이너 : 오하이오대학교 출판부, 1983), 125쪽.

29_ 우리의 사회적 의무의 기초를 형성하는 강요된 선택이라는 이 개념은 슬라보예 지젝의 『이데올로기라는 숭고한 대상』 제5장을 참조.

30_ 물론 문제는 제안이 거부된 타자가 실제로 그것을 받아들일까라는 것이다. 브레히트의 『예스맨』에서 소년이 "아니오"라고 말하고 계곡으로 내던져지는 것을 거부했다면 어떨까? 경쟁에서 패하고 내가 친구 대신 승진하기 위해 그의 제안을 받아들이면 어떨까? 이와 같은 상황은 당연히 파국적이다. 그것은 사회질서에 관련되는 (자유의) 모사의 붕괴를 일으킨다. 그러나 이 수준에서 사물들은 어떤 의미로는 원래처럼 그래 보이는 것이기 때문에 이 모사의 붕괴는 사회적 실체 그 자체의 붕괴, 즉 사회적 연대의 와해와 동일한 것이다. 이전의 공산주의 사회는 그러한 강요된 자유 선택의 극단적인 사례를 내보인다. 그 사회에서 주체들은 권력에 대해 자신들의 태도를 자유롭게 표현해야 한다는 요구로 끊임없이 공격받았다. 그러나 모든 사람이 이러한 자유가 공산주의 정권 자체에 '예스'라고 말하는 자유에 엄격하게 제한되어 있다는 것을 잘 알고 있었다. 바로 그러한 이유 때문에 공산주의 사회는 모사의 지위에 지극히 민감하여 통치 정당은 어떤 희생을 치르더라도 (정권에 대한 광범위한 대중적 지지의) 방해받지 않는 외관을 유지하고 싶어했다.

31_ 쿠크, 『나는 세상의 종말을 보았다.』, 16-17쪽.

32_ 로버트 도닝턴(Robert Donington), 『바그너의 「반지」와 그 상징들』(런던 : 파버 및 파버, 1990), 265쪽.

33_ 이제 우리는 「니벨룽겐의 반지」와 「파르지팔」 사이의 핵심적 차이가 존재함을 알 수 있다. 「니벨룽겐의 반지」에서 지식은 "순수한 바보"인 지그프리트에게 다가갈 수 없다. 그는 브륀힐데라는 여성이 알 수 있도록 죽어야만 한다. 반면에 「파르지팔」에서 순수한 바보인 영웅 그 자신은 알게 된다. 따라서 「파르지팔」을 영화로 만든 작품에서 사이버버그(Syberberg)는 파르지팔을 여자로 돌변시킨 그의 전환 이후에 충분히 정당화하게 된다. 파르지팔이 지식에 접근하는 순간에 실제로 그는 브륀힐데의 "여성적" 위치를 차지한다.

34_ 정반대의 끝에서 바그너는 「파르지팔」을 작곡했고, 이 찬송가는 쿤드리의 실제적인 삶의 모형인 쥐디트 고티에(Judith Gautier)와의 연애를 추구

하기 위해 성적 욕동에 대한 근본적인 거부를 작곡한 것이다.

35_ 이러한 융학파적인 접근의 원형은 「파르지팔」에 대한 빌란트 바그너(Wieland Wagner)의 "심리적 도형"이다.

36_「파르지팔」의 끝에 가서 사이버버그는 먼저 전반적 행위를 거대한 바그너의 머리에 위치시키고 그 다음엔 바이로이트 극장을 그녀의 머리칼로 덮어버린 쿤드리에게 바그너 그 자신을 위치시킴으로써 이러한 재주체화를 이차적인 권력으로 격상시켰다.

37_「사랑에 관한 짧은 필름」에 대한 라깡학파의 독해를 위해서는 『일상의 정신분석을 위한 라깡적인 기본 요소』(*Éléments lacaniens pour une psychanalyse au quotidien*)』(파리 : 정신분석담론, 1994)에 수록된 롤랑 쉬마나(Roland Chemana)의 「토멕의 정열」(363-366쪽)을 참조. 흔히 「사랑에 관한 짧은 필름」의 두 가지 판본은 단지 소재의 일부분을 재배열하거나 빠뜨림으로써 우리가 근본적으로 어떻게 그 전체 범위를 변화시킬 수 있는지, 또는 라깡이 말했듯이 해석은 그 근본적인 차원에서 "억압된" 의미를 조명하는 행위가 아니라 운에 맞춰 끝내기(scansion), 즉 적절한 통사론의 정립행위임을 보여주는 본보기적 사례를 제공한다. 아마 보다 분명히 조명된 사례는 무소르그스키의 「보리스 고두노프」의 피날레에 의해 제공된다. 작곡가의 원래 생각에 따르면, 차르 보리스의 죽음은 끝에서 두 번째 장면이므로 오페라는 군중들이 새로운 차르인 디미트리에 야유를 보내고 러시아를 위한 고난의 시절을 예견하는 성스러운 바보 거지에게 환호하는 것으로 결말을 짓는다. 하지만 오페라를 궁극적 형태로 변화시키고자 했던 림스키-코르사코프는 원래의 피날레가 지닌 취약한 드라마적 충격을 우려하여 마지막 두 장면의 순서를 바꾸었다. 따라서 우리 모두가 알고 있는 판본은 비극에 걸맞게 영웅의 죽음으로 끝을 맺는다. 순수하게 연극적인 문제인 "드라마적 충격"의 이면에 보다 근본적인 해석의 문제가 숨겨져 있음은 명백하다 : 림스키-코르사코프는 보리스를 전통적인 영웅중심적 틀에 다시 새겨넣는다. 반면에 오리지널한 형태는 그 틀을 "탈중심화"하고 "군중"을 오페라의 진정한 영웅이라고 말한다. 따라서 장면들의 순서에 대한 단순한 결정은 더욱 원대한 결말에 대한 해석 행위와 관련된다. 정말로 그것은 오페라를 전통적인 영웅의 서사에 끼워넣을 것인지 그 여부에 대한 결정이다.

38_ 이러한 사랑 은유의 반전과 1950년대 후반에 나온 델머 데이브스(Delmer Daves)의 심리적인 서부극 『유마행 3.10』에서의 궁극적인 반전 사이에 알아볼 만한 가치가 있는 상동성이 존재한다. 그 영화는 가난한 농부

(반 헤플린)의 이야기를 말해주는데, 그는 자신의 가축을 가뭄에서 구하려고 몹시 필요한 200달러를 위해 그의 머리(글렌 포드)에 고액의 현상금이 붙은 악당을 호위하는 일을 받아들이는데, 그 일은 유마의 감옥으로 그를 데려갈 기차를 타기 위해 붙잡혀 있는 호텔로부터 호위해 가는 일이다. 물론 우리가 여기서 갖게 되는 것은 윤리적 시련에 대한 고전적인 이야기이다. 영화 전반에 걸쳐 시련을 받아들이는 인물이 농부 그 자신인 것처럼 보이는데, 그는 (과분하게) 더욱 유명한 「하이 눈」의 스타일에 유혹되어 있는 것처럼 드러나 있다 : 그를 도와주기로 약속했던 모든 사람들은 보스를 구하겠다고 맹세한 갱들이 호텔을 포위했음을 알게 되었을 때 그를 포기한다. 그러나 구속된 악당 그 자신은 번갈아 가며 농부를 위협하든가 매수하려고 애쓴다. 그러나 마지막 장면은 소급해서 영화에 대한 우리의 인식을 완전히 바꿔버린다. 이미 정거장을 떠나고 있는 기차 속에 갇힌 악당과 농부는 농부를 총으로 쏘고 두목을 구출하기에 좋은 순간을 기다리고 있는 갱들 전체와 얼굴을 맞대고 있는 자신들을 발견한다. 상황이 그 농부에게 절망적으로 보이는 이런 긴장된 순간에 악당은 갑자기 그를 돌아보면서 말한다. "날 믿어, 기차에서 함께 뛰어내리자!" 간단히 말해 실제로 시련을 겪고 있는 자는 악당 그 자신으로서 분명히 유혹하고 있는 그 행위자이다. 마침내 악당은 농부의 정직함에 지고 말아 그 농부를 위해 그 자신의 자유를 희생시킨다.

39_ 폴 빌리멘(Paul Villemen)은 「사랑에 관한 짧은 필름」이 일종의 반전된 슬래셔 영화라는 생각을 나에게 암시해 주었다. 우연히 슬래셔 영화의 기본적인 매트릭스는 라깡이 『세미나 11』의 마지막 장에서 다듬어낸 타대상(*objet petit a*)의 역설 속에 포함되어 있다 : "나는 당신을 사랑해. 하지만 이해하기 어려워도 나는 당신 속에 있는 당신보다도 더 큰 어떤 것—타대상—을 사랑하기 때문에 당신을 절단하게 되는거야!" [쟈끄 라깡, 앨런 셰리던 역, 『정신분석의 네 가지 근본개념』(하몬드워스 : 펭귄, 1979), 268쪽].

40_ 물론 그 영화에 대한 우리의 독해가 고려하지 못했던 것은 여자(카미유)가 두 남자들 사이에서 **교환대상**이 된다는 사실이다. 두 남자들이 그녀를 통해 자신들의 전투를 수행하고 있는 것은 아닌가? 그들 중 한 사람은 그녀와의 관계 속으로 진입함으로써 다른 사람과의 협력관계를 배신하게 되고, 또 한 사람이 이번에는 그녀를 유혹함으로써 이런 배신에 보복을 가하려고 하는 것은 아닐까? 그런 이유로 그는 그녀를 유혹하는 것이 성공하여 그녀가 자신을 그에게 바치려는 순간에 그녀를 거부할 수 있다

는 것이다. 따라서 스테판에게 그녀는 본래의 "사용가치"를 갖지 못하고, 그녀를 유혹하는 유일한 요점은 그의 (남성) 파트너에게 메시지를 전달하려는 것이었다. 그럼에도 불구하고 잠재적인 동성애와 남성적인 결합의 동기를 개입시키는 그러한 독해는 그 자체의 수준에서 적절할지라도 스테판의 거부의 몸짓을 만족스럽게 설명하지 못한다.

41_ 「방황하는 화란인」에서도 역시 영웅은 저주받은 신성한 대상(그의 배)과 그녀의 희생이 그의 구원을 일으킬 수 있는 여성 사이에서 분리된다. 그러나 로엔그린과는 대조적으로 천사 같은 영웅인 화란인은 저주받은 죄인이다. 이런 대조의 음성적 표현은 당연히 테너와 바리톤 사이의 음성적 표현이다.

필자 소개

■ 믈라덴 돌라르_Mladen Dolar

슬로베니아 류블랴나대학교 사회철학 교수

『리베 나룽의 음악이 ~할 때 : 모차르트와 오페라의 철학』 외 다수의 저서들

■ 알렌카 주판치치_Alenka Zupančič

류블랴나에 있는 슬로베니아 과학아카데미 철학연구소 연구원

『실재계의 윤리 : 칸트와 라깡』의 저자

■ 엘리자베트 브론펜_Elisabeth Bronfen

스위스 취리히대학교 영·미학 교수

『그녀의 죽은 몸 : 죽음과 여성성과 미학』의 저자

■ 슬라보예 지젝_Slavoj Žižek

슬로베니아 류블랴나대학교 사회과학연구소 수석연구원

『환상의 돌림병』, 『실재계 사막으로의 환대』, 『향락의 전이』, 『연약한 절대자』 외 다수

■ 프레드릭 제임슨_Fredric Jameson

듀크대학교 비교문학 교수

『정치적 무의식과 포스트모더니즘』, 『후기자본주의의 문화적 논리』 외 다수

■ 레나타 살레츨_Renata Salecl
슬로베니아 류블랴나대학교 범죄학연구소 연구원
『자유의 전리품 : 사회주의의 몰락 이후 정신분석과 여성주의』의 저자

역자 소개

■김종주

연세대학교 의과대학 학사(1971), 박사(1981)

원광의대 정신과 교수 · 제2병원 원장 역임

라깡과 현대정신분석학회 초대회장 역임

현재 반포 신경정신과의원 원장 · 연세의대 정신과 외래교수

『라깡 정신분석과 문학비평』, 『라깡 정신분석사전』(공역) 외 다수의 역저서, 「닥터 정약용과 다산 정신분석학의 가능성」 외 다수의 논문들

■양석원

연세대학교 영어영문학과 학사(1983), 석사(1985)

뉴욕주립대학교(버펄로) 박사(1995, Fulbright Degree Study 1990–1994)

캘리포니아 주립대학교(어바인) 교환교수(2003, Fulbright Mid–career Research 교환교수)

한국비평이론학회 · 근대영미소설학회 · 한국아메리카학회 · 라깡과 현대정신분석학회편집위원

연세대학교 영어영문학과 교수(1997년–현재)

■윤정주

한양대학교 경제학과 졸업

성균관대학교 한국정보대학원 석사

프랑스 소로본대학 어학연수

방송위원회 심사위원 및 평가원 역임
현재 한국여성민우회 미디어운동본부 사무국장

■이만우

서울대학교 독어독문학과 졸업
한국학중앙연구원 사회학박사
UCLA 사회학 및 남캘리포니아 정신분석연구소 수학
현재 국회도서관 입법정보연구관
『언어의 유물론』, 『라깡 정신분석 사전』, 『향락의 전이』, 『인간은 왜 악에 굴복하는가』 등의 역저서와 정신분석과 사회이론, 특히 멜라니 클라인 등에 관한 다수의 논문

■이병혁

서울대학교 사회학과 졸업
프랑스 사회과학고등연구원(EHESS) 문학박사
현재 서울시립대학교 도시사회학과 교수
라깡과 현대정신분석학회 회장 역임
『언어사회학서설 : 이데올로기와 언어』 외 다수의 역저서, 「원효의 이문일심 사상과 라깡의 정신분석학의 구조적 상동성 연구」 외 다수의 논문들

■이수연

한국외국어대학교 불어과 졸업
노스캐롤라이나대학교 석사, 노스웨스턴대학교 박사(라디오, TV, 영화)
현재 한국여성정책연구원 선임연구원
라깡과 현대정신분석학회 편집위원장 역임
『메두사의 웃음 : 한국 페미니즘 영화와 섹슈얼리티』, 『한류 드라마와 아시아 여성의 욕망』
텔레비전과 영화란 영상 미디어에서 여성의 재현 문제와 미디어 이용에 관한 다수의 논문들

■한형구(필명 : 韓基)

서울대학교 국문과와 동대학원 박사과정 졸업

일본 동경대학 비교문학 비교문화연습실 객원연구원(1992–1993)
현재 서울시립대학교 국어국문학과 교수
라깡과 현대정신분석학회 회원
『전환기의 사회와 문학』(문학과 지성사, 1991), 『합리주의의 문턱에서』(강출판사, 1997), 『구텐베르크의 수사들 : 한기 문학평론집』(역락, 2005) 외 다수의 저서와 평론들

Sic_1

사랑의 대상으로서 시선과 목소리

초판1쇄 / 2010년 8월 20일

엮은이 **슬라보예 지젝/레나타 살레츨**
옮긴이 **라깡정신분석연구회**
펴낸이 **여국동**
펴낸곳 **도서출판 인간사랑**
인 쇄 **백왕인쇄**

출판등록 1983. 1. 26. / 제일 3호

정가 20,000원

ISBN 978-89-7418-568-8 94100
ISBN 978-89-7418-567-1 (전4권)

※ 잘못된 책은 교환해 드립니다.

(411-815) 경기도 고양시 일산구 백석동 1178-1
TEL (031)901-8144, 907-2003
FAX (031)905-5815
e-mail/igsr@yahoo.co.kr / igsr@naver.com